Michael Haller, Dr. phil., ist Professor für Allgemeine und Spezielle Journalistik an der Universität Leipzig und wiss. Direktor des dortigen Instituts für praktische Journalismusforschung. Nach dem Studium der Philosophie, Sozial- und Politikwissenschaften war er leitender Redakteur im Lokal- und Regionalressort der »Basler Zeitung«, dann Mitarbeiter der »Weltwoche« in Zürich. 1975 wechselte er zum »Spiegel« nach Hamburg als Redakteur und Reporter im Auslands-ressort. 1987 ging er zur »Zeit« als Ressortleiter. Seit 1990 widmet er sich der Medienforschung und -entwicklung. 1993 erhielt er den Ruf an die Universität Leipzig; seit 1997 leitet er den Lehrstuhl Journa-listik.

Neben dem Journalismus ist Haller seit 1980 an Akademien und Journalistenschulen als Dozent tätig. Zahlreiche Publikationen in Fachzeitschriften und Anthologien. Wichtigste Buchveröffentlichun-gen: »Recherchieren« 1983 ff.; »Medien-Ethik« (herausg. mit H. Holzhey) 1991 ff.; »Das Interview« 1991 ff.; »Aktuelle Entstehung von Öffentlichkeit« (herausg. mit G. Bentele) 1997; »Die Kultur der Medien« (Hg.) 2002. »Das freie Wort und seine Feinde« (Hg.) 2003. »Leitbild Unabhängigkeit« (herausg. mit Freimut Duve) 2004. Haller ist Herausgeber von »Message«, der Internationalen Fachzeitschrift für Journalismus.

Michael Haller

Die Reportage

6. Auflage

UVK Verlagsgesellschaft mbH

Praktischer Journalismus

Band 8

Bibliografische Information der Deutschen Nationalbibliothek
Die Deutsche Nationalbibliothek verzeichnet diese Publikation in der
Deutschen Nationalbibliografie; detaillierte bibliografische Daten sind im
Internet über http://dnb.ddb.de abrufbar.

ISSN 1617-3570
ISBN 978-3-89669-305-1

1. Auflage 1987
2. Auflage 1990
3. Auflage 1995
4. Auflage 1997
5. Auflage 2006
6. Auflage 2008

Unveränderter Nachdruck der 5., überarbeiteten Auflage von 2006

© UVK Verlagsgesellschaft mbH, Konstanz 2008

Einband: Susanne Fuellhaas, Konstanz
Einbandfoto: iStock International Inc.
Satz: Alexander Hessel/Matthias Wolf, Leipzig
Korrektorat: Sabine Groß, Twistringen
Druck: fgb · freiburger graphische betriebe, Freiburg

UVK Verlagsgesellschaft mbH
Schützenstr. 24 · D-78462 Konstanz
Tel.: 07531-9053-0 · Fax: 07531-9053-98
www.uvk.de

»Die moderne Zeitungsreportage ist vom journalistischen Anliegen getragen, soziale Distanzen und institutionelle Barrieren zu überwinden, um hinter die Fassaden zu blicken. Sie versammelt Zeugenberichte, eigene Beobachtungen und Erlebnisse und bringt deren Inhalte in einer teils beschreibenden, teils erzählenden, teils schildernden Sprache den Lesern nahe.«

(Seite 109)

Inhalt

* * *

Schaubilder

Definitionen und Zusammenfassungen (Kastentexte)

Anleitungen und Tipps (Kastentexte)

Vorwort

Es gibt Dinge, die sind selbstverständlich. »A rose is a rose, is a rose«, sagte die amerikanische Schriftstellerin Gertrude Stein über das, was sich nicht definieren, sondern nur aus sich heraus begreifen lässt.

»Eine Reportage ist eine Reportage«, das hat schon so mancher Reporter der jungen Kollegin bedeutet, wenn diese wissen wollte, wie man denn eine Reportage schreibe. Da komme es auf persönliche Eindrücke, einen individuellen Stil und auf angeborenes Sprachgefühl an. Und natürlich auf das Thema. Regeln? Kaum. Kriterien? Jedes Mal neue. Die gute Reportage sei nun mal ein literarisches Kunstwerk und spreche für sich selbst.

Gleichwohl sind sich dieselben Journalisten stets einig, wenn über veröffentlichte Reportagen gesprochen wird: Diese da ist gut, sogar sehr gut, die andere hat gewisse Mängel, jene ging wohl daneben. Und man weiß auch stets warum. Offenbar gibt es jenseits des Geschmacks sehr wohl Kriterien, die festlegen, wann eine Reportage eine Reportage ist.

Solche Kriterien herauszuarbeiten und der journalistischen Praxis unterzulegen, ist Aufgabe dieses Buches: Es soll Grundlagen schaffen und, darauf aufbauend, eine Einführung ins Reportageschreiben geben.

Ein heikles Unterfangen: Erfahrene Journalisten könnten dies als Reglementierung der subjektivsten aller Darstellungsformen empfinden, Anfänger indessen als Mangel an rezeptivem Nutzwert. Statt eines Kompromisses versucht nun dieses Buch, jeder Seite gerecht zu werden: Es bietet im ersten Teil eine Grundlage für Reflexionen, im zweiten eine Anleitung – der dritte gibt Einblicke in die Sicht- und Arbeitsweise renommierter Reporter und Reporterinnen.

Dass dieser Dreiklang zustande kam, ist vor allem den zahlreichen Reporterinnen und Reportern zu verdanken, die dieses Projekt seit 1986 mit ihrer Erfahrung und ihrem Wissen begleitet haben: Peter-Matthias Gaede, Jürgen Leinemann, Sybille Krause-Burger, Cordt Schnibben, Hermann Schreiber. Und Herbert Riehl-Heyse vor allem, der mit uns, dem Studiengang Journalistik in Leipzig, noch im Winter 2003/04 – wenige Monate, ehe er seiner Krankheit erlag – seine Einsichten in die Ethik des Reporters diskutierte.

Das Buch soll für die handwerklich solide Reportage plädieren, nicht für das literarisierende Wortgeklingel (davon gibt es hinreichend). Ich wünschte mir, dass es auch die aktuell arbeitenden Journalisten vor allem der Tageszeitungen ermutigt, ihre Darstellungsformen um subjektive Sicht- und Erzählweisen zu erweitern. Für die Reporter könnte daraus folgen: in Zukunft anders an die Dinge herangehen, die Perspektive wechseln, eine schildernde Sprache entwickeln. Für die Blattmacher: individuelle Handschriften zulassen, Anteilnahme ermöglichen, Betroffenheit auslösen. Und für die Zeitungsleser: mit ungewöhnlichen Vorgängen in Berührung kommen, sie erleben und ihre Bedeutung erfassen.

Dies sind keine Utopien, sondern konkrete Möglichkeiten der Zeitungsarbeit. Tatsächlich ist das im zweiten Buchteil dargelegte Handwerk im Verlauf mehrerer Jahrzehnte in der Praxis der Journalistenausbildung entwickelt und in zahlreichen Kursen und Seminarien angewendet und überprüft worden. Weit über tausend Übungsreportagen zum lokalen Themenfeld sind nach diesen Kriterien verfasst und besprochen worden. Wenn also mit diesem Handbuch praktisch bewährte Verfahren angeboten werden, dann geht dies auf die gute Zusammenarbeit mit den Kurs- und Seminarteilnehmern in den überbetrieblichen Akademien des deutschen Sprachraums wie auch des Diplomstudiengangs Journalistik an der Universität Leipzig zurück. Für diese indirekte Mithilfe an diesem Buch möchte ich allen meinen Kursteilnehmern und Absolventen danken.

Weithin Einigkeit herrschte unter meinen Kursteilnehmern auch darüber, welche ihrer Übungsreportagen gelungen seien und woran es liege. Obwohl meist unter schlechten technischen Bedingungen geschrieben, glückten viele dieser Reportagenversuche auf Anhieb. Zehn davon habe ich in bearbeiteter Form als Übungsreportagen in dieses Buch aufgenommen: ein Hinweis, dass sich das Tageszeitungsangebot ohne größere Anstrengungen um Reportageformen bereichern lässt. Ich danke den Verfassern für die Überlassung ihrer Texte.

Nachdem die vierte Auflage während Jahren immer wieder nachgedruckt wurde, war nun für diese fünfte Auflage eine umfassende Überarbeitung und Aktualisierung angesagt. Soweit ich Belege und Beispieltexte aus früheren Auflagen beibehalten habe, geschah dies nur dort, wo sie – abgelöst von den Zeitläuften – Gültigkeit besitzen. Das modernisierte Layout haben Matthias Wolf und Alexander Hessel besorgt, wofür ich beiden herzlich danke, ebenso dem Lektorat von UVK, das mit Geduld und Ermunterung diese Neuauflage begleitet hat.

Hamburg und Leipzig, im Mai 2006   Michael Haller

Erster Teil:

Über die Reportage

Bevor darüber gesprochen werden kann, wie eine Reportage zu schreiben ist, sind ihre Merkmale zu klären: Was genau macht die Reportage zur Reportage?

Auch wenn sich die Kriterien wandeln: Diese Textgattung ist viel älter als der Journalismus. Und sie ist durch die Tradition des Erzählens geprägt. Wer das Besondere der Reportage verstehen möchte, sollte ihre Herkunft und ihren Werdegang kennen.

Journalistische Darstellungsformen gründen indessen auf mehr als nur Tradition. Sie haben ihre Ausformungen, um bestimmte publizistische Zwecke und bestimmte Lesererwartungen einlösen zu können. Um zu verstehen, was eine Reportage ist, muss man also auch wissen, wofür sie sich eignet – und wofür nicht.

Es gibt viele mit der Reportage verwandte Genres. Für welche man sich entscheidet, hängt vom Thema und Material, von den Eigenheiten des Mediums und den persönlichen Intentionen ab. Die Stärke der Reportage kann darum nur in Beziehung zu anderen Formen gesehen werden: Erst ihre Unterschiede zu verwandten Gattungen machen die Reportage unverwechselbar.

Dieser erste Buchteil bietet darum *drei verschiedene Zugänge* zum Gegenstand Reportage: den historischen, den definitorischen und den vergleichenden. Die drei zusammen sind die Basis, auf der das journalistische Handwerk der zweiten Buchteils aufbaut.

▶ **Das erste Kapitel** gibt eine Übersicht über die Geschichte der Textgattung, die zur heutigen Reportage geführt hat. Es bietet keine lückenlose Herleitung, sondern setzt Akzente und Schwerpunkte, um die Kriterien zu zeigen, die auch heute gültig sind.

▶ **Das zweite Kapitel** setzt sich mit den vielfältigen Definitionen der Reportage kritisch auseinander. Es kommt zum Schluss, dass Etikettierungen in der journalistischen Praxis nicht viel nützen. Es schlägt eine funktionale Definition der Reportage als Ausweg aus dem Etikettendilemma vor.

▶ **Das dritte Kapitel** führt die mit der Reportage verwandten Darstellungsformen vor: nachrichtlicher Bericht, Feature, Nachrichtenmagazingeschichte, Report und Hintergrundbericht. Dann werden die verschiedenen Genres diskutiert, um Unterschiede, Eignungen und Mischformen deutlich zu machen.

▶ **Das vierte Kapitel** fasst die Einsichten, die über Tradition, Funktion und Eigenart der Reportage gewonnen wurden, in fünf Thesen zusammen.

1. Herleitungen: Zur Geschichte der Reportage

Sind nur Erzähler gemeint wie Homer, Daniel Defoe, Theodor Fontane, Ernest Hemingway – oder auch die beredten Abenteurer, die aufdringlichen Dreckwühler, die Kriminalberichter und Societybeschreiber? In Meyers Enzyklopädischem Lexikon wird definiert, die Reportage sei »ein aus der unmittelbaren Situation gegebener, die Atmosphäre einbeziehender, meist kurzer Augenzeugenbericht eines Ereignisses«. Und weiter: »Die Reportage ist eine verhältnismäßig neue literarische Gattung; nach einigen Vorläufern setzt sie Ende des 19. Jahrhunderts zusammen mit dem modernen Journalismus ein. (…)«. Fast wörtlich sagt dies auch das 20-bändige Lexikon der »Zeit« (vgl. Bd. 12, Hamburg 2005).

Auch wenn man sich nicht daran stört, dass die Reportage zu keiner Zeit »eingesetzt« hat, ist diese Definition zwar nicht falsch, aber auch nicht richtig. Denn sie übersieht etwas Entscheidendes: Hier wird nicht berichtet, hier wird erzählt.

Geht man *begriffsgeschichtlich* vom ursprünglich französischen (aber dem englischen »to report« entlehnten) Wort »Reportage« aus, so trifft zwar die Umschreibung weitgehend zu: Sie ist eine mit dem modernen Journalismus verbundene und durch ihn verbreitete Darstellungsform, die sich wesentlich auf den Augenzeugen stützt. Meint man aber mit »Reportage« eine bestimmte Art des *Vermittelns*, dann steht sie für ein uraltes literarisches Genre des Erzählens – und so auch für eine (in unseren Tagen zunehmend vermisste) Kultur des Zuhörens. Denn zum Erzähler gehört das Publikum der Hörer bzw. Leser, das etwas erleben und das Erlebte verstehen möchte.

Die Geschichte dieser literarischen Gattung und die Entwicklung der journalistischen Reportage waren stets aufeinander bezogen. Unter journalistischem Blickwinkel ist also auch die literarische Gattung bedeutsam und näher zu beleuchten. Wir möchten darum die Geschichte der Reportage nicht auf diejenige des modernen Journalismus verkürzen, vielmehr die mit der Kommunikationskultur »Erzählen« verbundenen durchgängigen Merkmale aufzeigen und für den heutigen Journalismus erschließen.

1.1 Die literarische Tradition: Der Reisebericht

»Auf jedem der großen Schiffe stehen die Frauen und Männer dicht gedrängt. Mehrere Frauen halten in ihren Händen runde Holzschalen und rasseln damit. Einige der Männer stehen beisammen und spielen Flöte, während alle übrigen Reisenden rhythmisch in die Hände klatschen und Lieder singen. Wenn sich aber das Schiff einer Stadt nähert, lassen sie es nahe ans Ufer treiben. Und sobald Bewohner aus den Häusern treten, schreien besonders die jungen Frauen vom Schiff fröhlich Hohn- und Spottlieder herüber, einige beginnen wild zu tanzen, andere ziehen sich die Kleider vom Leib und zeigen ihren entblößten Körper den Zuschauern am Strand. Dies Spiel wiederholt sich vor jeder Stadt, an der das Schiff flußab vorübergleitet. Und wenn sie dann endlich in B. angekommen sind, feiern sie sogleich mit allen, die schon vor ihnen gelandet sind, das riesige Opferfest. Gegen 100 000 Menschen sollen da schon gefeiert und gefestet haben. Und mehr Wein sei da getrunken worden, heißt es, als sonst im ganzen Jahr.« (II, Abschnitt 60.)

Ein Abschnitt aus der Reportage des Touristik-Redakteurs über die Eingeborenen des südlichen Malaysia, die neulich in unserer wöchentlichen Reise-Beilage erschienen ist? Irrtum. Der Bericht entstand vor mehr als 2 450 Jahren. Der Verfasser heißt Herodot und war wohl, soweit wir wissen, der bedeutendste Chronist und Volkskundler des hellenischen Altertums. Er wurde 490 v. Chr. im kleinasiatischen Halikarnass als Sohn einer gebildeten, einflussreichen Familie geboren. Mit zwanzig Jahren musste er wegen politischer Wirren seine Heimat verlassen. In den folgenden Jahrzehnten befand er sich meist auf Reisen und lernte ganz Kleinasien kennen, wanderte bis Babylon, zog entlang der syrisch-phönikischen Küste, gelangte nach Ägypten und bereiste das Niltal bis hinauf nach Elephantine. Er lernte ganz Griechenland kennen und die im Norden angrenzenden Gebiete, das heutige Rumänien und Bulgarien, und zog bis nach Odessa. Er beschrieb die blutrünstige Herrschaft verschiedener Tyrannen und erzählte von Kriegen, Aufständen und Machtkämpfen. Später lebte er längere Zeit als bekannter Reisegeschichtenerzähler in Athen, ehe er nach Unteritalien auswanderte, wo er 65-jährig starb.

Herodot hatte mit seinen Kultur- und Länderberichten die damals gebräuchliche Erzählform der »Logoi« (kurze, in sich geschlossene Berichte, meist Reiseerzählungen) zur Kunstform entwickelt: Er bot spannende, mit Anekdoten, Kolportage, Augenschein und Zeugenaussagen reich garnierte Geschichten über die Lebensweise fremder Völker, Dynastien und Stämme, darauf angelegt, stets das Fremde dem Vertrauten gegenüberzustellen – eine Urform der Reportage.

Der polnische Reporter und Reiseschriftsteller Ryszard Kapuscinski nennt Herodot sogar »den ersten Reporter der Welt« (Kapuscinski 2005, S. 359).

Der oben zitierte Abschnitt schildert die mehrmals jährlich stattfindende Prozession der Ägypter zur Kultstätte Bubastis (Herodots Name für Pa-Bast = das Haus der Göttin Bast), um die Göttin zu ehren (II, Abschnitt 60). Herodot gab ihr sogleich den Namen der mit Bast vergleichbaren griechischen Göttin Artemis. So waren seine Schilderungen einerseits darauf gerichtet, vor allem das Fremde, Andersartige, Unbekannte herauszustellen. Andererseits wollte er die Neuigkeiten aber so erzählen, dass sie verstanden und zu den vertrauten Verhältnissen in Beziehung gebracht werden konnten. Für seine Zuhörer in Athen war zum Beispiel interessant zu hören, dass in Ägypten die Männer und Frauen gemeinsam feiern, wo doch in Griechenland bei kultischen Festen streng nach Geschlecht getrennt wurde. Umgekehrt war es wichtig, den ägyptischen Gottheiten die Namen ihrer griechischen Pendants zu geben, damit deren Funktionen und kultische Rollen verständlich wurden. Meisterlich gelang ihm dies bereits in der Einleitung seines Berichts über die Ägypter. Er erzählt:

>»Wie das Klima und ihr großer Fluss ganz anders sind als Klima und Flüsse anderswo, so haben die Ägypter auch andere Sitten als die Menschen sonst. Bei ihnen sind es die Frauen, die auf dem Markt kaufen und verkaufen und Handel treiben, während ihre Männer zuhause sitzen und weben. Alle Menschen auf der Welt weben, indem sie mit dem Einschlag nach oben arbeiten. Nur die Ägypter tun es nach unten. Dort tragen die Männer die Lasten auf dem Kopf, die Frauen aber auf den Schultern. Ihr Wasser lassen die Frauen stehend, die Männer sitzend. Und ihre Notdurft verrichten sie im Hause, aber essen tun sie auf der Straße, denn sie meinen, die hässlichen Notwendigkeiten tue man im Verborgenen, die übrigen aber vor aller Welt. (…) Den Brotteig kneten sie mit den Füßen, den Lehm mit den Händen, und auch den Mist nehmen sie mit den Händen auf. Ihr Schamglied beschneiden die Ägypter, alle anderen lassen es, wie es ist, ausgenommen diejenigen, die es von den Ägyptern gelernt haben. Jeder Mann trägt dort zwei Kleider, jede Frau aber nur eines. Überall sonst binden die Menschen ihre Taue außen an der Bordwand fest, die Ägypter aber innen. Die Hellenen schreiben und rechnen von links nach rechts, die Ägypter von rechts nach links – und behaupten auch noch, sie machten es richtig und die Hellenen linkisch.« (II, Abschnitte 35-36.)

Das lateinische Verb »reportare« hatte die Bedeutung von »zusammentragen« und »zurückbringen«. Und dies genau ist das geradezu archetypische Grundmuster jeder Reportage seit Herodot: Der Erzähler war ausgezogen von zuhause, hatte *jenseits der Grenzen* in der Fremde Dinge entdeckt, sie aufgenommen und mitgebracht – und jetzt breitet er sie vor den Augen und Ohren der Daheimgebliebenen aus.

19

Die daheim Gebliebenen sind *interessiert*. Das heißt: Sie wollen das ihnen Unbekannte kennen lernen, sich vielleicht aneignen. Sie wollen *ins Bild gesetzt* werden, damit sie sich orientieren können. Die gute Erzählung nimmt dem Fremden das Befremdliche. Sie muss deshalb die Beobachtungen genau beschreiben und das Beschriebene auch erklären und deuten können, meist anhand weiterer Berichte anderer Augenzeugen und Erklärungen der Sachkundigen. Erst durch die *informierende* Erzählung gewinnen die Empfindungen und Mutmaßungen die Kontur des Wissens: Personen werden zu Individuen, die Dinge erhalten Namen und Zwecke, werden vergleichbar mit dem bereits Gewussten – ein Stück Weltordnung stellt sich in den Köpfen der Hörer ein.

Mit dem Interesse tritt beim Zuhörer aber auch der Wunsch hervor, mit dabei zu sein: seine *Neugier*. Der Erzähler erzählt ja seine Erlebnisse denen, die nicht hatten mitziehen können, dafür aber jetzt umso gebannter lauschen. Er erzählt sie so, dass die Zuhörer während des Zu- und Hinhörens die Erlebnisse in ihrer Vorstellung *miterleben* können, so, als gingen sie erst jetzt auf die Reise. Das heißt: Das Vergangene soll für sie gegenwärtig werden durch die Unmittelbarkeit der Sprache und die Sinnlichkeit der Schilderung (bis heute gebraucht darum die Reportage als Erzählzeit die Gegenwartsform).

Die Lust am Geschichtenerzählen wie auch die Neugier, Geschichten zu hören, sind offenbar so alt wie unsere literarisch gestaltete Kultur, vielleicht sogar so alt wie die menschliche Sprache. Und so gibt es auch eine uralte Antwort auf die Frage, *wie* eine Geschichte zu erzählen ist, damit die Neugier auf das Unerwartete befriedigt wird: Sie soll den Zuhörer am Erlebnis *teilhaben* lassen. Denn diese Teilhabe bedeutet für ihn, wenigstens im Augenblick des Zuhörens oder Lesens, dass er über sich und seine Lebenssituation hinausgehen und in der Welt sein kann. Also erzählt der Erzähler seine Geschichte so, dass der Zuhörer vom Fremden fasziniert, gleichsam sprachlos ist – und sich doch zugleich im Geschehen zurechtfindet und den Durchblick gewinnt (oder ihn zu gewinnen wähnt), damit ihm die Welt vertraut, in gewissem Sinne eine Heimat werde: Auch dies ist eine durchaus archetypische Erfahrung.

Der Erzähler ist auf Reisen gewesen. Doch seine Erzählung lebt nicht vom Erzählen der Reise, sondern vom *nahe Bringen des Fernen*. So gesehen ist die Kennzeichnung »Reisebericht« missverständlich: Die Reportage erzählt nur ausnahmsweise die Geschichte des Unterwegsseins, sie vermittelt fast immer – siehe Herodot – die in der Ferne gesammelten Erlebnisse und Erfahrungen (so umschreibt es auch Hermann Schreiber, siehe letzter Buchteil). Und doch stimmt die Bezeichnung »Reise« in inhaltlicher und in sinnbildlicher Hinsicht:

Der Erzähler legt die Route seines Erzählfadens eigenmächtig fest. Vielleicht lässt er seinen Bericht mit einem spektakulären Erlebnis am drittletzten Tag beginnen, knüpft zur Verdeutlichung des Gesagten einige kleine Episoden und Beobachtungen an, greift dann zurück und rafft den Beginn der Reise in wenigen Absätzen zusammen, die in die Schilderung der ersten, für das Thema bedeutungsvollen Begegnung münden, so dass nun eine genaue Personenbeschreibung mit deren Lebensverhältnissen anschließt, gefolgt von einer kurzen informierenden Übersicht über die Lebensweise der Einwohner in jenem Gebiet, ehe sich die Reportage einem anderen Menschen und seiner Lebenssituation zuwendet, mit dem der Erzähler jenes ungewöhnliche, die dortigen Verhältnisse aber treffende Erlebnis hatte, das sich nun farbig schildern lässt, bevor dann … und so weiter.

Mit dem Beginn der Neuzeit, in der Epoche der Eroberungen und Expeditionen vor allem nach Afrika und Westindien, wurde aus dem Reisebericht mehr und mehr eine in sachlichem Ton vorgetragene Abenteuergeschichte. Wie einst Herodot, so führten die Europäer über ihre Reisen Tagebuch, schrieben ihre Beobachtungen genau auf und ergänzten sie mit den durch Befragungen und Analysen gewonnenen Informationen. Doch im Unterschied zu Herodot ging es ihnen nicht um Aufklärung, nicht um Erweiterung ihrer Weltanschauung, sondern um den Erwerb von Macht und Besitz.

Vor allem die spanischen und portugiesischen Seefahrer schrieben im 16. Jahrhundert aufregende und Aufsehen erregende Berichte über ihre Erlebnisse und Taten in Südamerika. Ihre Adressaten waren das Königshaus und oftmals spanische Banken, die in Erwartung der Reichtümer die Expeditionen gegen hohe Zinsen vorfinanziert hatten. So drehten sich ihre Berichte um Gold, um neue Profitchancen – und um Ruhm und Ehre der Konquistadoren: Erstmals wurde die Reportage gleichsam umfunktioniert und zur katholischen Selbstbeweihräucherung. Mehr noch, es waren regelrechte Anti-Reportagen, weil sie die Exoten als minderwertig karikierten, sie gar für böse erklärten, um sie auszurauben, auszubeuten und zu vernichten. So diente damals der Reisebericht zur Bestätigung der europäischen Arroganz und zur Rechtfertigung der eigenen Hab- und Machtgier.

Ein Beispiel für viele ist die Legende von El Dorado, von dem Goldenen Indianerkönig in den nördlichen Anden. Auf der Suche nach diesem Gold haben die spanischen Konquistadoren auch das Indianervolk der Chibcha im heutigen Kolumbien ausgerottet. Ausgangspunkt dieser Vernichtungs-Expeditionen war der Erkundungsbericht des Spaniers Vasco Núñez de Balboa aus dem Jahr 1513.

Er schrieb an seinen König Ferdinand II. über die simple Art, wie die Indianer zu ihren riesigen Goldschätzen kommen:

>»… Zwei Tagesreisen entfernt liegt ein wunderschönes Land, dessen Bewohner sehr karibisch sind und sehr schlecht. Sie essen so viele Menschen, wie sie nur bekommen können (…) Ihnen gehören diese Minen, die nach allem, was ich gehört habe, die reichsten der Welt sind (…) Die Indianer, die dieses Gold sammeln, bringen es so, wie sie es finden, in großen Brocken herunter, um es schmelzen zu lassen, und verkaufen es dem Kaziken (= Priesterhäuptling) Dabeiba. Dafür gibt er ihnen Jungen und Mädchen als Speise und auch Weiber, die sie aber nicht essen, sondern zu Frauen nehmen. Er gibt ihnen auch Pekaris (= Nabelschweine), von denen es hier sehr viele gibt, große Mengen Fisch, Kleider aus Baumwolle, Salz und Gebrauchsgegenstände aus Gold. Dieser Kazike hat einen großen Schmelzplatz in seinem Haus, und an die hundert Männer arbeiten dort ununterbrochen mit Gold. (…)«< (Zit. nach Warwick Bray 1979, S. 18.)

In den folgenden Jahrzehnten zogen mehrere spanische Feudale mit ihren Räuberheeren durch den Dschungel auf der Suche nach dem Goldparadies des El Dorado. Als Haudegen und Eroberer tat sich vor allem der selbst ernannte »Gouverneur von El Dorado«, Gonzalo Jiménez de Quesada hervor, der 1538 mit seinen Männern bis zur Hochebene von Bogotá vorstieß und bei der systematischen Vernichtung der Chibcha und Muisca tatkräftig mitwirkte. Ein Mitkämpfer, Gonzalo Fernández, berichtete über seine stets auf die Goldgewinnung gerichteten Beobachtungen der Expeditionsjahre 1535-1548 unter anderem:

>»(…) Sie bringen das Gold so zum Glänzen, dass es aussieht wie von 23 Karat und mehr (…) Sie bewerkstelligen es mit Hilfe eines gewissen Krautes, und das ist ein so großes Geheimnis, daß jeder Goldschmied in Europa oder an anderen Orten der Christenheit wohl bald mit Hilfe dieser Methode ein reicher Mann würde (…) Ich habe das Kraut gesehen, und die Indianer haben mir darüber erzählt, aber ich habe es nicht geschafft, weder durch Schmeichelei noch durch andere Mittel, ihnen das Geheimnis zu entlocken (…).« Über die Tairona: »Sie tragen Goldschmuck in Form eines Reliefs, das zeigt, wie ein Mann den anderen besteigt bei dem teuflischen und unaussprechlichen Akt von Sodom. Ich sah diesen Teufelsschmuck, der 20 Gold-Pesos wog, daß er hohl und gut gearbeitet war (…) Ich zerschlug ihn mit meinem Hammer und zerstörte ihn auf dem Amboß eines Silberschmieds in der Schmelze von Darién (…).« Und über das Ritual der Inthronisierung des sagenumwobenen Indianerkönigs El Dorado am See Guatavita kolportierte er: »Er ging einher, über und über mit Goldstaub bedeckt, so selbstverständlich, als sei es Salz. Denn für ihn war jeder andere Schmuck häßlich. Schmuck oder Waffen aus gehämmertem Gold zu tragen, war viel zu gewöhnlich.« (Warwick Bray 1979, S. 51)

Hundert Jahre später recherchierte der Chronist einer anderen Expedition, Juan Rodriguez Freyle, erstmals das Geheimnis des El Dorado und brachte folgenden, in der Diktion einer Reportage gehaltenen ethnologischen Bericht über jenen Gold-Ritus nach Hause:

> »(…) Während der Zeremonie, die am Seeufer stattfindet, bauen sie ein Floß aus Schilf, das sie mit den schönsten Dingen, die sie besaßen, verzieren und schmücken.(…) Sobald auf dem Floß der Weihrauch angezündet ist, tun die Leute am Ufer das gleiche, so daß der Rauch das Tageslicht nimmt. Jetzt ziehen sie den Erben nackt aus und reiben ihn mit klebriger Erde ein, über die sie Goldstaub legen, so daß er vollständig von diesem Metall bedeckt ist. Sie bringen ihn auf das Floß, auf dem er bewegungslos stehen bleibt, und häufen zu seinen Füßen einen großen Berg Gold und Smaragde auf, die er seinem Gott bringen soll. Am Ufer beginnen sie zu singen (…) Dann, sowie das Boot die Mitte des Sees erreicht, hißt man eine Fahne als Signal für die nun eintretende Stille. Nun bringt der vergoldete Indianer seine Geschenke dar und wirft den Haufen Gold in der Mitte des Sees ins Wasser (…). Danach senkt sich die Fahne und sobald sich das Floß dem Ufer wieder zu bewegt, beginnt das Singen aufs Neue, mit Pfeifen und Flöten und großen Tanz- und Gesangsgruppen. Mit dieser Zeremonie wird der neue Herrscher empfangen und als Herr und König anerkannt. Von diesem Ritual rührt der berühmte Name El Dorado her, der so viele Menschenleben gekostet hat.« Und der, nebenbei, noch unsäglich viele weitere kostet, da die Europäer in den folgenden Jahrhunderten unter brutalstem Einsatz versklavter Indios einen Teil der Guatavita-Schätze heben. (Warwick Bray 1979, S. 25; Originalquelle: Orviedo, Buch 26 der Historia general y natural de las indias, Madrid 1851-55).

Exkurs: Diese Art der Reise-Abenteuerreportage, die Vorurteile bestärkt und abendländische Überheblichkeit bespiegelt, besitzt seit damals eine ausgeprägte Tradition. Auch wenn es heute nicht um die Rechtfertigung von Raubmord geht, wie damals unter den Konquistadoren, so doch um wirtschaftliche Ausbeutung der Dritten Welt und kulturelle Überfremdung anderer Regionen durch unsere weltweit vernetzten Mediensysteme: Die westlichen, USA-dominierten Interessen prägen das Nachrichten-Weltbild. Dass abendländische Vorurteilsbestätigung auch in Europa, auch in Deutschland maßgebend ist, zeigt sich an der Art, wie Vorgänge in islamischen Kulturen dargestellt werden: meist als absolut befremdlich und irgendwie irrsinnig, insbesondere in der Folge des 11. September 2001, der als Existenznachweis einer unzugänglichen, jenseits unserer Verstehensgrenze liegenden »Welt des Bösen« erinnert wird. Antiaufklärung zum Zweck der Selbstversicherung leisten seither viele Pseudo-Reportagen aus den Krisengebieten des Nahen Ostens.

In Deutschland kam die Reiseerzählung als *literarische Gattung* mit dem Niedergang der höfischen Barockdichtung des 17. Jahrhunderts nach und nach als Abenteuerroman (wie: Grimmelshausens »Simplizissimus« 1668) wieder auf – und wurde dann im Fortgang des 18. Jahrhunderts zur dichterischen Erzählung ausgefeilt und stilisiert. Später feierte der Sturm und Drang den Reisebericht als eine vom Zwang zur Authentizität und Wahrhaftigkeit weitgehend befreite Gefühlsschilderung. Laurence Sternes 1768 erschienener Erfolgsroman »Yoricks empfindsame Reise durch Frankreich und Italien« diente vielen als Vorbild. Zwar erfreute sich auch das konkret und zutreffend geführte Reiseprotokoll zunehmender Beliebtheit. Die Form des Tagebuchs – man denke an Goethes italienische Reise 1786 bis 1788 – entlastete vom Zwang des Handlungsfadens und gestattete die willkürliche Durchmischung der Beobachtungen mit Räsonnement und Selbstreflexion. Doch am Ende des 18. Jahrhunderts, dem Übergang in die Frühromantik, hatten die großen Erzähler sich des Realitätsbezugs weitgehend entledigt. Die gegenständliche Welt verdiente nur insoweit Erwähnung, als sie im Reisenden Reflexionen und Empfindungen bis hin zu geistreich phantasierten Szenen und Begebenheiten auslöst. Mustergültig für diesen frühromantischen Trend war Novalis' 1802 veröffentlichtes Romanfragment »Heinrich von Ofterdingen«: Die Wehmut über die verloren gegangene Einheit zwischen Mensch und Natur brach auf im Wunsch nach ästhetischer Stimmigkeit und sprachbildlicher Vollendung. Literatur sollte nicht länger Realitäten beschreiben, sondern geistreich »der Imaginationskraft Raum geben« (Novalis).

Dieser Anspruch verbannte die Alltagserfahrungen, weil mit der Vorläufigkeit des Lebens behaftet, und erklärte sie zum Trivialen *unterhalb des literarischen Niveaus*. Erstmals wurden Literatur und Journalismus hierarchisch getrennt. Die Literatur reklamierte für sich die wahre Wirklichkeit gestaltender Sprache, die, von den Fesseln des Realismus befreit, das Wesen des Menschseins tiefgründiger zum Ausdruck bringen könne. Anfang des 19. Jahrhunderts wurde Literatur – als Bestandteil der Kunst – folgerichtig zum Medium des »absoluten Geistes« (Hegel) erhoben, durch den sich die Idee, die Einheit des Menschen mit der Welt, verkünde, freilich als Kunstgebilde und so immer jenseits empirischer Erfahrung. Der Titel, den Goethe seiner ab 1811 publizierten Autobiographie gab, war programmatisch: »Dichtung *und* Wahrheit«.

Diese Tendenzen stießen auf Kritik. Es brach ein für die deutsche Literatur *seither* kennzeichnender Realismus-Streit auf, dessen Zankapfel das Genre des Reiseberichts war. »In Romanen hat man uns nun lange genug alte, nicht mehr geleugnete Wahrheiten dichterlich eingekleidet, dargestellt und tausend Mal wiederholt. Ich tadle dieses nicht; es ist der Anfang: aber immer nur Milchspeise für

Kinder«, schrieb Johann Gottfried Seume 1803 an den »lieben Leser« seines Reiseberichts. Und weiter: »Wir sollten doch endlich auch Männer werden, und beginnen, die Sachen ernsthaft geschichtsmäßig zu nehmen, ohne Vorurteil und Groll, ohne Leidenschaft und Selbstsucht. Örter, Personen, Namen, Umstände sollten immer bei den Tatsachen als Belege sein, damit alles so viel als möglich aktenmäßig würde. Die Geschichte ist am Ende doch ganz allein das Magazin unsers Guten und Schlimmen.«

Dies war nichts anderes als ein Plädoyer für die handwerklich seriöse Arbeitsweise des Reporters, der präzis zu beobachten und seine Beobachtungen auch zu belegen, mithin zu recherchieren habe. Ganz ähnlich verstand auch Seumes Zeitgenosse Johann Georg Forster, ein Reiseschriftsteller (»Reise um die Welt«, »Ansichten vom Niederrhein«) seine Aufgabe als Schriftsteller.

Seume schrieb den Appell im Vorwort seines Reisetagebuchs »Spaziergang nach Syrakus im Jahre 1802« (2. Auflage 1805, zit. nach dtv-Ausgabe 1985, S. VII), einer räsonierenden, mit zahlreichen Reportageelementen durchsetzten Erzählung in der Form eines fiktiven Briefes, die der Chronologie der Reise folgt. Seume war kein großbürgerlicher Gelehrter wie andere Italienreisende, sondern ein Mann aus dem Volke. Ihm ging es nicht um das Ideal des Schönen und nicht um die Rückkehr zur Antike, sondern um die möglichst »hautnahe Erfahrung der italienischen Wirklichkeit«, so der Herausgeber Albert Meier. Dadurch kann der Leser »das Leben des Volkes (…) authentisch und spannungsvoll miterleben.«

Wie er diesen Anspruch methodisch einlöste, erläuterte Seume in seinem Vorwort so: »Was ich hier in meiner Reiseerzählung gebe, wirst Du, lieber Leser, schon zu sichten wissen. Ich stehe für alles, was ich selbst gesehen habe, insofern ich meinen Ansichten und Einsichten trauen darf; und ich habe nichts vorgetragen, was ich nicht von ziemlich glaubwürdigen Männern wiederholt gehört hätte« (S. XI). Seume genügte demnach die Forderung nach Authentizität nicht; die Schilderung sollte auch überprüfbar sein.

Hinter diesen – für jede moderne Reportage gültigen – Forderungen steht Seumes Anspruch auf Wahrhaftigkeit (nicht zu verwechseln mit dem prekären Wahrheitsbegriff – Näheres siehe Abschnitt 5.2 im zweiten Buchteil), ein Anspruch, der weniger die journalistische Moral als die *Redlichkeit* meint. Am Schluss seines Vorworts schrieb er: »Niemand kann die Sachen und sich selbst besser geben, als beide sind.« Also nicht ästhetische Vervollkommnung, sondern humane Wahrheit ist gemeint, die in den angetroffenen Zuständen aufzuzeigen ist. So lag Seume auch an *Aktualität*; bereits acht Monate nach seiner Rückkehr erschien die vollständige Buchfassung des »Spaziergangs« (der Buchtitel war eine ironische Untertreibung: Seume hatte eine sehr anstrengende und auch gefährliche Zu-Fuß-Reise hinter sich). Zur äußeren Aktualität gehört auch die thematische. Sie erschließt sich durch den besonderen Blickwinkel, der das Thema erst interessant macht: Seume betrachtete Italien mit sozialkritischen Augen und suchte Vergleiche zu den damals aktuellen Verhältnissen in Deutschland. Seine »Analyse der italienischen (...) Zustände erhielt durch diese Parallelen eine so brisante sozialkritische Bedeutung für Deutschland, dass selbst Göschen es nicht wagte, den ›Spaziergang nach Syrakus‹ in seinem Verlag zu veröffentlichen«, berichtet der Herausgeber Albert Meier (S. 311). Als dann das Buch bei Hartknoch erschien, wurde es – vermutlich wegen der politischen Aktualität – sogleich ein Bestseller. Heute zählt es laut Meier »zu den bedeutendsten Reiseklassikern des 19. Jahrhunderts«.

In der *Biedermeierzeit* endlich wurde Seumes Realismus verstanden und, wie Friedrich Sengle zeigte, zur literarisch-journalistischen *Gattung* entfaltet. Seither gibt es zahllose Texte, die den Reportage-Kriterien genügen und – je nach Art ihrer Dramatisierung – die ganze Bandbreite vom anschaulich geschriebenen Bericht über die Erzählung bis zum Tatsachenroman füllen. Da ist neben Heinrich Heine und Adalbert von Chamisso vor allem Theodor Fontane zu nennen, der die Rückkehr der Literatur zum Realismus dem Einfluss der Reportage zuschrieb und mit seinen episodalen Erzählungen (etwa aus England 1852 und 1855-58) das »Reportertum« feierte. Die weiteren Entwicklungen werden hier nicht weiter dokumentiert, weil sie – was die Theorie der Reportage betrifft – für uns keine über Seumes Position hinausweisende Gesichtspunkte bieten.

Festzuhalten ist indessen, dass die aufs Handwerkliche zielenden Forderungen Seumes seither gültig geblieben sind, nämlich:

▶ Dokumentation (= Recherche),
▶ Authentizität (= Augenschein, Primärquellen),
▶ Glaubwürdigkeit (= Überprüfbarkeit der Sachaussagen),
▶ Unmittelbarkeit (= sinnliche, konkrete Beobachtung) und
▶ Redlichkeit (= das Thema wichtiger nehmen als sich selbst).

Dieser Tradition folgend, schrieb der Reiseschriftsteller Horst Krüger 1972 über seine Arbeitsweise: »Der Augenschein ist mir wichtig, *die Sprache der Sinne:* die Augen, die Ohren, die Nase, der Gaumen und das, was man unwägbar das Klima, die Eigenart einer Stadt, einer Landschaft, eines Volkes nennt.« Und weiter: »Was man später schreiben wird, muß zunächst einmal stimmen. Es muß zuverlässig und belegbar sein. Es muß gründlich recherchiert werden.« (zit. nach

Karst, 1976, S. 13). Und derselben Tradition folgt auch der erwähnte Ryszard Kapuscinski, der bereits als junger Reporter der »Szandar Mlodych« (Jugendfahne) Ende der 50er-Jahre seine Recherchen über Versorgungsengpässe im kommunistischen Polen stets als Reisereportage inszenierte, lange bevor er ins Ausland und weiter durch Afrika und Asien reisen durfte. Kapuscinski erinnert sich an ein Gespräch mit seiner damaligen Chefredakteurin Irena Tarlowska:

>»Ich nannte ein paar Dörfer, in die ich fahren wollte, und Angelegenheiten, die mich erwarteten, und dann nahm ich all meinen Mut zusammen und sagte: ›Irgendwann einmal würde ich gern ins Ausland fahren.‹ – ›Ins Ausland?‹ sagte sie verwundert und leicht erschrocken, denn damals war es noch keine Selbstverständlichkeit, ins Ausland zu fahren. ›Wohin, Wozu?‹ fragte sie. ›Ich habe an die Tschechoslowakei gedacht‹, antwortete ich. Es ging mir nicht darum, etwa nach Paris oder London zu reisen, o nein, solche Ziele versuchte ich mir gar nicht erst vorzustellen, und sie interessierten mich auch nicht, ich wollte nur irgendwo die Grenze überschreiten, egal, welche, denn wichtig war für mich nicht der Ort, das Ziel, das Ende, sondern der beinahe mystische und transzendentale Akt des Überschreitens der Grenze.
>
> Seit diesem Gespräch war ein Jahr vergangen. In unserem Reporterzimmer läutete das Telefon. Die Chefin bat mich zu sich. ›Weißt Du was?‹ sagte sie, als ich vor ihr stand. ›Wir schicken dich ins Ausland. Du fährst nach Indien.‹
>
> (…) Am Ende des Gesprächs (…) griff Frau Tarlowska in einen Schrank, holte ein Buch heraus und sagte, während sie es mir überreichte: ›Das ist von mir, für unterwegs.‹ Es war ein dickes Buch mit einem steifen, gelben Leineneinband. Vorn sah ich den mit goldenen Lettern eingestanzten Namen des Autors und den Titel: Herodot. Historien.« (Kapuscinski 2005, S. 16f.)

Die rein journalistische Reportage, die uns extreme Erlebnisse und fremde Sitten, aber auch organisierte Abenteuer und abgelegene Ferienclubs näher bringt, findet sich heute vor allem in den populären Erzähl-Magazinen wie »National Geographic« und vor allem »GEO«: Betont journalistisch (d. h. faktenreich und an einem allgemein interessierenden Aspekt festgemacht) ist dort der Themenzugang wie auch die sprachliche Umsetzung, die den Leser binden soll und weit mehr dem Gebot der Verständlichkeit zu folgen hat, als ein literarischer Text dies muss (Näheres hierzu siehe die Beschreibungen von Peter Matthias Gaede im letzten Buchteil).

Parallel dazu beobachten wir derzeit eine Renaissance des literarisierten Reiseberichts der Seume-Ära von Journalisten und Schriftstellern, deren Zugang und Sprache die Grenzen zerfließen lassen. Neben Kapuscinski, der dem tradierten Handwerk verbunden bleibt, hat vor allem Wolfgang Büscher – ein passionierter Langstreckenwanderer, im Übrigen Buchautor, Reporter und Redakteur der »Zeit« – mit seinem Fußmarsch von Berlin nach Moskau (Buchveröffentlichung 2003) und seiner Umrundung der 3 500 Kilometer langen deutschen Grenzen (2005) das Genre »Reiseerzählung« neu erschlossen. Seine Geschichten sind Ich-Erlebnisse, in denen die je aktuelle Umwelt stimmungsstark zum Ausdruck kommt. In Büschers Geschichten gewinnt das Reisen neben seiner realen auch eine metaphorische Bedeutung. Auszug aus seiner Wanderung nach Russland:

>»Eben hatte ich die Grenze überschritten, und nichts hatte mich besiegt, das widrige Land nicht und das müde Land nicht und die Zweifel, die ich in Polen gehabt hatte, auch nicht. Ich bin in Russland. (…) Auf dem Kamm drehte ich mich endlich um, und was ich sah, traf mich ins Herz. Im Westen war der Himmel aufgerissen, ein glühender Schlitz, breit wie der Horizont, die letzte Sonne brach gerade durch. (…) Ich blieb stehen und sog das Bild aus dem Himmel, bis es verschwunden war, dann wandte ich mich wieder nach Osten, und die dunkle, schnurgerade Chaussee ins Nichts war mir die liebste, die ich je sah. Voller Versprechungen, voller Abenteuer. Voller Anfang.« (Büscher 2003, S. 166).

Ähnlich Ich-zentriert schreibt auch Juli Zeh, Jahrgang 1974, eine viel gefeierte, zwischen Journalismus und Literatur irrlichternde Autorin. Wie Büscher, so versteht auch Zeh ihre Selbsterfahrungen als Kaleidoskop, in dem sich Stimmungen, Begegnungen und Ereignisse vielfarbig brechen. Die den Journalisten alter Prägung kennzeichnende Haltung – sich selbst zurückzunehmen und die beobachteten Vorgänge in den Vordergrund zu stellen – gilt hier nicht. Leseprobe aus Zehs Schilderung ihrer im Sommer 2001 unternommenen Reise durch das kriegszerstörte Bosnien, hier ihre Ankunft in Mostar:

>»Auf der Straße befällt mich Unruhe. An Menschenmassen kann es nicht liegen, die Stadt ist wie leergefegt, Mittagsruhe. Die Gartenmauern der alten Häuser sind hoch genug, um die Frauen der Familie allen Blicken zu entziehen. Ein Wispern, ein Kichern, das Klicken von Billardkugeln. Das elektrische Sirren der Hitze. Sonst ist es still. Auf den Dächern schmilzt der Teer. Früher hätten die Rufe des Muezzins die Stille zerrissen: Passt auf die Kinder auf, dass sie nicht sterben im Schlaf! Die streunenden Hunde scheinen ohnmächtig geworden zu sein, wir schleichen unbemerkt vorbei. Auch von der Verwüstung kommt meine Unruhe nicht, ich spüre bloß leichte Verwunderung darüber, wie schnell man sich an alles gewöhnt. Alle paar Schritte wende ich mich um: Niemand schleicht mir nach, kein Arm mit erhobenem Krummsäbel reckt sich aus einem Hauseingang. Hinter der nächsten Ecke weiß ich, was mich verfolgt. Es ist ein Geruch. Nudeln mit Spinatsauce und Schafskäse, zum zweiten Mal aufgewärmt, das Süßliche vom Spinat, das Faulige vom Käse, schwach wie in den Kleidern von jemandem, der gerade vom Esstisch aufgestanden ist.« (Zeh 2002, S. 138f.)

1.2 Die journalistische Tradition: Der Augenzeugenbericht

»Es war bereits nach Sonnenaufgang, und doch schien nur ein dämmriges und mattes Licht. Die umliegenden Häuser hatten unter den Erschütterungen schon gelitten und man hatte Grund, ihren Einsturz zu befürchten. (…) Nun erst entschlossen wir uns, aus der Stadt zu gehen. Eine fassungslose Menge folgte nach (…); nun drücken und drängen uns die Flüchtenden vorwärts. (…) Die Wagen, die wir hinaus hatten fahren lassen, wurden, obgleich auf flachem Felde, so hin und her geworfen, daß sie nicht einmal, obwohl von Steinen blockiert, auf der Stelle stehen blieben. Überdies schien das Meer sich selbst einzuschlürfen und durch die Erderschütterung vom Ufer gleichsam zurückgetrieben zu werden. (…) Auf der anderen Seite loderte eine schwarze furchtbare Wolke, durch mannigfaltig verschlungene Feuerströme zerrissen, in langen Flammengarben, ähnlich den Blitzen, jedoch größer. (…) Bald darauf stieg diese Wolke zur Erde herab und bedeckte das Meer. Sie umhüllte und verbarg die Insel Capreä und entzog das Vorgebirge Misenum unseren Augen. (…) Schon regnete Asche auf uns, zunächst noch wenig. Ich blickte mich um; ein dicker schwarzer Qualm gerade hinter uns ergoß sich wie ein Gießbach auf die Erde und folgte uns nach. Laßt uns auf die Seite gehen, sagte ich, solange wir noch sehen können, damit wir nicht auf der Straße von der nachdrängenden Menge in der Dunkelheit zertreten werden. Kaum hatten wir uns abgesondert, da brach eine Finsternis herein, nicht wie die einer bewölkten oder mondlosen Nacht, sondern wie in einem verschlossenen Raum, wenn das Licht erlischt. Nun hörte man das Heulen der Weiber, Wimmern der Kinder, Geschrei der Männer (…).« (Brief VI/20)

So die Schilderung des knapp 18-jährigen Gajus Cacilius Plinius (genannt Plinius der Jüngere) über das Erdbeben von Pompeji. Der Text entstand auf Wunsch des Historikers Tacitus, der von dem jungen Überlebenden den »Bericht eines Augenzeugen« wünschte. Mommsen nannte ihn »die journalistische Glanzleistung des Altertums« (zit. nach Kisch [Hrsg.] 1923, S. 299). Der Text ist durch und durch Reportage, nun freilich in anderer Hinsicht als der Reisebericht. Heben wir die Unterschiede hervor:

Der besondere Reiz der *Reiseerzählung* lag in der freien Gestaltung des Themas: Der Reporter entscheidet, wann er sich wo aufhalten möchte, um Begebenheiten und Eindrücke aufzunehmen. Er organisiert seine Reise und *inszeniert damit sein Thema*, das darum nie ganz festgelegt, sondern bis zum letzten Tag für Veränderungen offen ist: Der Reporter kann oft erst an Ort und Stelle die richtigen Entscheidungen treffen. Dies soll auch so sein, weil der Reporter später über *Erlebnisse* erzählen möchte. Und die Erlebnisse muss er sich erst einmal verschaffen.

Der *Augenzeuge* indessen gestaltet kein offenes Thema nach eigenem Gutdünken, sondern wohnt einem Ereignis bei. Es findet auch ohne ihn statt. So ist es bei einer Naturkatastrophe – wie hier beim Erdbeben von Pompeji – eher Zufall, ob ein Reporter zugegen ist. Berühmt ist in diesem Zusammenhang Charles Dickens' 1840 verfasste Reportage »Der Polizeiwagen«, die mit den Sätzen beginnt:

> »Als wir kürzlich nachmittags von einem Spaziergange zurückkehrten und um die Ecke von Bow-Street kamen, erregte ein an der Tür des Polizeiamts versammelter Haufen unsere Aufmerksamkeit, und wir gingen daher die Straße hinunter. Auf dem Trottoir und teilweise auf dem Fahrwege standen dreißig bis vierzig Menschen, und gegenüber hier und da noch einige einzelne. Alle warteten offenbar.« (zit. nach Kisch 1923, S. 334)

Es sollte nun aber nicht vom Zufall abhängen, ob der Reporter rechtzeitig zum Ereignis kommt und die Zeitung einen Bericht bringen wird. Deshalb schildern journalistische Augenzeugenberichte von Katastrophen nicht das Unglück selbst, sondern spätere Phasen, etwa die Anstrengungen der Hilfstrupps, Menschen zu retten. Berühmt ist Egon Erwin Kischs Erzählung, wie er als junger Berichterstatter von seiner Prager Zeitung zu einem Mühlen-Großbrand geschickt worden sei, mit dem Auftrag, einen großen Katastrophenbericht zu schreiben, dann aber, vor Ort, nichts weiter gesehen habe als Feuerwehrwagen und -männer, die mit Löscharbeiten beschäftigt waren. Er sei schließlich zurück in die Redaktion geschlichen und habe sich eine spannende Reportage über Bettler und Obdachlose aus den Fingern gesaugt, die angeblich zu den brennenden Mühlen gekommen seien (in: »Marktplatz der Sensationen«, 1942. Die Geschichte von der erfundenen Reportage war allerdings ihrerseits erfunden – mehr darüber im zweiten Buchteil, Abschnitt 5.1).

Katastrophen, Unglücke und Verbrechen waren und sind das Thema des klassischen journalistischen Augenzeugenberichts und haben das Bild des Reporters weithin geprägt: Wie die Rettungsmannschaften arbeiten; wie es jetzt an der Unglücksstätte aussieht; wie es einer betroffenen Familie eines Dorfes jetzt geht und wie sie mit der neuen Situation zurecht kommt; wie und was die Polizei, der Staatsanwalt ermittelt; was die Verantwortlichen zu den Folgen ihres Tuns zu sagen haben; welche Maßnahmen zur Vermeidung einer Wiederholung ergriffen werden – und so weiter. Offenkundig ist der Polizeireporter aus dieser Tradition des journalistischen Augenzeugen hervorgegangen.

In der letzten Dezemberwoche des Jahres 2004 zerstörte die von einem Erdbeben ausgelöste Flutwelle, ein so genannter Tsunami, die Küsten des Indischen Ozeans. Mindestens 180 000 Menschen starben, zahllose Dörfer wurden vernichtet. In den folgenden Wochen wurden von westlichen Hilfsorganisationen mehrere Milliarden Euro Spendengelder zur Verfügung gestellt. Ein Jahr später, im Monat Dezember 2005, zählten wir 254 verschiedene Reportagen allein in deutschsprachigen Wochen- und Monatsmagazinen (die Themenseiten und Wochenendbeilagen der Tageszeitungen nicht gerechnet) – ihr Aufhänger: Ein Jahr danach: Was haben die Hilfsgelder im Katastrophengebiet bewirkt? In mustergültiger Form machte dies »GEO« unter der Schlagzeile »Tsunami: das Jahr danach« zum Thema: Es wurden vier Brennpunkte der Katastrophe in Form von vier reportagig geschriebenen Fallschilderungen aneinander gereiht. Als ersten Fall wählte man ein südindisches Fischerdorf, wohin der »GEO«-Reporter zwei Mal gereist war; zuerst wird der Ablauf der Katastrophe rekonstruiert und im Präsens reportagig nacherzählt (6 000 Zeichen). Dann wird das soziale und psychische Elend der Überlebenden beschrieben (Kolportage, 2 000 Zeichen), dann die ungerechte Art der Mittelverteilung aus der Sicht der Betroffenen geschildert (5 000 Zeichen) – alles »auf Augenhöhe« der Dorfbewohner. Die daran anschließenden Fallberichte behandeln dasselbe Thema mit je unterschiedlichen Dramaturgien, doch stets als ein Mix aus Faktenrecherche, Kolportagen und Augenschein (in: GEO 12/2005, S. 110-147).

Entscheidenden Einfluss auf die Entwicklung des modernen Journalismus hatte indessen nicht der Katastrophenreporter, sondern der Augenzeuge von *Veranstaltungen*, mithin der *Berichterstatter*. Veranstaltungen lassen sich im Unterschied zu Unglücksfällen ankündigen. Und oft genug wird die Presse geradezu aufgefordert, der Veranstaltung beizuwohnen und über sie zu berichten, damit diejenigen informiert sind, die an der Veranstaltung interessiert waren, aber nicht hatten teilnehmen können oder wollen.

Veranstaltungen können katastrophische Ausmaße annehmen. Mancher Reporter glaubt dann, er wohne einer gigantischen Tragödie bei, die sich urwüchsig zugetragen habe. Ich meine den organisierten Krieg und den *Kriegsberichterstatter*, eine klassische und zugleich wohl die schwierigste Aufgabe des journalistischen Augenzeugen.

Dass es sich auch bei *Kriegshandlungen* um Veranstaltungen handelt mit Organisatoren, Hauptrollen und Komparsen, machte wohl als erster der britische Reporter William Howard Russell deutlich, der im Auftrag der »Times« als Sonderkorrespondent im Oktober 1854 zur Krim ans Schwarze Meer reiste, um die britische Armee im Kampf gegen die Russen zu beobachten. Seine hautnah abgefasste Reportage über den sinnlos-selbstmörderischen Angriff britischer Soldaten auf das russische Fort von Sewastopol wühlte ganz England auf und wurde zum Beleg für die Verantwortungslosigkeit der Befehlshaber und den blinden Gehorsam der Soldaten. Wäre diese Reportage nicht geschrieben und gedruckt worden, hätten die Engländer nicht viel mehr erfahren, als es das amtliche Kommuniqué verriet: Eine russische Batterie sei angegriffen und die britische

Kavallerie nach Durchführung der Aktion wieder zurückgezogen worden; es habe dabei zwar Verluste gegeben, aber »der Befehl wurde mit größtem Mut und Elan durchgeführt« (zit. nach Larsen 1970, S. 15). Russells Berichte versetzten ganz England in Aufregung und führten zum Rücktritt Yard Aberdeens Regierung. Wir kommen am Schluss dieses Kapitels auf die Lage des Kriegsreporters zurück.

Im zivilen Alltag moderner Gesellschaften sind die wichtigsten Veranstaltungen zweifellos diejenigen, die das Zusammenleben der Menschen direkt betreffen: die Rechtsprechung der Gerichte (Gerichtsreporter) und die Versammlungen der Volksvertreter (Parlamentskorrespondent bzw. -reporter). Hier lautet die Aufgabe des Berichterstatters, möglichst viele Bürger am Geschehen teilhaben zu lassen durch Nacherzählung und Sachinformation; wir nennen das heute »Öffentlichkeit herstellen«. So gesehen ist die rechtsstaatlich organisierte bürgerliche Gesellschaft mit ihrem umfänglichen Institutionengefüge eine Art permanenter Großveranstaltung und so auch Dauerthema journalistischer Erzählungen.

Exkurs: Der *professionelle Journalismus* ist so alt wie die regelmäßige Parlamentsberichterstattung durch den journalistischen Augenzeugen. Sie geht zurück auf die Demokratisierung der Gesellschaft durch das Bürgertum, also auf das England in der Zeit der »Glorious Revolution« 1679 (Habeas-Corpus-Akte) bis 1689 (Declaration of rights) und dem Ende des Lizenzzwangs (1695).

Damals kam der Bedarf nach allgemein zugänglicher Information auf: »politische Öffentlichkeit« als medialer Raum für die gesellschaftliche Verständigung war gefordert, etwa, damit die Wähler ihre Meinungen über die von ihnen Gewählten bilden und die Volksvertreter die Anliegen der Bevölkerung repräsentieren können. So war der Kampf gegen die Vormacht der Feudalen von Anfang an von Bericht erstattenden Reportern geführt worden. Ihr bekanntester, der erzählstarke Daniel Defoe, wird in Englands Pressegeschichte als der erste Berufsjournalist bezeichnet. Nach der Schaffung des Unterhauses ging es um die Öffentlichkeit der Parlamentssitzung; sie war in den folgenden hundert Jahren stets umstritten, wurde auch immer einmal wieder abgeschafft, aus Sorge, die privilegierten Großgrundbesitzer (Whigs) könnten daraus größeren Nutzen ziehen als die arbeitnehmenden Bürger (Tories).

Mehrere Zeitschriften begannen im 18. Jahrhundert mit Parlamentsreportagen; am bekanntesten wurden die von 1736 an regelmäßig publizierten Berichte des »Gentleman's Magazine«: Anfangs waren es protokollarische Wiedergaben der Verhandlungen, später wurden daraus journalistisch aufgemachte, also mit Schwerpunkten und Raffungen versehene Berichte mit »human touch«.

Die publizistische Aufgabe wurde im Wesentlichen darin gesehen, die Bürger *am politischen Geschehen mittelbar teilhaben* zu lassen. Dies insbesondere dann, wenn die unmittelbare Publikumsöffentlichkeit ausgeschlossen wurde: Die mit der Publizität verbundene Öffentlichkeit gestattete die Fiktion einer *partizipativen Bürgerdemokratie*. Denn selbst wenn der Bürger keine Zeit und Gelegenheit hat, sich direkt am politischen Geschäft zu beteiligen, so kann er über die Berichterstattung doch indirekt am Geschehen partizipieren. Dieser Gedanke findet sich noch heute im Konzept der »Neuen Zürcher Zeitung«, die noch 2005 als einziges Blatt im deutschen Sprachraum an der protokollarischen Parlamentsberichterstattung festhielt.

Die Aufgabe, Öffentlichkeit herzustellen, hat sich seit damals zu einem Informationsbeschaffungsprivileg der Journalisten gegenüber den Bürgern entwickelt. Oftmals werden Veranstaltungen ja nur wegen der Medien – oder auch exklusiv für sie – abgehalten. In der Bundesrepublik Deutschland genießen die Journalisten nach Maßgabe der Landespressegesetze sogar spezielle Informationsrechte, und die Behörden müssen gegenüber Journalisten spezifischen Auskunftspflichten genügen. Soll bedeuten: Dem Anspruch nach überschreitet der Reporter – stellvertretend für sein Publikum – vor allem solche institutionelle Grenzen und Barrieren, hinter die der Bürger nicht zu gelangen vermag.

Mit dem Augenzeugenbericht untrennbar verknüpft ist das Klischee vom »rasenden Reporter«. Egon Erwin Kisch hatte es 1924 als Titel für seine Reportagensammlung benutzt und so das Missverständnis in die Welt gesetzt, er sei ein »rasender«, mithin blitzschneller Reporter. Tatsächlich feilte er oft tagelang an einzelnen Absätzen und Worten. Besonders flink (und oft schlecht) waren indessen die Reporter immer dann und dort, wo mehrere Straßenverkaufszeitungen in hartem Konkurrenzkampf um Käufer buhlten.

Tatsächlich rasten Reporter, die auch noch ihre eigenen Setzer und Drucker waren, bereits im 18. Jahrhundert in den Hafenstädten an der Ostküste Nordamerikas, wenn ein Schiff aus Europa mit vielen Neuigkeiten (= Zeitungen) einlief: Das Schiff mit seinen verschiedenen Informanten war die »Veranstaltung«, über die während vieler Tage berichtet werden konnte. Es wird erzählt, der erste nun wirklich rasende Reporter sei im 18. Jahrhundert der Amerikaner John Blake gewesen, Mitarbeiter einer Gazette in Boston. Wenn sich ein interessantes

Schaubild 1: Die Herkunft der Reportage

Die tradierten Reportagetypen:
Augenzeugenbericht – Reisebericht

Themenfelder:
Exotisches aus der uns fremden fernen Welt
Unfassliche Ereignisse
Allgemein wichtige Veranstaltungen

	Informatorische	Literarische
	Tradition	
Art des Themas:	Vorgegebenes Ereignis	Selbst gestaltete Erlebnisse
	vor Ort	vor Ort
Art des Textes:	Augenzeugen-bericht	Reisebericht (Erzählung)
Vermittlungs-leistung:	Barrieren überschreiten, um …	Distanzen überwinden, um …
Hauptfunktion:	… die Leserschaft teilhaben zu lassen.	

© M. Haller

Schiff aus Europa dem Hafen näherte, ließ er sich von kräftigen Männern hinausrudern, um als Erster an Deck zu gehen und die Depeschen an sich zu nehmen. Wenn dann das Schiff im Hafen vertäut war und die Reporter der anderen Blätter auf die Brücke kamen, eilte der informierte Blake bereits in die Redaktion, um die Sensationen für die nächste Ausgabe zu schreiben.

Der Zwang zur Aktualität, zur härteren Schlagzeile und zum heißeren Reporterbericht kam dann gegen Ende des 19. Jahrhunderts mit der Massenpresse auf – in jener Zeit, die Meyers Enzyklopädisches Lexikon (vgl. Seite 17) zur Geburtsstunde der Reportage erklärt.

1.3 Die moderne Reportage: Ereignis und Erlebnis

Die moderne Reportage, von der im Folgenden die Rede sein wird, vereinigt die beiden großen Traditionen »Reisebericht« und »Augenzeugenbericht« und bringt so ein neues Genre hervor. Die Wegbereiter waren vor allem englische und französische Schriftsteller, in erster Linie Honoré Balzac und Emile Zola, die »auf Reporterweise ihr Jahrhundert beschrieben« haben (Kisch). Dann aber auch deutsche »journalistische Literaten«, Heinrich Heine etwa mit seiner Gerichtsreportage »Old Bailey« aus London 1828, oder Georg Weerth mit seinem »Besuch in den Tuilerien«, einer 1848 verfassten Reportage über die Folgen der Februarrevolution. Oder Theodor Fontane und sein Aufsehen erregender Bericht »Eine Stunde bei den Werbern«, der 1858 veröffentlicht wurde.

Die gewählten Themenaspekte, die Herangehensweise und sprachliche Materialumsetzung dieser und zahlloser anderer Arbeiten zeigen die Modernität der Reportage, die das Verborgen-Hintergründige erschließt und das Ausgegrenzte wie ein exotisch fernes Land »bereist«, um es den Lesern nahe zu bringen – mit präzisen Beobachtungen und Schilderungen, die das Publikum hautnah miterleben lassen. Und genau diese Merkmale treffen auf die im Laufe des 20. Jahrhunderts ausgeformte und bis heute gültige Machart der Zeitungsreportage zu. Hier ein Beispiel für ein geradezu archetypisches Barriere-Thema:

>»Über das Guckloch, durch das man herein-, aber nicht heraussehen kann, steht der Name: Friedrich Leidig, geboren 1912. Ich suche nach Persönlichem, nach dem, was von 19 Jahren Haft geblieben ist, nach Spuren eines langen Weges, nach Eigenheiten, Eigentum, Besonderem, das auf den Menschen Leidig deutet.
>
>Auf der Fensterbank liegt ein Stück einer alten Wolldecke, vielleicht, damit man bequemer die Arme auflegen kann beim Hinausstarren zu den fernen Silhou-

etten der Industriewerke. Ich finde Hautcreme, eine Zahnprothese in einem Plastikbecher, die Brille, Zigarettenpapier, zwei Bücher aus der Gefängnisbücherei, ein Gesangbuch, zwei Gebetbücher, das Neue Testament, ein Maiandachtsbüchlein, einen Kalender, ein Rätselheft, das Kreuz eines Rosenkranzes und ein steifes Stück Nylon über einer Plastikdecke mit bunten Blumensträußen. Das ist der Bodensatz der 19 Jahre. (…).

Die Werte aller Dinge haben sich verschoben, jeder noch so geringe Besitz bekommt ein uns unverständliches Gewicht. So erzählt mir einer der Ältesten dies: Die Gefängnisleitung hatte früher beliebig viele Blumenstöcke erlaubt. Als die Anordnung auf eine Pflanze beschränkt wurde, gab er alle ab, weil er es als ungerecht empfand, sich gegen die übrigen zu entscheiden.

Dreimal höre ich vor der Zelle ein Geräusch. Es sieht wohl jemand durch das Guckloch. Der Beamte, der mich herbrachte, hat vom Zellenkoller geredet, vor dem keiner gefeit sei. Er zögert es darum nicht eine Sekunde unnötig hinaus: Pünktlich nach einer Stunde klirrt sein Schlüssel. Und das Haus schweigt von neuem, bis die Schritte der Fremden verhallt sind.« (Auszug aus der Reportage von Petra Michaely über 19 zu lebenslang verurteilten Häftlingen, Saarbrücker Zeitung 2. Oktober 1969, die mit dem Theodor-Wolff-Preis aus-gezeichnet wurde).

Die Funktion der Reportage: In modernen, komplex gewordenen Gesellschaften (siehe Kasten: fünf Thesen) erleben viele Menschen die soziale und politische Lebenswelt als undurchdringlich. Die Sicherung der eigenen Gesundheit, die Vorsorge für das Lebensalter, der sich dramatisch verändernde Zustand der natürlichen Umwelt – solche Fragen lösen Ratlosigkeit, Ohnmachtsgefühle, auch Angst und Panik aus. Die Beschreibung von Situationen, die diese Gefühle nur bestätigen oder verstärken, empfindet das Publikum kaum als bereichernd. Interessant – dies zeigt die Leserforschung – sind ungewöhnliche Erfahrungen und andere Sichtweisen auf längst bekannte Probleme. Nicht schon wieder eine Analyse der Arbeitslosengeld-II-Reform (sog. Hartz IV): Interessanter ist die Sicht desjenigen, der in der „Arbeitsagentur" just erwerbslose Akademiker vermitteln soll und daran schier verzweifelt (Kisch-Preisträger Stefan Willeke: „Der gute Müller" in: *Die Zeit* Nr. 22/2005) – oder ein Alltagserfahrungsbericht desjenigen, der unter den »Hartz IV«-Bedingungen tatsächlich leben muss.

Die damalige Redakteurin des Hamburger Abendblatts, Barbara Hardinghaus (29), machte einen Selbstversuch: Während vier Wochen unter den Hartz-IV-Bedingungen – konkret: mit 345 Euro – den Lebensalltag inklusive Miet- und Nebenkosten bewältigen. Den gesamten Monat August 2004 lebte sie mit dem Arbeitslosengeld II nach Hartz IV. Und berichtete fortlaufend in der Form eines Tagebuchs in ihrer Zeitung. Sie beschrieb hautnah, was sie alles tun musste, um mit zehn Euro pro Tag auszukommen: Kann ich mir die U-Bahnfahrt leisten, um zur Agentur zu kommen? Verzichte ich auf gesunde, aber teurere Lebensmittel für ein Glas Wein? Schwer fiel ihr der Verzicht auf einen ordentlichen Milchkaffee. Geschenke für Freunde zur Hochzeit – nicht daran zu denken. Anders als andere Langzeit-Arbeitslose bekam sie Stellenangebote, auch

Fünf Thesen zur Entstehung und Funktion der modernen Reportage

1. Die Reisereportage erfüllte die Funktion, stellvertretend für die Hörer und Leser Distanzen zu überwinden, um Fernes und Fremdes nahe zu bringen. Das Fremde erschließt sich über das Erlebnis des Reporters, das er erzählen möchte.

2. Der Augenzeugenbericht hatte die Funktion, stellvertretend für die Leser Barrieren zu überschreiten, um Unbekanntes und Verschlossenes in der Lebenswelt des Publikums zugänglich zu machen. Das Unbekannte wird nahe gebracht durch die Schilderung aktueller Vorgänge oder durch den Bericht einer Veranstaltung; die Reportage funktioniert als Brücke zu den Ereignissen, die auch ohne den Journalisten stattfinden.

3. Bei beiden tradierten Reportagetypen ging und geht es darum, den Leser am Geschehen teilhaben zu lassen. Die Reportage erreicht dies durch ihre erzählende wie auch schildernde Sprache. Sie vermittelt das Geschehene konkret, sinnlich und unmittelbar. Ihr sprachlicher Ausdruck ist darauf aus, vermittels Lexik und Stil Bedeutungen, auch Tief- und Hintergründiges aufzuzeigen. Diesen Anspruch hat sie mit der Literatur gemein.

4. Beide, Distanz und Barriere, gelten heute in der unübersichtlich (»überkomplex«) gewordenen Industriegesellschaft auch im übertragenen Sinn: Der Reporter überwindet soziale Distanzen und er überschreitet institutionelle Barrieren, die den Bürger auf Distanz halten und aus Sicht der Bürger unüberwindlich scheinen.

5. Jedes geeignete Reportagethema fordert zur (verbalen) Überwindung von Distanz und zum Überschreiten der Barrieren auf. Jedes Thema ist dann ein gutes Reportagethema, wenn es das Publikum (Leser, Hörer, Zuschauer) zu beidem gleichzeitig einlädt.

Hilfsarbeiten in einem Imbiss; den Job hätte sie nach Hartz IV annehmen müssen. Sie beobachtete, wie sie im Alltag zunehmend aggressiver reagierte; wie ihre »Haut immer dünner wurde«. Sie habe sich für robuster gehalten, kommentierte sie diese Selbstbeobachtung. Ihre einfühlsam verfasste Artikelserie wurde in Hamburg zum Stadtgespräch; zahlreiche andere Medien griffen diesen Themenzugang mit eigenen Reportagen auf.

Ein NDR-Feature-Team begleitete Barbara Hardinghaus zwei Wochen lang und dokumentierte ihre Erlebnisse in einer 30-minütigen Reportage (Erstsendung im NDR am 21. September 2004).

Je alltäglicher das Thema ist, je weniger Distanz/Barriere es bietet, *desto schwieriger* ist es als Reportage zu gestalten. Aber auch banale Alltagssituationen können attraktiv gemacht werden, wenn eine Barriere aufgestellt und überschritten wird: wenn das Thema »von der anderen Seite der Theke« aus angegangen wird; wenn, statt vom Zuschauerraum, aus den Kulissen auf die Bühne geschaut, generell, wenn »hinter den Vorhang« gelugt wird; wenn altbekannte Situationen in der Rolle eines ganz anderen neu durchgespielt werden. Oder wenn sich der Reporter in eine (für ihn) extreme Situation begibt und das (für ihn) Befremdliche dieser Situation per Selbsterfahrung erlebt – genau dies zeigt das oben angeführte Beispiel »Hartz IV«.

Das Rollenspiel ist eine Themenerschließungstechnik, die von den großen Reportern seit dem ausgehenden 19. Jahrhundert meisterlich beherrscht wurde – weniger, um Alltagssituationen attraktiv aufzubereiten, viel mehr, um extreme Arbeits- und Lebensbedingungen ihren (meist mittelständischen) Lesern nahe zu bringen. Die Reportage von Egon Erwin Kisch über die berühmt-berüchtigte spanische Quecksilbermine Almaden (»Menschen im Quecksilber, Quecksilber im Menschen«, 1934) führt uns prototypisch das Überwinden von Distanz/Barriere im wörtlichen wie im übertragenen Sinne vor. Ihr Anfang lautet:

>»Hinab rasselt der Förderkorb. Ein Brett oben, ein Brett unten. Dazwischen die Passagiere und ein leerer Hunt. Die Felsen, die wir durchfahren, werden zu Seitenwänden des Förderkorbs. Plötzlich klafft eine Wölbung im Schacht, rechts und links ahnen wir Korridore.
>
>In diesem Stockwerk hat der Förderkorb (der gleiche wohl) hundert Jahre lang hundertmal am Tag gehalten, alle Passagiere, alle Lasten wurden ein- und ausgeladen, hundert Jahre lang war hier Endstation. Ein Heer von Sklaven schürfte von morgens bis nachts, von nachts bis morgens, aber eines Tages war die Strecke abgebaut und der Fahrstuhlschacht wurde tiefer hinabgeführt.
>
>Nach fünfzig Metern springt wieder ein Bogen Schwarz in den Lichtschein unserer Karbidlampe. Der Eingang zu diesem Korridor ist so niedrig, daß ein Mensch

ihn nicht aufrecht passieren kann. Hier stieg kein Mensch ein und keiner aus. (…) Die Bergleute dieser Region kamen zu Fuß durch einen Tunnel, den sie sich von ihrer Wohnstätte auf der Erdoberfläche schräg in den Felsen hacken mußten, und kehrten nach Feierabend wieder zu Fuß durch ihren Tunnel heim. Mitten in ihr Haus, das das Königlich spanische Strafhaus war.

In das Königlich spanische Strafhaus von Almaden wurden nur die zu lebenslänglicher Zwangsarbeit Verurteilten eingeliefert. Ihre Lebenslänglichkeit dauerte nicht lange; viele, viele Generationen haben innerhalb des vorigen Jahrhunderts einander abgelöst, die quecksilberne Luft im Bergwerk verkürzt die Haft. (…) Der schräge Felsengang vom Zuchthaus ins Bergwerk wird nicht mehr benutzt. (…) Fast fünf Minuten lang tauchen wir hinab zwischen Stein und Stein, zwischen Schiefer und Quarzit. Im zwölften Stockwerk der Grube San Aquino steigen wir aus, hier endet der Förderschacht (…).

Wir klimmen eine ungefüge, schwankende Leiter bergab, und wieder eine ungefüge, schwankende Leiter bergab, und wieder eine – beschwerlich solches Klettern mit dem offenen Licht in der Hand, insbesondere für einen, der es nicht gewohnt ist. Dann sind wir in Sohle dreizehn, dreihundertsiebzig Meter unter dem irdischen Licht.

Gekrümmten Rückens tappen wir den Weg …« (zit. nach: Karst 1981, S. 42-44)

Mit und seit Kisch verbindet man mit der modernen Reportage noch eine weitere, nun tatsächlich neue journalistische Eigenheit: die Methode des verdeckten Rollenspiels. Da begnügt sich der Reporter nun nicht mehr mit dem Standpunkt des Beobachters, sondern agiert als Mitspieler oder gar Hauptakteur, bleibt aber für die anderen Beteiligten inkognito. Erst seine Reportage enthüllt dann vor der Öffentlichkeit das Rollenspiel.

Die mit dieser Methode verbundene Täuschung auskunftswilliger Beteiligter rückte dieses Vorgehen immer mal wieder ins Zwielicht. Nachdem der Journalist Günter Wallraff Ende der 60er Jahren für seine Sozialreportagen diese Form des verdeckten Rollenspiels mit wachsendem Erfolg zu nutzen begann, sind solche Verfahren derzeit erneut heftig umstritten (mehr darüber im Abschnitt 2.4 des zweiten Buchteils).

Im Grunde aber handelt es sich nicht eigentlich um eine neue Form der Reportage, sondern um eine bis dahin ungewohnte Recherchetechnik. Man spricht darum von der recherchierten Reportage, die schon damals, als diese Methode aufkam, neben den per Rollenspiel gesammelten Beobachtungen auch Fachwissen und wissenschaftliches Material bis hin zu Forschungsberichten verwertete.

Der auch in Sachen Selbstdarstellung äußerst professionelle Egon Erwin Kisch sorgte dafür, dass diese ungewöhnlichen Mix-Methoden mit seinem Namen verbunden blieben: »Seit Kisch …« heißt es bis heute. Tatsächlich wurden diese neuen Methoden zuerst in den Weltstädten des 19. Jahrhunderts entwickelt, um das dort neu aufgebrochene soziale Chaos publizistisch ins Auge fassen zu können. So praktizierten Journalisten in Paris und London bereits Ende der 70er-Jahre des 19. Jahrhunderts – fünfzig Jahre vor Kisch – den Typus der recherchierten wie auch selbsterfahrenen Sozialreportage: Zitate, Beobachtungen und Erlebnisse beschafften sich die Reporter, indem sie für Stunden oder Tage mit denjenigen zusammenlebten, über die sie schreiben wollten. Der Übergang zum verdeckten Rollenspiel war fließend. Berühmtheit erlangte 1885

Schaubild 2: Der moderne Reportagentyp

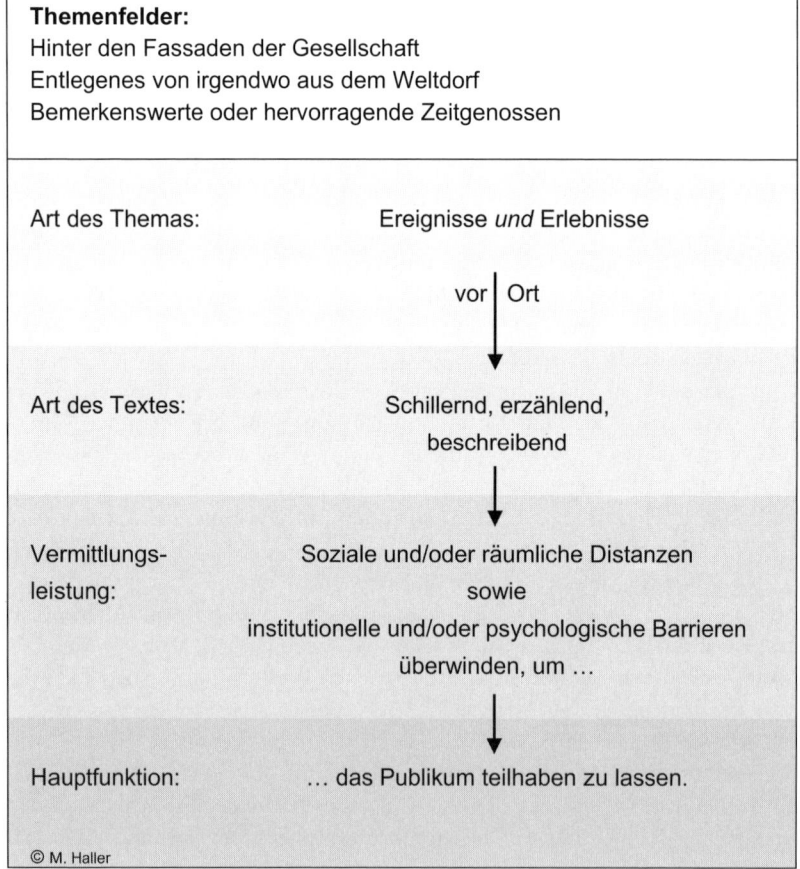

Themenfelder:
Hinter den Fassaden der Gesellschaft
Entlegenes von irgendwo aus dem Weltdorf
Bemerkenswerte oder hervorragende Zeitgenossen

Art des Themas: Ereignisse *und* Erlebnisse

vor | Ort

Art des Textes: Schillernd, erzählend,
                                   beschreibend

Vermittlungs-   Soziale und/oder räumliche Distanzen
leistung: sowie
                  institutionelle und/oder psychologische Barrieren
                          überwinden, um …

Hauptfunktion: … das Publikum teilhaben zu lassen.

© M. Haller

der britische Journalist William Thomas Stead, der über ein aufwändiges Rollenspiel den Handel mit minderjährigen Mädchen aufdeckte (vgl. Haller [6]2004, S. 22f.). Für seine anteilnehmenden Sozialreportagen zu Lebzeiten gefeiert, dann aber vom Selbstvermarktungsgenie Kisch überstrahlt, wurde auch der Wiener Journalist Max Winter. In den 90er-Jahren des 19. Jahrhunderts durchstreifte er Wiens Armenviertel und ließ sich auch mal, als Landstreicher verkleidet, ins Polizeigefängnis werfen. Winter über seine Verkleidung beim Besuch einer Aufwärmstube: »Ich hatte Elendsmaskerade angelegt: den Kragen meines alten Lodensprenzers aufgestülpt – den verstaubten Filz in die Stirn gedrückt, die Hände in den Taschen der Sommerhose vergraben, so stehe ich dort und friere in den Füßen (…). Der Geruch des Elends umfängt uns.«

Stefan Riesenfellner, Herausgeber der Winter-Reportagen, nennt Max Winter den Pionier der wissenschaftlich recherchierten Reportage (näherte sich dem, was wir heute Report nennen – siehe Abschnitt 3.5 in diesem Buchteil): »Nicht nur die Methode der teilnehmenden Beobachtung, die Verwendung budgetstatistischer Ansätze oder die Inventarbeschreibung bei der Nachzeichnung der sozialen Lebenswelt rücken Winter ins Vorfeld der empirischen Sozialforschung, vor allem die Berücksichtigung der gewerkschaftlichen Gegenenqueten und der Rückgriff auf enqueteähnliche Verfahren (…) lassen in den Winterschen Sozialreportagen einen soziologischen Zugriff erkennen.« (1987, S. 111). Der Wiener Publizistikwissenschaftler Hannes Haas schreibt in seiner Hommage an Max Winter (»Der Wallraff der Monarchie«): Winter »schlich sich in Fabriken oder Polizeiarreste ein, um nach der Überwindung von Recherchebarrieren in Terrains vorzudringen, die dem Journalisten verwehrt geblieben wären. Es darf nicht vergessen werden, daß solche Reportageformen den Leser in der Rolle des Eindringlings mitschlüpfen lassen und ihn in das Abenteuer einbeziehen« (in: »Wiener Zeitung« vom 10.7.1987): Es ist dies die jahrtausendealte Attraktion der Teilhabe, die das (gute) Erzählen von Erlebnissen erzeugt.

1.4   Die Reportage und die Massenpresse

Die Professionalisierung und Standardisierung des Journalistenhandwerks – und parallel dazu der Typ der modernen Zeitungsreportage – kamen mit der Massenpresse. Deren Werdegang lässt sich genau datieren: 1850 wurde in Preußen das staatliche Anzeigenmonopol aufgehoben und das Inseratengeschäft den Verlegern überlassen. 1872 lief die erste Rotationsdruckmaschine, 1884 die erste vollmechanische Setzmaschine, die ganze Zeilen in Blei goss. 1891 kam die erste Rotationskupfertiefdruckmaschine auf den Markt. 1914 wurde in Deutschland die erste Sechsrollen-Rotationsmaschine von König & Bauer montiert, die pro Stunde 200 000 Exemplare einer achtseitigen Zeitung drucken konnte.

Durch die beschleunigte Industrialisierung der 70er-Jahre und – als Folge – das rasche Anwachsen der Städte zu Ballungsgebieten, hatten sich die Stadtbürgerschaften zu großstädtischen Populationen aufgebläht, die ganz neue Informations- und Unterhaltungswünsche zeigten, denen wiederum die Großverlage mit neuen Produkten entgegenkamen. In Berlin zum Beispiel erschien ab 1892 die wöchentliche »Illustrirte Zeitung«, ein Bilderblatt des Großverlegers Ullstein, daneben verschiedene Tageszeitungen in täglich mehreren Ausgaben. Die neuen Techniken ermöglichten weitere Entwicklungen, wie etwa die im Oktober 1904 gegründete »B.Z. am Mittag« des Ullstein-Verlags, eine zur Mittagszeit verkaufte Straßenzeitung zum Preis von fünf Pfennig. Sie galt bald als die »schnellste Zeitung der Welt« (Ullstein).

Nicht ohne Stolz schilderte Verleger Ullstein später, in den 20er-Jahren, die Produktion der Zeitung mit einer Auflage von 200 000 Exemplaren so: »Während in den Stunden von 8 bis 10 Uhr vormittags noch eine gewisse Ruhe in der Maschinensetzerei herrscht, da die Redaktionen durch Boten mehr inaktuelles Material in die Setzerei senden, stürzen zwischen 10 und 11 Uhr bereits Redakteure in die Setzersäle, um im engsten Kontakt mit der Setzerei die neuesten Nachrichten zu verarbeiten. Zum Schluß wird das letzte eintreffende Material den hereinjagenden Boten geradezu aus den Händen gerissen und der Satz, während die Form bereits geschlossen wird, in letzter Sekunde in die Seite eingefügt (…) 15 Minuten nach Redaktionsschluß speien 26 Maschinen in rasender Geschwindigkeit die Auflage in verkaufsfertigen Exemplaren aus. Lange Reihen von Transportautomobilen nehmen die Zeitungsstöße auf und transportieren sie zu den Flugzeugen, Bahnhöfen und Zeitungsverkäufern in der Stadt. Nach Verlauf einer Stunde ist der Spuk aus, die Maschinen stehen.« (Karl Ullstein 1929, S. 230).

Diese Straßenverkaufszeitungen, die in harter Konkurrenz mit mehreren Ausgaben täglich um Kunden und Käufer warben, verdrängten den betulichen Stil der »Intelligenzblätter« (der Titel der renommierten Tageszeitung etwa lautete: »Berlinische Nachrichten von Staats- und gelehrten Sachen«). Dank der neuen Techniken der Nachrichtenverarbeitung soll die Zeitung möglichst rasch, möglichst exklusiv und möglichst interessant informieren. Und sie soll aus Wettbewerbsgründen ihre Berichte wenn möglich attraktiver als die Konkurrenz aufbereiten und anbieten. Das war nicht so einfach, weil inzwischen die Nachrichten aus dem In- und Ausland über kommerzielle Telegrafenbüros, den Vorläufern heutiger Presseagenturen, angeboten wurden.

Exkurs: 1849, unmittelbar nach Freigabe des Telegrafennetzes für private Depeschen, publizierte der Geschäftsführer der Berliner »National-Zeitung«, Bernhard Wolff, in seiner Zeitung telegrafisch übermittelte Börsenkurse aus Frankfurt und London. Um die hohen Übermittlungskosten aufzuteilen, gründete Wolff ein »Telegrafisches Korrespondenzbureau« in Berlin und bot die Depeschen verschiedenen Zeitungen an. Bald kamen Börsennachrichten aus Wien, dann auch aus Paris hinzu, die wenig später um politische Meldungen erweitert wurden. Lieferant war der Franzose Charles Havas, der bereits 1835 das erste Korrespondenzbüro in Paris gegründet und so das Vorbild geliefert hatte.

Im europäischen Telegrafennetz bestanden Mitte des 19. Jahrhunderts noch zahlreiche Lücken, die per Briefpost oder mit Brieftauben überbrückt wurden. Um die Lücke zwischen Aachen, Brüssel und London zu schließen, organisierte ein ehemaliger Havas-Mitarbeiter, Paul Julius Reuter, zunächst einen Brieftaubendienst. 1851, nachdem das erste Unterseekabel Calais-Dover verlegt war, ließ er sich in London nieder und beschickte seine Filiale in Hannover. Bald wurden zwischen Wolff, Havas und Reuter Verträge über den wechselseitigen Nachrichtenaustausch und die Zuständigkeitsgebiete vereinbart. Laut einem 1870 auf staatlichen Druck hin geschlossenen Kartellvertrag bearbeitete von nun an Reuter Großbritannien, Amerika und Asien, Havas alle romanischen Länder und Wolff den deutschen Sprachraum sowie Nord- und Osteuropa. Damit fielen alle deutschen Reuter-Filialen an Wolff. Dank zahlreicher Abkommen mit weiteren ausländischen Büros konnte Wolffs Agentur den Zeitungen seit Mitte der 70er-Jahre einen nahezu lückenlosen In- und Auslandsdienst anbieten. 1885 hatte die Agentur gegen 700 Abonnenten, zwanzig Jahre später etwa 2 300.

Bereits 1865 war mit preußischen Staatsgeldern eine »Continental Telegraphen Compagnie« gegründet worden, an die Wolff sein Unternehmen abtrat (er blieb aber bis 1871 deren Direktor); 1874 wurde daraus eine staatlich kontrollierte Aktiengesellschaft. »Das Wolffsche Telegraphenbureau war seither eine offiziöse Institution unter direkter Kontrolle der preußischen Regierung«, schrieb der Zeitungshistoriker Kurt Koszyk (1966, S. 213).

Im Gleichschritt mit dem Ausbau des kommerziellen Informationsnetzes und seines Abnehmerkreises entwickelten die Redaktionen der großen Tageszeitungen drei – zusehends voneinander abgegrenzte – Arbeitsfelder: die Sichtung und Verarbeitung der Depeschen und Korrespondenzen (Nachrichtenredaktion), das Abfassen von Meinungsartikeln und längeren Betrachtungen zum Zeitgeschehen (Kommentare und Leitartikel) – und die Ereignisberichterstattung durch hauseigene Berichterstatter vor allem im Lokal- und Regionalbereich, später auch für die Inlandpolitik.

Mit den neuen Techniken der Nachrichtenverarbeitung und der Professionalisierung der Redaktionsarbeit suchten die großen Publikumsblätter vermehrt Abstand zu gewinnen von den staatlichen Institutionen und deren Informationspolitik. Doch wegen der scharfen Zensurbestimmungen war die kritische Distanz zu den Machtträgern nicht zu erreichen; umso mehr gefragt war die süffige, leserfreundliche Geschichte mit knalliger Schlagzeile (sie entstand 1878 in Wien als Erweiterung des damals beliebten Schlagworts am Kopf jedes Artikels – vgl. Meyer 1983, S.VI-21). »Leute ohne Beruf und ohne Befähigung, die Dolmetscher der öffentlichen Meinung zu sein, haben durch Gründung neuer Blätter (…) sich Existenz und Bedeutung zu verschaffen gesucht«, klagte das preußische Staatsministerium bereits 1850, »und sie haben aus ihrem eigensüchtigen Standpunkte kein Reizmittel verschmäht, den Kreis der Leser zu erweitern.« (zit. nach Koszyk 1966, S. 218).

1.5   Literatur und Journalismus

Im Zuge der Professionalisierung der Zeitungsarbeit entstand im Grunde erst der Beruf des Journalisten wie der des Verlegers (die früher nicht immer auseinander zu halten waren: die Drucker waren auch Verleger und Redakteure). Aus dem literarischen Reporter, den es ja schon lange gab, wurde jetzt der berufsmäßige Journalist in Gestalt des Berichterstatters. Im Mai 1864 trafen sich die Redakteure von 34 deutschen Zeitungen zum ersten deutschen Journalistentag in Eisenach. Hauptpunkt: Kampf gegen alle Formen staatlicher Bevormundung und Zensur.

Zu einem Berufsverband fanden sich Redakteure und freie Journalisten allerdings erst 1895 – und auch da noch mit gemischten Gefühlen: Viele Schreiber wussten nicht so recht, ob sie nun eigentlich publizistische Literaten oder literarische Publizisten seien. So umfasste der Berufsverband anfangs alle »Journalisten- und Schriftstellervereine«. 1910 wurde der »Reichsverband der deutschen Presse« geschaffen, der dann bis Mitte der 50er-Jahre die Standesorganisation der deutschen Journalisten blieb. (Seit den 70er-Jahren – vor dem Hintergrund der neuen Techniken und Medien – geht es nun wieder um die Integration der publizistischen Tätigkeiten. 1986 wurde in Westdeutschland die »Industriegewerkschaft Medien, Druck und Papier, Publizistik und Kunst« gegründet, die zur Zeit des Zusammenschlusses neben den damals 13 000 organisierten Journalisten u. a. auch 20 000 Künstler und 3 000 Schriftsteller umfasste).

Früher waren die Publizisten und Redakteure oft angesehene Literaten und Geisteswissenschaftler gewesen. Namen wie Lessing (für den die Berlinische Zeitung 1751 eine eigene Beilage einrichtete), Hegel, Kleist, Schiller, Görres, Marx und vor allem Heinrich Heine – sie alle waren während Jahren journalistisch tätig –, belegen den bis tief in die Biedermeierzeit fließenden Übergang zwischen journalistisch-publizistischen und literarischen Texten. Erlebnisbericht, Phantasiegeschichte, Räsonnement, Kolportage (Nacherzählung) und Kulturkritik waren kunstvoll ineinander verwoben.

Jetzt aber, am Ende des 19. Jahrhunderts, hatte der informationsverarbeitende Zeitungsredakteur mit der Schriftstellerei nicht mehr viel gemein. Der vom technischen Fortschritt besessene Zeitgeist verlangte nach nüchternen Sachbeschreibungen diesseits des Fiktionalen – *Neue Sachlichkeit*, so lautete das Credo. Viele Schriftsteller – der bekannteste war Alfred Döblin – förderten diesen Trend und übernahmen die an den Tatsachen orientierte Materialaufbereitung wie auch den erzählerischen (narrativen) Stil, der das Schwelgen und die Meinungsmache weitgehend unterließ.

Doch es gab Anfeindungen auch von anderer Seite. Als ein auf Wirkung bedachter Nachrichtenvermittler stand der Zeitungsjournalist beim gehobenen Bildungsbürgertum im Ruch, ein partei- und gesinnungsloser Schreiber im Sold kommerziell denkender Verleger zu sein. Ein Mann ohne Eigenschaften, ohne politische Überzeugung und ohne literarisches Fundament: Die Journalisten, insbesondere die recherchierenden Reporter, litten unter der Geringschätzung der etablierten Kultur wie der Staatsbürokraten. »Schurnalist« und »Reportahsch« (Kurt Tucholsky) waren in deutschen Landen – im Unterschied zu den angelsächsischen Staaten – Reiz- und Schimpfworte. Das Wort Reportage hatte für den Publizisten Manfred Georg einen »etwas schmierigen Klang«. Karl Kraus, der verbissen für den Erhalt der literarischen Sprachkultur kämpfte, nannte den Reporter abfällig einen »Kehrichtsammler der Tatsachenwelt«; der Feuilletonist und Kultursoziologe Siegfried Kracauer, Verfechter eines interpretativen Journalismus, sagte vom empirisch arbeitenden Reporter, er schöpfe »gemeinhin mit durchlöchertem Eimer aus dem Leben«.

Die mit Gehässigkeiten angefüllte Kluft verbreitete sich noch, als in den 20er-Jahren die großen Straßenverkaufszeitungen in Sprache und Aufmachung dem neuen, von der gehobenen Literatur verachteten Zeitgeist der Technik und der Machbarkeit das Wort redeten. »Man unterstellte der Reportage eine rüde und sich mit den Verhältnissen gemein machende Wirkungsabsicht und nannte es schimpflich, dass sie diese Absicht überhaupt äußerte«, umschrieb Christian Ernst Siegel jenes prekäre Verhältnis zwischen Literaten und Reportern: »Indem sie die Reportage an die Wiedergabe des ›Zufälligen‹ verwies, …, verschloss sich die als Dichtung apostrophierte Literatur in einem selbstgewählten Ghetto.« (1973, S. 132f.). Daran war der Zeitungsjournalismus aber nicht ganz unschuldig.

Tatsächlich stellte damals die Massenpresse, allen voran die sehr erfolgreiche »Berliner Illustrirte Zeitung« mit einer Auflage von 1,8 Millionen, die journalistischen Darstellungsformen in den Dienst der Boulevardisierung: nicht die Form, sondern die Wirkung sei das allein Maßgebliche, hieß es in den Redaktionen. Hinzu kam die seit dem Ersten Weltkrieg zusehends aggressivere linke wie rechte »parteinahe« Presse, die in den 20er-Jahren inmitten der radikalen sozialen Gegensätze und Klassenkämpfe eher als Kampfpresse agitierte. Äußerst machtvoll wirkten da die zahlreichen Stadt- und Provinzblätter des deutschnationalen Hugenberg-Imperiums, das auch noch einen weit verzweigten Telegrafen- und Artikeldienst unterhielt. Den von Alfred Hugenberg dirigierten Medienkonzern nannte die »Weltbühne« 1926 eine »Meinungsfabrik«, in der die Interessen der Industrie, reaktionäres und nationalsozialistisches Gedankengut zu einem antisemitischen »kleinbürgerlichen Chauvinismus« verschmolzen würden (Hugenberg: »Unsere Aufgabe ist es, Gedanken zu propagieren«). In diesem Umfeld diente die – als konfektionierte Darstellungsform Mitte der 20er-Jahre in Mode gekommene – Reportage weithin nur mehr als Versatzstück zur Auflockerung und Verdeutlichung des Kampagnenjournalismus. »Die ›Gesinnungslosigkeit‹ der Journalisten, die Prostitution ihrer Erlebnisse und Überzeugungen ist nur als Gipfelpunkt der kapitalistischen Verdinglichung begreifbar«, wetterte damals der marxistische Theoretiker Georg Lukács (in: 1923/1970, S. 194) gegen jenen Trend, den nicht zuletzt die Arbeiterpresse (»Rote Fahne« u. a.) mit ihren heroisierenden Schilderungen des Arbeiteralltags beförderte.

Gegen beide Tendenzen – die Verschluderung der Zeitungsreportage zum Versatzstück auf der einen und die Stilisierung der literarischen Reportage zur abgehobenen Weltsicht auf der anderen Seite – kämpften Reporter wie Egon Erwin Kisch mit Texten und mit Argumenten. Fasziniert von der Arbeitsweise des Fotografen wie auch vom sprachlichen Realismus der französischen Schriftsteller, allen voran Émile Zola, wollten sie den tiefer zielenden Wahrheitsanspruch der Literatur mit der Sachpräzision der journalistischen Reportage verschmelzen: Realismus und Subjektivität in einem. In Anspielung an eine Schilderung Émile Zolas über eine Eisenbahnfahrt polemisierte Kisch:

»Das ahnen ja die Herren Akademiker nicht, dass es die größte Dichtung ist, aus Monaten des Erlebens im Eisenbahnzug, auf dem Schiff, auf der Hotelsuche, der zufälligen Bekanntschaften, der maßlosen Einsamkeit, einen scharfen Satz der

Unumstößlichkeit niederzuschreiben, den Schlüssel zu einer Landschaft zu finden und die Form zu entdecken, in der über sie auszusagen ist. Leichter ist es, für einen erdichteten Dialog originelle Worte und eine originelle Syntax, als den gültigen Ausdruck für eine einfache Tatsache zu finden, dass die Teekanne auf dem Kofferbrett im Eisenbahnzug klappert, und die Gläser unter der Bank mitklirren.« (Kisch, GW Bd. IX, 1983, S. 145).

1.6   Egon Erwin Kisch und die Realismus-Debatte

Als Sohn eines deutschsprachigen jüdischen Tuchhändlers 1885 in Prag geboren, volontierte er als 20-Jähriger beim »Prager Tagblatt« und erhielt ein Jahr später den Posten als Lokalreporter bei der »Bohemia«. 1913 wurde er Mitarbeiter des »Berliner Tageblatts« und engagierte sich 1918, nach seiner Rückkehr vom Kriegsdienst, auf der Seite der Arbeiter- und Soldatenräte, bei den »Roten Garden« in Wien. »Er war auf dem Wege zum Sozialismus Marx kaum begegnet«, schrieb sein Biograf Pierre Merin 18 Jahre später über diese für den Pazifisten Kisch so entscheidende Zeit: »Er hat den Dreck der Schützengräben und den Hunger der Etappe gesehen. Er hat den Sturz der apostolischen Macht gesehen. Er hat die Revolution in Wien gesehen und er begriff, was nötig war.« (zit. nach Erhard Schütz, 1978, S. 311).

1921 zog er, inzwischen ein international geachteter Publizist, wieder nach Berlin und arbeitete als Reporter für verschiedene Zeitungen und Zeitschriften. In folgenden Jahren unternahm er zahlreiche Reisen durch Europa, Afrika und später auch in die USA zu aktuellen Schauplätzen, die er dann in verschiedenen Reportagen und Büchern schilderte. Die 1924 erschienene Sammlung »Der rasende Reporter« wurde rasch zum Bestseller. Ende 1925 trat er der KPD bei; anschließend unternahm er eine längere Reise durch die UdSSR. 1928 wurde er Mitglied des »Bundes proletarisch-revolutionärer Schriftsteller«, 1931 übernahm er die Professur für Journalistik an der Universität Charkow. 1933 verhafteten ihn die Nazis; dank internationaler Interventionen wurde er freigelassen und abgeschoben. Er emigrierte nach Paris und engagierte sich im antifaschistischen Widerstand. Er reiste durch Westeuropa und Spanien und für eine Kundgebung nach Australien. 1937 kehrte er nach Prag zurück, ehe er sich auf der Seite der Republikaner am spanischen Bürgerkrieg beteiligte. In den 30er-Jahren entstanden zahlreiche Augenzeugen- und Reisereportagen (unter anderen: »Abenteuer in fünf Kontinenten«, Paris 1935; »Landung in Australien«, Amsterdam 1937).

Nach Beginn des Zweiten Weltkrieges emigrierte Kisch nach Mexiko und publizierte dort mehrere Reportagen und Reportagebücher, die sich auch mit der Theorie der Reportage beschäftigten (»Marktplatz der Sensationen«, Mexiko 1942). 1946 kam er zurück nach Prag und wurde sogleich zum Stadtrat gewählt. Knapp zwei Jahre später, am 31. März 1948, starb er überraschend nach einer kurzen, heftigen Krankheit; die Umstände der Erkrankung sind nie aufgeklärt worden.

Trotz des ganz handfesten politischen Engagements auf der Seite der Kommunisten verfocht der Reporter Kisch keineswegs die Ideologie des *agitatorischen* Journalismus, niemals wünschte er sich den Journalismus als stumpfen Treibriemen des Klassenkampfes. Vielmehr skizzierte er den Journalisten in der Rolle des »Mittelsmannes« zwischen den unversöhnlichen Gegnern, den professionellen Publizisten und den abgehobenen Literaten und Künstlern (»Wesen des Reporters«, in: Das Literarische Echo, 1918, Heft 8/440). Insoweit blieb Kisch der *Neuen Sachlichkeit* nach dem Vorbild der französischen Literaten Balzac und Zola treu: Die fotografisch genaue, dem Realismus verpflichtete Reportage solle vermittels ihrer Sprache von literarischer Qualität sein; sie trage die Literatur in den Alltag des Lesepublikums und *ersetze* den Groschenroman mit seinen fiktiven Handlungen. Gleichwohl aber sei die Reportage ein Genre der Massenmedien und komme darum den veränderten Unterhaltungsbedürfnissen der großstädtischen Bevölkerung entgegen, etwa in der Wahl des Sujets als Identifikator der Massen.

Diese Thesen munitionierten die politisch verstandene Debatte über den literarischen Stellenwert der Reportage, die Aufgabe des Journalismus und die Rolle der Zeitung. Nie wieder wurde so engagiert und geistreich über Eigenheiten und Funktionen der journalistischen Darstellungsformen debattiert wie Ende der 20er-Jahre anlässlich jener so genannten *Realismus-Diskussion* rund um die *Neue Sachlichkeit.* Die veränderte, auf Sinnlichkeit und Attraktion erpichte Lebenswelt der Industriegesellschaft, die international vernetzten Nachrichtensysteme, das plötzlich so ungeheure Produktionstempo der Massenmedien und nicht zuletzt das Engagement vieler Intellektueller im Journalismus hatte jene Grundsatzdebatte ausgelöst. Die wichtigsten Positionen in der Zusammenfassung:

> »Niemals drang eine so beklemmende Fülle rein stofflichen Geschehens (…) auf den einzelnen ein«, konstatierte Robert Neumann 1927. »Aber der, der die Zeitung macht, gibt sich mit dem Stoff nicht zufrieden, der auch einem anderen Zeitungsmacher in gleicher Form auf den Schreibtisch fliegt. Und der, für den die Zeitung gemacht wird, (…), er, der den Stoff frißt, bis er von ihm gefressen wird: der Leser also gibt sich nicht zufrieden mit dem leergebluteten Stoff-Präparat. Hört er von einem Bergwerksunglück in Yorkshire – die Ziffern der Erschlagenen

genügen ihm nicht mehr. Zucken muß er sie sehen. Und der ausgeschickt wird, diese Zuckungen zu belauern, ist der Reporter.« Durch ihre Unmittelbarkeit bleibe die Reportage jedoch an der Oberfläche des Ereignisses haften und könne das Wesentliche des Geschehens nicht erfassen. »Reportage ist also ein Sachbericht, der – umgekehrter Weg wie beim Kunstwerk – im Typischen das Besondere, im Eisenbahnunfall das Besondere dieses Eisenbahnunfalls, das Speziale, das Einmalige sucht und darstellt.« Fazit: »Reportage ist etwas Wesensanderes als Kunstproduktion.« (in: Die Literatur, Jg. 30, S. 3f.) Aus ganz anderer Sicht kam Georg Lukács zu ähnlichen Unterscheidungsmerkmalen. Zwar schaffe die gute Reportage »eine richtige Verbindung des Allgemeinen und des Besonderen, des Notwendigen und des Zufälligen. (...) Jedoch die Verknüpfung der Tatsachen und ihrer Zusammenhänge (...) ist hier prinzipiell anders gestellt, als in der gestaltenden Dichtung. Die Tatsache, der individuelle Fall wird in der guten Reportage in voller sinnlicher Nachlebbarkeit, konkret und individuell dargestellt, zuweilen sogar gestaltet. Dieser dargestellte, eventuell gestaltete Einzelfall ist aber hier nur Beispiel, Illustration für den allgemeinen, mehr oder weniger wissenschaftlich, jedenfalls aber begrifflich dargelegten, belegten (statistisch untermauerten), mit Verstandesgründen motivierten allgemeinen Zusammenhang.« Journalistische und wissenschaftliche Methoden seien daher einander verwandt. Im Übrigen aber »appelliert (die Reportage) an unser Gefühl, sowohl mit ihrer Tatsachendarstellung, wie mit dem Aufruf zur Praxis in ihren Folgerungen.« (1932, zit. nach Abdruck in: Karst 1976, S. 159f.). Siegfried Kracauer definierte: Die »Zitate, Gespräche und Beobachtungen« des Reporters »wollen nicht als Exempel irgend einer Theorie, sondern als exemplarische Fälle der Wirklichkeit gelten« (1929; [2]1980, S. 27). Er führte die Attraktivität der Reportage auf den verbreiteten Eindruck zurück, dass »nur sie, so meint man, sich des ungestellten Lebens bemächtigen könne.« Tatsächlich bleibe sie aber der oberflächliche, auf Erscheinungen festgelegte Bericht. »Hundert Berichte aus einer Fabrik lassen sich nicht zur Wirklichkeit der Fabrik addieren, sondern bleiben bis in alle Ewigkeit hundert Fabrikansichten. Die Wirklichkeit ist eine Konstruktion.« (zit. nach Schütz, 1978, S. 314f.). Auch Joseph Roth (»Schluß mit der Neuen Sachlichkeit!« 1930) war konvertiert. Und Walter Benjamin legte das Gewicht auf die zwischen Presse und Dichtung so unterschiedlichen Produktionsbedingungen: Während nämlich Roman und Erzählung in einem längeren Zeitraum ausreiften, sei die Reportage schnell erstellt und flüchtig konsumiert. »Die Information hat ihren Lohn mit dem Augenblick dahin, in dem sie neu war. Sie lebt nur in diesem Augenblick. Sie muß sich gänzlich an ihn ausliefern und, ohne Zeit zu verlieren, sich ihm erklären. Anders die Erzählung: sie verausgabt sich nicht. Sie bewahrt ihre Kraft, gesammelt im Innern, und ist nach langer Zeit der Entfaltung fähig.« (1931, zit. nach Ges. Werke Bd. 4, 1972, S. 437).

Egon Erwin Kisch hatte zu diesen Positionen markant abweichende, in sich freilich auch widersprüchliche Ansichten, die sich im Laufe der Jahre zudem wandelten. Man kann, wie es Christian Ernst Siegel tat, Kischs Auffassungen nach drei Phasen unterscheiden. Die erste betraf die Zeit vom Ende des Ersten

Weltkriegs bis zur großen Reise durch die UdSSR 1926, die zweite währte bis zur Emigration nach Mexiko, die dritte betrifft den Rest seines Lebens.

In der ersten Periode verstand Kisch die Reportage viel eher als eine triviale (wir würden heute sagen: Fastfood-) Version der literarischen Erzählung. Wiederholt benutzte er Karl May als Beispiel für die romanhaft gestaltete und zugleich realistische Form der Wirklichkeitsbeschreibung im Zeitalter der Massenliteratur. Statt der abgehobenen Literatur für das elitäre Bildungsbürgertum hinterher zu schreiben, solle auf die Unterhaltungsbedürfnisse der Massen eingegangen und die rebellische Reportage als massenliterarische Form kultiviert werden.

In der zweiten Phase, also seit der Russlandreise, sah sich Kisch vor allem in der Rolle des kommunistischen Aktivisten im Kampf gegen den fortschreitenden Faschismus. Er propagierte die Einheitsfront progressiver Intellektueller mit der Arbeiterklasse und wünschte sich ähnlich wie Bert Brecht (allerdings abgeschwächter) die »Umfunktionierung der Kunst in eine pädagogische Disziplin«. In seinen Notizen »Mein Leben für die Zeitung« räsonierte Kisch 1928 über die Funktion der Presse im Umgang mit den politischen und sozialen Realitäten und gelangte zu neuen Einsichten: »Die grausame Wirklichkeit hat gelehrt, daß die rührendsten Stimmungsbilder, die sentimentalsten Liebesszenen und die raffiniertest erklügelten Detektivtricks weit zurückbleiben hinter der Phantasie der nackten Tatsachen, hat gelehrt, daß jene feuilletonistischen und novellistischen Plaudereien nichts mit den Problemen zu tun haben, welche jeden Menschen betreffen. Man hat sich daran gewöhnt, in der Zeitung nicht Ablenkung von der Realität zu suchen, *sondern die Realität selbst*. Fast gleichzeitig wurde in Frankreich und in Deutschland die Reportage als Kunstform erkannt, als literaturfähig erklärt, in ernster Weise geleistet und in ernster Weise besprochen. (...) Jeder (Publizist) kann sein Bestes leisten, wenn er von einem ehrlichen Willen zur Sachlichkeit und zur Wahrheit beseelt ist und geleitet ist vom sozialen Gefühl, von der Absicht, den Unterdrückten und Entrechteten durch seine ungeschminkte Zeugenaussage zu nützen und zu helfen.« (Kisch 1983, S. 211f.)

Die ungeschminkte Zeugenaussage genügt demnach, es braucht keinen Karl May mehr zur romanhaften Gestaltung der Verhältnisse, diese sind krass und schockierend, mithin selbst der Roman, sie tragen die Widersprüche in sich und müssen nur noch beschrieben werden vom anwaltschaftlichen, parteiergreifenden Reporter. Er fälscht nicht, aber lässt sich vom »sozialen Gefühl« leiten, das ihm den Weg zu den relevanten Tatsachen weist. 1935 gab Kisch seiner Rede vor dem Internationalen Schriftstellerkongress in Paris den Titel: »Reportage als Kunstform und Kampfform«. Jetzt ging es ihm (gegen Lukács) um eine die

Massen ansprechende Ästhetik als Kritik an den herrschenden Verhältnissen und als Vorgriff auf die künftige Gesellschaft. Die Reportage sei »eine besondere Kunstform der Literatur, die von den bürgerlichen Ästhetikern diskreditiert ist«. Er brachte als Beispiel seine Reise nach Ceylon, wo viele Tausende Kinder an Hunger und Malaria sterben würden; die Reiseprospekte aber hätten nur »die Schönheit des perlenförmigen Eilands besungen«. Der gute Reporter habe demnach ein »Schriftsteller der Wahrheit« zu sein, der durch die »Wahl von Farbe und Perspektive« seine Reportage zu einem »anklägerischen Kunstwerk« mache. Gleichwohl müsse der Reporter zuverlässig sein. Hierin nun wieder Lukács folgend, fügte er bei: »Bei aller Künstlerschaft muß er Wahrheit, nichts als Wahrheit geben, denn der Anspruch auf wissenschaftliche, überprüfbare Wahrheit ist es, was die Arbeit des Reporters so gefährlich macht, (…), gefährlicher als die Arbeit des Dichters, der keine Desavouierung und kein Dementi zu fürchten braucht.« (zit. nach Karst 1976, S. 164ff.) Zum »sozialen Gefühl« hinzu trat also der auf Wahrheit gerichtete Realismus in Gestalt einer »revolutionären Tatsächlichkeit«. Der Einwand bürgerlicher Publizisten lag da auf der Hand: Kisch führe mit seinen Texten einen Betrug vor, weil er sein Thema und sein Material »durch weltanschauliche Einstellungen« verfälsche (so u. a. Felix Scherret).

Kischs dritte, mit dem Exil in Mexiko beginnende Phase hob den Anspruch auf Wahrhaftigkeit und Redlichkeit noch mehr ins Zentrum. Um dies zu verdeutlichen, bezichtigte er sich – wie weiter vorne erwähnt – in der autobiografischen Schrift »Debüt beim Mühlenfeuer« (1942) selbst der Lüge: Er habe als junger Nachwuchsreporter bei einem Großbrand die Unwahrheit geschrieben (»offenbar ist die direkte Beschreibung der Wirklichkeit weit schwieriger«), daraus aber gelernt: »Ein Chronist, der lügt, ist erledigt«. Nun war aber diese ganze Lügen-Geschichte ihrerseits erfunden, also eine moritatische Lüge. Dass Kisch dies für zulässig hielt, hängt wohl mit seiner erneuten Wende zum Romanhaften zusammen. Denn inzwischen hatte er – wohl ernüchtert über die Wirkung von Massenpropaganda im Nazi-Deutschland, enttäuscht wohl auch über den Fortgang der sozialistischen Revolution – von der »Kampfform« der Reportage Abschied genommen. Er sprach nun wieder häufiger vom Reporter als »Prosaist der Ballade«, der das Geschehene sprachlich gestalte und als literarischen Erzählstoff ausbreite.

Wie auch immer: Kischs Positionen und Widersprüche konnten nicht weiter diskutiert werden, die journalistischen Darstellungsformen waren vor allem in Deutschland zu Propagandainstrumenten verkommen. Denn inzwischen hatte sich die einst gerühmte deutsche Presse zum leichtgängigen Werkzeug der Nazis umfunktionieren und dann gleichschalten lassen. Die Reportage war, soweit überhaupt erwünscht, gerade gut genug, die Polit-Kampagnen von Partei und Staat mit sinnlichem Material anschaulich und gefühlvoll zu machen.

1.7   Die Renaissance der Reportage in Deutschland

Beim Wiederaufbau des westdeutschen Pressesystems Ende der 40er-Jahre stand nun der faktengläubige, sogenannte positivistische Nachrichtenjournalismus der angelsächsischen Länder Pate. Das subjektive Schildern war verpönt, einzig die Faktizierung der Berichte zählte. »Als erster verpflichtender Grundsatz stand allem vor: Die klare Trennung zwischen Nachricht und Meinung. Denn mit Hilfe bewußter Verwischung der Grenze zwischen beiden hatte der Nationalsozialismus die Öffentlichkeit irre geführt«, feierte die »Frankfurter Allgemeine Zeitung« diesen neuen Positivismus (FAZ vom 7. Mai 1960).

Die uniform aufgebauten wie abgefaßten Berichte der Presseagenturen und Berichterstatter waren damals in der deutschen Presse vorherrschend. Meinungselemente (wie: Leitartikel, Kommentar, Glosse) wurden streng isoliert und meist auf der 3. oder 4. Seite platziert; subjektive Elemente (wie: Reportage, Erzählung, Porträt, Feature, Essay) wurden von Liebhabern des politischen Essays wie Hans Magnus Enzensberger (wenn auch in literarisierender Form) gepflegt, doch fanden sie im Zeitungsjournalismus praktisch nicht statt. »Es scheint, als gehöre die Form der literarischen Reportage der Vergangenheit an«, schrieb Kisch-Herausgeber Erhard Schütz noch 1978. »Denn wenn es zwar heute noch einige durchaus renommierte Reporter gibt, so ist die Reportage (…) aus der allgemeinen literarischen Aufmerksamkeit verschwunden. Ihre Form scheint überholt, entweder zurückgefallen an den routinierten Betrieb des Tagesjournalismus oder von der Kunstliteratur spurlos aufgesogen.« (Schütz 1978, S. 309).

Schütz mag, was die »Kunstliteratur« betrifft, Recht haben. Im Hinblick auf den Pressejournalismus täuschte er sich indessen gewaltig. Tatsächlich erkannten schon in den frühen 60er-Jahren mehrere Zeitschriften- und Zeitungsredaktionen, dass der nur nachrichtliche Journalismus ebenfalls die Realität verzerrt. Er tue nämlich so, als bestünden alle Ereignisse nur aus abstrakten, objektiv gegebenen Informationen, und die Gesellschaft sei ein Strukturgebilde aus Daten und Merkmalen. Dabei erwecke er den Eindruck, als fielen die Zitate, Entschlüsse und Tätigkeiten, über die berichtet wird, irgendwie vom Himmel in den Schoß der Nachrichtenagenturen: Die handelnden Menschen mit ihren Eigenheiten, Neigungen, Stärken und Schwächen waren abhanden gekommen.

Nach dem Vorbild Hans Ulrich Kempskis in der »Süddeutschen Zeitung« wurde auch in den übrigen Medien nach und nach die Reportage wiederentdeckt: als Reise- und als Augenzeugenbericht, als Supplement zur politischen Berichterstattung, als vergnügliches Unterhaltungsstück – oder auch als anschauliche Schilderung aufdeckender Rechercheergebnisse. »Das Fehlen der Reportage und die Beschränkung auf ›klassische‹ Formelemente des Nachrichten-Magazins wurden (…) zuweilen als Verzicht, ja als Mangel empfunden, wenn andere Redaktionen mit den Stilmitteln der Reportage ein Ereignis besser in den Griff bekommen hatten«, gestand sogar der aufs Faktizieren spezialisierte »Spiegel« im Frühjahr 1964 in einer Hausmitteilung ein (Heft Nr. 18/1964).

In den folgenden Jahren schufen die Zeitungen und Zeitschriften neue Rubriken und etikettierten sie mit »Reportage« (auch wenn die wenigsten der dort dann publizierten Texte den Ansprüchen an die Reportage genügten). Beilagen und neue Magazintypen wurden konzipiert, die der »neuen« Reportage genügend Raum geben sollten. Spätestens seit der Gründung (und dem raschen Auflagenerfolg) der Hochglanz-Reportagenzeitschrift »GEO – das neue Bild der Erde« im Jahre 1976 gilt die moderne Zeitungsreportage wieder als eine ganz besondere, auch als eine besonders schwierige Darstellungsform. Um ihr mehr Auftrieb zu geben, wurden in den 70er-Jahren Ehrungen und Preise eingeführt. Das größte Renommee besitzt der vom Verlag Gruner & Jahr eingerichtete und vom »Stern« vergebene »Egon-Erwin-Kisch-Preis« (jährlich drei Preisträger). Laut Zweckbestimmung wird der Preis für »die besten in deutscher Sprache geschriebenen Reportagen« verliehen, die in der Tradition der Reportagen von Egon Erwin Kisch stehen sollen. Prämiert wird »schreiberisches Können und Lebendigkeit und nicht Ambition und Gesinnung.« Dass damit längst ganz andere journalistische Auffassungen und Kriterien gemeint sind als etwa diejenigen, die Kisch vor nun rund 50 Jahren entwickelt hat, ist offensichtlich (Näheres hierzu siehe Hermann Schreibers Darstellung im letzten Buchteil). Und doch auch wieder nicht, wenn es um die *literarische* Qualität geht. Über die »Aufgabe des Reporters« schrieb nämlich just der »Spiegel« in der erwähnten Hausmitteilung, mit der er die Anstellung von drei neuen Reportern (darunter Gerhard Mauz und Hermann Schreiber) publik machte: »Ein ›Stück Natur, betrachtet durch ein Temperament‹ ist nach Zola ein Stück Kunstwerk. Doch kann auch eine Reportage dabei herauskommen.«

Die Wirklichkeit der Reportage

Ein kennzeichnendes Merkmal der Literatur ist ihr unbestimmtes, bewusst offen gehaltenes Verhältnis zur Realität, soweit wir unter „Realität" die über Sinneswahrnehmung erfahrbare Lebenswelt verstehen. Im Unterschied zur literarischen Produktion bezieht sich jeder journalistische Beitrag auf diese äußeren, sprachlich beschreibbaren Realien. Dies gilt unabhängig davon, welcher Gattung (Print, Rundfunk, Internet) der Beitrag zugehört und welches Genre gewählt wird. Beiträge, die den Realitätsbezug verschleiern (etwa: literarisierendes Feuilleton als Form), sind kein Journalismus, auch wenn sie im redaktionellen Teil stehen.

Die im Laufe des 20. Jahrhunderts (Realismus-Debatte, New Journalism, Zeitgeistjournalismus) wiederholt diskutierte Frage nach der „Wirklichkeit" der Reportage dreht sich um den surrogaten Charakter der Story. Tatsächlich haben sich Erzählformen herausgebildet, die Beobachtungen und Erlebnisse dramaturgisch gestalten. Ist deshalb die Story ein Kunstprodukt? Und weil diese Form inhaltsprägend funktioniert: Ist deshalb auch die Reportage als Ganzes ein Konstrukt? Es gibt Ansichten in der Medienwissenschaft, die dies bejahen; sie leugnen den kategorischen Unterschied zwischen fantasierten und nicht-fantasierten Erzählungen und ordnen die Reportage der Unterhaltung zu.

Für den praktischen Journalismus wie auch für seine theoretische Begründung besitzt dieser (konstruktivistische) Einwand keine Relevanz. Und dies aus zwei Gründen:

Zum einen beschreibt der Reporter seine Beobachtungen und Erlebnisse nicht nur als Empfindungen, sondern auch als Sachverhaltsaussagen (wer, was, wann, wo, wie). Auch in der Story müssen diese Aussagen zutreffend und überprüfbar sein; das Subjektive des Reporters vermittelt sich nicht über diese Sachverhalte, sondern über seine selektive Perspektive. Dass zudem auch die (nicht überprüfbaren) Empfindungen zur Sprache kommen, ändert nichts daran, vorausgesetzt, die Reportage macht diese Informationsunterschiede deutlich (etwa, indem sie Kolportagen nicht im Indikativ referiert und auktoriale Formulierungen vermeidet).

Zum andern ist die Dramaturgie der Story nicht beliebig, sondern folgt – soll sie ihren Zweck erfüllen – einem Grundmuster, das sich über Jahrtausende herausgebildet und bewährt hat. Nach diesem Muster verarbeiten die Menschen ihre Erlebnisse, sei es unbewusst im Traum, sei es auf der symbolischen Ebene der Erzählung oder des Schauspiels. Unter diesem Blickwinkel ist Storytelling der Modus der Wirklichkeit, in und mit der wir unsere Erlebnisse in Erfahrung verwandeln.

1.8   New Journalism und Popjournalismus

Auch diesmal steht er im eierschalenweißen Anzug, weißen Socken und schwarzweiß gestreiften Schuhen vor seinem Arbeitstisch, die Mundwinkel leicht spöttisch herabgezogen: Der 74-jährige Tom Wolfe, einer der Erfinder des »New Journalism«, stellt sich einem Interview aus Anlass seines neuen Romans (Titel: »Ich bin Charlotte Simmons«).

> Frage: Waren die Schwarzen die Opfer der durch »Katrina« ausgelösten Überschwemmung von New Orleans im September 2005? Wolfe: »Die Wiedergabe von Klischees spielt in dieser Debatte seit Jahrzehnten eine entscheidende Rolle. Ende der fünfziger Jahre fing ich an, bei der ›Washington Post‹ zu arbeiten, und die einzigen Reportagen, die sich mit Schwarzen beschäftigten, waren Geschichten über Armut und Verbrechen. Dabei gab es einen gar nicht so kleinen schwarzen Mittelstand in Washington. Der existierte gar nicht in der Zeitung! Niemand schrieb darüber! Ich will mich bei diesem Thema abseits der Klischees bewegen. (…) Eine meiner ersten Reportagen schrieb ich über Las Vegas. Die Stadt war von ungebildeten Gangstern erbaut worden! Analphabeten! Ich kenne keinen großen Ort der Welt, der von dummen Menschen erbaut worden ist. (…) Wenn man so etwas entdecken kann, warum schreibt man schreckliche psychologische Familienromane über ein Abendbrot vor dreißig Jahren?« (in: »Die Zeit« Nr. 39/2005).

Gegen die Klischees der Wahrnehmung und gegen die Sprachroutinen der Berichterstattung wandten sich Anfang der 60er-Jahre mehrere dem Literarischen zugeneigte Reporter, neben Tom Wolfe auch Truman Capote und Norman Mailer. Ihnen ging es weniger um die Verschmelzung von Literatur und Journalismus. Viel wichtiger war ihnen, gegen den gedankenlosen Mainstream eine radikal andere Sicht der Dinge zu setzen – mit demselben Anspruch auf Gültigkeit wie der des »Objective Reporting«. Ihr Schlagwort lautete: »New Nonfiction!« und galt in erster Linie dem Themenaspekt, seiner Erschließung und sprachlichen Darstellung. Es war auch nicht zufällig 1963, das Jahr, als in den USA Unfassliches geschah: John F. Kennedy und Martin Luther King wurden ermordet, der Krieg in Vietnam eskalierte, die Hippie-Bewegung kam in Gang mit ihrer sexuellen Revolution; zeitgleich kam mit den neuen Technologien der Machbarkeitswahn mit seinen Träumen vom bewohnten Mars und dem Sieg über Krankheit und Alter. Wie ließ sich dieses neue Zeitgefühl zur Sprache bringen?

Tom Wolfe schildert die Geburtsstunde des New Journalism mit folgender Episode: Er sei im Auftrag des Magazins »Esquire« viele Wochen in Kalifornien auf Recherchetour gewesen, um über die Leute zu schreiben, die mit unendlich viel Zeit und Geld ihre Autos aufmotzen, chromglänzend hochpolieren und die

Motoren bis zum Anschlag tunen, um dann mit stolzgeschwellter Brust über die Piste zu dröhnen. Er sei mit ungeheuer viel Material und zahllosen Notizblättern seiner Gespräche zurückgekehrt – doch es sei ihm nicht gelungen, seine Eindrücke in die standardisierte Form des Objective Reporting zu pressen. Während einer Nacht habe er alle seine Eindrücke aufgeschrieben; es sollte Rohmaterial sein, damit ein Kollege daraus die verlangte Story schreiben könne. Er habe dann am andern Morgen 49 Skriptseiten bei seinem Chef abgeliefert – und der sei vom Elaborat so beeindruckt gewesen, dass er den Text praktisch unverändert in der nächsten Ausgabe publiziert habe. Der text begann so:

> »There Goes (Caroom! Varoom!) that Kandy-Kolored (Thphhhhh!) Tangerine-Flake Streamline Baby (Rahghhh!) Around the Bend (Brummmmmmmmmmmmmmmmmmmm).«

Zehn Jahre später publizierte Wolfe seine Antologie »The New Journalism« und skizzierte dort die vier wichtigsten Baumerkmale ihrer Erzählform:

- »Dramatic Scene«: Mit ihr wird das Geschehene über nachgeschaltete Szenen als ein Ablauf von Handlungen dramaturgisch gebaut;
- »Recording Dialogue in Full«: Statt aus den Äußerungen der befragten Leute nur Kurzzitate als Belege zu nehmen, werden Dialoge und Aussagen (meist) vollumfänglich wiedergegeben;
- »Status of Details«: Die minutiöse Beschreibung ausgewählter Details und Merkmale des Protagonisten gestattet es den Lesern, sich in das Geschehen hineinzuversetzen;
- »Point of View«: Durch den häufigen Wechsel der Beobachterperspektive gewinnen die Leser ein differenziertes Bild des Geschehens und fallen nicht auf die einseitige Sicht des *Objective Reportings* herein. (Wolfe 1973, S. 31ff.; zit. nach Weber 2005, S. 33).

Diese vier Merkmale gehören seither zum Handwerk des narrativen Journalismus, auch im deutschsprachigen Raum. Doch damals ging es vielen »New Journalists« aber auch um weitergehende Freiheiten; zum Beispiel darum, fiktive Charaktere aus dem recherchierten Material über das Denken und Handeln realer Personen zu bauen; einen inneren Monolog mitlaufen zu lassen (auktoriales Schreiben); die Chronologie auf den Kopf zu stellen (offene Dramaturgie) – Freiheiten, die mit dem Gebot des »Non-fiction« kollidieren und von den Redaktionsleitern – allen voran dem Redaktionschef des Magazins »The New Yorker« – als unzulässig abgelehnt wurden. Nicht von ungefähr wechselten die Protagonisten des *New Journalism* in die Welt der schriftstellerischen Literatur (so auch Hunter S. Thomson, dessen Buchreportage »*Hell's Angels*« 1966 für Aufregung sorgte und der später seine Arbeitsweise »Gonzo-Journalism« nannte).

Wachsende Beachtung fand seither das »Narrative Journalism« genannte Erzählgenre, das seit den 90er Jahren vor allem von der *Nieman Foundation* an der Harvard University unter Leitung des Reporters und Buchautors Mark Kramer gefördert wird. Seine Verfechter betonen ihre hohen handwerklichen Standards; der Pulizer-Preisträger Tracy Kidder etwa befand, dass Texte dieses Genres sachgenauer (accurate) seien als die Texte der Nachrichtenjournalisten. »It has to be true; our reporting takes moths, and you're sent to get a story and write it up in three hours.« (zit. nach Kramer 1995, S.2). Heute besitzt dieser Erzähljournalismus klar umrissene Anforderungen: Zusätzlich zur Sachrichtigkeit (Nonfiction) müsse er seinen Stoff szenisch entwickeln, die Individualität der Personen herausarbeiten, dabei stets eine Story (im zeitlichen Nacheinander) erzählen, zudem die subjektive Sicht des Erzählers zu Erkennen geben, dabei in Beziehung zu seinem Publikum treten und seinen Zuhörern eine Quintessenz (Erzählziel) bieten (vgl. www.nieman.harvard.edu/narrative) – Kriterien, die den in den folgenden Abschnitten für die moderne Reportage entwickelten nahe kommen.

Annähernd zeitgleich kam es im deutschen Sprachraum zu einer vergleichsweise modischen Kontroverse, die mit ähnlichen Argumenten ausgefochten wurde wie zwanzig Jahre zuvor diejenige in den USA. Es ist die Rede vom Pseudo-Reportagenjournalismus der »Tempojahre« (wie der am Magazin »Tempo« festgemachte Buchtitel Bernhard Pörksens lautet). Von 1986 bis 1996 erschien »Tempo«, das »wegweisend war für die hedonistisch-zeitgeistorientierte Richtung des Popjournalismus« (Weber 2005, S. 40) und sich selbst als »das Zentralorgan des deutschsprachigen *New Journalism*« (Pörksen 2004, S. 308) verstand. Nicht Tiefenschärfe durch radikale Subjektivität, sondern Lust am Fabulieren und Phantasieren war das Kennzeichen. Seine Protagonisten verglichen sich vollmundig mit den Autoren des New Journalism, nahmen aber deren feinsinnige Handwerksregeln nicht ernst. So schwadronierte Helge Timmerberg:

> »Der traditionelle Journalismus beharrt auf seiner Objektivität, die es nicht gibt. Journalisten sind Menschen. Menschen haben Meinungen. Menschen haben Antipathien. Menschen haben auch mal schlecht gefrühstückt. Es gibt keine objektiven Menschen, deshalb gibt es auch keinen objektiven Journalismus. Die Einen geben das zu, die Anderen nicht.« (zit. nach Pörksen 2004, S. 328).

Zunächst löste dieser vermeintlich jugendfrische Popjournalismus eine Welle an Nachahmungen aus; die »Zeit« machte aus ihrem Magazin eine Art »Tempo für Erwachsene« (Pörksen), die »Süddeutsche Zeitung« gründete 1990 ihr SZ-

Magazin und gab ihm eine ähnliche Ausrichtung. Nach und nach aber verlor dieser Journalismustyp das Interesse der Leser; seine Themen wurden zusehends trivial, seine Stories wirkten überzogen und die Informationen besaßen keine Glaubwürdigkeit. 1996 wurde »Tempo« eingestellt, vier Jahre später das »Zeit-Magazin« aufgegeben und das SZ-Magazin umfunktioniert (zum Tom-Kummer-Desaster im folgenden Abschnitt). Zwar geistert dieser Popjournalismus noch in den Köpfen einiger Medienwissenschaftler, doch für die Kriterien der Reportage, für ihre Machart und Vermittlungsfunktion blieb diese Ära ohne Folgen.

Nachhaltiger wirken demgegenüber Bemühungen, den literarischen Erzähljournalismus in der Tradition Fontane/Zola/Kisch/Kapuscinski zu stärken. Hierzu haben die Verantwortlichen der deutschen Ausgabe der Europäischen Kulturzeitschrift »Lettre«, Frank Berberich und Esther Gallodoro, 2003 einen Preis für die literarische Reportage ins Leben gerufen (»Lettre Ulysses Award«). Seine internationale Jury prämiert recherchierte Buchreportagen, die vom schwierigen Leben jenseits der Wohlstandsgesellschaftsfassaden erzählen – eindringliche Texte, die zuvor auszugsweise in Zeitungen und Zeitschriften publiziert worden sind. »Literary reportage is an engagement with reality with a novelist's eye but with a journalist's discipline«, sagte der Publizist Pedro Rosa Mendes, eines der elf Jury-Mitglieder, bei der Preisverleihung 2004.

1.9   Die Angst, der Dschungel und das Weltdorf

Allerdings vermittelt der europäische Journalismus unserer Tage ein anderes Weltbild, ein verändertes Verständnis der Gesellschaft und der Rolle des Einzelnen, als es die Literaten zu Emil Zolas, zu Egon Erwin Kischs und auch zu Tom Wolfes Zeiten besaßen. Aktuelle Reportagen handeln denn auch von anderen Erfahrungen, die sie anders zur Sprache bringen, auch wenn ihre im 20. Jahrhunderts gefundene Vermittlungsfunktion gültig bleibt. Die Gründe sind vielfältig. Ich will im Folgenden die fünf wirksamsten skizzieren.

Erstens: Das neue Befremden

Jürgen Habermas sprach 1985 von der „neuen Unübersichtlichkeit" (sein Buchtitel) und meinte damit das Ende des Glaubens an die Planbarkeit der Gesellschaft. Die Formel gewann paradigmatische Bedeutung: Früher war die Meinung weit verbreitet, Staat und Gesellschaft ließen sich rational organisieren und steuern. Sie fand ihren Ausdruck in der Vorliebe für abstrakte Nachrichtentexte. Spätestens seit dem Reformversagen der Regierungspolitik, dem kontinuierlichen Arbeitsplatzschwund, der Globalisierung der Güterproduktion und der Bedrohung durch den Terrorismus herrscht umgekehrt der Eindruck vor, dass gesellschaftliche Prozesse im Grunde urwüchsig und nicht prognostizierbar ablaufen. Die seit dem 11. September 2001 manifesten interkulturellen Konflikte verstärken zudem den Hang, sich in seiner Kultur gleichsam einzuigeln und alles Fremde für bedrohlich zu halten und auszugrenzen. Diese Abwehr- und Ohnmachtsgefühle werden verstärkt durch die Verreglementierung des Alltags durch Gesetze und Bestimmungen. Auch der seit dem 11. September 2001 aufgerüstete Sicherheitsstaat kann seine Infrastruktur (wie: Kernkraftwerke, Verkehrssysteme, Kulturgüter) etwa vor Attentätern nicht hinreichend schützen; viele reden seither von der Risiko-Gesellschaft. Ein Klima des latenten Misstrauens breitet sich aus, das vom ungezügelten Überwachungswunsch staatlicher Organe gefördert wird. Viele ziehen sich aus den öffentlichen Bereichen zurück. Bürgernähe, Verantwortungsbereitschaft und Zivilcourage schwinden – und dies nicht von ungefähr: Schon das Betreten öffentlicher Gebäude (vom Krankenhaus bis zum Geschäftssitz eines Konzerns) erinnert mitunter an das Aufnahmeritual einer Sekte, die den Kandidaten auf Herz und Nieren prüft.

Diese Trends bewirken, dass sich die institutionellen Schranken und Barrieren deutlich erhöht haben: Was noch gestern als vertraut erschien, empfinden die Menschen heute als fremd und abweisend. Mit ihren abstrakten, meist kontextlosen Nachrichten verstärken die Medien diese Entfremdungsgefühle. Dem gegenüber kann die erzählende Form, allen voran die Reportage, solche Tendenzen abschwächen: Sie glänzt nicht mit der Makellosigkeit der Magazingeschichte, sie erstarrt nicht unter der Faktizität der Nachrichtenmeldung – sie bekennt sich zur Einseitigkeit ihres Blickwinkels und sucht Nähe zu den Personen.

Beispiele: Die Reportage kommentiert nicht besserwisserisch von oben herab das Hin und Her am Parteitag der CDU oder SPD, sondern umgarnt die Akteure mit präzisen Detailbeobachtungen, Erinnerungsstücken und Räsonnement (wie zum Beispiel Jürgen Leinemann für den »Spiegel«). Sie kauderwelscht nicht über Internetsoftware und die Technik der Suchmaschinen, sondern schildert den Alltag eines Mathematikers in New Jersey, der den Weltkonzern Google herausfordert (Heike Faller in der »Zeit« Nr. 41/2005).

Die auf den Themenaspekt gerichtete subjektive Perspektive des Reporters unterläuft – trotz Umfeld- und Hintergrundrecherche – das Strukturgerüst der Gesellschaft. Gleichwohl (oder vielleicht gerade deshalb) fühlt sich der Leser, Zuhörer oder Zuschauer vom Reporter bei der Hand genommen, er kann miterleben, er sammelt Eindrücke und gewinnt Orientierung. Aus der Sicht des Publikums ist die Gesellschaft so undurchdringlich wie der Dschungel; der Reporter rollt nun aber nicht mit dem Bulldozer herbei, um diesen Dschungel zu roden; er kommt gleichsam zu Fuß und schlägt für seine Leser mit der Machete einen Trampelpfad: Er macht den Dschungel begehbar und lässt ihn als Ganzes unberührt. Man kann diese Funktion der modernen Reportage den »Dschungeleffekt« nennen.

Zweitens: Der nachmoderne Individualismus

Früher interessierte sich der Journalismus nur dann für einzelne Individuen, wenn sie dank ihrer Begabung, infolge einer besonderen Tat oder wegen ihrer öffentlichen Rolle hervorragend waren. Die Marotten des Opernsängers Caruso waren für Reporter ein Thema, ebenso die Lebensgeschichte des Massenmörders von Hamburg oder die kleinen Vorlieben des Herrn von Bismarck: außergewöhnliche und unvergleichliche Gestalten, die man anhimmeln oder vor denen man schaudern konnte. Ansonsten blieb der Alltag weitgehend anonym und Politik auf die Rollen- und Entscheidungsträger begrenzt. Man kann Jahrgang für Jahrgang der großen politischen Illustrierten der 20er-Jahre durchblättern und wird keine Reportagen finden, die sich mit Menschen im Alltag befassen.

In den vergangenen Jahrzehnten hat sich dies – vielleicht auch mit der Abkehr vom abstrakten Gesellschaftsbegriff – grundlegend gewandelt. Man fand es langweilig, immer nur Handlungen und Entscheidungen zu rapportieren, aber die Handelnden nicht zu zeigen. Die Menschen sollten wieder ins Geschehen eingefügt, die Verantwortlichen als Handlungsträger und die Betroffenen als die Ohnmächtigen gezeigt werden. Bereits Ende der 50er-Jahre (auch hier war Hans Ulrich Kempski in der »Süddeutschen Zeitung« ein Vorreiter) wurden in der politischen Berichterstattung hin und wieder Interviews mit persönlichen Eindrücken des Reporters ergänzt und mehr und mehr zu Porträts ausgebaut. Dann wurde irgendein Individuum als Hauptakteur einer »besonderen Situation« im Alltag entdeckt: der einzige deutsche Müllabfuhrmann inmitten der türkischen Müll-Mannschaft; die erste Frau am Führerstand der städtischen Straßenbahn; der letzte Schustermeister unseres Stadtteils geht in Rente – und so weiter.

Inzwischen ist aus dieser Technik der Personalisierung von Sachthemen eine (von den »modern-living«-Ressorts gepflegte) spezielle Form der Personenreportage hervorgegangen (Näheres zur Methode siehe zweiter Buchteil): Sie ist nicht auf den Promi-Effekt, also das Hervorragende einzelner Gestalten der Zeitgeschichte fixiert, sondern am Individuum in seinem Handlungskontext interessiert: Der unauffällige Zeitgenosse wird durch die Situation, seine Rolle oder den Lebenszusammenhang bemerkenswert – und (nur) in diesem Zusammenhang auch beschreibbar (exemplarisch ist die von Andrej Batrak und Jürgen Dahlkamp recherchierte und geschriebene »Spiegel«-Geschichte über Witalij Kalojew, der seine Familie 2002 beim Flugzeugabsturz über dem Bodensee verlor und der 2004 in Zürich den Fluglotsen tötete, der damals Dienst hatte und offenbar fahrlässig handelte – nachzulesen in: Der Spiegel Nr. 43/2005).

Aber auch das überkommene Porträt hat sich verändert: Einerseits gibt es den überbordenden Promikult in Publikumszeitschriften und Fernsehtalksendungen mit reportagig aufgemotzten Glamourtexten. Andererseits bemüht sich der seriöse Printmedien-Journalismus, Prominente nicht als Prominenz hochzujazzen, sie vielmehr aufs menschliche Maß zu verkürzen – vor allem die Supermegastars der Medienbranche, des Sports und der Musik. Journalistisches Motiv: nicht Idole verehren, sondern genialische Menschen als merkwürdige Zeitgenossen näher kennen lernen. So kann das Porträt durchaus ideologiekritische Funktionen erfüllen und seine Leser vor Autoritätsgläubigkeit bewahren (unvergesslich Klaus Umbach mit seinen Künstlerporträts etwa über Pogorelich, Karajan und Bernstein im »Spiegel« der 80er- und 90er-Jahre). Eine ähnliche Funktion haben auch Politiker-Porträts: Weit tiefgründiger und präziser als der Fernsehmann kann der Pressereporter die Persönlichkeit des Porträtierten zeichnen und die im Urteil der Wählerschaft wichtigen Merkmale – wie: Glaubwürdigkeit – beleuchten (mehr darüber in den Berichten im dritten Teil).

Die journalistische Entdeckung des Individuums hängt auch stark mit dem modisch gewordenen Wunsch nach Authentizität und Selbstverwirklichung zusammen. Sie bedeutet zudem ein wichtiges Korrektiv zum Anonymismus des Newsjournalismus. So wird verständlich, warum das Porträt unter Journalisten ein besonders beliebtes Reportagethema ist: Das Interesse an der Individualität des Porträtierten korrespondiert mit dem Subjektivismus des Reporters.

Drittens: Die digitale Medienwelt

Mit dem technischen Wandel hat sich die Welt der Massenmedien – und mit ihr die Wahrnehmung des Geschehens – dramatisch verändert. Insbesondere die flüchtigen Medien Radio und Fernsehen öffneten den Zuhörern und Zuschauern einen sinnlichen Zugang zu allen Orten auf der Welt. Die durch die Online-Medien nochmals gesteigerte zeitliche Aktualität und die Direktheit von Ton und Bild gestattet den Anschein unmittelbarer Teilhabe am Geschehen. Das Fremde, Ferne wird herangeholt und ebenso »nah« vermittelt wie Geschehnisse aus der Umgebung des Zuschauers. Der Reiz der Exotik schwindet, weil nun das Exotische der fremden Welt nur mehr unter Aspekten seiner Skurrilität als Rohstoff betrachtet und verwertet wird.

In den Köpfen der Fernsehmacher, wohl auch in denen der Zuschauer, ist der Globus zum Weltdorf geschrumpft, in dem es beschaulich zugeht und Neuigkeiten in Stories übersetzt werden: Wir begleiten den Staatspräsidenten und seine Gattin in Fernost; wir zoomen die Augenpartie des zum Tode verurteilten Doppelmörders in den USA; wir rasen im Raffer von 30 Sekunden die 300 Kilometer lange, von der Überschwemmung heimgesuchte Küste entlang, wenn möglich mit Verletzten und Toten.

Die technisch schwerfällige Vor-Ort-Reportage des Fernsehens muss sich stets beschränken auf telegene Ausschnitte und Geschehensfetzen. Zudem vermittelt sie im Bild eindeutig festgelegte Sachverhalte und Geschehnisse. Sie legt das Thema fest wie die Romanverfilmung, die ja nur eine von unzählig vielen Versionen bedeutet, die als Vorstellungen in den Köpfen der Romanleser leben.

Die visualisierte TV-Welt ist darum im Grunde erheblich bedeutungsärmer als das reale Dorf, wo vieles vage und manches unerklärbar bleibt, wo man mit Gerüchten und Spekulationen wie auch Hoffnungen und Ängsten lebt. Hinzu kommt die erneute Beschleunigung und Verdichtung der Nachrichten durch die Wireless-Kommunikationsmedien. Zwar erlaubt das World Wide Web den Abruf umfassender Informationen, doch wird das Internet meist für andere Zwecke genutzt. Nachrichten und Kurzgeschichten werden mobil per Handy-Fernsehen empfangen: noch mehr Fastfood-Journalismus just-in-time.

Vielleicht hängt es mit diesen Eigenheiten der elektronischen Medien zusammen, dass wir derzeit eine Renaissance der Pressereportage erleben: Zwar ist die Welt zum Weltdorf geschrumpft; doch die Sprache der Printmedien kann ihr das Mehrdeutige und das Empfinden betroffener Menschen zurückgeben, sofern sie die Klischees meidet.

> *Beispiele:* Die Reportage liefert, wenn es um die »neue« Armut geht, keine kitschige Großaufnahme eines Bettlers, sondern begleitet vorbehaltlos drei bettelnde Tippelbrüder während vieler Tage auf dem harten Asphalt der Großstadt oder schildert einen Tag im Leben einer fünfköpfigen Familie, die vom Arbeitslosengeld leben muss. Der Reporter braucht keine zerfetzten Glieder und brennenden Tanker zu zeigen, um den Irrwitz des Irakkriegs 2003 zu demonstrieren; er kann statt dessen die Unsinnigkeiten und Bedrohungen im Alltag der Zivilbevölkerung in Bagdad und Basra schildern (zahlreiche Reportagen zwischen Herbst 2003 und 2005).

Das Vieldeutige und Befremdliche im Alltag der Menschen ist das Thema: Was uns nicht vertraut ist, erscheint als fremd und macht neugierig. Zur räumlichen

Distanz des Handlungsorts in der klassischen Reportage tritt eine soziale, auch zwischenmenschliche Befremdnis als Grundthema. Mit diesem »Subtext« verbunden ist ein spezifischer Exotikeffekt, denn auch im Alltäglichen lässt sich das Unheimliche finden. Die von den neuen Medien vorgespiegelte Vertrautheit mit der weiten Welt steht oft genug in tiefem Kontrast zur Unvertrautheit vieler Erscheinungen in der eigenen Umwelt, etwa die Augenblicke des Glücks oder der Schock des Abschieds, zumal, wenn es ein endgültiger ist. Wer solche Ausnahmesituationen verstehen und schildern will, darf nicht „draufhalten", sondern muss selbst Distanzierungsarbeit leisten. In herausragender Weise gelang dies Egon Erwin Kisch-Preisträger Bartholomäus Grill, der seinen todkranken Bruder, der aktive Sterbehilfe in Anspruch nahm, auf seinem letzten Weg begleitete („Ich will nur fröhliche Musik", in: Die Zeit Nr. 50 /2005).

Viertens: Katastrophen hautnah

Die Gleichförmigkeit des Alltags und der Mangel an Erlebnismöglichkeiten im Kunstgarten der Freizeitgesellschaft sind wiederholt beschrieben und beklagt worden. Dieser Erlebnishunger wird zunehmend mit dem Surrogat journalistischer Erlebnisschilderung ersatzbefriedigt. Die konfektionierten, als Abenteuergeschichten verkauften Stories im Fernsehen, in Illustrierten, Magazinen und Beilagen erfreuten sich jedenfalls großer Beliebtheit. Das Material beschafft sich der Reporter oft durch Rollenspiele: als Kanufahrer auf dem Amazonas; mit dem Fallschirmspringerverein in den Wolken; zwei Tage und Nächte als Fernfahrer in Anatolien; als männlicher Stripper im Damenpuff – und so weiter.

Als seien es Abenteuer, werden oftmals auch katastrophische Geschehnisse zur schnellen Front-Reportage verbraten, nach dem Konsalik-Muster: Vor dem Haus die krachende Bombe, in der Tür die weinende Mutter, vor ihr der Sohn, der in den Krieg zieht, hinter der Tür der zum Krüppel geschossene Vater. Tenor: Das Leben ist grausam, das Glück flüchtig, doch die Hoffnung währt ewig.

Dieses Strickmuster tauchte als »Front-Reportage« in vielen Illustrierten auf, etwas feiner und mit einem Touch von Politik aber auch im »Stern« (in den 80er-Jahren Jürgen Petschull) oder, im Sprachduktus noch etwas selbstgefälliger, gelegentlich auch im »Spiegel« (ebenfalls 80er-Jahre: Erich Wiedemann).

Vor allem in großen US-Medien liest, hört und sieht man die geradezu standardisierte Frontstory des für ein paar Stunden oder Tage nach Somalia oder Kongo, Bagdad oder Ramala eingeflogenen Reporterteams. Als es zum Beispiel 2005 um die Inszenierung der ersten freien Wahlen in Afghanistan ging, hetzten die Reporter der großen Weltblätter schnell durch Kabul, dann Richtung Kandahar in die Berge. Dort ließen sie sich ein paar Geschichten erzählen, wie sich tapfere Bauern gegen die mordenden Taliban zur Wehr setzen und vom eigenen Fotografen ablichten – und schon war die als Erlebnisbericht aufgemachte Story in den Spalten: Wahlen am Hindukusch: eine Sammlung von Klischees.

Alternativen? Zum Beispiel das Porträt eines 70-jährigen Stammesführers, dem zwei Frauen mangels Medikamente gestorben und der einen seiner Söhne durch die Taliban, den anderen durch amerikanische Bomber verloren hat; und der nun Rat hält, ob eine Wahlbeteiligung seinem Clan neuen Schaden bringe (gesendet von BBC im Mai 2005). Oder die junge paschtunische Witwe in Kabul, die unter Lebensgefahr in einem Hinterzimmer jungen Frauen Schulunterricht erteilt und dabei die Idee der Selbstbestimmung einfließen lässt (im »Guardian« Anfang März 2005).

Oder zum Beispiel die verheerende Überschwemmung von New Orleans in der Folge des Hurrikans »Katrina« in den ersten Septembertagen 2005: Im Fernsehen sahen die Zuschauer Tag für Tag die unter den Wassermassen versunkene Stadt, sahen verzweifelte Gesichter und eine hilflos agierende Regierung. Und sie lasen jeden Tag die nach dem gleichen Muster gestanzten Katastrophenberichte in ihrer Tageszeitung. Die gleichen Bilder und Informationen brachte dann auch der »Stern«. Doch er verband sie nicht nur mit informativen, die Katastrophenursache erklärenden Grafiken, sondern mit einer von fünf Reportern an Ort und Stelle zusammengetragenen Reportagen-Collage. Sie begann so:

> »Als die Read Street noch eine Straße war und kein See, als pinkfarbene Blüten in den Bäumen hingen und keine Leichen, muss es schön gewesen sein hier im armen Osten von New Orleans. Die Häuser sind einfach, aber bunt, zerfetzte Plakate erzählen von langen Nächten des Jazz, und über allem thront der weiße Turm eines Altenheims, unter dessen Dach Connie Wilson seit fünf Tagen um ihr Leben bangt. Hurrikan Katrina ist schon lange vorbeigezogen. Doch der Tod lässt sich Zeit in New Orleans. Connie Williams, 48, hat die vergangenen Nächte allein verbracht. Sie hat keine Beine mehr, ihre Arme sind verkrüppelt. Zuerst flohen die Alten, die noch gehen konnten, und die Pfleger. Dann starb ihr Flurgenosse Mister Pierce, der nun tot mit gefalteten Händen in seinem Rollstuhl sitzt, als bete er. Und so blieben nur noch sie zurück und ihr Wellensittich Joshua Albert, im 15. Stock des Forrest Home, mit Blick auf eine Stadt unter Wasser.
>
> Der Abend naht, als sich der Ranger Jerry Stassi und seine Kollegen von der Wildlife Enforcement Agency in ihren Schnellbooten auf den Weg machen. Stassi jagt sonst eigentlich Wilderer, aber seit Montag retten er und seine Leute Menschen, von Dächern und aus Bäumen, inzwischen etwa 2500. ‚Es gibt Häuser in diesem Viertel, die wir nicht mehr rechtzeitig erreichen werden', sagt er. ‚Aber wir geben nicht auf.' Sein Weg durch die Fluten führt vorbei an gekippten Strommasten, an Giftschlangen und einem Toten, aber um Leichen, sagt Stassi, können sie

sich erst in einigen Wochen kümmern.« (die Reporter begleiten weiter Stassi, der Connie rettet und den roten Faden der Geschichte gibt – in: Stern Nr. 37/2005).

Fünftens: Die Flucht in die Phantasie

Gesehenes und Phantasiertes geraten bei den gehetzten Katastrophen-, Front- und Drittweltreportern schon mal durcheinander. Natürlich kann dies nur aus- nahmsweise bewiesen werden (auch hier gilt: in dubio pro reo), zumal Zeugen und Quellen meist anonyme Figuren sind: ein unbekannter Gotteskrieger mit Kindergesicht sagt geistreiche Sprüche, ebenso der Taxifahrer in Basra oder der halbverhungerte Bauer in Äthiopien. Bei solchen Reportagen handelt es sich oftmals um eine »Faction«, eine Mischung aus *facts* und *fiction*, wie einst Jürgen Petschull seinen Polit-Kriegsthriller über einen Palästinenser in Beirut (»Der Märtyrer«, 1986) genannt hat.

Allerdings: Diese Tendenzen sind nicht allein den Reportern, sondern auch den Vermarktungstechnikern in den Redaktionen anzulasten, die griffige (au- thentische) und stimmige Geschichten wünschen. Wie solche Mechanismen ab- laufen, hat der Schriftsteller Nicolas Born (nicht zu verwechseln mit dem TV- Faker Michael Born) – auch am Beispiel »Stern« und Beirut – mustergültig be- schrieben (in: »Die Fälschung«, 1979). Und wie sich ehrgeizige, ums Renommee buhlende Reporter unter dem Profilierungsdruck verführen lassen, veranschau- lichte – pars pro toto – der Fall des »New York Times«-Reporters Jayson Blair, der angeblich authentische Vor-Ort-Reportagen über Betroffene am Redakti- onsschreibtisch verfasste und Szenen erfand. Im Frühjahr 2003 wurde er von Kollegen überführt, wenig später nahm er seinen Hut.

Manches von dem, was Blair angelastet wurde, gilt unter deutschen Repor- tern als branchenüblich, bestenfalls als belanglose Schwindelei, so zum Beispiel die Nennung des Ereignisorts als Spitzmarke des Textes, auch wenn der Verfas- ser selbst gar nie an Ort und Stelle war, vielmehr »kalt« am Schreibtisch formu- lierte bzw. fabulierte.

Wenn deutschsprachige Reporter unangenehm auffallen, dann, weil sie faustdick lügen. Berühmt-berüchtigt wurde der Schweizer Hollywood-Reporter und In- terviewkünstler Tom Kummer, der seine in renommierten Blättern (»Zeit«- und »SZ-Magazin«) veröffentlichten Promi-Gespräche erfand und dies später – als das Magazin »Focus« im Mai 2000 den Fall aufdeckte – seine Fakes als postmo- dernen »Borderline-Journalismus« schön zu reden suchte. Zwei Jahre später hat- ten die Schweizer Medien einen ähnlichen Skandal: Claude Bühler hieß der

Mann, der wundersame Geschichten aus den USA zu berichten wusste: von Indianern, die wegen einer Portoerhöhung das Kriegsbeil ausgruben, oder einem Zwölfjährigen, der mit Sozialamtsschecks seiner Mutter einen 243 000 Franken teuren Mercedes kaufte und zu Schrott fuhr. Auch erfand er ein Interview mit George W. Bush nach dessen Wahl 2000 – die renommierte »Sonntagszeitung« druckte es. Viele hundert Artikel, darunter zahllose Fakes, hat Bühler allein für den Zürcher »Tages-Anzeiger« geschrieben. Und viele Geschichten wurden noch gedruckt, als bereits Zweifel an seiner Glaubwürdigkeit zutage getreten waren. Erst seine Story über sexuell ausgebeutete Kinder, die in Nashville allwöchentlich »wie Sklaven« feilgeboten würden, brachte ihn zu Fall: Kolleginnen der Frauenzeitschrift »Annabelle« überprüften die Geschichte. Nach einer Woche Recherche in Nashville lautete deren Befund: alles gelogen.

Konstruktivismus: Im Nachgang zum Borderline- und Popjournalismus der »Tempo«-Ära wurde unter Medienwissenschaftlern in den 90er-Jahren des vorigen Jahrhunderts das Reden über den Subjektivismus beliebt, demzufolge die objektive Welt nicht erkannt und beschrieben werden könne, weshalb die Medien »ihre« Wirklichkeit konstruierten. Dieses erkenntnistheoretisch ebenso alte wie interessante Thema löste unter jungen Journalisten manche Verwirrung aus: Wer hindert mich so schreiben, wie ich es für schön oder spannend halte? Was spricht dagegen, Inhalte zu fiktionalisieren? Die Antwort ist einfach: das Publikum. Denn aus der Sicht derjenigen, für die Reportagen publiziert werden, unterscheidet sich Journalismus von Literatur nicht durch die Kunstfertigkeit der Sprache, sondern durch den Realitätsbezug der Aussagen (siehe: »Die Wirklichkeit der Reportage«, S. 54). Es bleibt dabei: die Tatsachen müssen stimmen.

1.10　Über das »Gleichgewicht von Mitgefühl«

Wie literarisch der Reporter auch schildert, wie faktengenau er auch beschreibt: Aus der Sicht seiner Leser, Hörer und Zuschauer muss sich seine subjektive Sicht legitimieren – und zwar durch die größere Tiefenschärfe und den bedeutungsreicheren Sinnzusammenhang, den der Reporter erschließt: Er möchte (sollte) den Durchblick gewinnen. Wie soll das gehen?

In seiner äußeren, an die jeweilige Situation gebundenen Rolle soll er der neutrale Beobachter sein. Doch zu dieser äußeren Rolle gehört eine innere Haltung, die keineswegs neutral ist, weil hier Neutralität nur ein anderes Wort für

Beliebigkeit wäre, wie sie der Popjournalismus der 90er-Jahre gefeiert hat. Doch »innere Haltung« ist ein schwieriges, moralisch klingendes Konstrukt. Ich meine damit das Interesse an den Lebensbedingungen und -umständen der Menschen, mehr noch: die feste Überzeugung, dass die Menschenwürde geschützt und Unrechtsverhältnisse aufgedeckt werden müssen. Wer in der Tiefe seines Herzens die Menschen verachtet, mag ein guter Rechercheur, Berichterstatter oder Blattmacher sein; ein guter Reporter wird er niemals.

Wie schwierig – und wichtig – es ist, um die Würde des Menschen zu kämpfen, führt uns die heikelste aller Reporterrollen vor Augen: die des schon erwähnten Kriegsreporters. Er ist (um das seit dem Irakkrieg 2003 geflügelte Wort zu gebrauchen) stets in einer »embedded« Situation und darum auf Gedeih und Verderb den Spielregeln seiner Kriegspartei ausgeliefert. Was nützt ihm da die »innere Haltung« des Beobachters?

Kehren wir nochmals kurz zurück zu William Howard Russell, dessen Kriegsberichte die Aberdeen-Regierung zum Rücktritt zwangen. Auf welcher Seite stand Russell? Auch als kritischer Beobachter des Kriegsgeschehens verstand er sich als Patriot, nicht aber als Propagandist der kriegsführenden Briten. Er geriet damit in einen seither den Kriegsreporter kennzeichnenden Loyalitätskonflikt: einerseits die durch Dummheit und Fehler der Befehlshaber verschärfte Unmenschlichkeit der Kriegshandlungen anprangern, andererseits den Siegwillen der »eigenen« Kriegspartei nicht in Frage stellen. Tatsächlich stehen ja die Kriegsreporter immer auf einer Seite des Kampfes und können die Erlebnisse, Empfindungen und Möglichkeiten des Gegners vielleicht mitdenken, niemals aber antizipieren oder gar ihrem Publikum vermitteln. Gleichwohl gelang es Russell, das Sinnlose jener Feldschlachten sichtbar zu machen, ohne es als Meinung auszusprechen.

Wie Mitte des 19. Jahrhunderts Russell über den Krimkrieg, so haben bekanntlich amerikanische Reporter hundert Jahre später mit ihren Frontberichten aus Vietnam zuhause in den USA für eine gegen die unmenschliche Kriegsführung eingestellte Öffentlichkeit geschaffen und ein verändertes Meinungsklima als Voraussetzung für den Rückzug der USA aus Vietnam herbeigeführt.

Wenige Jahre später, im April 1975, als die Roten Khmer in Kambodscha ihre Schreckensherrschaft errichteten und fast alle Journalisten das Land schon verlassen hatten, erlebten zwei Korrespondenten der »New York Times«, der Amerikaner Sydney Schanberg und sein kambodschanischer Mitarbeiter Dith Pran, die Eroberung Phnom Penhs. Sie gerieten in die Hände der Roten Khmer und überlebten nur dank des Mutes und der List des Dith Pran. Schließlich wurden sie getrennt, und Schanberg kehrte in die USA zurück. Viereinhalb Jahre später gelang dem von den Khmer geschundenen Pran die Flucht nach Thailand. Die Freunde fanden sich, und Schanberg schrieb eine Reportage über »Tod und Leben des Dith Pran«, die 1980 mit dem Pulitzer-Preis ausgezeichnet und von Roland Joffe verfilmt wurde (»The Killing Fields«). Auszug aus Schanbergs Reportage über seine letzten Tage in Phnom Penh:

> Am 14. April beginnen die Roten Khmer ihren endgültigen Vorstoß: Sie fahren auf dem Flugplatz ein, einer der letzten Verteidigungslinien der Stadt.
>
> In der Hauptstadt selbst herrscht ein merkwürdiges Losgelöstsein von der doch nur eine so kurze Strecke entfernten Wirklichkeit. Einige der Franzosen, die in dem Glauben zurückgeblieben sind, als Alteingesessene und Relikte der kolonialen Vergangenheit seien sie ihres Lebens sicher, spielen neben dem Hotelschwimmbecken Schach. Zwei Tage lang bringt die Nachrichtenagentur der Regierung nichts über die Evakuierung der Amerikaner, dafür eine lange Story zum Tod von Josephine Baker. Ein amerikanischer Stammkunde im Hotel reklamiert, weil das Eis ausgegangen ist und er sein Pepsi nicht warm trinken will.
>
> Dieser Surrealismus ist am Morgen des 17. April, einem Donnerstag, zu Ende, als die neuen Herrscher in die verängstigte Stadt einmarschieren. Schon am späten Abend des 16. ist klar, daß der Zusammenbruch der Hauptstadt nur noch eine Frage von Stunden sein kann. Riesige Feuersbrünste von den Kämpfen rings am Stadtrand färben den Nachthimmel orange. Zu Tausenden drängen Flüchtlinge ins Zentrum, samt ihren Ochsenkarren, ihren spärlichen Habseligkeiten und ihren Verrückten. Auch desertierte Regierungssoldaten sind unter ihnen.
>
> Pran wendet sich zu mir und sagt: »Es ist vorbei, es ist vorbei.« Und wie wir einander anblicken, sieht jeder im Gesicht des andern zum ersten Mal die quälende Ungewißheit, was mit uns geschehen wird. (…)
>
> Wie wir aber in unseren Wagen steigen (…) wollen, stürmen ein paar schwerbewaffnete Rote Khmer durch den Haupteingang herein. Schreiend und zornig winken sie uns aus dem Wagen, richten Gewehre auf Kopf und Brust und befehlen uns, die Hände über dem Kopf zu legen. Instinktiv blicke ich zu Pran, um mich nach ihm zu richten. Wir sind schon mehr als einmal in einer schwierigen Lage gewesen, aber jetzt sehe ich zum erstenmal nackte Angst in seinem Gesicht. Stammelnd heißt er mich alles tun, was sie sagen. Ich zittere. Ich denke, wir werden gleich hier umgebracht. Aber Pran hat sich irgendwie zusammengerissen und verlegt sich aufs Bitten. Die Hände noch immer über dem Kopf, versucht er ihnen einzureden, wir seien nicht ihre Feinde, sondern ausländische Reporter, die über ihren Sieg berichten.
>
> Sie nehmen alles – unseren Wagen, unsere Kameras, Schreibmaschinen, Radio, Rucksäcke – und stoßen uns in einen gepanzerten Mannschaftswagen, eine Art leichter Panzer, der in seinem Inneren Truppen transportiert und den sie von der Regierungsarmee erobert haben.
>
> Wir alle kommen da hinein – drei Journalisten und unser Fahrer Sarun – außer Pran. Wir hören ihn draußen sein Anliegen in der Khmersprache weiter verfechten. Natürlich glauben wir, er wolle wegkommen, wehre sich dagegen, in dieses Fahrzeug gepackt zu werden. Die meisten meiner Gedanken sind wirr und unzu-

sammenhängend, aber ich weiß heute noch, wie ich gedacht habe: »Um Gottes willen, Pran, komm rein. Vielleicht gibt es dann irgendeine Chance, aber wenn du weiter streitest, schießen sie dich auf der Straße nieder.«

Endlich klettert er herein, und das Panzergefährt rumpelt los. Nach ein paar Minuten fröstelnden Schweigens beugt sich Sarun zu mir und fragt auf französisch, ob ich wisse, was Pran draußen gemacht habe. Nein, sage ich, sie hätten ja Khmer gesprochen. Da erzählt mir Sarun, daß Pran keineswegs versucht hat wegzukommen, ganz im Gegenteil:

Er hat versucht, sich in den Panzerwagen hineinzuschwatzen. Die Roten Khmer schickten ihn weg, sie sagten, sie wollten nur die Amerikaner und »die großen Leute«. Er wußte, daß wir ohne ihn keine Chance hatten, deshalb stritt er darum, nicht von uns getrennt zu werden; er verpfändete im Grunde sein eigenes Leben für die Möglichkeit, das unsere vielleicht zu retten. (…)

Plötzlich, nach einer Fahrt von 40 Minuten, steht das Fahrzeug still, und die hintere Tür springt scheppernd auf. Man befiehlt uns auszusteigen. Wie wir durch die Tür kriechen, sehen wir zwei Soldaten der Roten Khmer, die Gewehre aus ihren Hüften direkt auf uns gerichtet. Hinter ihnen fällt ein sandiges Flußufer zum Tonle Sap ab. Rockoff und ich tauschen einen blitzschnellen Blick der Furcht. Wir denken das gleiche: Die tun es hier und rollen uns den Abhang hinunter in den Fluß.

Aber wir steigen aus, wie Zombies. Keine Schüsse werden abgefeuert. Pran nimmt sein Bitten wieder auf, und zwar sucht er sich einen Soldaten aus, der wie ein Offizier aussieht. Eine geschlagene Stunde lang appelliert, schmeichelt, bettelt er um unser Leben. Der Offizier schickt einen Kurier mit Motorrad zu irgendeinem Hauptquartier im Stadtzentrum. Wir warten, noch immer starr vor Grauen, aber wir versuchen zu hoffen, während Pran weiterredet. Endlich kommt der Kurier zurück, wieder wird geredet – und dann, wie durch ein Wunder, werden die Gewehre gesenkt. Man gestattet uns, etwas Wasser zu trinken. Ich sehe Pran an, und er erlaubt sich ein vorsichtiges Lächeln. Er hat's geschafft, denke ich, er hat's fertiggebracht (abgedruckt in: Weltwoche 9/1985).

Ist Sydney Schanbergs Bericht zu parteiergreifend – oder viel zu berichtend? Ob man nun dies oder jenes monieren möchte, ist unerheblich. Preiswürdig ist der Text wegen seiner anteilnehmenden, um Authentizität bemühten und die Menschenwürde verteidigenden Darstellung. Und dies legitimiert die subjektiveinseitige Sicht des journalistischen Augenzeugen über alle Wandlungen und Veränderungen hinweg.

Der Frontreporter Andreas Kohlschütter, während eines Jahrzehnts für die Zürcher »Weltwoche« und die Hamburger »Zeit« an allen Brennpunkten und Konfliktherden, wurde 1983 für seine Reportagen mit dem Zürcher Journalistenpreis ausgezeichnet. Sein in der Dankesrede skizziertes Berufsverständnis hebt die Rolle des Frontreporters zum Sinnbild des Journalisten. Sein Credo ist von überzeitlicher Gültigkeit:

Hilflosigkeit: Ich stochere in leidvollen Trümmern herum, mit nichts als meinem Notizblock und Kugelschreiber in der Hand. Ich beneide jeden Arzt und Rotkreuzhelfer, jede Krankenschwester und jeden Sozialarbeiter. Sie können praktisch Hand anlegen, etwas Konkretes tun, helfen. Der Reporter dagegen blamierte sich vor sich selbst durch seine sinnlosen Fragen, die keinen Schmerz und kein Blut stillen, nicht lindern, nichts heilen. Dieser Zustand des Dabei-Seins in akuten Krisensituationen und des Doch-nichts-tun-Könnens ist für mich deprimierend. Die Gefahr, im Negativen und in der Negation zu versacken, ist groß. Die Reihen der Kriegs- und Krisenreporter sind voll mit Selbstzerstörern, Alkoholikern, Zynikern, Ehebrechern, Aufgebern. Oft erfasst mich das Grausen vor meinem Berufsstand.

Ich bin nicht einverstanden, wenn Graham Greene in seinem berühmten Werk »The quiet American« den in Vietnam stationierten US-Reporter Fowler aussagen läßt:»Gott existiert nur für die Leitartikler« oder»Ich könnte kein Reporter mehr sein, ich würde Meinungen haben müssen.« Diese Exklusivität, entweder Fakten-Reportage oder Meinungsjournalismus, akzeptiere ich nicht. Sie widerspricht meinem Selbstverständnis. Zu Recht mag Graham Greene's Reporter gegen billige Ideologiegläubigkeit und doktrinäre Parteilichkeit anrennen. Er geht jedoch in die Irre, wenn er darauf beharrt:»Ich will nicht Anteil nehmen«. John Le Carré erklärt zu seinem Thriller, der in den Kulissen des palästinensisch-israelischen Konflikts spielt und in dem eine englische Schauspieler-Agentin sich als »The little Drummer Girl« von einem Sympathie-Ufer ans Gegenüber geworfen sieht, er sei im Zeichen eines»Gleichgewichts von Mitgefühl« (»balance of compassion«) entstanden. Das scheint mir eine exzellente Formulierung, in der ich mich und das, worum es mir geht, wieder erkenne.

Der Reporter soll sich nicht verleugnen. Aber das »Gleichgewicht von Mitgefühl« soll sein Maßstab sein. Ich will mir die Möglichkeit nicht verbauen, den israelischen Freiheitskampf gegen Engländer und Araber zu würdigen und in seiner Geschichtlichkeit zu verstehen. Mitsamt den Wurzeln blutigen israelischen Terrors von damals, begangen durch israelische Spitzenpolitiker von heute. Dieselbe Freiheit des Verstehens und Respektierens beanspruche ich auch für den palästinensischen Freiheitskampf und den PLO-Terror. Das lasse ich mir durch keine intolerante Israel-Lobby oder mit Mitgefühl geizende jüdische Propaganda ausreden. Nur die einen als Helden und Staatsmänner, nur die anderen als Terroristen und Mörder einzustufen, wäre nicht nur unfair und unwirklich, sondern auch unmenschlich. Ein unverzeihlicher Verstoß gegen das Grundgebot von Gleichgewichtung des Mitgefühls, das mir als Kompassnadel dient.

Ich definiere mich als parteilos. Jeder Anspruch auf Wahrheitsbesitz ist mir fremd. Ich bin kein Ideologe, kein Kreuzritter, kein Linientreuer, kein Scheuklappenträger. Vorgegebenem misstraue ich instinktiv. Stetiges ist mir suspekt. Dauernd gerate ich zwischen die Fronten, finde ich mich zwischen Stuhl und Bänken.

Das heißt nicht: wertfreier Journalismus. Das bedeutet nicht: Freibrief für Gedanken – oder, was noch schlimmer wäre: Gefühllosigkeit. Auch der Reporter kann und darf sich nicht absondern. Seine Pflicht des Mitdenkens, Mitfühlens, existenziellen Engagements bleibt gegenwärtig. Sonst wird es unmöglich, den Lesern jene aufs Humanum gerichtete Orientierungs- und Einordnungshilfe zu leisten, die diese zu Recht fordern.

2. Annäherungen: Zur Definition der Reportage

Mit triumphierendem Lächeln hebt die junge, schwarzgelockte Kollegin in der hinteren Reihe eine aufgeschlagene Zeitschrift in die Höhe und tippt mit dem blaulackierten Nagel ihres Zeigefingers mitten in den Text. »Und was ist das hier: eine Reportage?« In ihrer Stimme schwingt ein leicht spöttischer Unterton mit: »Oder ist es vielleicht nur eine schön erfundene Geschichte?«

Seit ein paar Stunden sitzen wir zusammen in einem Fachseminar und sprechen über die journalistischen Hauptmerkmale der Reportage. Die junge Kollegin findet indessen, dass alles erlaubt sein solle, wenn nur der Text gefällt. Als Beleg hatte sie diesen längeren Artikel aus dem zeitgeistig angehauchten Freizeitmagazin hervorgeholt, der sich mit viel Wortgeklingel mit der angeblich neuen Spießbürgerkultur befasst. »Das ist doch ganz klar eine als Feature angelegte Fiction-Story mit Reportageeinstieg«, macht sie sich über unsere Definitionsversuche lustig.

Andere Seminarteilnehmer widersprechen. Einige finden nämlich den Text ausgesprochen langweilig, andere hatten ihn zwar gern gelesen, fühlten sich aber nachher nicht informiert, sondern nur an der Nase herumgeführt. Ihr Urteil: Das Argument, ein journalistischer Text brauche nur zu gefallen, führe ins Beliebige des persönlichen Geschmacks – oder zu einem Journalismus, der sich so gibt, wie es gerade der (an der Auflagenentwicklung ablesbare) Massengeschmack wünsche. Journalistische Texte, lautet die von den übrigen Seminarteilnehmern bekräftigte Folgerung, haben – im Unterschied etwa zu einem wissenschaftlichen Aufsatz oder Essay – »benennbare Aufgaben« im Rahmen einer Funktion zu erfüllen; schließlich lesen die Leser ihre Zeitung oder Zeitschrift nicht nur, um »irgendwie« unterhalten zu werden, sondern auch, um orientiert zu sein (Anmerkung: Diese Rahmengeschichte ereignete sich in den 80er-Jahren in einem Volontariatskurs; sie könnte sich so oder ähnlich – siehe Featuretechnik im nächsten Kapitel – auch heute abspielen).

2.1 Soll man subjektive Darstellungsformen überhaupt definieren?

»Bestimmte Aufgaben«: Das klingt in den Ohren so manches Kollegen wie »Pflichtenheft«. Sind denn klare Definitionen überhaupt journalistisch? Für eine Zeitungsmeldung im Nachrichtenteil der Zeitung gibt es zweifellos eindeutige Kriterien, so zum Beispiel, welche Informationen zumindest angeboten und wie sie aufbereitet werden sollen. Aber gilt dies auch für die offenen Textgattungen, etwa den Hintergrundbericht – und für betont subjektiv gehaltene Texte, allen voran für die Reportage? »Da müssen sich doch Anforderungskataloge auswirken wie ein enges Korsett, das jede üppige Rundung in die vorgegebene Form zwängt«, sorgte sich ein jüngerer Seminarteilnehmer in der vorderen Reihe.

Hinzu kommt, dass der Wandel der Zeit, wenn schon, dann vor allem im Journalismus als dessen Medium seinen Ausdruck finden soll. Schauen wir auf den Printmarkt: Nicht zufällig kommen immer mal wieder neue Zeitschriftentypen auf den Markt, die nicht nur einfach von der Marketingabteilung eines Medienkonzerns gestylt, sondern auch von einer publizistischen Idee inspiriert sind, wie etwa die Massenblätter Ende des 19. Jahrhunderts, die US-Nachrichtenmagazine in den 20er-Jahren – oder Ende der 70er-Jahre in Westdeutschland die Alternativpresse und die Stadtillustrierten, Mitte der 80er-Jahre die Zeitgeisthefte in der Art des im vorigen Kapitel erwähnten »Tempo«, dann die Special-Interest-Produkte (Body and Sex, Frauen- und Programmtitel), und seit der Jahrtausendwende haben die Lifestyle- und Wellnesshefte Konjunktur. Diese Medien entwickeln mit dem Trend auch veränderte Sehweisen, andere Themenzugänge, ungewohnte Umsetzungsformen und neue Darstellungsweisen.

Natürlich haben sich die Darstellungsformen solchen Wandlungen anzupassen. Sie dürfen dabei aber ihre *Vermittlungsfunktion* nicht verlieren, im Gegenteil: Sie sollten sich gerade deshalb anpassen, damit sie ihre Funktion behalten. Das Durchgängige ist demnach die Funktionalität des journalistischen Textes. Und die ist für die Reportage, wie im ersten Kapitel dargelegt, trotz der ungeheuren Vielfalt der Formen und Stile seit rund zwei Jahrtausenden im Wesentlichen die gleiche geblieben: nämlich die Zuhörer/Leser *am Geschehen geistig und emotional teilhaben, sie miterleben lassen durch die authentische Erzählung.*

Stimmt das heute noch? Der in den letzten Jahren zu beobachtende Funktionsverlust hat nicht die Reportage, sondern die Journalisten befreit, und zwar von der Verpflichtung zur Form. Amateurismus und Willkür werden gern mal mit Freiheit verwechselt. Das Auffallende an den derzeit modischen Darstellungs-

formen ist jedenfalls die andere journalistische Rolle: Man möchte nicht eigentlich informieren, nicht orientieren; der Autor möchte viel lieber schwadronieren,
am liebsten über seine eigenen Impressionen und Einfälle, Hauptsache, der Text
gefällt aufgrund seiner formalen Glätte. »Hier wird Brillanz schnell mal zu Bril-
lantine«, kalauert in unserer Seminarrunde eine ältere Zeitschriftenredakteurin
über das Phraseologische im erwähnten Spießbürger-Aufsatz.

Doch gerade unter den noch unerfahrenen Journalisten übt dieses Ins-Blaue-
Erzählen eine besondere Faszination aus, weil man »sich selbst einbringen«, sich
»in der Schreibe ausleben« könne. So jedenfalls äußern sich mehrere Volontäre.
Man gewinnt allerdings den Eindruck, als ginge es ihnen (und nicht nur ihnen)
mit ihrem Tun nicht eigentlich um Vermittlung, sondern – und hierfür gibt es
nicht von ungefähr schon lange ein Modewort – um *Selbstverwirklichung*, im
Glauben, dieses Bedürfnis über das Schreiben von Reportagen ausleben zu
können: »Da darf man doch ganz subjektiv sein.« Und so mancher träumt sich
in die Nähe der zu Renommee gelangten Autoren des New Journalism in den USA.

Fast unmerklich verschiebt sich damit der Sinn und Zweck journalistischen
Handelns: Hier funktioniert Journalismus nicht mehr als ein Handwerk, das die
Leserschaft am Geschehen teilhaben lässt, sondern eher als ein Mittel zur *Identi-
tätsfindung zwischen Autor und Publikum*. Die damit verbundene Neigung zu eitler
Selbstdarstellung wird freilich heruntergespielt, auch wenn sie zur Einschätzung
passt, dass wir in einer identitätssüchtigen, mithin narzisstisch gestörten Epoche
leben, wie es Christopher Lasch weitsichtig – und gerade im Hinblick auf die
Massenmedien und deren Selbstreferenz – vor mehreren Jahrzehnten dargelegt
hat (Lasch 1980, S. 103ff.).

»Und was hat alles das mit Reportage zu tun?«, will ein schon etwas älterer,
irritiert dreinschauender Kollege in unserer Seminarrunde wissen. Eben dies:
Mehr und mehr verliert die Reportage ihre funktionsdefinierte Form; sie wird zu
einem Glück-und-Zufallsprodukt, Journalismus zum Schießbudenplatz, auf dem
man seine Talente erproben kann. Dabei sollte eigentlich unstrittig sein, dass
Journalismus stets *vermittelnd* auf Geschehen und Ereignisse bezogen ist. Unstrittig ist auch, dass die mit dieser Vermittlungsfunktion verbundenen Techniken
nicht nur der Gnade der Begabung entspringen, sondern lehr- und lernbar sind.

Der Einwand der schwarz gelockten Kollegin aus der hinteren Reihe musste
kommen: Wenn »Reportageschreiben« lernbar sei, dann müsse bitteschön erst
mal geklärt werden, was eine Reportage überhaupt ausmache: Welche Themen
und Geschehnisse behandelt sie, wie wird der Stoff beschafft und aufbereitet,
wie der Text gegliedert, welche Sprache, welcher Stil gewählt? In der folgenden
Diskussion äußerte fast jeder eine andere Ansicht. Erneut hätte die Kollegin die

definierenden Kriterien der Reportage zur Geschmacksfrage erklären können. Doch jetzt war sie milde gestimmt.

2.2 Wie nützlich sind die Lehrbuch-Definitionen?

Mehrere Teilnehmer, allesamt Zeitungsredakteure, erinnerten nun die Seminar-runde an die vielen guten Handbücher und Lexika, die es inzwischen zum The-ma Journalismus gibt. Der Fundus, aus dem der Alltagsjournalismus schöpfe, sei hinlänglich beschrieben. Auch zum Stichwort »Reportage« werde es doch sicher Verbindliches geben. Jetzt grinste ihnen der schwarze Lockenkopf aus der hin-teren Reihe ganz offen ins Gesicht: »Na ja, dann machen Sie sich mal schlau«. Sie wusste bereits, dass die Lehr- und Nachschlagebücher sehr Unterschiedli-ches anbieten, wenn es um »journalistische Darstellungsformen« im Allgemei-nen und die »Reportage« im Besonderen geht. Offenbar herrscht unter den Ge-lehrten des deutschen Sprachraums ein Definitionschaos.

Und wirklich: Vergleicht man die in den Lehrbüchern angebotenen Um-schreibungen, dann springen einem zwei unterschiedliche Klassifizierungsarten ins Auge, deren jede nur begrenzt brauchbar ist.

1. Die »Historische Schule«

Ihre Hauptvertreter sind keine Journalisten, sondern mehr oder weniger berufs-nahe *Soziologen* und *Medienwissenschaftler,* die *über* den Journalismus schreiben. Sie haben die Definitionen journalistischer Darstellungsformen vorwiegend aus der jüngsten Geschichte der Publizistik destilliert. Ihr Grundmuster ist die Gegen-überstellung von nachrichtlichen mit kommentierenden Formen, einer der gro-ßen Klassiker des angelsächsischen Journalismus (Motto: »Facts are sacred, comment is free«). Gleichwohl gibt es Unstimmigkeiten mit dem Wort »Repor-ter«, in der Folge dann auch mit der Umschreibung der »Reportage«. Der Dis-sens unter den Wissenschaftlern betrifft die Frage: Ist der Reporter eher Be-richterstatter, eher Meinungsträger oder eher Unterhalter?

Das klingt bereits sehr akademisch, ist es aber nicht. Denn von der Antwort kann abhängen, ob ich als Reporter Chronistenpflichten habe – oder ob ich in meiner Reportage sogar wichtige Informationen einfach weglassen und ein durchaus einseitiges, erlebnisfrohes Bild von dieser Person oder jener Veranstaltung zeichnen darf, ähnlich, wie es ja auch einem Buchrezensenten oder Theaterkritiker gestattet ist.

Ein Seminarteilnehmer fand in der Bibliothek das uralte »Handbuch der Massenkommunikation« von Kurt Koszyk und Hugo Pruys von 1981 (eines der ersten und insofern eine Pioniertat), das ausdrücklich auch für Journalisten gedacht war. Sie definierten die Darstellungsformen, wie sie sagten, »entwicklungsgeschichtlich« (S. 39-43), und kamen zu der eigentümlichen Gliederung in folgende Kategorien: 1. Bericht/Meldung/Reportage, 2. Feature, 3. Kommentar, 4. Leitartikel, 5. Interview, 6. Karikatur, 7. Feuilleton. Als Berichtsform habe die Reportage »ihren Ursprung im Augenzeugenbericht, der seine Authentizität durch die persönliche Anschauung des Beobachters (Reporters) erhält; persönliche Eindrücke und erste Meinungen gehen ein in den Erlebnisbericht, der die Beschreibung und Schilderung eines Ereignisses von aktuellem Interesse darstellt.« (S. 39). Manches davon traf schon ganz gut. Und doch hagelte es kritische Bemerkungen: Was heißt »erste Meinungen«? Nach welchen Kriterien wurden diese Gruppen gebildet? »Ich versteh nicht, warum Meldung und Reportage zusammengehören, das Feature aber eine Klasse für sich sein soll«, erkundigte sich eine Fachzeitschriftenredakteurin. Achselzucken war hier wie dort die Antwort. Für die Praxis im *heutigen* Journalismus ist dieser Definitionsversuch tatsächlich nicht hilfreich, sondern irreführend.

Das seit den 80er-Jahren von Elisabeth Noelle-Neumann und Winfried Schulz herausgegebene Fischer-Lexikon »Publizistik« wiederum bietet eine Dreiteilung der »journalistischen Formen« (2003, S. 128f.) in 1. Tatsachenbetonte Formen (Nachricht, Bericht, Foto und Film, Feature, Reportage, Interview, Dokumentation) 2. Meinungsbetonte Formen (Leitartikel, Glosse, Kommentar, Kolumne, aber auch: Porträt, Theater-, Musik- und Filmkritik) 3. Phantasiebetonte Formen (Kurzgeschichte, Feuilleton, Spielfilm, Hörspiel, Lied inkl. Schlager, Comics, Witzzeichnung).

Dieselbe Klassifikation hat als Basisgliederung das von Claudia Mast besorgte »ABC des Journalismus« (2004, S. 237ff.) übernommen. Doch auch diese Gliederung fand in unserer Seminarrunde keine Gnade, weil unklar blieb, wieso ein Porträt eine Meinung darstellen, aber die Reportage einzig auf Tatsachenvermittlung ausgerichtet sein solle, zudem, was mit »phantasiebetont« gemeint sei: Was haben Schlager und Spielfilme mit Journalismus zu tun?

Allerdings bieten die seit den 80er-Jahren aufgelegten Neuausgaben des Fischer-Lexikons (zu dessen Herausgebern nun auch Jürgen Wilke gehört) aus der Feder von Kurt Reumann eine zunehmend differenzierte, die journalistische Praxis reflektierende Herleitung und Beschreibung der Formen. Zwar wird an der überkommenen Dreigliederung festgehalten (2. Aufl. 2003, 128f.); unter diesem Dach werden jedoch die insgesamt 12 Formen treffend charakterisiert und die Reportage im Sinne dieses Handbuchs beschrieben (S. 139f.). Damit hat sich dieses Lexikon aus der Formation der »historischen Schule« ein Stück weit gelöst. Dasselbe gilt für das »ABC des Journalismus«, mit dem Handicap allerdings, dass die einzelnen Formen dann von verschiedenen Autoren mit sehr unterschiedlichen Erfahrungen und Konzepten umschrieben werden.

Derselben Systematik, wenn auch der angelsächsischen Tradition stärker verbunden, folgt der systemtheoretisch argumentierende Siegfried Weischenberg in seinem »Nachrichtenjournalismus«, indem er von 1. Nachrichtenformen, 2. Meinungsformen und 3. »Unterhaltungs-Darstellungsformen« spricht, wobei er letztere unter den »Oberbegriff Feature für diverse Unterhaltungs-Darstellungsformen« verklammert (2001, S. 60). Die Reportage fungiert bei ihm als eine Unterspielart des Features. Das in unserem Seminar rasch identifizierte Problem lautete: Wieso Unterhaltung? Jeder gute journalistische Text hat auch unterhaltende Aspekte; »die« Unterhaltung sei indessen eine rezipientenbezogene Dimension – oder, wie in der Fernsehproduktion, die Bezeichnung für fiktionale und ludische Produktionen.

Nebenbei: An der Betrachtungsweise der »historischen Schule« fällt auf, mit welchem Desinteresse, auch Schlampigkeit das Genre des Erzählens behandelt wird – und auffallend demgegenüber, wie hartnäckig die aus dem angelsächsischen Journalismus stammende Dualität Nachricht-Meinung fetischisiert wird, ohne zu fragen, ob für unsere journalistische Arbeit der Gegensatz nicht richtiger heißen müsste: faktizierende (= empirische) versus argumentierende (= kognitive) Informationsvermittlung.

Die von Jürgen Wilke überarbeitete »Zeitungslehre« des altliberalen Emil Dovifat ist ihrerseits längst ein Stück Historie. Doch wurde unter der Feder von Wilke aus Dovifats Idee, die »journalistische Aufgabe« zur normativen Bezugsgröße aller Formen zu machen, eine historisierende Herleitung der Darstellungsformen, ohne dabei die inzwischen überholten Umschreibungen (etwa die Rolle des Reporters als »Sammler«) zu korrigieren. So wird in dieser Zeitungslehre nach wie vor die Reportage exklusiv als »lebensnahe, stark persönliche und *erlebte* Darstellung eines Ereignisses« gehandelt – »für den heutigen Journalismus allzu vage«, lautete das Urteil in unserer Seminarrunde, »uns interessiert doch auch, wie viel *hard news* und Recherche nötig sind«.

Wir hätten in unserer Seminarrunde noch weitere Definitionsversuche heranziehen können. Wir haben darauf verzichtet, denn sie würden im Weiteren belegen, was längst klar geworden ist: Die Autoren bieten durchweg in ihrer

Abstraktheit interessante Erwägungen zum »Problem Darstellungsform«. Doch in praktischer Hinsicht übersehen sie, dass die moderne Reportage eine (im vorigen Kapitel beschriebene) *doppelte Funktion* besitzt, nämlich *sowohl* Typus Reisebericht (Erlebnis) *als auch* Typus Augenzeugenbericht (Ereignis) zu sein. Das heißt: In ihren Erlebnisschilderungen vermittelt die Reportage vor allem subjektive Eindrücke; soweit Ereignisbericht, bietet derselbe Text indessen vermehrt nachrichtliche Informationen.

Statt den Zusammenhang dieser beiden Traditionen fruchtbar zu machen, haben sich die erwähnten Wissenschaftler nach Maßgabe ihres zeitgeistigen Vorurteils entweder auf die eher literarische Tradition des Unterhaltens oder auf die journalistische (= angelsächsische) des nachrichtlichen Ereignisberichts berufen.

Zu dieser Realitätsferne tritt hinzu, dass sich journalistische Darstellungsformen niemals *nur historisch* oder *nur kategorisch* legitimieren lassen. Tatsächlich sind sie ja keine postfest deklarierte Kunst- oder Stilform, auch kein jahrhundertealtes Bauwerk, an dem man (post)moderne Stilkunde betreiben könnte. Denn, wie gesagt, journalistische Darstellungsformen sind *funktional* zu bestimmen und darum in Form und Stil immer auch als Ausdruck der eigenen Zeit zu sehen.

Fairerweise muss allerdings angefügt werden, dass seit Erscheinen dieses Handbuchs (1987) und seiner Definitionskritik sich die Kategorisierungen und Charakterisierungen zugunsten einer funktionalen Sichtweise deutlich (im Sinne einer Entdogmatisierung) verbessert haben.

2. Die »Praktizisten«

Diese zweite Gruppe an Lehrbüchern versucht Definitionen nach Art von Rezeptsammlungen oder Merkmalslisten, gemäß der Losung: »So wirds gemacht«. Die meisten Verfasser dieser Lehrbücher sind Medienschaffende, vorwiegend Zeitungs- und Rundfunkjournalisten. Bei der Umschreibung der Darstellungsformen orientieren sie sich weitgehend entweder an der eigenen oder an der vorherrschenden Praxis und zimmern aus Traditionen, Gewohnheiten und persönlichen Überzeugungen ihre Kategorien. Tiefergehende Begründungen scheinen angesichts der Macht des Faktischen entbehrlich.

Walther von La Roche etwa gliedert in seiner »Einführung in den praktischen Journalismus« (16. Auflage) die Genres in drei Kategorien: 1. informierende Darstellungsformen (Nachricht), 2. weitere informierende Darstellungsformen (Bericht, Reportage, Feature, Interview und Umfrage, Korrespondentenbericht), 3. meinungsäußernde Darstellungsformen (Kommentar, Glosse, Rezension). Diese Gliederung ist pragmatisch-praktisch und setzt den Fokus auf das Nachrichtengeschäft. Den Kolleginnen und Kollegen in unserem Fachseminar erschien die Unterscheidung zwischen Nachricht und Bericht missverständlich. Und die Umschreibungen von Reportage und Feature stark auf den Hörfunk-Gebrauch ausgerichtet. »Mir ist nicht klar, warum es eine derart breite Palette an informierenden Formen gegenüber nur zwei Meinungsformen braucht«, befand unser schwarzer Lockenkopf in der hinteren Reihe und ließ die Mundwinkel hängen. Die Charakterisierung der Reportage »als Ergänzung zu Nachricht und Bericht« erschien ihr wenig hilfreich, ähnlich die Kennzeichnung: »Der Reporter schildert, was er sieht und erfährt, er notiert sich bezeichnende Einzelheiten« (S. 32); richtig sei, dass der Reporter »so konkret und anschaulich wie möglich« sei (S. 134) und »die Menschen zu Wort kommen« lassen solle (S. 136). Aber: »Je nach Thema gilt das alles doch auch für jeden ausführlichen Bericht«, gaben mehrere Kollegen zu bedenken. Es sei die Art, *wie* geredet werde, vor allem das Narrative, die den Unterschied ausmache.

Eine andere Praktikerlösung fanden Wolf Schneider und Paul-Josef Raue (»Handbuch des Journalismus«), indem sie untergliedern: »Wie Journalisten informieren«; »die unterhaltende Information«; »die Meinung«. Die Reportage gehört neben Feature, Porträt und Boulevardjournalismus zu den unterhaltenden Formen (nicht zu verwechseln mit »Unterhaltung«) (1996, S. 104ff.). Noch konsequenter ist Hans-Joachim Schlüter (in: »Praktischer Journalismus«), der auf jede definitorische Schubladisierung verzichtet und stattdessen die Formen zweckmäßig nach Maßgabe ihrer Macharten charakterisiert (2004, S. 148ff.).

Demgegenüber rubriziert das klassische »Zeitungspraktikum« von Werner Meyer die Darstellungsformen: 1. Die nachrichtlichen Formen, 2. Interview, 3. Reportage und Feature, 4. Leitartikel, Kommentar, Glosse. Hier werden die Kategorien freilich nicht gesetzt, sondern aus der Arbeitsweise einiger hervorragender Journalisten anschaulich entwickelt. Diese Einteilung stieß in unserer Seminarrunde auf Wohlgefallen, weil sie mit den journalistischen Funktionen und einer Sinn machenden publizistischen Praxis weitgehend übereinstimmt. Insbesondere das freimütige Eingeständnis, dass die Grenzen zwischen Feature und Reportage verschwommen und das eine durchaus für das andere genommen werden dürfe, gefiel unserem Lockenkopf. »Da steht's doch: ›Suchen-sehen-sammeln-sichten-sortieren-erzählen‹, darauf kommt's an«, befand sie. Zu ihren Zeugen gehören so bedeutende Reporter wie Hans Ulrich Kempski, der in dem Buch gezeigt hat, »wie ein Feature entsteht«, das ebenso gut »Reportage« heißen könnte (IV. Abschnitt, S. 5ff.). Aber warum gibt es dann diese unterschiedlichen Bezeichnungen? Ratloses Achselzucken.

Unsere Seminaristen lernten aus diesem Durchgang durch die Fachbibliothek, dass selbst plausible Herleitungen oft zu willkürlichen Einteilungen, widersprüchlichen Umschreibungen und kategorischen Kennzeichnungen führen. Es war dann unsere junge Kollegin in der hinteren Reihe, der als erste ein Licht aufging: »Es bringt wahrscheinlich nichts, wenn man zu definieren versucht, was eine Reportage ist«, überlegte sie, »weil die aktuelle Praxis viel zu bunt und widersprüchlich ist.« Was dann? »Vielleicht wäre es sinnvoller auszuprobieren, was wir mit dem Thema anstellen, wenn wir diese oder jene Darstellungsform gebrauchen.«

Spätestens jetzt wurde dem letzten Seminarteilnehmer klar: Viele der Lexikon-Autoren brechen sich die Finger ab, weil sie unbedingt eine in sich geschlossene, deduktiv abgeleitete *Definition* aufstellen wollen. Sie möchten den angehenden Journalisten ein für allemal sagen, *was* eine Reportage genau *ist* – statt zu sagen, was beim Reportageschreiben mit dem Thema, mit den Ereignissen und Sachverhalten geschieht, wie es Erlebnisse gestaltet und Geschehnisse vermittelt, kurz: wie eine Reportage *funktional* einzuschätzen ist.

2.3 Wie setzt der Reporter sein Thema um?

Zugegeben: Die Frage, wie Darstellungsformen funktionieren, klingt abstrakt. Es macht darum mehr Sinn, sie auf die Arbeit des Journalisten und seine Vermittlungsfunktion zu beziehen und entsprechend umzuformulieren: hier das Reportagenthema und die Intention des Reporters, dort sein Medium mit spezifischen Eigenschaften (Zeitung, Hörfunk, Magazin usw.) sowie die Erwartungen der Leser, Hörer, Zuschauer. Der Reporter sollte also auf folgende konkrete Fragen Antworten finden:

1. Welche *Eigenheiten meines Mediums* muss ich berücksichtigen (vom Medientyp über entsprechende Rubriken oder Sendegefäße bis zu Fragen der Aufmachung oder Moderation)? Kann ich zum Beispiel für die Human-interest-Rubrik unserer Boulevardzeitung auf 50 Zeilen à 28 Anschläge eine Reportage überhaupt unterbringen? Oder: Erträgt mein Reportagenthema die kühle, windschlüpfrige Sprache der Magazingeschichte?

2. Wie finde ich den Aspekt des Themas, der am ehesten der Darstellungsform entspricht? Das heißt: Bei welchen Themen und Ereignisinformatio-

nen ist zum Beispiel die Reportage die adäquate Darstellungsform, bei welchen ist es zum Beispiel eher das Feature, die Magazingeschichte oder der Hintergrundbericht? (Zur Abgrenzung der Formen siehe folgendes Kapitel).

3. Wenn ich eher individualistisch-subjektiv oder eher faktizierend-objektiv schreibe: Wie vermittle ich gesellschaftliche Vorgänge, wie gehe ich mit Werten und Einstellungen um – im Übrigen: Wie erfülle ich das, was man in den Landespressegesetzen (wenn auch mit ein wenig Bauchweh) »öffentliche Aufgabe« nennt? Und schließlich:

4. Welche Publika spreche ich mit welchen Darstellungsformen wohl am ehesten an? Wie spreche ich sie an, das heißt: Welche Effekte erziele ich vermutlich bei meinen Lesern? Da weiß man zwar nichts Genaues, doch Anhaltspunkte bietet die Medienforschung allemal (siehe Literatur). Um Missverständnissen vorzubeugen: Wir meinen damit keinesfalls »Zielgruppenschreibe«, sondern die Reflexion über die von Lesererwartungen geprägte Vermittlungsleistung.

Der Reporter, der über mögliche Antworten auf diese Fragen nachdenkt, versteht sein eigenes Tun nicht selbstdarstellerisch, sondern funktional. Und auf diesem Verständnis baut auch der folgende, aufs Handwerkliche gerichtete zweite Buchteil auf. Funktionalität gehört also zum Vorverständnis des Handwerks.

»Was eigentlich heißt hier Funktion?« wollten mehrere Redakteure in unserer Seminarrunde wissen, »das Wort klingt wie: Dienstleistung«. Tatsächlich spricht man über Funktionalität vor allem in der Publikumsforschung im Zusammenhang mit der Mediennutzung: Eine bestimmte, beim »Benutzer« (gemeint ist der Leser, Hörer oder Zuschauer) beobachtete Nutzungsweise wird als Ausdruck einer spezifischen Funktion des Mediums (wie: Unterhaltungsfunktion, Entschädigungsfunktion, Informationsfunktion) verstanden. Außerdem gebraucht man den Terminus »Funktion« in der Systemtheorie (= Funktionsmodell zur Beschreibung komplexer Austauschbeziehungen zwischen dem System und seiner Umwelt), um etwa dem »System Massenmedien« spezifische Funktionen zuzuweisen (zum Beispiel die, für andere Systeme Informationsleistungen zu erbringen). Von Funktion wird auch unter normativen Vorzeichen gesprochen, etwa unter demokratietheoretischer Sicht, unter der Journalismus neben Information auch Kritik und Kontrolle, im Weiteren einen Beitrag zur Meinungsbildung des Bürgers leisten solle; hier fließen demnach Aufgabenzuweisung und Systemfunktion zusammen.

Alle drei Funktionsbedeutungen sind hier gemeint. Im Zusammenspiel dieser Bedeutungen gewinnen wir »Funktionalität« als eine konkret-praktische, direkt auf den *Kommunikationsprozess* bezogene Vermittlungstätigkeit des Journalisten: Damit öffentliche Kommunikation als ein gesellschaftlicher Verständigungsprozess gelingt, soll die Darstellungsform als Brückenschlag zwischen dem Thema, dem Medium, seinen persönlichen Intentionen bzw. Fertigkeiten und den Lesererwartungen funktionieren – also zwischen den soeben aufgezählten vier »Hauptfragen«. Wenn dies geschieht, sprechen wir von »gelingender gesellschaftlicher Kommunikation« (Haller 2003, S. 181ff.).

Unter diesem Funktionsverständnis erfüllt die Darstellungsform – um im Bild zu bleiben – die Funktion einer Kreuzbogenbrücke als tragendes Verbindungsstück zwischen den Kommunikationsebenen:

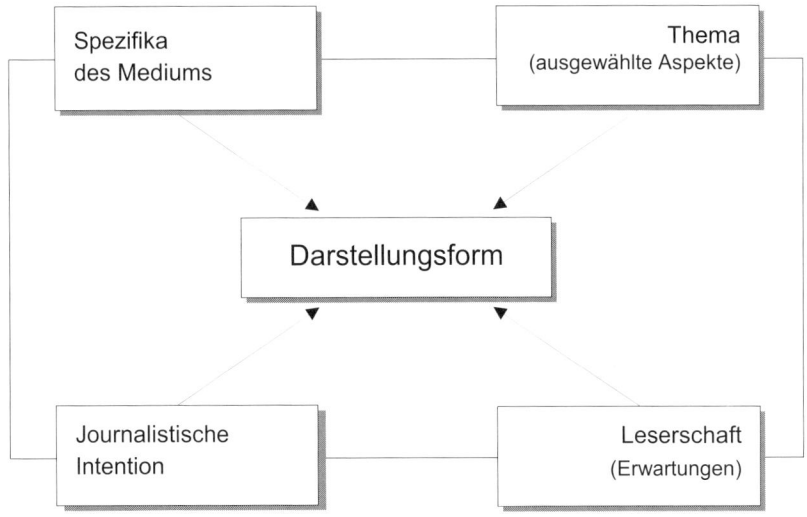

Der Journalist ist gehalten, sein Tun – also die Art, wie er das Thema aufgreift, Material beschafft und sprachlich umsetzt – in den Zusammenhang dieses Kommunikationsprozesses zu stellen. Darum sprechen wir hier besser von der *Kommunikationsfunktion* der Darstellungsformen, auch von derjenigen der Reportage. »Was eine Reportage kann, sieht man am besten daran, wofür sie sich besonders eignet«, lautete das von einem der Seminarteilnehmer gezogene Fazit.

81

Es trifft, denn mit »geeignet« meinen wir in Bezug auf die Reportage

1. *Medien*, die subjektiven Journalismus zulassen und selbst für Themen mittelbarer Aktualität den für farbenreiche Schilderung notwendigen Platz bzw. die erforderliche Sendezeit bereitstellen;

2. *Themen*, die so aufgegriffen werden, dass sie einen konkreten, besonderen Aspekt bieten; dieser sollte Erlebnisse von und mit Menschen ermöglichen, an denen die Leser emotional teilhaben können;

3. *Journalisten (Autoren)*, die sich Erlebnissen aussetzen und diese dann authentisch schildern, um so ihr Publikum das Geschehene miterleben zu lassen - und auch zu können;

4. *Leser*, die eher längere, auch anspruchsvolle Texte zu lesen bereit sind, die gleichwohl die Beschränkung auf den besonderen Aspekt eines Themas akzeptieren und eine sehr subjektive, sinnliche Sprache verstehen.

Übrigens führen die Punkte 2 und 3 zu Kriterien und Techniken, die weitgehend lernbar und darum Gegenstand des zweiten Buchteils sind; die Punkte 1 und 4 gelten dann als vorgegebene Rahmenbedingungen.

Mit dieser Umschreibung gab sich die Seminarrunde zufrieden: So etwa könne man journalistisch der Reportage näher kommen. Jedenfalls wollte jetzt keiner mehr die Qualität eines Textes zur Geschmacksfrage erklären, schon gar nicht unser schwarzer Lockenkopf in der hinteren Reihe. »Also dieser Magazinartikel über Deutschlands Kleinbürger«, sagte sie gedehnt und tippte auf die Zeitschrift, »bringt es wirklich nicht. Der ist echt wie Schokohasch mit Kaffeesahne.«

3. Abgrenzungen:
Über die verwandten Darstellungsformen

Auch wenn man recht genau zu sagen vermag, was das Kennzeichnende der Reportage ausmacht: In der journalistischen Praxis, zumal in der Tagespresse, ist die reine, die unverfälschte Reportage eher selten. Weit häufiger trifft man auf Texte, die vom Verfasser oder der Redaktion als Reportage etikettiert sind, die aber die erörterten Kriterien bestenfalls nur während einiger Abschnitte erfüllen. Handelt es sich dabei um missglückte Reportagen?

Es gibt viele gelungene Texte, die reportagig, aber keine Reportagen sind. Und es gibt Texte, die eine Mischung verschiedener Formen, aber deshalb keineswegs missglückt sind: Die Palette szenisch beschreibender Darstellungsformen ist breiter als mancher Journalist glaubt, ebenso die Möglichkeit des Mischens.

Doch bevor variiert oder gemixt werden darf, müssen die für den Mix bereitstehenden Formen mit ihren Merkmalen und Eignungen bekannt sein. Diesem Zweck dient die folgende Erörterung.

Damals, als die Ehe noch zivilrechtlich privilegiert, als die unehelichen Kinder noch für besonders schutzbedürftig eingestuft wurden und deren »wilde« Väter keine Erziehungsrechte hatten – in den 80er-Jahren also las ich an einem mild gestimmten Sommerabend in der »Zeit« einen kleinen Artikel, der die Erlebnisse eines jungen Vaters mit Beamten und Behörden wiedergab: »Eltern ohne Trauschein« signalisierte die Dachzeile das Kernthema, »der beschwerliche Weg durch die Bürokratie«, so raffte der Untertitel die Erfahrungen.

Mit dem Helden der Geschichte wird mancher bürokratiegeprüfte Leser mitgelitten und geschmunzelt, Distanzen und Barrieren überwunden haben. War es also eine Reportage? Sehen wir uns den Text einmal an:

aus: DIE ZEIT Nr. 36/1984

Eltern ohne Trauschein

Nicht Vater, nur Erzeuger

Der beschwerliche Weg durch die Bürokratie

Der Gesetzgeber hat es bewusst in Ihr eigenes Interesse gelegt, mit der Mutter Ihres Kindes verheiratet zu sein. – Der Standesbeamte lehnt sich würdevoll zurück und schaut den stolzen, doch ledigen Vater auf der anderen Seite seines Schreibtisches beschwörend an. „Stellen Sie sich vor, Ihr Kind darf ja von Rechts wegen noch nicht einmal ‚Papa' zu Ihnen sagen! Vor dem Gesetz sind Sie nur sein Erzeuger."

Der Ehrentitel Vater ist Ehemännern vorbehalten. Die Diskriminierung unehelich geborener Kinder wurde wirksam bekämpft, auch ledige Mütter stehen heute in vielerlei Hinsicht besser da als noch vor wenigen Jahrzehnten. Ledige Väter hingegen sind nicht nur rechtlos gegenüber ihren Kindern, sie müssen sich, haben sie mit Ämtern zu tun, Diskriminierungen und Schikanen gefallen lassen.

Benjamin wurde zu Hause geboren. Die Hebamme bescheinigte die Geburt. Der Vater, der rechtlich keiner ist, ging zum Standesamt, um das freudige Ereignis der Behörde zu vermelden. Da sitzt er nun, diktiert den Namen der Mutter und gibt auch seinen eigenen an. "Benjamin", fügt er hinzu, solle der Sohn heißen. Der Beamte bedauert: ‚Das sagen *Sie.* Wir brauchen aber eine schriftliche Bestätigung der Mutter, dass sie diesen Namen will. - Das leuchtet dem Vater ein.

Doch dann bekommt er die Geburtsurkunde, liest sie und wundert sich. Unter „Eltern" steht dort nur der Name der Mutter, sodann: Punkt-Strich-Punkt. Noch immer froh gestimmt, erinnert er daran, dass er seinen Namen doch schon nannte. Ja, das ist auch wichtig. Wir müssen schließlich wissen, wer die Geburt gemeldet hat, lautet die Antwort. Ob das denn ernstlich nötig sei, will der naive Vater wissen und bietet an, zur Bestätigung seiner Vaterschaft gern eine schriftliche Bestätigung der Mutter beizubringen.

Geduldig holt der Beamte aus, erläutert die Rechtslage: „Bei nicht ehelich geborenen Kindern tritt automatisch eine Amtspflegschaft ein. Das Jugendamt erhält von uns eine Nachricht und wird dann Ihre ... äh ... Frau vorladen und nach Namen und Anschrift des Erzeugers fragen. Kann sie beides angeben, werden als nächstes Sie angeschrieben und ebenfalls vorgeladen. Man wird Sie dann fragen, ob Sie die Vaterschaft anerkennen. Wenn Sie ja sagen, erhalten wiederum wir vom Jugendamt darüber eine Mitteilung.

Der Standesbeamte holt ein dickes Buch hervor, in dem die Gemeinde alle angezeigten Geburten chronologisch festhält. Er schlägt es auf: .Dort, am Rand neben dem Geburtsvermerk wird dann nachgetragen: Die Vaterschaft erkannte an der Soundso In Daunddorf!

Ob das nicht ein reichlich kompliziertes Verfahren sei, das sich in Fällen wie dem seinen gut abkürzen ließe, will der staunende Vater wissen. „Das Gesetz geht davon aus, dass bei nicht ehelich geborenen Kindern der Vater unbekannt ist."

Soll das Kind getauft werden, zeigen sich die Kirchen flexibler als der Staat. „Das Kind kann ja nichts dafür, wenn seine Eltern in Unordnung leben", sagt Domkapitular Max Huber aus dem schwarzen Passau .

Auch der protestantische Pastor fragt: „Warum lasst ihr euch denn nicht konsequenterweise auch trauen?" Die Frage sei „werbend" gemeint, beteuert Albrecht von Mutius aus dem Evangelischen Büro in Düsseldorf. Er könne durchaus begreifen – nicht billigen –, dass viele junge Leute die Institution Ehe als Fessel verstehen und nicht als eine Chance–.

Kompliziert wird es für Benjamins Eltern erst wieder bei der Lohnsteuerstelle im Einwohnermeldeamt. Sie möchten, dass Benjamin auf der Lohnsteuerkarte des Vaters eingetragen wird. Der Schalterbeamte hat verdächtig lange den Bildschirm seiner elektronischen Einwohnerkartei studieren müssen. Was nun klingt wie ein Vorwurf, entspringt seiner Ratlosigkeit. Der Beamte entschuldigt sich, sucht seinen Vorgesetzten auf. Derweil wächst die Menschenschlange am Schalter.

Zurückgekehrt auf seinen Stuhl hinter der milchglasbewehrten Theke, verkündet er: „So geht das nicht. Sie müssen sich erst vom Jugendamt bestätigen lassen, dass Sie gemeinsam in einem Haushalt wohnen." Benjamins Mutter will das nicht einleuchten. „Wer", fragt sie, „soll das denn wissen, wenn nicht das Einwohnermeldeamt?" Kurzes Nachdenken seitens des Beamten, dann: „Wir kennen ja nur Straße und Hausnummer. Wie sollen wir denn wissen, ob Sie in derselben Wohnung leben?" Einwand der Mutter: „Und woher soll das Jugendamt das wissen? Die Amtspflegschaft ist aufgehoben." Der Beamte ist ein freundlicher Mann, ein sehr junger offensichtlich. „Ich telephoniere", bietet er an, „und frag' mal nach." Unmut in der Warteschlange.

Als der Beamte zurückkehrt, klärt sich der Fall nach Art der Bürger von Schilda: „Beim Jugendamt ist der Vorgang tatsächlich nicht vorhanden." Kunstpause. „Aber ich habe mit dem Kollegen gesprochen, er weiß jetzt Bescheid. Sie brauchen nur hinzugehen, erklären, dass Sie zusammen wohnen, und dann kommen Sie mit der Bescheinigung zurück." Benjamins Mutter würde gern noch fragen, warum sie eine solche Erklärung nicht an Ort und Stelle schon abgeben kann. Doch die Menge drängelt, und Benjamins Vater wiegelt ab. Er möchte das Erreichte nicht gefährden.

Uwe Knüpfer

Zweifellos ein gut lesbarer, ein eindrücklicher Text. Doch die Anteilnahme am Geschehen will sich beim Leser so recht nicht einstellen. Lediglich ein paar Halbsätze bieten Unmittelbarkeit: »Würdevoll zurückgelehnt« habe sich der Standesbeamte und dabei den jungen Vater »beschwörend« angeblickt, heißt es. Und der Schalterbeamte im Einwohnermeldeamt, »ein sehr junger übrigens«, habe »verdächtig lange den Bildschirm« studiert, während die »Menschenschlange am Schalter«, direkt vor der »milchglasbewehrten Theke«, anwuchs und später auch noch »drängelt«.

Das sind anschauliche Kurzszenen. Doch sie machen weniger als zehn Prozent des gesamten Textes aus, die übrigen 90 Prozent bestehen aus Sachverhaltsinformationen, Nacherzählungen und Ausschmückungen, die am Schreibtisch via Telefon, Gesetzesstudium und Erfahrungswissen – also durch Recherche – beschafft werden können. Mit anderen Worten: Die paar Situationen sind zwar anschaulich beschrieben, sie sind aber nicht unverwechselbar. Ihnen fehlt die Authentizität des Augenscheins (siehe Seumes Darlegungen im ersten Kapitel), die für die Reportage konstitutiv ist. Auch fällt bei näherem Hinsehen die Blässe und Vagheit der Personen auf: Mit Ausnahme des Domkapitulars Huber tragen die Personen keine Namen, höchstens Etiketten. »Benjamin« (der Gottgefällige) etwa nennt man seit Jakobs jüngstem Sohn den Jüngsten der Familie. Dies signalisiert, dass die Handelnden eigentlich austauschbar sind – dass es jedem unverheirateten Vater so ergehen würde wie unserem namenlosen Helden der Geschichte. Dass jeder Standesbeamte – Höflichkeit vorausgesetzt – so antworten, jeder Pastor so zurückfragen würde. Ist es demnach ein zwar netter Text, jedoch eine schlechte Reportage, wie vielleicht ein definitionsversessener Dozent feststellen möchte?

Weit gefehlt. Der Text bezweckt nämlich etwas ganz anderes als eine Reportage, er erfüllt eine andere *Funktion*. Es gibt hier gar kein einmaliges und besonderes Geschehnis, an dem der Leser teilhaben könnte; der Artikel soll vielmehr das Thema (siehe Dachzeile) an einem exemplarischen »Fall« *anschaulich* und zugleich das mit dem Thema verbundene Problem durchsichtig machen: Die abstrakt-allgemeine und eine konkret sinnliche Ebene werden miteinander verknüpft.

3.1 Reportage oder Feature?

Das Allgemeine, auch das Allgemeingültige, ist stets abstrakt, das Besondere indessen konkret.

Ganz besonders abstrakt und allgemein gültig sind Rechtsbestimmungen, zum Beispiel die familienrechtlichen Regelungen. Sehr vielen Menschen fällt es schwer, die konkrete Bedeutung solcher Bestimmungen zu erfassen und auf ihre Lebenssituation hin anzuwenden. Der journalistische Text hat hier die Funktion, abstrakte Sachverhalte durch Anschaulichkeit ins Konkrete der Alltagserfahrung zu *übersetzen*. Durch die Anschaulichkeit der Beschreibungen (»Handlungen« und »Farbe« = »Szene«) kann sich der Leser in die *Situationen hineinversetzen* (der Leser soll denken: »So würde es mir auch ergehen, wenn ... «). Gerade dank der mangelnden Individualisierung der Personen und Situationen erfasst der Leser deren Repräsentativität.

Es handelt sich hier also nicht um Reportage, sondern um eine andere Darstellungsform. Sie funktioniert so, dass sie ein Strukturthema *konkretisiert* und mit wenigen sinnlich beschriebenen Situationen einige charakteristische Züge hervorhebt.

Die Fertigkeit des Holzschnitt-, Scheren- oder Linolschnittkünstlers besteht darin, dass er *mit wenigen Linien* das Kennzeichnende einer Landschaft, Person oder eines Gesichts zum Vorschein bringt: vielleicht die Mundfalten, die Locken über der Stirn, den sanften Schwung der Nase. Es werden (im wörtlichen Sinne) oberflächliche, sogleich erkennbare Merkmale festgehalten, die zugleich aber dieses Gesicht unverwechselbar machen und es von jedem anderen Gesicht unterscheiden.

Das gleiche machte damals der »Zeit«-Journalist: Er kennzeichnete die rechtliche Situation eines jungen Vaters und machte sie unverwechselbar zu derjenigen *jedes* unverheirateten Erzeugers, der seine Vaterrolle reklamiert – und nicht etwa zu derjenigen des Stiefvaters, Bigamisten oder Patenonkels. Das Besondere liegt also nicht im Erlebnis oder Ereignis eines Individuums, sondern in den objektiven Bedingungen *dieser Situation*, die für jedes Individuum zutrifft, das die Bedingungen erfüllt. Das Besondere liegt also nicht im Erlebnis oder Ereignis eines Individuums, sondern in den objektiven Strukturgegebenheiten dieser Situation, die für jedes Individuum zutrifft, das die Bedingungen erfüllt.

Diese Technik der Hervorhebung und Kennzeichnung nannten (und nennen) die Amerikaner »to feature«. Im großen Langenscheidt (sinngleich mit Websters »New World Dictionary«) steht für das Hauptwort »Feature« auf deutsch »Gesichtszug«. Tatsächlich ist an einem Menschen nichts oberflächlicher und zugleich kennzeichnender als seine Gesichtszüge. Es werden im Einzelnen vier Bedeutungen unterschieden:

- Gesichtszug, Züge, Aussehen (Haupt-)Merkmal;
- Grundzug, Charakteristikum, (Haupt-)Eigenschaft, charakteristischer oder wichtiger (Haupt-)Bestandteil;
- (Gesichts-)Punkt, (Haupt-)Sache;
- Hauptattraktion, Darbietung, Spezialartikel (Zeitung).

Diese Reihenfolge zeigt, wie die Bezeichnung für einen sinnlich wahrnehmbaren Sachverhalt übertragen wurde auf einen abstrakten Sachverhalt, dann als Metapher zur Benennung einer Hervorhebung und schließlich einer Textgattung diente, die umgekehrt abstrakte Sachverhalte ins sinnlich wahrnehmbare rückübersetzt.

Die Geschichte des Features beginnt mit dem 20. Jahrhundert und der Massenpresse in den ostamerikanischen Großstädten. Ihr Verlauf ist verworren; ich fasse sie hier in Stichworten zusammen.

In den USA entwickelten die großen Tageszeitungen der Ostküste (vor allem *The New York Herald*) zeitgleich mit der Konfektionierung der Nachrichtenverarbeitung (Meldungen, die nach dem Baumuster der »inverted pyramid« aufgebaut und an der Spitze mit einem »summary lead« versehen wurden) auch eine lockere Form des »story telling« - ein mit szenischen Begebenheiten und personalisierten Informationen angereicherter Bericht. Letzterer sollte das oft spröde wirkende Nachrichtenbild der Zeitungsseite auflockern und neue Leser – vor allem auch Leserinnen – erschließen.

Der Journalist und Dozent W.G. Bleyer schrieb in seinem 1916 erschienen Handbuch über Darstellungsformen: »To make some news stories entertaining rather than purely informative, a number of newspapers abandon the conventional summary beginning, or lead, and use unconventional ones like the beginnings worked up into so-called ‚human interest‘ or ‚feature‘ stories, because in that form they make entertaining reading.« (zit. nach Sloan/Parcell 2002, S. 300f.). Die Bezeichnung Feature war von nun an als Etikette für diesen unterhaltsamen, erzählerisch geschriebenen Text etabliert.

Die von Bleyer konstatierte Zweiteilung – News Story / Feature Story – verfestigte sich in den folgenden Jahrzehnten im Zeitungsjournalismus zum Standard und über die in den 20er-Jahren neu gegründeten Wochenmagazine (»Time«, »Newsweek«) weiter ausgeformt. Gelegentlich wurde dasselbe Ereignis in beiden Darstellungsformen präsentiert: rein informativ sowie als unterhaltsame Erzählung. Der Erfolg dieser neuen Form ging vor allem darauf zurück, dass sie – im Unterschied zur Meldung – den Bericht meist über eine Episode oder eine Situation eröffnete und mit einem Spannungsbogen das Leserinteresse möglichst bis zum letzten Absatz aufrecht erhielt. In den US-amerikanischen Handbüchern der 50er-Jahre ist vom »suspended interest« des Features die Rede – was denn auch Kritik am Trend zum »literary craftsman« auslöste: »Journalism tend zu forget that the purpose of news writing is to inform, not to entertain.« (Hohenberg 1960, S. 81).

Rund fünf Jahrzehnte nach den USA wurde auch im deutschen Sprachraum das »Story telling« als Alternative zur puren Nachrichtenform entdeckt, einerseits vermittels der Nachrichtenmagazingeschichte (als erster der »Spiegel«), andererseits über das sog. Anfeaturen der Berichte mit einem erzählend formulierten szenischen Einstieg. Doch im Unterschied zum US-amerikanischen Nachrichtenjournalismus, der die Formenlehre auf das binäre Muster Newsstory/Featurestory beschränkt hielt, wurden in Deutschland seither die Erzählformen ausgeweitet und das Feature in funktionaler Hinsicht von der Reportage unterschieden. »Reportagen sollen Einzelschicksale erfassen, ohne Allgemeingültigkeit zu behaupten, Features dagegen sollen allgemein Gültiges erfassen, aufgezeigt an einem Beispiel«, schrieb Meyer in Übereinstimung mit unserer Definition (1983, Teil IV, S. 16).

Bis heute wird in vielen Redaktionen das Wort Feature unverbindlich für »bunte«, »farbige«, »lebhafte«, irgendwie »reportageartige« Texte (vgl. Zitatensammlung, in: Meyer 1983, Abtlg. IV, S. 15ff.) benutzt. Diese Vagheit hat viele Journalisten zum schwammigen und beliebigen Schreiben ermuntert. »Mach doch ein Feature daraus!« sind Allerweltsempfehlungen, die zur Auflösung funktionsdefinierter Formen und Techniken führen. Tatsächlich bedeuten »Reportage« und »Feature« nicht dasselbe, sondern sind funktional zu unterscheidende Darstellungs-formen.

3.2   Gegenüberstellungen

In der Zeit, als »Google« zum milliardenschweren, weltweit erfolgreichsten Internet-Suchdienst aufstieg und schier konkurrenzlos den Markt beherrschte, schrieb die Journalistin Heike Faller unter dem Titel »David gegen Google« ein »Zeit-Dossier« über einen Mathematiker aus New Jersey. Der Text begann so:

> »Apostolos Gerasoulis ist Mathematiker und eigentlich mit Problemen beschäftigt, auf deren Lösung die Welt noch warten kann. Doch neuerdings befällt ihn manchmal, abends, wenn er mit seiner Frau vor dem Fernseher sitzt, eine kleine Unruhe. Dann entschuldigt er sich für ein paar Minuten. Aber seine Frau weiß, dass es länger dauern wird, wenn er sich so spät in sein Wohnzimmer verzieht, wenn er im Schein seines Dell-Inspiron-Laptops sitzt und nachsieht, was der Welt an diesem Tag durch den Kopf gegangen ist. (…)

In Shorts sitzt er vor seinem Computer. Ein Mann von 54 Jahren, mit einem kleinen Gewichtsproblem und Haarsträhnen, in seinem Wohnzimmer, in einem großen Haus unter alten Eichen, am Ende einer Sackgasse, in einem Vorort von New Jersey. Sein Sohn, er ist neun, fragt manchmal, ob man noch etwas Großes werden könne, wenn man schon als Kind alles hat. Vor zwei Jahren hat Apostolos die zweistöckige Villa mit dem Säulenportal über ein Holzhäuschen aus den dreißiger Jahren setzen lassen. Das Wohnzimmer ist ganz mit Mahagoni vertäfelt. Wenn er hier sitzt, blickt er auf einen alten Golfplatz, der in sanften Wellen an seiner Terrasse anschlägt. Um Mitternacht ist alles still. Er registriert die lautlose Kakophonie von Fragen, welche die Menschen seiner Maschine anvertrauen. Von oben ruft seine Frau, dass sie jetzt schlafen ginge.

Natürlich kann er sich nicht um jeden Einzelnen kümmern. Apostolos Gerasoulis ist Professor für Angewandte Mathematik, er glaubt, dass die Wahrheit in Zahlen liegt. Auf seinem Bildschirm häufen sich die Wörter zu einer Statistik, und die Statistik ergibt eine Geschichte des vergangenen Tages. An diesem Abend im August rangieren wie immer Irak und die USA in den obersten zehn der Länderliste, aber heute haben sich in dem großen Computerchor zwei neue Stimmen herausgebildet; die einen, allem Anschein nach Gegner des Irak-Kriegs, schreiben ›Grieving Moms‹ und ›Out of Iraq‹, die andere Gruppe, offenkundig Kriegsbefürworter, fragt nach ›Iraq despite deaths‹ und ›Northern Offensive‹. ›Du siehst Trends, die sich vielleicht eines Tages auswirken‹, sagt Apostolos.« (aus: »Die Zeit« Nr. 41/2005)

Knapp zwanzig Jahre zuvor, damals begann gerade die Homecomputer-Ära, recherchierte und schrieb der Verfasser eine Serie über »Erfolg und Tücken des Personalcomputers« (Überschrift »Traum vom perfekten Sklaven«). Er entschied sich für eine (aus mehreren recherchierten Fällen typisierte) Fallbeschreibung als Einstieg ins Thema. Die Geschichte begann so:

»Seit Weihnachten ist der 17-jährige Holger Widmann abwesend. Nicht, dass er verlorengegangen wäre. Er hat sich vielmehr in seinem Spielzimmer verbarrikadiert und wird seither vom Rest der Familie nur noch auf dem Weg zur Küche oder dem WC gesichtet. An seiner Tür hängt das Pappschild: ›Laßt mich in Ruhe‹, darunter mit Filzstift: ›Chippie‹, ein Computerbesessener.«

Der Text erzählt nun die Geschichte, wie Holger für seinen ›PC‹ in den Ferien gejobbt und vom Vater einen Zuschuss erhalten hatte, ehe er dann zu Weihnachten seinen »Atari« bekam. Im Weiteren wird erzählt, wie er sich jetzt mit dem Gerät und der »Software« herumschlägt und nach und nach einfaches Programmieren übt. Dann wird vom Fall Holger auf die aktuelle Marktlage übergewechselt, um auf den Trend hinzuweisen: »Wie Holgers Vater, so haben sich zu Weihnachten viele Bundesdeutsche entschieden: Nach Schätzung der Händler war die ›ST‹-Reihe von Atari mit 100 000 Stück die bestverkaufte Maschine … «. Es wird übergeleitet auf das massenhaft gewordene Phänomen »Jugendliche und Computer-Trip« und nun näher beschrieben. Dieser Abschnitt endet so:

»Für Beteiligte und Betroffene ist es eine schreckliche Zeit mit wenig Lust und viel Frust ... Rund die Hälfte der Jugendlichen gibt enttäuscht auf und rührt den Computer nicht mehr an. Wenn dann aber endlich das Gefühl aufkommt, diese verfluchte Kiste begriffen zu haben, sie vielleicht beherrschen zu können, lassen die Trip-Symptome nach (...)« (aus: Spiegel 12/1987).

Der Anfang des ersten Textes genügt (weitgehend) den Kriterien einer Reportage: Wir erleben den Protagonisten als unverwechselbar und etwas Besonderes. Der Einstieg des zweiten Textes hingegen ist kennzeichnend fürs Feature: Er führt von der zwar sinnlich beschriebenen, doch nur mit wenigen Strichen typisierten Situation zur Fallbeschreibung; dann, über die Klärung der Bedeutung des Beispiels, leitet der Text ein in die Beschreibung des abstrakten Strukturthemas »Computerisierung des Alltags«.

Die Hauptfunktion des Reportagetextes nannten wir »teilnehmen lassen« (wir stehen neben Apostolos und blicken auf das Kabelwirrwarr seines Servers *Ask Jeeves*). Diejenige des Features besteht im »anschaulich Machen« abstrakter Sachverhalte (wir verstehen die Lage eines typischen PC-Anfängers), damit Strukturen nachvollziehbar werden. Fürs Feature-Handwerk heißt das: Der Journalist reduziert die komplexen Dinge, bringt sie ins Blickfeld seiner Leser und beschreibt sie mit dem Material, das zum Erfahrungsschatz des Alltags gehört.

Um das Exemplarische der beschriebenen Situation zu unterstreichen, verzichtet das Feature besser auf den – für die Reportage unabdingbaren – *authentischen* Erlebnis- oder Augenzeugenbericht. Umgekehrt ist ihr erlaubt, was bei einer Reportage unzulässig ist, nämlich *fiktive Szenen* zu verwenden und Szenarien zu entwerfen. Oft ist es (wie bei der zitierten »Spiegel«-Geschichte) notwendig, einen typischen Fall aus vier, fünf individuellen Geschichten zu zimmern, um das Exemplarische zu zeigen (vorausgesetzt, die Beispiele sind zutreffend recherchiert). Weil der Feature-Journalist die fiktive Szene nicht individualisiert, sondern als Skizze typisiert, begreift der Leser deren Austauschbarkeit. Und genau so funktionierte auch die Beschreibung jenes Standesbeamten hinter dem Schreibtisch: Seine beschwörende Miene hebt ihn keineswegs zur unverwechselbaren Individualität, sondern prägt einzig die Situation als eine für Standesbeamte (noch) nicht alltägliche.

Im Gegensatz hierzu hätte die authentisch schildernde Reportage den Eindruck erweckt, einzig *jener* junge Vater habe diese Erfahrungen machen können, allein *dieser* Beamte würde so reagieren, nur an *jenem* Vormittag sei es in der Behörde so zugegangen – und so weiter. Der Einstieg in diesen Text hätte seinerzeit dann etwa so gelautet (entsprechende Beobachtungen vorausgesetzt):

90

Uwe Kallert fährt sich noch einmal durch die blonde Lockenmähne und atmet tief durch. Dann tritt er ins Sprechzimmer des Herbert Seipel, Standesbeamter der 2 000-Seelen-Gemeinde Appel. Der 25-jährige Uwe kommt mit froher Botschaft. »Ich möchte meinen kleinen Benjamin anmelden«. Vaterstolz schwingt in seiner Stimme mit. »Die Geburt war gestern, bei uns zuhause. 11 Uhr 45 hat die Hebamme auf dem Formular notiert.«

Herr Seipel, ein stets würdevoll lächelnder, im Dienst ergrauter Endfünfziger, nimmt das Papier, lehnt sich zurück und fragt nach dem Namen der jungen Mutter. Dann stutzt er: »Sie sind nicht verheiratet? Da brauchen wir die schriftliche Bestätigung der Mutter, dass sie diesen Namen will«. Uwe nickt. Logo, das gebietet die Gleichberechtigung, gehts ihm durch den Kopf. »Da kein Vater vorhanden ist«, unterbricht Herr Seipel den Gedankengang, »setzt automatisch die Amtspflegeschaft ein«.

Uwe Kallert lächelt irritiert. Er glaubt an ein Missverständnis. Schließlich kennt er seine Monika nun schon seit sieben Jahren, seit vier Jahren leben sie zusammen und lieben sich wie am ersten Tag. Der kleine Benjamin ist ihr gemeinsames Wunschkind, in Sachen Vaterschaft ist sich Uwe ganz sicher.

Doch Herr Seipel bleibt stur. »Von Rechts wegen dürfte Ihr Kind nicht einmal ›Papa‹ zu Ihnen sagen. Vor dem Gesetz sind Sie nur sein Erzeuger« ... Und so weiter.

Die Reportage vermittelt den Eindruck, dass die Akteure gerade nicht austauschbar und die Erlebnisse einmalig, mithin unwiederbringlich sind. Das bedeutet: Die Reportage kann die genannte Funktion der *beispielhaften* Veranschaulichung abstrakter Sachverhalte nur ausnahmsweise übernehmen.

Gleichwohl sind die *Übergänge zwischen Feature und Reportage* oftmals fließend (vor allem, wenn der Journalist sowohl Fallbeispiele wie auch authentische Erlebnisse als das Besondere zeigen will). Und manchmal kommt es auch vor, dass die *Sprache* der Reportage kaum unterschieden werden kann von derjenigen eines Features. Der Grund liegt manchmal an der schlechten, nämlich klischeehaften Schreibe des Journalisten, manchmal aber auch darin, dass einzelne Szenen und Situationen mit den *Stilmitteln* der Reportage geschildert werden können: Der Journalist tut so, als sei er auch Augenzeuge gewesen (die erwähnten Szenen im »Zeit«-Artikel: *So* durften sie nur geschrieben werden, weil Heike Faller am Ort war; andernfalls wären es ausgedachte Szenen). Schwer zu sagen, wo genau das erlaubte (!) Ausschmücken einer Situation mit buntem Erfahrungswissen umschlägt in die unerlaubte Phantasiererei. Sicher ist, dass Sachverhalte und Sinnzusammenhänge nicht entstellt werden dürfen.

Die Reportage-Formen im Rundfunk

»Das Leben selbst, auf frischer Tat ertappt« – so nennt Jerzy Toeplitz die Ende Dezember 1885 von den Gebrüdern Lumière in Paris erstmals öffentlich gezeigten Lichtbilderstreifen (1983, S. 18). Er wie auch andere Filmhistoriker nennen diese ersten cinematografischen Versuche bereits »Reportagen« und »Dokumentarfilme«. Ihre Begründung: Es seien authentische Beobachtungen am Ort. Tatsächlich sahen die Zuschauer das erregende Geschehen (etwa eine heranstürmende, riesige Dampflokomotive) in der Rolle des Augenzeugen. Im Grunde aber erwuchs die Attraktion dieser Filmsequenzen aus der verfremdeten Wahrnehmung (Identifikation mit der Perspektive der abwegig aufgestellten Kamera), nicht aus dem gezeigten Inhalt (vgl. Zimmermann 1994).

Als journalistische Genre nahm die Filmreportage ihren Ausgangspunkt wohl eher bei der Filmarbeit von Robert Flaherty, ein Ethno-Forscher, der Anfang der 20er-Jahre des vorigen Jahrhunderts Eskimo filmte, wie sie sich selbst sehen, denken und handeln – Es war der erste Dokumentarfilm (»Nanook Of The North«), der auch schon die seither immer neu aufgelegte Doku-Debatte nach sich zog, ob und wie viel Inszenierung (auch Vorurteilsbestätigung) in die Kameraführung und den Bildschnitt einfließen dürfe.

»Aus Sicht der Reportage« schreiben Bodo Witzke und Ulli Rothaus, »ist an der Arbeit Flahertys zu monieren, dass er Menschen zu ›typischen Vertretern‹ ihres Volkes machen wollte. Ihn interessierte das Allgemeine mehr als das konkrete Einzelne« (2003, S. 49). Damit ist eine weitere, in den 50er-Jahren dann auch in Deutschland wirkmächtige Tendenz angesprochen: der Hang zum Feature.

Zwar entfaltete sich im Laufe der 50er-Jahre im bundesdeutschen Fernsehen die Fernsehreportage sowohl als exotisches Reiseerlebnis (exemplarisch: »Bericht einer Fernsehexpedition nach Belgisch-Kongo« ARD 1954) wie auch als authentischer Vor-Ort-Reporterbericht (exemplarisch: »Der Polizeibericht meldet« – ARD ab 1953). Doch zugleich wucherte der aus dem Angloamerikanischen entlehnte Begriff »Feature« in den Rundfunkabteilungen und wucherte zum Überbegriff für alle Spielarten so genannt »gebauter Beiträge«, so weit sie Realität zeigen bzw. abbilden sollten. Der NDR-Fernsehmann Rüdiger Proske schrieb Ende der 70er Jahre:

»Das Wort Feature ist mit den englischen Controllern nach Deutschland gekommen, die nach dem Krieg den Aufbau des Rundfunks beaufsichtigten. Das Dampfradio gab den Begriff dann an das aufstrebende Fernsehen weiter.« Hinter dem Allerweltswort Feature würden sich die Programmgattungen Feuilleton, Reportage und Dokumentation »verbergen« (zit. nach Zimmermann 1990, S. 100). Alles irgendwie Dokumentarische habe man damals zum Feature erklärt, erinnern sich Witzke und Rothaus (2003, S. 78), eine Anmerkung, die auch für den Hörfunk mit seiner Hörspiel-Tradition zutrifft: Die Dokumentation mutierte zur dramaturgisch gestalteten Re-Inszenierung.

Seither bemühen sich die Fernsehmacher wie auch –analytiker, das Feature als Genre einzugrenzen, um der „Beliebigkeit von Inhalten und Gestaltungsmitteln" (Witzke/Rothaus) zu begegnen und der Reportage ihr spezifisches Profil zu geben. Auch wenn vor allem im Hörfunk die Reportage oftmals mit Off-Kommentaren des Reporters durchsetzt wird (etwa: Deutschlandradio), unter Rundfunk-Journalisten gilt inzwischen folgende Abgrenzung als zutreffend (vgl. Schönenborn 1997, S. 153ff.; Renner 1997,S.199f.; Seip 2004, S. 177f.Witzke/Rothaus 2003, S. 82f.):

- Die Reportage erfordert den Augenzeugen am Ort des Geschehens. Aus der subjektiven Sicht des Reporters erzählt (live: berichtet) sie den Zuschauern bzw. Zuhörern ein Geschehen, dessen Akteure für das Thema repräsentativ sind. Ziel der Reportage ist das anteilnehmende »Miterleben« des Publikums. Im Hörfunk erreicht sie dies im Zusammenbau von O-Tönen, Atmo, Geräuschen und dem Off-Text des Reporters (deskriptiv-induktives Verfahren).

- Die Featureformen sind breit angelegt, wenig dokumentarisch und stärker analytisch; sie vermitteln ihr Thema aus der Sicht des sachneutralen Beobachters, der nicht am Ort gewesen sein muss. Der Beitrag behandelt das beobachtete Geschehen wie Fallbeispiele und stellt es in einen (recherchierten) Kontext, gelegentlich auch in einen analytischen Sinnzusammenhang (Thesen). Ziel der Featureformen (auch) im Rundfunk ist es, exemplarische Vorgänge aufzuzeigen und deren Bedeutung im Rahmen eines Sinnzusammenhang zu erklären (analytisch-deduktives Verfahren).

3.3 Angefietschert und verfietschert

Das Feature macht Abstraktes nicht nur konkret, es setzt auch trockenen Nachrichtenstoff um in lockere und interessantere Beschreibung. Ein gutes Feature ist unterhaltender als eine streng durchformulierte Meldung; es empfiehlt sich daher bei gegebenem Thema, den Nachrichtenstoff in ein Feature umzugießen.

Mit »to feature« meinten amerikanische Boulevardjournalisten nicht nur ihre Erzählweise, sondern auch ihre Technik des »Zuspitzens« der eingehenden Nachrichten. Gemeint war: eine Meldung auf den aufregenden, den prickelnden Punkt bringen und in das »Lead« des Textes packen – meist eine Personalie. Die Attraktion der Nachricht lag im *human interest* des Geschehens. Und da solche Texte auf größeres Interesse stießen, wurde im Boulevard das Feature auf Unterhaltsamkeit getrimmt.

So verhält es sich allerdings nur im seriösen Boulevardjournalismus, der seine Techniken in den Dienst der Nähe und der Verständlichkeit stellt. Die Vermarktungstechniken vieler Massenblätter haben das Feature in Richtung »Sex and Crime« verhunzt und zur platten »Geschichte« umfunktioniert: Statt des Hauptmerkmals des Ereignisses wurden Vorurteile oder Voyeurismen ins Zentrum gerückt. Beispiel: Nicht die Unachtsamkeit des Autofahrers als Ursache des Unfalls kommt an die Spitze (Überschrift und lead), sondern der zufällige Begleitumstand, dass die verletzte Fußgängerin die Ex-Freundin des Sohnes der früheren Filmdiva XY sein soll.

Für solche Umsetzungstechniken kam bei uns das pseudodeutsche Wort »verfietschern« oder »angefietschert« in Gebrauch. Im »ABC des Journalismus« stand (nur bis zur 6. Auflage): »Das Anfeaturen oder Anfietschern ist keine Erfindung des deutschen Journalismus; bisher gibt es für das Fremdwort weder eine zweifelsfreie Schreibweise, noch eine überzeugende Übersetzung. Die Disziplin selbst aber wird tagaus, tagein in vielen Redaktionen praktiziert, und die Ergebnisse tragen die verschiedensten Namen: die kleine, die menschliche Story, das bunte, das Schmankerlstück – oder einfach ›die Geschichte‹.« Ein zweckmäßiger Definitionsvorschlag im damaligen »ABC« lautete (S. 73):

▶ Verfeaturen heißt: einen Text als Feature gestalten.

▶ Anfeaturen heißt: einen Bericht über ein (zumeist) aktuelles Ereignis mit Stilelementen des Features auflockern und ihn dem Leser auf eine lebendige, attraktive Weise anbieten.

Die damit bezeichnete Funktion – Umsetzung des abstrakten Nachrichtenstoffes in eine anschauliche, szenische Beschreibung – ist zweckmäßig. Wenn etwa die Folgen einer soeben vom Stadtrat beschlossenen neuen Müllbeseitigungsordnung beschrieben werden sollen (Szenario: der Müll produzierende Haushalt in fünf Jahren), wenn die Art und Weise zu charakterisieren ist, in der man heutzutage in deutschen Billigfliegern bedient wird – oder wenn die Forschungsarbeit des Physik-Nobelpreisträgers anschaulich und verständlich gemacht werden soll: Da haben wir es mit typischen Feature-Themen zu tun.

3.4 Der Zwitter »Nachrichtenmagazingeschichte«

Vielleicht ist es gelungen, mit dieser Unterscheidung zwischen Feature und Reportage die Eignung der jeweiligen Darstellungsform deutlich zu machen. Was aber ist, wenn ich aus einer Fülle von Informationen einige Vorgänge herauslösen und anhand einzelner Episoden und Lebensgeschichten hervorheben möchte? Wie gehe ich vor, wenn ich Prozesse nachzeichnen, Entwicklungen aufzeigen, Rollen durchschauen und Hintergründe aufdecken möchte – und gleichwohl die handelnden Menschen mit ihren persönlichen Merkmalen und Eigenheiten vorführen will?

Das Feature ist zu stark auf die Veranschaulichung von Strukturen und Sachverhalten bezogen und darum wenig geeignet. Die Reportage ist zu sehr auf die Schilderung authentischer Beobachtungen konzentriert, also ihrerseits ungeeignet.

Tatsächlich gibt es im Umfeld von Feature und Reportage noch eine weitere Darstellungsform, die Elemente beider Typen in sich trägt: Die aus dem angelsächsischen Journalismus übernommene und weiterentwickelte »Nachrichtenmagazingeschichte« (»Newsstory«).

Auch hierüber herrscht große Begriffsverwirrung. Zur Klärung und funktionsgerechten Handhabung sollen darum einige Merkmale der Magazingeschichte kurz skizziert werden. Wir meinen nachfolgend mit »Magazingeschichte« stets nur diejenige des Nachrichtenmagazins (Muster: »Spiegel«, »Fokus«, »Manager-Magazin« und »Wirtschaftswoche« in Westdeutschland, »profil« und »news« in Österreich, »bilanz« und »facts« in der Schweiz) – im Unterschied zu den Unterhaltungs- und Beilagenmagazinen, deren Genre nicht festzulegen ist.

Angenommen, ein »Spiegel«-Journalist hätte sich des gleichen Themas angenommen wie sein Kollege von der »Zeit«, aber anstelle eines Features eine

»Spiegel«-Geschichte geschrieben. Vielleicht hätte er die gleiche Einstiegssituation gewählt. Aber er hätte sie uns ganz anders vermittelt – nämlich zum Beispiel so:

> »Ich darf nicht sein Vater sein«, seufzte Uwe Kallert, 25, zur Mutter seines Sohnes Benjamin, »ich tauge nur als Erzeuger«. Der junge Mann war soeben vom Standesamt seiner Gemeinde Appel heimgekehrt. Dort war ihm die Anerkennung der Vaterschaft verweigert worden. »Von Rechts wegen darf Ihr Kind nicht einmal ›Papa‹ zu Ihnen sagen«, hatte ihm der Beamte Herbert Seipel mit spitzer Stimme die Lage erläutert.
>
> Uwe Kallert gehört zu den 75 000 junggesellichen deutschen Männern, die im vergangenen Jahr eine Familie gegründet haben – und beim Erziehen ihres Nachwuchses auch Rechte und Pflichten besitzen möchten.
>
> Doch der Gesetzgeber hat solche Zweisamkeiten nicht vorgesehen. Noch immer definiert er die unverheiratete Mutter als das gefallene Mädchen, für dessen Kinder er automatisch die »Amtspflegeschaft« übernehmen müsse. Und soweit über-haupt der Täter feststellbar sei, solle der als zahlungspflichtiger Erzeuger an die Kasse kommen, basta.
>
> Dem Rollenschema zugrunde liegt das von der Kirche einst für heilig erklärte Bild des Patriarchen: alle Macht den Familienvätern. Logische Folge: Wenn das Oberhaupt fehlt, überwacht der Staat als Übervater die arme, kleine, schwache Mutter per Jugendamt.
>
> Mit diesem Patriarchen-Klischee können sich heute viele ledige Mütter nicht mehr abfinden. Sie wollen mit dem Vater ihres Kindes eine Familie nach dem Partnerschaftsprinzip: gleiche Rechte, gleiche Pflichten.
>
> So sah es auch Uwes Freundin Monika, 26-jährige Hauptschullehrerin und Beamtin auf Lebenszeit. Sie hatte ihren Liebsten vor sieben Jahren auf der Abiturreise kennen gelernt, kurz nach Florenz in der Raststätte Mailand-Süd. Seit vier Jahren leben sie zusammen und teilen Lust und Last: »jobsharing gilt bei uns sowieso« sagt sie. »Halbe-halbe beim Kochen und Geschirrabwasch ist logo«, erläutert Uwe. Beide machen auch im Vorstand der Grünen mit und wechseln sich bei den Sitzungen ab. Ihr Sonntagsvergnügen heißt Fahrradfahren – auf dem Tandem.
>
> Einzig, wenn es ums Kindererziehen geht, soll alles getrennt laufen wie zu Großvaters Zeiten. »Der Gesetzgeber hat es bewusst in Ihr eigenes Interesse gelegt, mit der Mutter Ihres Kindes verheiratet zu sein«, lautete die Zivilstandspredigt des Herrn Seipel, ein gradliniger Beamter. (...) – und so weiter.

Anders als der Originaltext in der »Zeit« pendelt die Magazingeschichte zwischen der individuellen Fallgeschichte und den abstrakten Sachverhalten und versucht, *eine Tendenz* ins Thema zu bringen. Ein eigentümliches Spannungsfeld entsteht: Zum einen gibt sich die Magazingeschichte nachrichtlicher und wirkt darum faktizierender; doch zum andern färbt sie ihre Argumente und Szenen so ein, dass eine Quintessenz, eine Tendenz erkennbar wird. Der Verfasser hat also sein Material vor der Niederschrift interpretiert und erzählt nun die »Geschichte« im Sinn und Geist seiner Interpretation: Was für seine Deutung spricht, dient als Beleg; was dagegen spricht, wird eher weggelassen.

Der Einstieg in unsere fiktive Magazingeschichte bewegte sich am Rande der Karikatur. Das ist (entgegen anders lautenden Meinungen) nicht typisch für eine »Spiegel«-Geschichte; dies geschieht aber mal bei Themen, die für eine Nachrichtenmagazingeschichte »zu dünn« sind: Geschehnisse, die zu wenig Problemstoff, zu wenig Neuigkeitswert und Entwicklung bieten – wie das in seiner Rechtsproblematik altbekannte Thema »Ehen ohne Trauschein«. Ihm fehlt die wichtige *Dimension der Entwicklung und Veränderung.* Darum musste der Verfasser beim Einstieg auf das Kontrastschema »Früher – Heute« greifen, um ein Spannungsfeld aufzubauen zwischen den Auffassungen von einst, denen des Gesetzgebers und denen von Uwe und Monika.

Mit dieser »Dramaturgie« würde die Geschichte wohl weiterfahren und die weiteren Argumente mit den anderen, uns bekannten Episoden beleuchten: mit den antiquierten Bemerkungen der Pastoren (vielleicht ergänzt um ein paar Zitate als mittelalterlichen Kirchentexten), den Ansichten in der Alternativszene, den Meinungen liberaler Politiker – und mit der Hilflosigkeit des Beamten im Einwohnermeldeamt, der vielleicht – dies als Schlusspointe – am Ende der Konsultation dem Uwe gesteht, dass er selbst unverheirateter Vater – und so auch ohne Rechte sei.

Viel einfacher wäre es für unsere Magazingeschichte (und viel schwerer für das Feature), wenn gerade ein neues Gesetz zum Familienrecht ins Parlament käme (Kontrast für den Entwicklungsbogen: heute – morgen) oder erste Erfahrungen in der Anwendung neuer und umstrittener Bestimmungen zu zeigen wären (Kontrast zwischen Gesetzesidee und -realität): der Spannungsbogen basierte dann auf Kontrasten, die im Thema und nicht im Kopf des Verfassers begründet sind.

Anders als das Feature sammelt die Magazingeschichte Detailinformationen, bettet sie in Episoden und erzählt diese Episoden anhand von Personen, die real existieren. Sie will es genau wissen (oder tut zumindest so, als wisse sie es genau) und verleiht so ihren Erzählungen durch präzise Sachverhaltsinformationen und Personenangaben *den Anschein von Authentizität.* Gleichwohl ist sie aber nicht an der Einzigartigkeit eines Erlebnisses oder eines Akteurs interessiert, sondern möchte in aller Regel eine Tendenz aufzeigen und nachweisen. Daher bettet sie ihre Episoden und Personen in recherchierte Zusammenhangs- und Hintergrundinformationen. Es entsteht so ein Pendelschlag zwischen dem Besonderen (Akteure) und dem Allgemeinen (Hintergrund).

Dies erklärt auch einige Merkmale der Magazinsprache. Wir meinen damit nicht die »Spiegel«-Lust am Wortschöpfen oder den vielkritisierten Hang zur Häme. Vielmehr: Die Sprache pendelt im Fortgang der Geschichte zwischen Faktizieren (nachrichtlich), Etikettieren (einordnend, bewertend) und Erzählen (narrativ, oft kolportierend). Die Magazingeschichte braucht darum einen Entwicklungsfaden (in unserem fiktiven Beispiel: Der in Mini-Episoden zerlegte Weg des Uwe durch die Bürokratie). Und sie braucht Kontexte, um den Bedeutungsbogen spannen zu können (Informationen über das frühere Eheverständnis, über den Trend zur Ehe ohne Trauschein u. a. m.). Während also das Feature Situationen beschreibt, während die Reportage Erlebnisse und Ereignisse schildert, *erzählt* die Magazingeschichte – was? Nun eben Geschichten.

»History in the Making«, Geschichte im Entstehen, nannte Henry Robinson Luce, Gründer und während 41 Jahren Herausgeber von »Time, The Weekly Newsmagazine«, den Inhalt seines Blattes: eine sehr stolze Formel. Gemeinsam mit Briton Hadden hatte er 1923 die Idee des Nachrichtenmagazins mit der speziellen »Story«-Form verwirklicht. Der Leserkreis sollte überwiegend aus den großstädtischen »businessmen« bestehen, die keine Zeit zur Lektüre der zahllosen Zeitungen und Nachrichtendienste finden. Die »Time«-Stories sollten daher alles Wichtige der Woche in sehr komprimierter und leicht lesbarer Form zusammenfassen. Hadden und Luce schrieben in ihrem Gründungs-»Prospectus« 1922: »From virtually every magazine and newspaper of note in the world, Time collects all available information on all subjects of importance and general interest. The essence of all this information is reduced to approximately 100 short articles, none of which are over 400 words in length.« Dieses Maß war natürlich nur für die englische Sprache denkbar, die wesentlich knapper formulieren kann als die deutsche (Zit. nach: Uwe Magnus 1967, S. 12f.)

Damit war ein stets gültiger Unterschied zwischen Magazingeschichte und Reportage schon festgehalten: Die Magazinstory wird am »desk« fernab des tatsächlichen Geschehens erstellt. Zwar gibt es Rechercheure und Berichterstatter (im Angloamerikanischen: Reporter), doch sie liefern nur Rohstoff, den der Autor der Geschichte »verfietschert«. Mehr noch: Er legt eine Dramaturgie an und gibt der Story den »drive«, die Schlagseite. Mit den Worten Haddens: »Time gives both sides, but clearly indicates which side it believes to have the stronger position« (ebenda).

1949, zwei Jahre nach der Geburt des »Spiegel«, versuchte die Chefredaktion, einige Merkmale des Geschichtenschreibens in einem »Statut« festzuhalten. Es erlangte nie Gültigkeit, doch charakterisiert es die inzwischen vom »Time«-Vorbild abweichende Machart, vor allem belegt es die stärkere Orientierung der

Magazingeschichte an der *Funktion der Reportage* (Teilhabe des Lesers) wie auch des *Features* (anschaulich machen), freilich auch hier als ein am Schreibtisch erstellter »Mix«:

> »Die Form, in der der ›Spiegel‹ seinen Nachrichten-(Neuigkeits-)Gehalt interessant an den Leser heranträgt, ist die Story. Damit ist gemeint, daß der Bericht über ein aktuelles Geschehen in Aktion (Handlung) umgesetzt werden sollte. Der Leser soll dadurch den Eindruck gewinnen, daß er selbst bei dem Geschehen dabei ist, es in allen Phasen miterlebt. Er soll dabei aber auch mehr miterleben, mehr sehen, mehr Eindrücke und Perspektiven gewinnen, als es dem normalen Zuschauer möglich ist.
>
> Nichts interessiert den Menschen so sehr wie der Mensch. Darum sollten alle ›Spiegel‹-Geschichten einen hohen menschlichen Bezug haben. Sie sollten von dem oder den Menschen handeln, die etwas bewirken. Der Idealfall: An einer Person wird eine ganze Zeitströmung (das ganze jeweilige Geschehnis, der ganze Vorgang, die aktuelle Begebenheit) in ihren Hintergründen, Ursachen, Anlässen, bewegenden Momenten und Auswirkungen aufgezeigt.« (In: Brawand 1987, S. 226).

In den vergangenen Jahrzehnten wurde das Konzept der Magazingeschichte weiter verflüssigt und – wie im vorigen Abschnitt dargestellt – durch das Genre der Reportage ergänzt. Auch hat sich im »Spiegel« längst die Einsicht durchgesetzt, dass die Arbeitsteilung zwischen »Augenschein« (Bericht) und »Schreibtisch« (Story) oftmals zulasten des Niveaus wie der Inhalte geht (zumal deutsche Journalisten – anders als ihre amerikanischen Kollegen – mit Teamarbeit ihre Probleme haben). Praktisch alle »Spiegel«-Geschichten werden inzwischen von den Autoren auch recherchiert. Mitte der 80er-Jahre kamen wir zu folgender, auch heute zutreffenden funktionskritischen Würdigung der »Spiegel«-Magazingeschichte:

> »Es gibt Themenfelder, von denen der Magazinjournalismus tunlichst die Finger lassen sollte: Zum einen die abstrakten, mithin äußerst handlungsarmen Themen, etwa aus dem Bereich der Geisteswissenschaften. Und zum andern alle Themen, die nur über das unmittelbare Erleben, über Sinnlichkeit und Räsonnement sinnvoll erschlossen werden können: künstlerisches Schaffen etwa, soziale Betroffenheit, emotionale Ausnahmezustände, Exotik. Das gleiche allgemeiner gesagt: Der Magazinjournalismus versagt dort, wo nicht Distanz, sondern Nähe angesagt ist (…)
>
> Es ist (…) eine nun schon alte Erkenntnis, daß sich der Nachrichtenmagazinjournalismus für einige Themenfelder besonders gut, für andere indessen kaum eignet. Der ›Spiegel‹ jedenfalls hat darum schon vor 15 Jahren seine Palette an Darstellungsformen stetig erweitert: Heute gibt es im ›Spiegel‹ den typischen Kommentar, das (fast literarisch gefaßte) Essay, verschiedene Arten der Reportage und des Feature, Kolumnen, und, nicht zu vergessen, das Spiegel-Gespräch.« (Meienberg/Haller 1985, S. 5).

Nicht nur beim »Spiegel« kommt es immer wieder zu sanften Renovationen am Konzept der Nachrichtenmagazingeschichte. Auch bei »Newsweek«, mit 3,1 Millionen Auflage hinter »Time« (4,7 Millionen) die Nummer Zwei auf dem US-Magazinmarkt, wurden Veränderungen diskutiert. So gibt es seit 1983 eine Reihe Redakteure, die selbst recherchieren und schreiben. Und sie schreiben auch anders: nämlich persönlicher, kommentierender, weniger faktizierend und doch griffiger. Die klassische Newsstory wird angereichert mit Elementen des Essays, des Features und des Leitartikels – also mit Merkmalen subjektiver Umsetzungsformen, die von den US-Magazinjournalisten (im Unterschied zu den »harten« facts) für »weich« erklärt werden. Chefredakteur Richard Smith nannte diesen neuen Typ 1987 »Impact-Journalism« und meinte vor allem eine Verknüpfung von Inhalt (Thema) und Genre (Darstellungsform), die mehr auf Lesewirkung bedacht ist: Die Story solle die Leser dazu bringen, »über das, was im Magazin steht, nachzudenken und zu diskutieren«. Verlegerin Katharine Graham, Aufsichtsratsvorsitzende der Washington Post Company, begründete diese Abkehr von der (einst auch für »Newsweek« verbindlichen) starren »Time«-Tradition so: »Der sich wandelnde Nachrichtensektor zwingt jeden, seine Rolle neu zu überdenken. Man kann einfach keine Magna Charta und keinen Generalstabsplan entwickeln – weder die Chefredaktion noch ich können das – und dann sagen: ›Das ist die richtige Richtung, so wollen wir es machen‹. Es ist eine Frage des grundlegenden Gespürs für guten Journalismus.« (Quelle: »New York Magazine« vom 11.5.1987).

Wir fassen zusammen: Im Unterschied zur Reportage eignet sich der Typus Nachrichtenmagazingeschichte, um über Geschehnisse mitsamt den beteiligten und betroffenen Menschen *berichtend* zu erzählen. Die Geschichte soll eine Entwicklung aufzeigen, soll Ursachen und Folgen nennen können und eine Quintessenz (Tendenz) anbieten. Für Szenen und Episoden verwendet sie Reportagen- und/oder Feature-Elemente, durchsetzt sie aber mit Zusammenhangs- und Hintergrundinformationen. Sie deutet und interpretiert diesen Zusammenhang und gibt eine Bewertung. Ihre mitunter stark faktizierende und interpretierende Sprache wirkt sehr distanzierend; Konzeptänderungen tragen der Subjektivität des Journalisten Rechnung und gestatten einen persönlicheren Stil.

3.5 Die »totale Geschichte« oder der »Report«

Nein, es geht nicht um den Unterschied zwischen dem Kassakurs und dem Terminkurs im Devisenterminhandel, obgleich diese Differenz »Report« genannt wird. Tatsächlich wird dieses Wort an der Börse französisch ausgesprochen; das englische »report« dient demgegenüber zur Bezeichnung des »umfassenden Dokumentarberichts«. Ein Beispiel:

> »Am frühen Morgen des 1. September machen sich in einem Waldstück auf den Sunschensker Höhen in Inguschien 31 Männer und 2 Frauen auf den Weg, den blutigsten Anschlag seit dem 11. September 2001 zu begehen. Sie haben Granatwerfer AGS-17 ›Flamme‹ bei sich, Stetschkin-Pistolen, Flammenwerfer vom Typ ›Hummel‹, Scharfschützengewehre, Maschinenpistolen. Sie werden mit diesem Waffenarsenal eine Schule überfallen. Die Schule Nummer eins von Beslan im benachbarten Nordossetien. Das Massaker, das sie dort anrichten, lässt sich annähernd in Zahlen bilanzieren, aber bis heute nur schwer fassen: Von den 1 251 Geiseln, die die Terroristen über Tage hinweg quälten, verloren nach bisherigen Angaben der Untersuchungskommission 330 ihr Leben, darunter 176 Kinder, Erstklässler, Säuglinge. Noch einmal 600 Menschen, wiederum viele Kinder darunter, wurden verletzt. Und Beslan, ein ehedem idyllisches Städtchen unter der Silhouette des Kaukasus-Hauptkamms, ist zu einem elenden Ort geworden, verurteilt, von nun an mit einem Trauma zu leben. Wäre ein vergleichbares Verbrechen in einer deutschen Kleinstadt, in einem französischen Dorf, in der amerikanischen Provinz verübt worden, die Tat hätte monatelang die Schlagzeilen der Welt beherrscht. Und die Behörden hätten unter dem Druck der Öffentlichkeit keine Wahl gehabt, als minutiös zu ermitteln und schnellstmöglich Ergebnisse zu präsentieren. Nicht so in Russland. Nicht so im Kaukasus. Schweigen und Verschweigen sind hier über die Jahrhunderte zum festen Bestand der Kultur geworden, zu einem Schutzschirm vor den Zumutungen der Fremdherrscher.«

So beginnt der Report über jene grausame Geiselnahme der Schulkinder im September 2004 in Beslan im russischen Iguschien, bekannt geworden unter dem Kürzel »Die Kinder von Beslan« (Spiegel Nr. 53/2004); bereits der Texteinstieg zeigt, dass es sich nicht um eine Reportage handeln kann, denn er dokumentiert und rekonstruiert – und deutet bereits an, was wenige Absätze später ausgeführt wird:

> »(...) die alte sowjetische Kunst der Desinformation blüht. Was aus Staatsanwaltschaft, Geheimdienst, Militär und Polizei an die Öffentlichkeit drang, verrät vor allem das Bemühen, eigenes Versagen zu bemänteln. Die Versäumnisse sind eklatant. Das ruinierte Gebäude der Schule Nummer eins ist zu keinem Zeitpunkt nach den Regeln polizeilicher Ermittlung als Tatort untersucht worden. Noch nicht einmal der Hergang der Geiselnahme ist von offizieller Seite bislang ausrei-

chend geklärt, ganz zu schweigen vom katastrophalen Ende, zu dem die russischen Staatsorgane mangels professioneller Arbeit das Ihre beitrugen. (...) Der SPIEGEL hat die Tragödie von Beslan mitsamt ihrer Vorgeschichte zu rekonstruieren versucht. Dem Protokoll zugrunde liegen Gespräche mit geretteten Geiseln, Beslaner Bürgern, Verwandten der Terroristen, Mitarbeitern der Sicherheitskräfte, Mitgliedern des Krisenstabs und politisch Verantwortlichen. Entstanden ist eine Chronologie der Bluttat von Beslan. Sie erzählt, was in jenen ersten September-Tagen am Nordrand des Kaukasus geschah, in einer Region, die zu den akuten Krisengebieten der Welt gezählt werden muss.« (aus: Spiegel 53/2004).

Sechs »Spiegel«-Redakteure waren im Herbst 2004 zur Aufklärung des Ablaufs wie auch der Hintergründe der Tat und der Täter recherchierend in Nordossetien, Inguschien und Tschetschenien herumgereist. Ihr Report, mit 170 000 Zeichen fast so lang wie eine Magisterarbeit, rekonstruiert nicht nur den Hergang, sondern schildert auch reportagig verschiedene Erlebnisse und Episoden, analysiert Zusammenhänge und berichtet über Vorgänge und Abläufe, die bewusst chronologisch angeordnet sind. So vermittelt der Text insgesamt Vorder- und Hintergrund, Beschreibung und Analyse (die Arbeit wurde 2005 mit dem Henri-Nannen-Preis ausgezeichnet).

Einen anderen, besonders gelungenen Report lieferte »Newsweek« am 25. April 1987: Unter der Überschrift »Brothers« brachte sie eine 25 Seiten lange Geschichte über elf schwarze Amerikaner aus verschiedenen Städten des Landes: glänzende Porträts, für die der Verfasser ein halbes Jahr unterwegs gewesen war. Also eine Art Groß-Reportage – oder doch etwas ganz anderes?

Die Bezeichnung »Report« als Gattung ist im deutschen Sprachraum noch wenig bekannt (in vielen Lehrbüchern kommt die Gattung gar nicht vor – vgl. u. a. La Roche, »ABC«). Eine Klärung tut Not, denn inzwischen haben viele Zeitschriften die Form des Reports entdeckt und ihm eine etwas andere Funktion zugewiesen als der angelsächsische Journalismus. Wir versuchen darum einige Funktionsmerkmale in Stichworten zu skizzieren:

▶ Im deutschen Sprachraum beschränkt sich der Report nicht auf das Dokumentarische, sondern bietet zudem eine Deutung der Dokumente: Der Leser erhält zwar viele harte Informationen über das Thema, er bekommt aber vor allem eine über Recherche, mitunter auch wissenschaftlich abgesicherte Beurteilung des Problems und der Lösungsmöglichkeiten.

▶ Report-Themen sind überwiegend Problemthemen. »Problem« heißt, dass es keine unstrittigen Lösungen gibt, vielmehr verschiedene Darlegungen, Sehweisen und Meinungen kursieren. Meistens sind es komplexe Problemthemen, die der Leser ohne umfassende (Fach-) Kenntnis nicht beurteilen kann.

Beispiele:
Welche Rolle spielt nun »wirklich« der Individualverkehr beim Waldsterben? (Müsste ich, der Report-Leser, ab sofort mein Auto zuhause lassen?)

Ist es »wirklich« so, dass in der jungen Generation die Schreib- und Lesefertigkeiten so weit nachgelassen haben, dass man von »funktionalem Analphabetismus« sprechen muss? (Sollte ich jetzt meinen Kindern das Fernsehen verbieten?)

Stimmt es »wirklich«, dass der dramatische Geburtenrückgang mehr an den zeugungsunwilligen, die Vaterverantwortung ablehnenden Männern als an den Kinder verweigernden Frauen liegt?

▶ Problemthemen sind oftmals komplex. »Komplexität« bedeutet, dass viele Wirkungszusammenhänge einen undurchschauten Prozess in Gang halten, dessen Auswirkungen (noch) im Dunkeln liegen. Die Beteiligten und Betroffenen sind zu einer allseits befriedigenden Problemlösung kaum in der Lage. Alle drei zuvor genannten Beispiele sind in diesem Sinne komplexe Problemthemen. Sie nehmen in Umfang und Bedeutung für den Lebensalltag der Menschen seit einiger Zeit stark zu.

▶ Bei komplexen Themen handelt sich meist um Entwicklungen und Trends, denen die Bürger, Konsumenten, Eltern, Stadtbewohner ausgesetzt sind. Sie haben darum ein besonderes Interesse an Zusammenhangsaufklärung. Die Meinung ist verbreitet, dass »man« sich auf die Folgen des Trends einstellen könnte, wenn »man« doch nur Zeit und Gelegenheit zur umfassenden Information und, vor allem, zur Deutung dieser Informationen fände. Dann könnte »man« die eigene Meinung (und in der Folge sogar das Verhalten) vielleicht ändern.

Die meisten Leser haben weder Zeit noch Gelegenheit zur Problemerarbeitung. Sie delegieren gleichsam diese Aufklärungsarbeit an die Presse: Die soll doch bitte so weit wie möglich das gesamte Material zum Thema – Artikel über den Hergang, Fachaufsätze, Gutachten, Politiker- und Parteimeinungen, Expertenurteil, Augenzeugenberichte – beschaffen, aufarbeiten und interpretieren.

▶ Von einem Report wird erwartet, dass er eine *vorläufig endgültige Einschätzung* der Ursachen und Folgen des komplexen Problemthemas zu geben vermag. »Vorläufig« deshalb, weil ja neue Erkenntnisse bekannt werden können, die alles über den Haufen werfen. Und »endgültig« deshalb, weil der Report-Journalist das *gesamte aktuelle Material* gesichtet und durchgearbeitet haben soll: Nichts, was von Bedeutung ist, darf er außer Acht lassen.

Dies alles ist schon ganz schön aufwändig. Hinzu kommt noch, dass der gute Report den Zusammenhang zwischen Strukturproblemen und Alltagswelt anschaulich machen, also Feature- und die Reportageelemente einsetzen soll: Die Betroffenheitsschilderung jenes Autofahrers aus Norddeutschland, als er letzten Sommer im kahl gewordenen Schwarzwald im Urlaub war und seither das eigene Auto nicht mehr anrührt. Die Erzählung des 13-jährigen blitzgescheiten Klassenprimus, der in allen Fächern eine Eins heimbringt; nur in der Rechtschreibung baut er konstant eine Fünf. Die Fallbeschreibung eines Teenagers, der kriminell wurde, weil er der SMS-Sucht verfiel und kein Taschengeld mehr für die Handy-Prepaidkarten hatte: Dies sind die Brückenpfeiler, die das Strukturproblem mit dem Alltag der Leser verbinden – und die der nüchterne »umfassende Dokumentarbericht« nicht besitzt.

Der Journalist wird also die Form des Reports wählen, wenn er den Zusammenhang zwischen dem Problemthema und der Alltagswelt der Leser herausarbeiten und »vorläufig-endgültig« bewerten möchte. Im Report stecken darum immer auch *Hintergrundbericht* und sehr viel *Analyse*. Um solchen Ansprüchen genügen zu können, benötigt der Journalist Kenntnisse wissenschaftlicher Methoden, genügend Zeit, genug Spesen – und ziemlich viel Platz: Unter wenigstens 8 000 Zeichen ist kein seriöser Report zu erstellen. Es versteht sich von selbst, dass es in der Tagespresse nur wenige große Zeitungen gibt, die sich seriöse Reports überhaupt leisten können (wie eine Wochenend-Beilage).

So ist der Report eine Spezialität der großen Zeitschriften, allen voran des »Spiegel«. Wenn also dort über »Glück und Unglück der Geschwister« von Katja Thimm eine Titelgeschichte mit rund 41 000 Zeichen Länge publiziert wird, dann sind darin alle derzeit bemerkenswerten Untersuchungen über die Ursachen psychologischer Spannungen zwischen Geschwisterkindern ausgewertet, die wichtigsten Geschwisterkatastrophen der Geschichte durchgesehen und erwähnt – und immer wieder sind Beispiele aus dem Leben und der Literatur, aus anderen Kulturen und der Historie eingestreut. Auch werden die mit dem Zerfall überkommener Familienmuster (wie Scheidungs- und sog. Patchworkfamilienkinder) verbundenen Konflikte sowie Wege zur Konfliktlösung beleuchtet und schließlich zu einer Art Quintessenz geführt: hin (oder zurück) zur »sozialen Geschwisterschaft« untereinander vernetzter Kleinfamilien (in: Spiegel 2/2006).

3.6 Zwischen »objektiv« und »subjektiv«

Am Ende des vorausgegangenen Buchkapitels sprachen wir von der *funktionalen Eignung* der Darstellungsform. Die Frage hieß: Bei welchem Thema in welchem Medium für welche Leserschaft eignet sich welche Darstellungsform, wenn ich, der Journalist, meinen Intentionen Ausdruck geben möchte? Rücken wir nun diese Intention des Journalisten ins Zentrum: seinen Zugang, seine Interessen und Anliegen im Umgang mit Informationen.

Ausklammern wollen wir hier seine politischen Überzeugungen, auch die so genannten Sachzwänge der Produktion und die verlegerischen Imperative. Uns interessiert vielmehr, wie der Journalist sich das Thema erschließt und seine handwerklichen Fertigkeiten einzusetzen wünscht. Dabei soll gelten, dass jeder Journalist – im Unterschied zum Literaten – *in erster Linie* Vermittler (und nicht Selbstdarsteller) sein möchte, also auf Geschehen bezogen ist, das sich *auch ohne ihn* ereignet.

Wie soll dieses Geschehen vermittelt werden? Man kann sich leicht zwei Extreme vorstellen: Im ersten Fall möchte der Journalist seine Wahrnehmung ausschließen und nur solche Informationen berücksichtigen, die *unabhängig von ihm* gültig sind. Er verfasst also eine Meldung oder einen Tatsachenbericht (nachfolgend »Bericht«). Er »objektiviert« seine Informationen, das heißt: Er verwendet nur solche Sachverhaltsdarstellungen, die von mehreren Zeugen bestätigt wurden und darum »intersubjektiv überprüft« (verifiziert) sind. Strittige Aussagen lässt er weg oder kolportiert sie als Versionen der betreffenden Quellen, die er explizit nennt. Wir sind uns einig: So verfährt der gute, zuverlässige Nachrichtenredakteur.

Im zweiten Fall vertraut der Journalist ausschließlich seiner Beobachtungsgabe, seinem Notizblock, Fotoapparat und Aufzeichnungsgerät. Nur was er selbst *so* gesehen, was er *so* gehört, befühlt und berochen hat, hält er für zutreffend und glaubwürdig. Nur jene Berichte und Erzählungen, die *ihm persönlich* zugebracht wurden, möchte er berücksichtigen. Alles andere, was aus zweiter oder dritter Hand kommt (zum Beispiel alle Zeitungsartikel), erscheint ihm nicht als zuverlässig, und die intersubjektive Überprüfung findet er irrelevant. Wir sind uns einig: Ein derart superpersönlicher Erlebnisbericht ist die subjektivste aller Berichtsformen. Ist er deswegen etwa weniger »wahr«?

Wenn mit dem Wort »Wahrheit« die Richtigkeit von Aussagen in Bezug auf die bezeichneten Sachverhalte gemeint ist, dann kann ein Unterschied im Wahrheitsgehalt nicht a priori behauptet werden; auch wenn sehr unwahrscheinlich, so kann es sein, dass jener »intersubjektiv verifizierte« Bericht mehr Unrichtigkeiten enthält (etwa aufgrund übereinstimmender Vorurteile in den Köpfen der Zeugen) als die superpersönliche Schilderung eines einzigen Beobachters. Wenn aber unter »Wahrheit« eine metaphysische Einheit von Mensch und Welt verstanden wird, dann ist vermutlich der superpersönliche Bericht sogar wahrer als der Tatsachenbericht, der ja nur den vergleichsweise kleinen Wirklichkeitsausschnitt unstrittiger Sachbehauptungen repräsentiert. Allerdings lebt die »Wahrheit« des superpersönlichen Berichts ganz und gar von der Zuverlässigkeit und Glaubwürdigkeit dieses einen Beobachters. Er müsste seiner Unvoreingenommenheit, seiner Beobachtungsgabe und seinem Erinnerungsvermögen blind vertrauen können. Aber wer kann dies schon? Wie oft haben wir uns schon in Situationen getäuscht, in denen wir uns ganz sicher wähnten?

Man sollte sich also vor einem Urteil hüten und nicht etwa die eine Methode für richtig, die andere für falsch erklären. Vielmehr: Im Journalismus ist jede der beiden Methoden notwendig, aber nicht hinreichend – es braucht (fast) immer beide zusammen.

Der diesen beiden Herangehensweisen zugrunde gelegte Gegensatz begrenzt das Feld, auf dem sich der *berichtende* Journalist tatsächlich bewegt. Die Eckpfosten heißen nicht etwa »Nachricht-Meinung«, wie es die meisten Lehrbücher behaupten, sondern »objektiv-subjektiv« - und beide stehen auf dem festen Boden der Tatsachen. Der Unterschied zwischen ihnen ist nur der, dass subjektive Aussagen nicht überprüfbar sind (wie zum Beispiel Empfindungen und die daran anknüpfende Assoziation, Muster: »Mit gewinnendem Lächeln kam sie auf uns zu« – War es ein Lächeln und warum gewinnend?). Nicht überprüfbare Aussagen können zwar faktisch, aber nie intersubjektiv gültig, also auch nie objektiv sein (in objektiver Sicht haben sie den Status einer Behauptung).

Unsere Frage nach der journalistischen Intention lautet demnach: Wie weit darf, wie weit soll ich bei diesem oder jenem Thema meiner Subjektivität vertrauen? Und die Anschlussfrage: Welche Darstellungsform ist dann die angemessene?

Unsere fünf funktionsdefinierten Genres bilden eine Reihenfolge nach Maßgabe *zunehmender Subjektivität in der Darstellung des Geschehens.* Wie das Schaubild zeigt, kommt zuerst die objektivierende Form des Tatsachenberichts bzw. der Meldung (manche Lehrbücher sprechen hier von der »Nachricht«): Sie ist angezeigt, wenn der Journalist allgemein gültige Neuigkeiten vermitteln und darum nur unstrittige Sachverhaltsinformationen weitergeben will. Und die am stärksten subjektivierte Form ist hier zweifellos die Reportage, auch wenn sie viel faktenreiches Material enthält. Sie ist angesagt, wenn der Journalist über authentische Beobachtungen verfügt und das Geschehene aus seiner Sicht so schildern

Schaubild 3: Tatsachenbezogene Darstellungsformen

— Zunehmend subjektiv in der Darstellung des Geschehens →

Journalistische Fragen:	Nachricht (Meldung & Zeitungsbericht)	Feature	Nachrichten-magazin-geschichte	Hintergrund-bericht & Report	Reportage
Was mache ich mit dem Thema?	faktizierende Darstellung eines Ereignisses und/oder Sachverhalts	sinnliche Umsetzung von Strukturen und/oder Sachverhalten durch Einbezug der Handelnden	Erzählung von/über Handlungen mit Ursachen und Folgen für die Beteiligten	Beschreibung und Erklärung komplexer Sachverhalte mit den beteiligten Menschen	Schilderung erlebter/erfahrener Geschehnisse als Beobachter und/oder Teilnehmer
Was ist der Hauptzweck (Funktion)?	unstrittige Informationen über Neuigkeiten geben	Zusammenhänge konkret und anschaulich machen	eine Entwicklung aufzeigen und einschätzen	Zusammenhänge aufklären und beurteilen	Distanz/Barrieren überwinden und die Leser teilhaben lassen
Wie lauten die Anforderungen?	Überprüfbarkeit der berichteten Sachverhalte	Situationen und Zusammenhänge exemplarisch zeigen	Dramaturgie als Erzählablauf; Beurteilung mit Quintessenz	analytische Darlegung und vorläufig abschließende Beurteilung	authentische und einmalige Erlebnisse/Beobachtungen

Die häufigsten Mischformen:

»Anfietschern« oder Feature als Einstieg in einen Bericht (Effekt: »szenischer Einstieg« für mehr Lesenähe)
Feature und Magazingeschichte durchsetzt (Effekt: Versinnlichung, human touch, Unmittelbarkeit)
Report als Magazingeschichte (Effekt: Dramatisierung der Gesamtschau, Entwicklungsbogen)
Magazingeschichte & Reportage durchsetzt (Effekt: Augenschein und Erlebnisschilderungen dienen als authentische Belege)

möchte, dass sein Publikum unmittelbar teilhaben kann. (Um Missverständnissen vorzubeugen: Es geht hier nicht um die gesamte Palette an Darstellungsformen, sondern um die berichtenden bzw. tatsachenbetonten Formen.)

Objektivierte und subjektive Sachverhaltsdarstellungen sind, wie gesagt, in praktisch allen journalistischen Texten gemischt. Es gibt darum kaum je die »reine« Reportage oder das »echte« Feature, bestenfalls noch die nackte, pure Meldung im Nachrichtenteil der Zeitung.

Wie der Koch, so mischen, rühren, würzen und schmecken die Journalisten ihre Texte ab. Warum dann aber so viel übers Definieren und Abgrenzen der Darstellungsformen reden? Weil jeder Koch, der gut zu kochen versteht, den Geschmack jedes einzelnen Kräutchens sogar im Schlaf erkennen muss.

4. Zusammenfassung in fünf Thesen

Drei Näherungen an das Genre »Reportage« haben wir in diesem ersten Buchteil unternommen: die historische Herleitung, die definitorische Umschreibung und die funktionsbestimmte Abgrenzung zu anderen Darstellungsformen.

Wir fassen rückblickend die bei diesem Rundgang gewonnenen Kennzeichen zur Bestimmung der *modernen Reportage* in fünf Thesen zusammen. Gemeinsam mit den im ersten Kapitel entwickelten Thesen zur Tradition (siehe Seite 37) sind sie gleichsam der Brotsack für den nächsten Buchteil, der in die journalistische Arbeit des Zeitungsreporters einführen wird.

▶ *Herkunft:* Die moderne Reportage ist von einer doppelten Tradition geprägt: Sie ist faktizierender Augenzeugenbericht und schildernder Erlebnisbericht in einem. Sie bezieht sich auf Ereignisse und vermittelt sie als Erlebnisse. Und stets lädt sie ihre Leser ein, über die Lektüre an den Geschehnissen teilzuhaben, so als würde die Augenzeugenreise jetzt gerade beginnen.

▶ *Intention des Reporters:* Die moderne Zeitungsreportage ist vom journalistischen Anliegen getragen, soziale Distanzen und institutionelle Barrieren zu überwinden, um hinter die Fassaden zu blicken. Sie versammelt Zeugenberichte, eigene Beobachtungen und Erlebnisse und bringt deren Inhalte mit einer teils erzählenden, teils beschreibenden, teils schildernden Sprache den Lesern nahe.

▶ *Die Form:* Die moderne Reportage soll im Printjournalismus überwiegend eine Ergänzung oder Erweiterung der nachrichtlichen Berichte sein, gelegentlich kann sie die Berichterstattung ersetzen. Im Unterschied zum Wortgebrauch im angloamerikanischen Journalismus ist sie in unserem Sprachraum *keine* objektivierende Darstellungsform im Sinne des nachrichtlichen Berichts (*newsstory*), sondern durch die Findigkeit und die *subjektive Sicht* des Reporters bestimmt: Sein Zugang zum Thema, der von ihm gefundene besondere Aspekt, seine Protagonisten und seine authentischen Erlebnisse sind ausschlaggebend. Er bringt sie in dramaturgisch strukturierten Szenenfolgen und vermittels einer sinnlich formulierten Sprache zum Ausdruck.

▶ *Funktion:* In ihrer praktischen Handhabung ist die moderne Reportage nicht auf einen Darstellungstyp festzulegen. Oftmals wird sie mit anderen Umsetzungsformen *vermischt*, in erster Linie mit Formen der Berichterstattung, des (recherchierten) Hintergrundberichts und des (typisierenden) Features. Das Durchgängige solcher Mischformen ist nicht die Beliebigkeit des Geschmacks, sondern deren Funktionalität: Die Geschehnisse sollen so vermittelt werden, dass die Leser die Akteure unter dem Blickwinkel des Reporters betrachten und deren Handlungen verstehen können. Die Darstellungsform soll darum die Inhalte in den Sprach- und Erfahrungshorizont der Leser stellen.

▶ *Bedeutung:* Die moderne Reportage ist sprachgestaltete (Um)Welterfahrung. Weniger die faktizierende Empirie der Beobachtungen als die sprachliche Durchdringung des Erfahrungsmaterials hebt sie zu einer journalistischen Kunstform im Sinne der Gebrauchskunst. Ihre Aussagekraft liegt nicht in der Tatsachenenthüllung (dies leisten andere Genres besser), sondern im Aufdecken von Lebenssinn (als sog. *Subtext*) durch ihre das Ungewöhnliche entschlüsselnde Sprache. Sie will durchaus literarisch, niemals aber dichterisch sein. Sie steht und fällt mit der Authentizität des Materials und der Wahrhaftigkeit des Reporters.

Viele der in diesen knapp gehaltenen und darum abstrakten Thesen gebrauchten Begriffe werden im folgenden Buchteil aufgegriffen und ins Praktische der Reporterarbeit übersetzt.

Zweiter Teil:

Die Praxis der Reportage

Das Anliegen, die Leser an Erlebnissen des Reporters teilhaben zu lassen, gehört zum Zeitungsalltag. Doch gerade mit der kleinen Reportage tun sich die meisten Zeitungen schwer; oft bleibt es beim gut gemeinten, doch schlecht umgesetzten Versuch.

Dieser Buchteil bietet eine praktische Einführung ins Reportageschreiben, zugeschnitten auf Zeitungen mit ihrem Bedarf an kleinen, oft unter Zeitdruck zu schreibenden Erlebnisgeschichten, die das Entlegene in der Nähe und das Exotische im Vertrauten aufzeigen – und mit beidem das Leserinteresse wachrufen sollen.

Die Reihenfolge der Kapitel entspricht dem Arbeitsablauf des Reporters: Der erste (und oftmals entscheidende) Schritt gilt dem reportagegerechten Aspekt des Themas. Der zweite führt zur Materialbeschaffung, in erster Linie zur Augenzeugenschaft des Beobachters. Bevor das erste Wort formuliert wird, sind im dritten Schritt wichtige Entscheidungen zur Gestaltung des Themas zu treffen. Erst im vierten Schritt macht sich der Reporter an die Niederschrift; nun werden die Informationen und Beobachtungen umgesetzt und der persönliche Stil entfaltet. Der fünfte Schritt führt zur Bereinigung (Redigieren) des eigenen Textes. Endlich wandert die Reportage vom Bildschirm ins Layout.

▶ **Das erste Kapitel** zeigt, wie der Reporter den reportagegerechten Zugang findet; wie er dem Thema den besonderen Reiz gibt; und wie er sich die erlebnisstarken Seiten des Themas erschließt.

Seite 113 bis 118

▶ **Das zweite Kapitel** diskutiert die wichtigsten Themenfelder mit ihren Eigenheiten: die äußeren Anlässe; die unterschiedlich kritisch anzulegenden Milieuthemen; die recherchierintensiven Trendthemen; die Eigenheiten der Selbsterfahrungsthemen; das Porträt – und die sperrigen Politikthemen.

Seite 119 bis 140

▶ **Das dritte Kapitel** beschreibt die Materialbeschaffung: Zuerst die Vorbereitung des Augenscheins; dann das Beobachten und Befragen der Akteure und Zeugen. Je Thema kann auch eine zusätzliche Vollrecherche erforderlich sein.

Seite 141 bis 152

▶ **Das vierte Kapitel** sagt, welche Entscheidungen vor dem Schreiben zu treffen sind – und wie man am ehesten die Schreibängste überwinden kann.

Seite 153 bis 166

▶ **Das fünfte Kapitel** befasst sich mit dem Schreiben. Es erläutert, wie der Reporter das beschaffte Material gestalten und dabei authentisch, zutreffend und redlich formulieren soll.

Seite 167 bis 188

▶ **Das sechste Kapitel** bespricht die Nachbereitung des Textes: wie die Schilderungen lebendiger, die Erzählung interessanter und die Sprache prägnanter werden.

Seite 189 bis 192

▶ **Der Anhang** versammelt zehn Reportagen aus dem lokalen Alltag als Übungstexte. Sie sind überwiegend von Volontären im Rahmen von Workshops und Seminaren geschrieben und für die Zwecke dieses Buchs aufbereitet und redigiert worden.

Seite 193 bis 226

1. Aus dem Geschehen ein Reportagethema machen

Thema fassen, Termin abmachen, hinlaufen, zuschauen und fragen, zurückkommen, hinsetzen, runterschreiben, abhaken – und weg damit in den Satz: Wenn es doch nur so einfach ginge! Und wenn es mancher Reporterin und manchem Reporter hin und wieder einfach von der Hand geht, dann vor allem, weil sie ihre (und er seine) Arbeit sehr gut vorbereitet und sich das Thema »reportagegerecht« zurechtgelegt haben.

Von der Themenidee zum Reportagethema

► Zuerst einen reportagegerechten Zugang finden (Fragen: Worin besteht die dem Leser unbekannte Seite des Themas, was gibt dem Thema Distanz und/oder Barriere – und wie überwinde ich sie?)

► Sich dann für einen interessanten Aspekt entscheiden bzw. sich auf diesen beschränken (Fragen: Welchen Bezug haben die Leser zum Thema, von welcher Seite kennen sie es schon, haben mit ihm Erfahrungen? Welcher Zugang wäre der für sie Neue?)

► Als Drittes die erlebnisstarke Seite des Themas erschließen (Fragen: Wer handelt wann und wo in diesem Thema? Über welche Wege, Mittel und Methoden komme ich so nahe dran, dass ich etwas (mit-)erlebe?).

Tatsächlich beginnt das Reportageschreiben nicht mit der Materialbeschaffung und nicht mit der Verabredung am Ort des Geschehens, sondern mit der *sorgfältigen Herrichtung* des Themas. Es sollte ja wenn möglich als ein Distanz-/Barrierethema angelegt sein und die im ersten Buchteil besprochenen Dschungel-/Exotikeffekte zulassen.

Es ist wie mit dem Kochen: Zuallererst muss das Menü nach Maßgabe des saisonalen Angebots zusammengestellt und die einzelnen Gänge, Speisen und

Beilagen aufeinander abgestimmt werden, ehe die Nahrungsmittel als der Rohstoff des Kochs eingekauft werden.

1.1　Der reportagegerechte Zugang

Er führt zu den am Geschehen direkt beteiligten Menschen: Wo und wann finde ich wen, der bei diesem Thema was genau macht? Während man sich bei der aufdeckenden Recherche vorsichtig von außen nach innen zum Kern hinarbeitet, zielt die Reporterin/der Reporter sogleich ins Zentrum auf die Hauptakteure. Je dramatischer und ungewöhnlicher die Leute, desto besser. Nichts ist zum Beispiel schwieriger, als die Lethargie eines Depressiven zu vermitteln, nichts langweiliger als einen Langeweiler vorzustellen.

Es empfiehlt sich, zuerst Erkundigungen über das »Wie«, »Wer« und »Was« einzuholen – beim Veranstalter, bei den Kunden, den bisherigen Besuchern, dem Verwalter, bei der Aufsicht, den Mitspielern, Gewinnern oder Verlierern, den Augenzeugen – und so weiter. Und man sollte in Erfahrung bringen, wer von den Akteuren besonders typisch, geeignet, originell sein könnte.

> Ist zum Beispiel für die Zirkusreportage der unscheinbare Kapellmeister nicht viel ergiebiger als der international bekannte Dompteur? (weil der nur stereotype Phrasen von sich gibt, der Kapellmeister aber im Zirkus eine originelle Integrationsfigur darstellt – was man nur wissen kann, wenn man sich zuvor erkundigt).
>
> Oder das Thema Sommerschlussverkauf: Statt in die Bilanzen sich ins Gewühl stürzen.
>
> Thema Taxigewerbe: statt der vielen Statements der besorgten Unternehmer besser eine Nacht- oder Frühschicht miterleben.

Sehr vieles hängt von den *äußeren Umständen* ab, auf die der Reporter keinen Einfluss nehmen kann, die er aber berücksichtigen muss. Wann also ist der Zugang am besten?

> Zirkus: Vielleicht vor der Nachmittags-Kindervorstellung, wenn alles ein wenig herumdudelt und Zeit für einen kleinen Schwatz bleibt, oder besser am Abend, bevor und während eine neue Nummer gezeigt wird – oder vielleicht hinterher, wenn das Orchester zusammenpackt und der Kapellmeister hinterm Vorhang verschwindet? Wir sind uns einig: Alle drei Termine können wahrgenommen werden.
>
> Sommerschlussverkauf: Der Tag davor mit den Schaufensterdekorateuren? Morgens um neun im Großkaufhaus – oder besser im Fachgeschäft kurz vor Ladenschluss?

Taxigewerbe: Kommt es auf die Geschäftsklientel oder auf private Kundschaft an? Ein Taxi mit oder ohne Funkausrüstung? Schon diesen Freitagabend – oder besser abwarten bis zum Zahltag am Monatsende, wenn die Leute mehr ausgeben?

Der Reporter orientiert sich also genau über die Umstände und Bedingungen und erkundet jede in Frage kommende Situation. Erst dann entscheidet er sich für das »Wer« und das »Wann«.

1.2   Der interessante Aspekt

»Interesse« heißt die Verbindungslinie zwischen Thema und Leser – und fällt oft (und leider) nicht zusammen mit dem »Anliegen« des Journalisten. Er sollte sich vielmehr fragen, welchen Bezug *seine Leserschaft* zum Gegenstand des Themas hat und ob er hierzu einen anderen, neuen Aspekt anbieten kann.

Meistens besteht der interessante Aspekt darin, dasselbe aus einer ungewohnten Perspektive, bildlich gesprochen »von der anderen Seite der Theke aus« oder »hinter den Kulissen« zu betrachten (die Barriere im ersten Buchteil).

Das Zirkusgeschehen in der Person des Kapellmeisters fokussieren, der ja vom Publikum meist übersehen wird – und zwar so, dass sich die Leser(-innen) bei der Hand genommen fühlen und schräg hinter dem Vorhang wieder finden, von wo aus sie sehen, was sie sonst nie zu Gesicht bekommen.

Den Sommerschlussverkauf mit den Augen einer Verkäuferin erleben – und zwar so, dass sich die Leser(-innen) als Schnäppchenjäger erkannt fühlen.

Eine Taxifahrer-Schicht aus der Sicht der Telefonvermittlerin in der Taxizentrale vor den Augen der Leser(-innen) abrollen lassen – und zwar so, dass sie sich in der Rolle dieser arrogant-schnöseligen Taxi-Bestell-Anrufer wieder finden.

Der interessante Aspekt darf nicht nahe, aber er muss immer *nahe liegend* sein. Das heißt: Er darf nicht ausgedacht, nicht an den Haaren herbeigezerrt werden. Er soll vielmehr neugierig machen, weil er Altvertrautes in ein völlig neues Licht rückt.

1.3 Die erlebnisstarke Seite des Themas

Sie ist immer dort zu finden, wo es Auseinandersetzungen, Konflikte und Querelen gibt, wo Überraschendes geschieht und sich darum die Menschen vielleicht anders verhalten als vorausgesagt oder erwartet. Bildlich gesagt: Während der Vorstellung läuft (fast) alles programmgemäß und ist darum langweilig; vorher und nachher aber kommt es zu hitzigen und brenzligen Szenen hinter dem Vorhang. Und die zeigen mehr vom Thema, sind erlebnisstark und darum spannend.

Erlebnisstark wird ein Thema insbesondere dann, wenn sich der Reporter ins Geschehen begibt, sich den Situationen aussetzt: *wenn er selbst mitspielt,* vielleicht das Geschehen selbst dramatisiert oder gar inszeniert.

> Zirkus: Warum nicht als Handlanger ein paar Tage in und hinter den Kulissen stehen und den alten Kapellmeister und den Dompteur während der Proben für eine neue Dressurnummer sehr genau beobachten: Wie eigentlich werden die Tiere auf das Zusammenspiel zwischen Dompteur und Musik dressiert?
>
> Sommerschlussverkauf: Warum nicht selbst einen Tag als Aushilfsverkäufer/in am Wühlstand im Parterre des Kaufhauses stehen und sich diesen Strapazen aussetzen?
>
> Taxigewerbe: Warum nicht während drei oder vier verschiedenen Tagen und Zeiten in der Taxizentrale mit dabei sein, bis endlich die Mädchen Vertrauen gefasst haben und über Stresserlebnisse offen sprechen, aber auch genug kleine Zwischenfälle passiert sind, um hinter die Kulissen dieser Kulisse zu leuchten?

Wer über diese drei Dimensionen sich sein Thema erschließt, kann praktisch jeden Anlass, Vorgang, Einfall und jedes Erlebnis für eine Reportage aufgreifen. Die Hauptmerkmale habe ich zu einer Definition zusammengefasst (siehe Kasten).

Die drei Bedingungen für ein gutes Reportagenthema

▶ Einen aus Sicht der Leser oder Hörer interessanten (ungewöhnlichen) Ausschnitt oder Aspekt wählen.

▶ Dieser Themenaspekt muss einen direkten Zugang (O-Ton) zu den Akteuren erlauben.

▶ Der Reporter muss seinen Augenschein so festlegen, dass er für das Thema charakteristische und zugleich erlebnisstarke Situationen bzw. Szenen antrifft.

116

Für die praktische Arbeit sind solche Definitionen zu abstrakt. Doch wenn wir es konkret machen wollen, müssen wir nach dem Gegenstand des jeweiligen Themas unterscheiden: Nicht jeder Gegenstand erträgt die gleiche Zubereitung. Um das Bild vom Kochen wieder aufzugreifen: Die allgemeine Formel, Gemüse sei zu garen, nützt konkret erst dann etwas, wenn die je Gemüseart sinnvollen Techniken – anbraten, dämpfen, blanchieren, sieden, kochen, köcheln, garen u.a.m. – erläutert und gehandhabt werden. Dies zu zeigen, ist Aufgabe des nächsten Kapitels.

1.4 Die verschenkten Themen

Nur halb so schlimm wäre es, wenn in den Zeitungsredaktionen die Themen erkannt und nur falsch angegangen würden. Denn dieser Fauxpas ließe sich leicht korrigieren. Betrüblich ist indessen, dass viele Journalisten in den Tageszeitungsredaktionen die Reportagethemen erst gar nicht sehen. Und was man nicht sieht, kann man nicht aufgreifen und umsetzen.

Vor allem der Lokalteil und der Sportteil mit ihren konfektionierten Berichterstattungsmustern hätten die Reportage als kleines buntes Erzählstück – oft als Ergänzung der Berichte – besonders nötig. Und ausgerechnet dort sind die Blattmacher besonders widerspenstig.

Zum Beispiel der Lokalteil einer großen Stadt in Hessen: Im Verlauf weniger Tage fallen an vier U-Bahnstationen die Rolltreppen aus. Pressemitteilung der Verkehrsbetriebe: Man bedaure, man kläre ab, man werde reparieren. Es folgt wie stets eine Berichterstattung in der Zeitung: Die Betriebe bedauern, die Betriebe klären ab … usw. Dabei ist die Häufung der Störung so auffällig, dass man die Vorgänge aus der Nähe, sozusagen hinter den Kulissen kennen lernen will. Warum nicht den Monteurstrupp begleiten, mit ihm in die Schächte hinabsteigen, die Mechanik absuchen, die Steuerung prüfen – und dies in Form einer Geschichte über den laokoonhaften Kampf dreier Monteure mit der undurchschaubar gewordenen Elektronik erzählen?

Zum Beispiel der Regionalsport: Da wird in einem hübschen, tief verschneiten Städtchen in Bayern zwei Tage vor dem entscheidenden Hallenhandball-Match die Mehrzweckhalle (Flachdach) wegen Einsturzgefahr geschlossen. Die Funktionäre der beiden Clubs, die Frauen der Spieler, die Hallenbetreiber, der Bürgermeister, die Versicherungsagenten, die Kartenverkäufer, die zwei Würstchenbudenbetreiber – und nicht zuletzt die Spieler selber: Sie hetzen herum, sind wütend oder verbittert, andere beraten oder suchen nach Alternativen, wittern ein Geschäft, verhandeln und trösten: Das kleine Städtchen gerät aus den Fugen. Natürlich wird darüber fortlaufend berichtet. Aber zudem liefert das Ereignis ein wunderbares Reportagenthema, etwa, indem wir die im Hintergrund alle Fäden in der Hand haltende, energische Frau des arglos-biederen Ersatzverteidigers einen Tag lang begleiten: Die Mutter Courage des BHV.

Die journalistische Qualität einer Zeitung erkennt man (auch) daran, ob ihre Redaktion eine Spürnase für Reportagethemen hat: Entdeckt sie das Überraschende oder gar Bizarre im Alltäglichen dieses Vorgangs? Spürt sie, dass ihre übliche Berichterstattung die prekäre Stimmungslage der Beteiligten oder Betroffenen nicht erfassen kann? Findet sie es auch langweilig, die Ereignisse immer nur nach dem Veranstaltungsmuster (»EinsZuNull-Berichte«) abzuhandeln? Haben ihre Journalisten Lust, den Akteuren auch mal auf die Pelle zu rücken, sie hautnah zu begleiten, verschiedene Stimmen und Sichtweisen einzuholen und dann in einer sinnlich-subjektiven Sprache das Erlebte so zu erzählen, dass die Geschichte anteilnehmend, aber nicht bloßstellend wirkt?

Im Lokalen wie auch im Sport machen sich Reporter schnell mal unbeliebt, wenn sie den Akteuren zu sehr auf die Füße treten. Und man sieht sich bei nächster Gelegenheit ja wieder, einen »Journalismus der verbrannten Erde« darf man sich also nicht leisten. Die Herangehensweise erfordert daher psychologisches Fingerspitzengefühl, die Texte einen subtilen Sprachstil.

Beides hat man nicht von Natur aus, beides kann erst geübt werden. Die Angst vor dem Stress danach: Vermutlich ist dies der Hauptgrund, warum im Lokalen und im Sport noch immer so viele Themen »verschenkt« werden.

2. Die Palette geeigneter Reportagethemen

2.1 Ereignisse und Veranstaltungen

Wenn die Stadtpartei, der Männergesangsverein oder die Gemeindediakone ihre Jahrestagung abhalten, schickt die Lokalzeitung klugerweise einen Berichterstatter und nicht etwa ihren Reporter. Denn hier geht es nicht um außergewöhnliche Erlebnisse, sondern um das Gewöhnliche schlechthin: der Kassenwart, der die Jahresrechnung erläutert; der Vorstand, dem für seine geleisteten Dienste gedankt wird; der Herr Stadtrat, dessen Ansprache zu würdigen ist: Hier erfüllt die Zeitung im Dienste der lokalen Öffentlichkeit nackte Chronistenpflichten. Die Subjektivierung des Geschehens durch den Reporter (Detailschilderung: wie der Kassenwart sich die Nase schneuzt) und der mit solchen Detailzeichnungen verbundene Exotikeffekt würden bei vielen Lesern sogleich als Glosse oder Häme missverstanden. Die Form der Reportage wäre hier Verhältnisblödsinn.

Sie ist aber angemessen, wenn das Ereignis zwar keinen Neuigkeitswert, stattdessen aber soziale (oder Society-)Attraktion bietet, wenn es für Teile der Leserschaft etwas Besonderes, etwas Hervorragendes, vielleicht sogar Einmaliges bedeutet. Das Besondere kann die Berichterstattung kaum vermitteln, nicht einmal, wenn sie gut bebildert wird: Die berichtende Sprache ebnet das Hervorragende wieder ein.

Wenn zum Beispiel zur Versammlung unserer braven Stadtpartei aus besonderem Anlass der Herr Minister aus Berlin angereist kommt, ein Ereignis, das nur alle paar Jahre vorkommt: Warum nicht zeigen, ob und wie er mit unseren provinziellen Gegebenheiten zurechtkommt, ob er unsere Anliegen versteht oder nur eine Schema-F-Rede aus der Tasche zieht? Oder wenn zum hundertjährigen Jubiläum des Männergesangsvereins ein großes Vereinsfest angesagt ist: Warum nicht einen Blick hinter den Vorhang der Festvorbereitungen werfen und – im Sinne eines Vorausberichts – die Leserschaft mit einer Reportage an den Vorbereitungen teilhaben lassen? Warum nicht anlässlich der Jahresversammlung der Gemeindediakone die Pflege- und Sozialarbeit dieser Organisation hautnah zeigen mit einer Reportage über »Ein Tag in der Diakonie-Pflegestation«?

Die Reportage kann – je nach Anlass und Thema – den nachrichtlichen Bericht erweitern und ergänzen, ihn gelegentlich sogar ganz ersetzen.

1. Reportage statt Bericht

Soll die Reportage an die Stelle des Berichts treten, dann wird sie auch einige *nachrichtliche* Aufgaben erfüllen müssen. Schließlich wollen die Leser ja auch wissen, was sich ereignet hat. (Etwa: Was genau hat der Redner gesagt? Welche Programmpunkte kamen dran? Welche Darbietungen bringt diese Veranstaltung insgesamt?) Es bieten sich zwei Lösungen an: Man kann die Reportage vom trockenen Nachrichtenstoff befreien, indem Übersichtsinformationen oder ein Mini-Bericht (in der gedrängten Sprache der Meldung) als Kasten in den Reportagetext gestellt wird.

Man kann auch einen Bericht schreiben und ihn mit Reportageelementen durchsetzen in der Technik des im ersten Teil besprochenen »Verfietscherns«: Eine szenische Schilderung als Einstieg, dann mit Zitaten garnierte Berichtselemente über die Veranstaltung, die durchsetzt werden mit skizzenhaften Personen- und Situationsbeschreibungen nach Art des Features, eventuell noch eine szenische Schilderung für den Schluss. Mit viel Fingerspitzengefühl muss hier der Reporter das – je Thema/Anlass angemessene – Mischungsverhältnis finden zwischen nachrichtlichem Bericht und erzählender Reportage.

> Der *erste Übungstext* am Ende dieses Buchteils (»Ich bin ein christlicher Führer«) kann hier als Beispiel dienen: Friedensnobelpreisträger Bischof Desmond Tutu kommt kurz nach der Preisverleihung nach Hamburg und hält eine Predigt – ganz klar ein hervorragender Anlass, der per Reportage mehr hergibt als über eine Berichterstattung. *Was* Tutu sagt, ist wohl wichtig, aber weder neu noch überraschend. Es genügt darum die Verkürzung auf wenige Kernaussagen. *Wie* Tutu es sagt, ist spannend und sagt vielleicht mehr über diese interessante Persönlichkeit als ausführliches Zitieren. Das Reportagethema »Tutu in Hamburg« eröffnet die Gelegenheit, die Umgebung, also die Kirchenatmosphäre und das anwesende Publikum den Lesern nahe zu bringen. Der sogleich nach jener Veranstaltung herunter geschriebene Text bietet zwar weniger Nachrichten als ein Bericht, dafür sind wir, die Leser, für Augenblicke als Zuhörer und Zuschauer mit dabei. Trotz einiger Schwächen ist dies die gegenüber dem reinen Bericht sicherlich bessere Lösung.

2. Reportage als Ergänzung zur Berichterstattung

Bei außergewöhnlichen oder politisch bedeutsamen Veranstaltungen muss nachrichtlich über das Geschehen informiert werden. Aber dies allein ist oftmals unbefriedigend. Zum Beispiel die Skispringer-, die Handball- oder, vor allem, die Fußball-Weltmeisterschaften: Tagtäglich quillt der Sportteil mit seinen Tagesberichten über, bleiben die Fernseher rund um die Uhr auf Empfang. Insbesondere Fußball ist in solchen Zeiten natürlich Stadtgespräch. Da darf die Reportage nicht etwa an die Stelle des Berichts treten, sie kann vielmehr als Ergänzung etwas ganz Abseitiges schildern und so das Unvertraute im Altbekannten aufzeigen: So funktioniert die Reportage als Supplement und Apercu.

Der *zweite Übungstext* am Ende dieses Buchteils (»Fußball-WM: Uma festa portuguesa«) hat sich das Thema mustergültig im Sinne unserer drei Dimensionen erschlossen: der andere Zugang (= die Fans in der portugiesischen Kneipe, die das Spiel verfolgen), der ungewöhnliche Aspekt (= die Überraschungs-Erfolgsmannschaft von Portugal als Kontrast zur diesmal schlecht spielenden DFB-Mannschaft) und das subjektive, besondere Erlebnis (= der Reporter als Deutscher mit den Portugiesen in einem Spiel gegen die Engländer) sind richtig getroffen. Die Szenerie der Kneipe bietet hinreichend Atmosphäre, die paar Personen (Kollege Toni, der Wirt, der Koch und zwei Chargen) bleiben zwar farblos, genügen aber zum Aufbau der Kontrastszene zum TV-Geschehen: Tatsächlich verlief das Spiel unerwartet spannungslos; dank dieser Inszenierung aber konnte der Verfasser zwischen den zwei Handlungsebenen Kneipe/TV-Bildschirm hin- und herschalten und für Spannung sorgen. Insgesamt ein schönes kleines Stimmungsbild, das uns, die Leser, für Augenblicke auf die Seite der siegreichen Portugiesen stellt.

Gliederung/Dramaturgie

Veranstaltungen haben einen unschätzbaren Vorteil: Sie werden meist mit Einladung und Vorabinformationen gut vorbereitet. Sie haben einen eindeutigen Anfang, laufen meist nach planbarem Schema oder Programm ab und enden mit einem ebenfalls eindeutigen Schluss. Das Ganze ist im Ablauf überschaubar, der Aufwand an Umfeldrecherche in aller Regel gering. Im Unterschied zum Berichterstatter muss sich der Reporter keineswegs an diese Rahmenbedingungen und an die Chronologie des Geschehens halten – aber er kann es, falls er keine bessere Gliederung für seine Reportage findet.

Beide Übungstexte folgten der Chronologie der Ereignisse. Natürlich hätte der Tutu-Text auch mit einer Episode oder einem Zitat aus der Schlussphase der Predigt einsteigen können (sofern sich da etwas ereignet hat); ohne Zweifel hätte die WM-Fußball-TV-Reportage auch mit dem Abgang des Engländers oder mit der Bedienung der deutschen Gäste während der Halbzeitpause beginnen können. Die beiden Verfasser haben sich aber für das Gliederungsschema »Chronologie« entschieden und sind damit gut gefahren.

Dieses Schema ist ein Grundmuster, das auch für die Bewältigung anderer, komplizierter Themen herangezogen werden kann. Wir werden noch darauf zurückkommen.

2.2 Milieu

Bei den Soziologen heißt Milieu: 1. die Gesamtheit der natürlichen und sozialen Lebensumstände eines Individuums oder einer Gruppe; 2. die unmittelbare (verhaltensprägende) Umwelt von Lebewesen.

Im Journalismus meinen wir mit »Milieu« die Menschen in der von ihnen mitgeschaffenen Umwelt, von der Zimmereinrichtung bis zum Baustil des Stadtteils, von der Wesensart der WG-Mitbewohnerin über die Stimmung am Arbeitsplatz bis zu den Stammtisch-Marotten. Milieuthemen sind genuin Reportagethemen und darum wohl auch sehr beliebt.

Für die Reportage bedeutet Milieu, dass verschiedene Perspektiven zur »Zusammenschau« zusammengefügt werden: verschiedene Menschen eines Stadtteils oder Wohnblocks in ihren Wohnverhältnissen, Kontaktnahmen und Lebensweisen; wie in der Behörde die Beamten miteinander umgehen, wenn kein Publikumsverkehr stattfindet; wie im Food-Konzern »Sunshine« die Angestellten unter der Fuchtel der Vorgesetzten den Stress »nach unten« weitergeben – oder auch wie arbeitslos gewordene Menschen mit ihrer neuen Sinnleere umgehen.

Die Reportage vermag dem Leser fremde Milieus näher zu bringen, sie kann ihn daran teilhaben lassen und so auch Verständnis, manchmal sogar Anteilnahme wecken. Als einzige der Darstellungsformen kann sie dies, ohne dabei belehrend oder moralisierend oder indoktrinierend zu sein. Sie kann es, soweit sich der Reporter selbst auf das Milieu eingelassen und Verständnis gefunden hat.

Der *dritte Übungstext* (»Los, zieh ihn an den Haaren«) zeigt eindrücklich, wie viel von der Atmosphäre, den Umgangs- und Lebensweisen des Milieus trotz des relativ kurzen Textes rüberkommt, weil die Autorin die milieuabgrenzende Barriere überstiegen und auf der anderen Seite der Bühne das Markante, das Quasi-Exotische des Milieus sozusagen live erfasst hat – und weil sie die beobachteten aggressiven Szenen in eine knappe, in Bezug auf das Milieu authentisch wirkende Sprache packt.

1. Die beschreibende (deskriptive) Milieureportage

Die journalistische Intention besteht hier vornehmlich im Interesse, in der Neugier, das fremde Milieu kennen zu lernen. Wir wissen nichts Näheres, haben keine markanten, jedenfalls keine bewertenden Vorurteile und möchten unseren Lesern das Befremdliche, Exotische nahe bringen. Uns interessiert das Phänomen; unsere Art des Beobachtens ist phänomenologisch (d. h. nicht deutend oder urteilend). In diesem Themenzugang ist die Tradition der Reisereportage gegenwärtig.

Solche Reportagen finden sich häufig in den Touristik-Beilagen der Tages- und Wochenzeitungen, in den Magazin-Supplementen und in Wochenendbeilagen. Sie spekulieren bei den Lesern in erster Linie auf Neugier und Unterhaltungswünsche; ihr Informationswert etwa über die Eignung einer fernen Gegend für touristische Zwecke ist sehr begrenzt (meist sind darum ergänzende Texte, etwa als Info- und Service-Kasten erforderlich).

Die beschreibende Erzählsprache ist zurückhaltend und wirkt sachlich, weil sich der Reporter kaum oder gar nicht selbst zur Darstellung bringt: Er fungiert wie der Koch, der bescheiden in der Küche bleibt, wenn die Gänge serviert werden.

Diese Zurückhaltung ist gerade dann angezeigt, wenn das zu beschreibende Milieu Teil unseres Alltags ist. Und sie ist ganz besonders angezeigt, wenn es um krasse oder gar schockierende Verhältnisse geht: wenn der Hang zum Mobbing auf der Polizeiwache oder die Lebensweise einer Bettlergruppe nahe gebracht, die »Umgangsformen« auf dem Kasernenhof gezeigt oder die Arbeitsbedingungen der Putzfrauenkolonne einer Reinigungsfirma anschaulich werden sollen. Da gilt die alte Journalisten-Weisheit: je aufregender, skandalöser, schockierender die Sachverhalte, desto zurückhaltender und nüchterner die Sprache.

Der *vierte Übungstext* (»Das Herz muss weiterpumpen«) beschreibt sein Thema, wie im Schlachthof getötet wird, durchaus distanziert. Wir, die Leser, empfinden allerdings bereits das Thema an sich als problematisch. Dem Verfasser gelingt es, unser Problemempfinden durch die knappe, präzise Schilderung einzelner Details beim Tötungsvorgang zu verstärken. Wir können uns dem kaum mehr entziehen: Die Schlachterszenen entwickeln eine abschreckende Wirkung. Auch ist die Sprache weniger zurückhaltend; leicht kommentierend unterstreicht sie das Makabre, und gegen Ende des Textes rückt sie das Problem »Tötungsfalle« ganz ins Zentrum. Es ist das Kernthema und hat für den Verfasser so viel Gewicht, dass er am Ende aus der Reportage aus- und in einen Kommentarsatz umsteigt.

2. Die problematisierende (wertende) Milieureportage

Der soeben erwähnte *vierte Übungstext* steht auch für den Übergang vom neutralen, sozusagen wertfreien Beobachten hin zur engagierten Grundhaltung. Im Unterschied zur phänomenologischen Beschreibung geht hier der Reporter mit einem »Aufhänger« ans Thema heran. Und meist bestimmt dieser Aufhänger auch den Zugang zum Thema, liefert den interessanten Aspekt und filtert die Erlebnisse des Reporters: Sie dienen ihm vornehmlich als Belege zur Veranschaulichung des Problems – eine Einseitigkeit, die im Rahmen einer Reportage durchaus zulässig ist, vorausgesetzt, die Problematisierung war sachgerecht. Doch oftmals ist die Grenze zwischen zurückhaltender Beschreibung und problematisierender Schilderung fließend.

> Der *fünfte Übungstext* (»Auch Muscheln soll man pflanzen«) zeigt, wie hier der Reporter von der aktuellen Problemstellung ausgeht und sie von Anfang an zu seinem Hauptthema erklärt: Sein Anlass für die Reportage war die drohende Versandung der Muschelbänke durch die Ablade riesiger Sandmengen, die bei der Jade-Begradigung anfallen. Natürlich gab es darüber schon viele Zeitungsberichte. Die Reportage sollte nun als Supplement zu den Berichten das weithin unbekannte Milieu »Muschelfischer bei der Arbeit« zeigen, freilich vor dem Hintergrund der Bedrohung. Folgerichtig bietet der Text (soweit es der knappe Umfang zulässt) einen kurzen Blick auf die Arbeit der Seeleute und setzt dieses Milieu in den Kontrast zum drohenden Arbeitsende. Dieser Kontrast nun gibt dem Thema das Problemgewicht.
>
> Der *sechste Übungstext* (»Den Trauerkranz binden«) benutzt das Problem als Dramaturgen der Geschichte: Von der Einstiegsszene bis zum Schlussbild ist alles auf Untergang intoniert. Grund zur Hoffnung gibt es nicht. Die anteilnehmende Schilderung, wie dem Besucher die Arbeit nur mehr vorgeführt wird, macht uns, den Lesern, den Untergang dieses Berufes deutlich. Für den Augenblick der Lektüre kommt uns die Arbeit des Bandreißens und Reifenmachens so nahe, dass wir sie gern erhalten möchten. So steht hier die Sicht auf das Thema zugleich auch als Beleg für einen Trend. Der lautet: Wertvolle Handwerkerarbeit wird durch Automation und synthetische Produkte verdrängt. Enthielte der Text einige Reflexionen und ein paar Trenddaten über den Niedergang des klassischen Handwerks und seine Folgen, ließe sich der Text genauso gut der folgenden Kategorie »Trendthemen« zurechnen.

Gliederung/Dramaturgie

Selbst wilde Milieus sind nicht chaotisch, sondern durch Rituale und Strukturen geprägt, die dem Ganzen eine (zunächst verborgene) innere Ordnung geben. Es kann darum durchaus sinnvoll sein, Milieuthemen gegebenenfalls als Veranstaltung chronologisch abrollen zu lassen. Der Ablauf der Tiertötung und das Nacheinander der Schlachtung sind ja gewissermaßen Veranstaltungen, ebenso der Arbeitsablauf auf dem Muschelkutter: Hier wie dort kann der Reporter das Thema so zur Darstellung bringen, wie es dem Vorgang eigentümlich ist.

Der *sechste Übungsext* (Bandreißer) kann auf keine Themenstruktur bauen. Er muss das Thema frei gestalten und für die Verknüpfung der Episoden einen roten Faden finden. Der Verfasser hat zu einer »Not-Ordnung« gegriffen, die der Reporter für alle Fälle zur Verfügung hat wie der Koch die konfektionierte Speisewürze von »Maggi«: die Chronologie seines Besuchs (»Und-dann-und-dann«-Schema) im Sinne des klassischen Reiseberichts. Er gestaltet seinen Augenschein wie eine Reise durchs Thema. Nachteil: Dieser rote Faden ist hier nicht informativ, weil er über die innere Struktur des Themas nichts aussagt.

Bei diesem Text stört die Not-Lösung indessen nicht, weil ja der Arbeitsprozess, der dem Thema die Struktur geben müsste, nicht mehr funktioniert: Das Ende der Bandreißer zeigt sich ja auch darin, dass es keine produktiven Abläufe mehr gibt. Im Übrigen hat der Verfasser seinen Besuch geschickt durchbrochen mit kleinen Reminiszenzen des Reifenbindens (Zeilen 23-28 und 46-53).

2.3 Trendthemen

Wie der zuletzt beschriebene *Übungstext* (Bandreißer) bereits erkennen ließ, bieten Trendthemen zwei Dimensionen zur Beschreibung an: Die eine ist hintergründig und gilt dem Trend; die andere ist vordergründig und hat die Erlebnisse in der alltäglichen Lebenswelt zum Thema.

1. »Trend« als Hintergrund

Das Trendige bezieht sich auf Prozesse und Entwicklungen, für die der Volksmund die Formel »… immer mehr …« gebraucht (der Journalist aber, der diese Floskel verwendet, gibt meist nur seiner Recherchierfaulheit Ausdruck und huldigt der »Immermehritis«). Trends betreffen nicht nur den einzelnen Menschen; sie sind übergreifend, im Kleinen wie im Großen: für eine Gruppe von Menschen, unsere Stadt, unsere Region, unser Land, Westeuropa, die Industriegesellschaft, die Menschheit.

Zum Trend kann vieles werden: Moden und Redensarten, Seh- und Denkweisen (das ist dann der »Zeitgeist«, der selbst ein Modetrend ist) – aber auch politische und soziale Veränderungen, etwa Geburtenrückgang im Mittelstand,

Frauen in der Chefetage, Bio-Lebensmittel in Supermärkten oder, abstrakter, die sich verbreiternde Kluft zwischen Arm und Reich, zwischen gut Ausgebildeten und Ungelernten.

Gesellschaftliche Trends berühren die Strukturen und sind meist nur abstrakt über Statistiken nachweisbar: dass sich die Position weiblicher Arbeitskräfte verbessert bzw. verschlechtert; dass die unbebauten Erholungsflächen kleiner werden; dass die Familiengröße zu- oder abnimmt; dass die Autofahrer immer mehr Kilometer pro Jahr fahren; dass Schulabgänger die deutsche Sprache schlechter beherrschen – und so weiter. Solche Trendangaben verweisen a) auf einen Zeitraum, innerhalb dem die Veränderung feststellbar ist, b) auf ein Bevölkerungssegment oder ein Territorium, für das die Veränderung gilt, c) auf eine Bezugsgröße zur Messung der Veränderung (früher, also vor diesem Zeitraum; die anderen Bevölkerungsteile; andere Gebiete).

Strukturtrends kennt man meist nur »der Nase nach«, man hat davon gehört (»neue Armut«: was ist das?), aber weiß nichts Genaues. Das bedeutet für den Reporter: Er darf die »Trendigkeit« seines Themas nicht einfach behaupten (siehe die Floskel »immer mehr …«), sondern muss sie mit Recherchematerial erst einmal belegen.

Modische, das Freizeitverhalten beeinflussende Trends sind meist offensichtlich oder über die Medien bereits bekannt gemacht, zum Beispiel in den 70er-Jahren das Jogging, Mitte der 80er das Bodybuilding bei den Frauen, während der 90er der Status-Sport wie Golfen und im ersten Jahrzehnt dieses Jahrhunderts Wellness und asiatisches Körper-Geist-Training. Spätestens, wenn solche Modetrends zum Stadtgespräch avanciert sind (»Du, bei uns im Büro macht bald jeder Vierte Ajuveda«), werden sie für Reportagethemen attraktiv.

Hat der Reporter die Trendannahme erhärten können, so braucht er – im Unterschied zum Rechercheur, der einen Hintergrundbericht schreibt – wahrlich keine Trendanalyse auszubreiten. Ihm genügt für den Themenzugang, dass *derzeit* diese Entwicklung gegeben ist. Für die Reportage über eine Alkoholikerin etwa sind ein paar faktische Verweise auf den zunehmenden Alkoholismus hinreichend; eine Reportage über einen Spielautomatenspieler muss den allgemeinen Trend zur Gewinnspielsucht nicht dokumentieren, aber doch kurz belegen – und sei es über eine kurze Info-Textbox, die in den Text gestellt wird.

Der Niedergang des Handwerks, verdängt von der industriellen Fertigung, und das dadurch bewirkte Aussterben einer Region: Diesen Megatrend intoniert der zuvor umschriebene *sechste Übungstext*. Diese Bedeutung macht das hintergründige, bei der Lektüre des Textes vom Leser mitzudenkende Thema; dieses gibt der beobachteten Szene eine symptomatische Bedeutung und verleiht der Schilderung – bis hin zum letzten Satz – eine metaphorische Dimension.

2. »Trend« als Vordergrund

Oft sind es vermeintlich beliebige Erlebnisse, Ereignisse und Geschichten, die das Alltagsgesicht eines Trends aufzeigen. Tatsächlich zeigen sie das *Besondere*, zu dem der Trend das *Allgemeine* bedeuten soll

Angesichts des bettelnden Langzeitarbeitslosen und seiner peinvollen Aussichtslosigkeit scheint das Allgemeine auf: dass in dieser Gesellschaft Erwerbstätigkeit zum Privileg wird. Oder: In den maschinenhaft-fetzigen Bewegungen des Automatenspielers tritt die Silhouette unserer Suchtgesellschaft hervor. Oder: Die Attitüden der lackierten Nachwuchs-Manager in Frankfurts Bankenviertel lassen die Identitätslosigkeit der nachindustriellen Gesellschaft ahnen.

Reportagen, die das Allgemeine des Themas in der konkreten Anschaulichkeit einer singulären Geschichte aufscheinen lassen, setzen einen hohen Anspruch und sind schwer zu schreiben. Sie benötigen viel Zeit, viel Geduld und auch ein besonderes Reportagetalent. Für viele Reporter und Zeitungen bleiben sie unerreichbar. Der terminliche wie finanzielle Spielraum, über den verschiedene »Spiegel«-, »Stern«-, »GEO«- und auch »Zeit«-Journalisten verfügen, war oftmals unabdingbare Voraussetzung für deren hervorragende Milieu- und Trendgeschichten. Die kunstvoll umgesetzten Dramaturgien und trefflich formulierten Passagen in Texten von Marie-Luise Scherer (80er- und frühe 90er-Jahre), Ulrich Fichtner, Erwin Koch, Alexander Osang und Barbara Supp – um nur einige Namen zu nennen – sind das Ergebnis mehrwöchiger Filigranarbeit.

Solche Arbeitsbedingungen sprengen den vergleichsweise engen Rahmen des Machbaren im Tageszeitungsjournalismus (ausgenommen die »Süddeutsche Zeitung«), wo die Sport- oder Lokalredakteurin mit Ach und Krach ein paar Stunden fürs Thema und, wenn es gut geht, nochmals ein paar Stunden fürs Niederschreiben abzweigen kann. Unter solchen Bedingungen wurden denn auch die Übungstexte erstellt. Für Trendrecherchen war kaum Zeit, auch nicht für das langatmige Sich-Einstimmen auf heikle Lebensgeschichten.

Der *siebte Übungstext* (»Gangster ließ mich im Stich«) zeigt an einem »modern living«-Thema, dass gleichwohl Vieles machbar ist. Das *Hintergrundthema*, die Amateur-Zockerei, wird durch den Zugang zum besonderen Aspekt deutlich gemacht: Auf der Trabrennbahn lernen wir das Pferdewetten dank der Hilfe eines Amateurprofis (Eddy) kennen. Das *Vordergrundthema* wird erlebnisreich geschildert, indem der Journalist in die Rolle des Amateur-Zockers steigt. Er tut das, was wir auch tun könnten. Seine besondere Situation ist also für die interessierten Leser identifikatorisch angelegt.

Das ganze Thema spielt im Vordergrund; die Reportage nimmt keinen Bezug auf die gesellschaftlichen oder psychologischen Ursachen für diese Art des Suchtverhaltens, sondern hält sich an das Rollenspiel und die damit verbundene Selbsterfahrung. Über das Zusammenspiel zwischen Eddy und der Ich-Person lernt der Leser den Eddy als Prototypen der Zockerszene kennen – und damit indirekt das den hintergründigen Trend charakterisierende Verhalten.

Gliederung/Dramaturgie

Mehr noch als bei der reinen Milieuschilderung ist der Stoff solcher Trendthemen schwierig zu gliedern, weil die Themenstellung keinen Veranstaltungscharakter hat, sondern offen ist. Wir sahen dies schon beim *zweiten* (Catcher) und *sechsten Übungstext* (Bandreißer): Der Gegenstand war unstrukturiert, die Reporter mussten eine Struktur entwickeln; sie wählten das Schema »Reise«. Auch der Verfasser des *siebten Übungstextes* (Zocker) organisierte den Stoff wie eine Reise: Der Ablauf seines Besuchs auf der Trabrennbahn liefert den roten Faden, dem entlang die Reportage abrollt. So banal das Schema oftmals wirkt, so trefflich ist es hier umgesetzt. Das eigentliche Anliegen der Reportage, uns, den Lesern, die Zockerei vertraut zu machen, löst der Reporter selbst ein: Zu Beginn der Lektüre verstehen wir so wenig davon wie der Journalist zu Beginn seiner Unternehmung. Der Rundgang auf der Trabrennbahn ist eine vom Reiseführer Eddy geleitete Erkundungsfahrt durch die Welt der Zocker. Am Abend, wenn der Reporter wieder nach Hause fährt, ist auch unsere Lernfahrt zu Ende.

2.4   Rollenspiel und Selbsterfahrung

Viele Themen werden überhaupt erst zu einem Reportagestoff, wenn der Reporter selbst ins Geschehen einsteigt und mitagiert – wie der Verfasser des *siebten Übungstextes* (Zocker): Hier macht sich der Journalist selbst zum Subjekt /Objekt seiner Erlebnisse.

Dies gilt, auch wenn abgeschwächt, schon für die teilnehmende Beobachtung (Muster: »Mit den Nordseefischern auf Heringsfang«), in besonderem Maße jedoch für das Rollenspiel. (Muster: »Ein Tag als Klofrau im Hauptbahnhof« oder »Als Deltasegler in der Röhn«.) Das Rollenspiel kann vor den Beteiligten offen (Beispiel Deltasegler) oder auch verdeckt (Beispiel Klofrau) inszeniert werden.

1. Verdecktes Rollenspiel

Oftmals können soziale, politische oder wirtschaftliche Schranken nicht anders überstiegen (und das Thema erschlossen) werden als mit einem verdeckten Rollenspiel. Dies belegen die von Günter Wallraff seit den 60er-Jahren unternommenen Spiele immer aufs Neue. Die Arbeitsweise der »Bild«-Redaktion etwa konnte authentisch nur in der Tarnrolle des »Bild«-Journalisten Hans Esser erfasst werden; die Arbeitsbedingungen türkischer Gastarbeiter nur über das Rollenspiel als Ali Siglirlioglu (dies gilt unbesehen der Frage, ob Wallraff später mit seinen türkischen Helfern korrekt umgesprungen ist – vgl. »Spiegel« 25/1987).

Zunächst ist solches Rollenspiel eine Methode des verdeckten Recherchierens: Informationen sollen beschafft werden, an die anders nicht zu kommen ist, unabhängig davon, ob daraus ein Bericht oder eine Reportage wird (Näheres hierzu siehe Haller [6] 2004, S. 142ff.). Im Weiteren kann dieses Rollenspiel zum Inhalt einer Reportage gemacht werden: Der Reporter erzählt seinen Lesern, auf welch heikle oder originelle Weise er all die interessanten Sachverhalte in Erfahrung gebracht hat. Nach diesem Muster verfährt die im ersten Buchteil erwähnte recherchierte Reportage.

Das verdeckte Rollenspiel ist keineswegs nur die Spezialität waghalsiger Enthüllungsreporter oder Bedingung für Abenteuergeschichten à la Wallraff; sie ist auch bei manch kleiner Milieureportage nach dem Muster »Klofrau« angebracht. Wüssten nämlich die Beteiligten (= die Klientel der Klofrau) ob der wahren Identität der Dame, die da für einen Tag den Dienst versieht, dann würden sie sich ganz anders benehmen – und das Thema wäre kaputt. Solches gilt insbesondere im Umgang mit sozial Schwachen, mit Benachteiligten und Zukurzgekommenen, aber auch mit Aussteigern und Systemverweigerern: Sie sehen –oft genug nicht grundlos – im Journalisten den Vollziehungsgehilfen des »Systems«, dem zu misstrauen ist. Bei allem Verständnis lässt sich aber auf dieser Basis keine Reportage an die Hand nehmen. Erst das versteckte Rollenspiel (als Tramper, als Freund vom Freund, als Wissenschaftler, als ungelernter Arbeiter u.a.m.) gestattet den unverstellten Einblick.

Diese heikle Methode darf freilich nicht dazu missbraucht werden, die Beteiligten und/oder Betroffenen »in die Pfanne zu hauen« (hier stellen sich Fairnessfragen: Soll der Reporter – und wenn ja: wann – seine wahre Berufsidentität noch vor der Veröffentlichung preisgeben?). Solange der Reporter dem – auch von Wallraff verfochtenen – Grundsatz folgt, dass die Reportage die Persönlichkeitssphäre der Beteiligten wahrt, solange sie nie zur Schwächung der Schwachen und nie zur Stärkung der Starken unternommen wird, ist gegen die Methode in ethischer Hinsicht nichts einzuwenden.

Der *achte Übungstext* (»Als Callboy im ›Puff paradox‹ «) zeigt in beispielhafter Weise, wie mit dem verdeckten Rollenspiel themengerecht umzugehen ist. Zutreffend ist auch die Selbstdarstellung, die der Verfasser von sich gibt. Er lässt Understatement erkennen und spielt selbstironisch auf eigene Schwächen an (statt, wie es sonst oft geschieht, mit den eigenen Stärken zu prahlen). Das bedeutet: Der Reporter macht sich ein klein wenig kleiner als seine Leser. Der Leser darf quasi von oben herab über den Rollenspieler schmunzeln. Effekt: Der Leser findet den Reporter sympathisch, er hat Lust, sich mit ihm zu identifizieren, also mitzuspielen. Solch wohltemperierte Intonierung der Ich-Rolle verrät Professionalität.

2. Offenes Rollenspiel

Der Reporter begibt sich ins Geschehen und erlebt sein Thema, ist also am Geschehen mehr oder weniger aktiv beteiligt: Dies ist die für die meisten Reporter übliche Art der Materialbeschaffung.

Dieser Themenzugang sichert ihm authentische Erlebnisse. Zudem kann er offen zu seinen journalistischen Motiven stehen, er braucht sich nicht zu verstellen. Er kann entscheiden, ob und wann sein Augenschein hinreichend oder ergänzungsbedürftig ist.

Der *siebte Übungstext* (Zocker) zeigt, dass mitunter die Frage, ob verdeckt oder offen gespielt wird, unerheblich ist: Des Reporters echte wie gespielte Rolle ist die des interessierten Dilettanten, der nun allerdings am Ort Informationsbeschaffung betreibt und insofern in der Berufsrolle des Journalisten tätig ist. Möglicherweise hätte Eddy sich anders verhalten, wenn er in seinem Zögling den Journalisten erkannt hätte – vielleicht aber auch nicht. Allein dieses Risiko rechtfertigte es, verdeckt zu spielen. Jedenfalls wird auch in diesem Text das Rollenspiel genau richtig, nämlich geradezu tiefstapelnd vorgeführt. Mit demselben Effekt: Der Leser sympathisiert mit dem Rollenspieler.

Das Rollenspiel ist vergleichbar mit dem Koch, der für seine Freunde gekocht hat. Wenn die Gäste Platz genommen haben, bleibt er nicht in der Küche, sondern setzt sich zu ihnen und isst mit ihnen die von ihm zubereiteten Speisen. Er könnte jetzt über diesen Kräuterlieferanten und jene Sahnemolkerei fachsimpeln; er könnte über die Vor- und Nachteile des Gas-Rechauds gegenüber dem Talglicht-Rechaud debattieren und sich unablässig entschuldigen, dass hier der Gemüsegoût doch etwas flach, dort die Béchamel ein wenig zu flüssig geraten sei. Wir, die Gäste, fänden es bald peinlich; das im Grunde gelungene Menü würde uns nicht mehr so recht munden. Der gute und kluge Koch indessen hält sich zurück und genießt entspannt mit seinen Gästen die Gaumenfreude.

130

Genauso verhält es sich mit dem Reportagen-Rollenspiel: Hier bleibt der Reporter ja nicht »außen vor«, sondern gesellt sich zu seinen Lesern (= Ich-Form im Text) – und freut sich mit ihnen über die schöne Geschichte.

3. Selbsterfahrung

Mit dem Rollenspiel verbunden ist die Frage, wie und wie weit sich der Reporter im Text »einbringt«. Im Rollenspiel spielt er ja im Grunde eine Doppelrolle: Zum einen ist er Beobachter, zum anderen dessen Beobachtungsgegenstand. Soll er letzteren von außen wie mit den Augen eines Dritten schildern (also auch auf die Ich-Form verzichten)? Kaum, denn dann würde er gerade das Besondere der *Selbst*erfahrung weglassen. Tatsächlich kennt er ja auch den inneren Seelenzustand seines Beobachtungsgegenstands: seine Erwartungen, Wünsche, Sorgen und Ängste. Es liegt auf der Hand: Je exotischer, gefährlicher die Situation, desto offener sollte der Reporter auch über diese inneren Erlebnisse sprechen – kein Seelen-Striptease, aber doch so viel ehrliche Offenheit, dass der Leser mitfühlen kann. Doch zu viel, zu grelle innere Selbsterfahrung wirkt wichtigtuerisch und egozentrisch.

> Unser Lob für die Beschreibung des Rollenspiels im *siebten* und *achten Übungstext* (Zocker und Puff paradox) galt im Grunde der Fähigkeit, Selbsterfahrung *angemessen* zu vermitteln. Während im achten Text Selbsterfahrung instrumentell eingesetzt wird, um einen Lernprozess vorzuführen, ist im neunten Text die Selbsterfahrung auch das Thema: Was passiert mit (in) diesen gockelhaften Boys, während sie auf die Frauen warten, von denen sie zu ahnen beginnen, dass sie nicht kommen werden?

Die Rollenspiel-Methode verlangt, dass der Reporter nicht nur Offenheit, sondern auch genügend *innere Distanz* und die Fähigkeit zur *Introspektion* besitzt, damit er seine heimlichen Vorlieben, seine kleinen und großen Schwächen kennen lernt – zum Beispiel auch seine mit falscher Bescheidenheit geschmückte Eitelkeit, seine Neigung zum Sentimentalen oder auch zum Protzigen, seine Vorliebe fürs Harmonisch-Gemütliche, seine Angst vor Liebesentzug oder Konfrontation: Solche Tendenzen können, wenn uneingestanden, den Zugang zum Thema verschließen oder die geschriebene Reportage verfälschen. Ihr fehlt dann meist die (im ersten Buchteil besprochene) Wahrhaftigkeit.

Reporter beiderlei Geschlechts sollten wissen, was sie sich zumuten können, ehe sie in ein Rollenspiel steigen oder auf anderem Wege Selbsterfahrung sammeln. So manche Reportage ist missglückt, weil das Selbsterfahrene nicht glaub-

haft mitgeteilt werden konnte, sei es aus schambesetzter Angst, sich zu entblößen, sei es aus Sorge, von der Leserschaft nicht bewundert, nicht geliebt zu werden. Klüger ist es, kein Selbsterfahrungsthema anzunehmen und keinen ver-
klemmten Text zu publizieren.

2.5 Personen

Reportagen handeln immer von Menschen. Die Renaissance der modernen Reportage im Laufe der letzten fünf Jahrzehnte wurde von der Einsicht befördert,
dass den faktizierenden Nachrichten die Dimension der *handelnden Menschen*
fehlt. Nach und nach entstand eine dem Feature verwandte Form des Personali-
sierens, indem das Sachthema vermittels eines Akteurs anschaulich gemacht
wird. Umgekehrt begannen einzelne Medien, Prominenten-Interviews mit Beobachtungen und biografischem Material anzureichern und als ein die Person fo-
kussierendes Erzählstück zu schreiben (vgl. Haller [3]2001, S. 138ff.). Beispielhaft entwickelte das Wirtschaftsressort der »Zeit« in den Jahren nach 2001 diese
Form unter der Überschrift »Was bewegt…(Name des Porträtierten)«: reportagig geschriebene, gut nacherzählte Interviews.

So haben sich beide Vermittlungsweisen zu eigenständigen Themenerschlie-
ßungen ausgeformt; sie finden sich vor allem im Zeitschriftenjournalismus. Im
ersten Fall spricht man von der *Personenreportage*, im zweiten vom *Porträt*.

1. Porträts

Dieser Texttyp bedient den anhaltenden Trend zum Individualismus (wie Promi-
und People-Stories) und feiert – oder demaskiert – eine Person. Doch er gelingt
gleichwohl eher selten, weil sein Schwierigkeitsgrad unterschätzt wird.

Ein Grund liegt im Mangel an erzählenswerten Erlebnissen: Meist sitzt der
Reporter während seines Rendezvous der zu porträtierenden Person gegenüber
und stellt Fragen oder hört den Antworten zu. Aus diesem erlebnisarmen Material allein kann keine Reportage, bestenfalls eine Kolportage oder ein Interview
werden. Der zweite Grund liegt am Thema: Insbesondere prominente Zeitgenossen sind medienerfahrene Selbstdarsteller, die ihr Inneres verborgen halten
und sich vor der Öffentlichkeit mit Attitüden schützen. Nur deren vordergrün-
diges Gehabe zu schildern, wäre ausgesprochen langweilig und würde diesen

Menschen in keiner Weise gerecht, man könnte auf die Reportage ebenso gut verzichten.

Damit solche Porträts gelingen, muss *erstens* der Reporter optimal vorbereitet sein (bei einer Person der Zeitgeschichte hat er den detaillierten Lebenslauf, die Presseartikel über sie und deren Interviews studiert). *Zweitens* sollten der zu Porträtierende und der Reporter hinreichend Zeit opfern; ein halber Tag ist schon knapp bemessen. Beide müssen *drittens* zu einer gewissen Offenheit bereit sein und Bloßstellungen oder kleine Peinlichkeiten im Verlauf der Begegnung wegstecken können (oft liegt es an der Verkrampfung des Reporters, wenn die Unternehmung nicht gelingt). *Viertens* muss der Reporter dafür sorgen, dass er den zu Porträtierenden in verschiedenen Situationen auch als Handelnden erlebt, damit er verschiedene Verhaltensweisen kennen lernt.

Auf eine gute Not-Lösung verfiel einst der »Zeit«-Journalist Ben Witter: Er lud seinen Kandidaten zu einem längeren Spaziergang ein und sprach mit ihm über sich und die Welt, das Schuhwerk, den Regenschirm und den Ausblick auf die Landschaft. So erfand er die Kolumne »Spaziergang mit Prominenten«. Diesem Zugang entsprechend waren diese Porträts allerdings »gesprächslastig«, nämlich in Reportage verpackte Interviews. Seit 2005 lässt der »Zeit«-Reporter Stephan Lebert dieses Muster in einer verstärkt erzählerischen Form wieder aufleben.

Jürgen Leinemann, einer der bedeutenden Reportage-Porträtisten, verweist auf das große Problem von Nähe und Distanz: Um hinter die Gesichtsfassade einer prominenten Person der Zeitgeschichte blicken zu können, sollten (wie zuvor gesagt) beide Seiten Nähe zulassen. Vor allem der Reporter muss sich einlassen, sich hineinversetzen, innerlich mitgehen. Ist es schon schwierig, zu solcher Nähe zu finden, so ist es doppelt mühevoll, dann wieder den fürs Schreiben erforderlichen Abstand zu gewinnen. Denn nur aus einiger Distanz können die Proportionen richtig gesetzt werden (mehr hierzu in Jürgen Leinemanns Bericht im dritten Buchteil).

2. Die Personenreportage

Sie beschreibt nur selten Prominente, häufiger alltägliche Menschen, die vor allem durch ihre Tätigkeit und/oder Lebenszusammenhänge bemerkenswert werden: Der letzte Schuhmacher in unserem Stadtteil ist als schusternder Schuster bemerkenswert. Der Ghostwriter des Ministerpräsidenten ist für sich, als Individuum, unerwartet fade; als einflussreicher Mann hinter den Kulissen indessen spannend. Die Taxi-Chauffeuse ist im Grunde eine nette, unauffällige Person;

doch als eine der wenigen Frauen, die auch Nachtschicht fahren, verdient sie unser besonderes Interesse – und andere mehr.

Bei der Erschließung des Themas hat der Reporter auf den Handlungszusammenhang zu achten: Er muss seine Personen auch wirklich als Akteure im Thema erleben. Die Reportage über den Schuhmacher zum Beispiel wird misslingen, wenn sich der Reporter mit seinem Kandidaten zu einem Interview nach Ladenschluss in der Kneipe trifft: er wird nur Geschichten hören und nichts erleben. Geht er aber eines Nachmittags in die Werkstatt und setzt sich erstmal ganz still für eine oder zwei Stunden in eine Ecke und schaut zu, ehe er in der Teepause den ersten längeren Schwatz wagt, dann wird er nach und nach die Eigentümlichkeiten dieses Handwerks aus der Anschauung kennen lernen und zudem das Wohlwollen des Alten gewinnen. Natürlich handelt dann die Reportage vom Schuster, der schustert: Der Ablauf einer einzigen Schuhreparatur (vom Kundenbesuch bis zum Blankpolieren der geflickten Galoschen) könnte dann zum roten Faden der Geschichte werden.

Andere mögliche Themen-Erschließungen: eine Schicht (Taxifahrer), eine Kundentour (Lieferant, Vertreter u. a.), ein Dienstablauf. Wie auch immer: Wichtig ist, dass die Leser vermittels der Person deren Tätigkeit näher kennen lernen und die Stoffgliederung der Logik dieser Tätigkeit (und nicht dem Terminkalender des Reporters) folgt – Cordt Schnibben ist darin ein Meister. Denn erst dieser Zusammenhang ist aufschlussreich und führt zum tieferen Verstehen.

Der *neunte Übungstext* (»Drahtzieher mit gutem Ton«) bietet solch eine Personenreportage. Der Verfasser gliederte den Stoff entlang eines Tagesablaufs. Die Schilderung der Arbeit des Stimmens nur an einem Flügel – eine zweifellos elegantere Gliederung – hätte das breite Arbeitsfeld dieses Klavierstimmers nicht zum Vorschein gebracht. Und genau dies will der Text: Er zeigt den in seine Arbeit, in Musik und Klavierspiel versponnenen Paul Winnitzi, als lebte er in einer eigenen, uns fremden Welt. Dabei beschreibt er diese so, dass wir zugleich viel über das Klavierstimmen lernen.

Der *zehnte Übungstext* schließlich (»Eine Haut voller Erinnerungen«) versucht, die Personenreportage aufs Porträt zu verkürzen, zumal keine das Thema veranschaulichenden Tätigkeit (etwa eine neue Tätowiertechnik) miterlebt werden konnte. Dies bedeutete: Die Hauptperson bot keine tragfähige Handlung, die zum roten Faden der Geschichte hätte werden können. Gesehenes, Gehörtes und Miterlebtes drohten in unverbundene Elemente auseinander zu fallen. Genau dies ist das Problem vieler kleiner Porträts. Die Verfasserin hat das Thema (und die Reportage) gerettet, indem sie den Körper des Tätowierten zur Landschaft einer Reise machte. Während sie von Tätowierung zu Tätowierung wandert, durchlaufen wir verschiedene Episoden im Leben des Tätowierten – über die liebenswürdig kommentierte Nacherzählung dieser Episoden lernen wir dessen heutige Lebensweise näher kennen. Ein locker geschriebener Text, dessen Machart jedem Lokalteil als Schmankerl gut anstünde.

2.6 Politisches Geschehen

Traditionsgemäß ist Politik der Hauptgegenstand des Nachrichten- und Kommentarjournalismus. Gerade, weil es in demokratisch verfassten Gesellschaften ja um die Überprüfbarkeit politischer Vorgänge und um die Rationalität von Entscheidungsabläufen gehen soll, werden die objektivierenden Darstellungsformen bevorzugt (siehe erster Buchteil, drittes Kapitel): Sie sind sachlich und distanziert. Die subjektive Sicht des Reporters würde da schnell einmal missverstanden als heimliche Stimmungsmache oder versteckte Kommentierung.

Im Tageszeitungsjournalismus werden darum Politik-Berichterstattungen zwar manchmal als Reportage ausgegeben; es sind indessen meist »angefietscherte« Texte, nämlich Veranstaltungsberichte mit szenischem (Reportagen-) Einstieg, szenischen Streuelementen und szenischem Schluss.

Die echte Reportage dient meist als *Ergänzung* und *Erweiterung* der Politik-Berichterstattung bei besonderen Gelegenheiten. Ihre Themen gelten bemerkenswerten Ereignissen und Szenen im Rahmen herausragender Veranstaltungen. Zu auffälligen *politischen Veranstaltungen* können insbesondere Parteitage, Wahlkampfveranstaltungen, Politikerreisen oder auch ein Tagesablauf werden – Situationen jedenfalls, die besonders charakteristisch scheinen und Erlebnisse bieten mit Personen, an denen aktuell ein größeres öffentliches Interesse besteht: neben der Parteiprominenz die Wahl-Kandidaten; hinter der Parteitagsfassade die Kontrahenten in einer politischen Streitfrage; der nach der Wahlkampfveranstaltung am Biertisch aufbrechende Kontrast zwischen Führung und Basis u.a.m.

Zwar ist der Reporter nicht mit der Nachrichtenvermittlung belastet, da ja sein Text als Supplement zur Berichterstattung gedacht ist. Gleichwohl wird er stets den informatorischen Zusammenhang reflektieren, in dem das Geschehen steht: Wie haben sich die Kandidaten profiliert, welche Erwartungen hat das Wahlgremium, wer vertritt welche Linie, wann hat der Strippenzieher zu welchem Thema welche Akzente gesetzt? Allerdings neigen Politik-Reporter häufiger dazu, statt des Hintergründigen lieber das Klischee zu bedienen: Wenn meinungsführende Medien die Politikerin X oder den Kandidaten Y hochgeschrieben haben, folgt die große Herde der Berichterstatter und Kommentatoren dieser Sicht und produziert Mainstream-Journalismus.

Themenerschließung: Der richtige Zugang

Die Palette der Themenzugänge lässt sich auf *vier Grundmuster* verkürzen. Sie ermöglichen eine gute Themenumsetzung, weil sie das Material erlebnisstark machen und einen Ablauf (roter Erzählfaden) erzeugen:

▶ **Veranstaltungsmuster** (für Themen, die einen definierten Anfang und ein Ende haben). Geeignet für: ein Arbeitstag, eine Dienstschicht, ein Nothelfereinsatz, eine Rundfahrt, eine Generalprobe usw.

Vorteil: Einfacher chronologischer Ablauf;
Nachteil: Wenig Spannung und Überraschung, darum höhere Anforderung an die Erzählsprache.

Themenbeispiele:
• Nach dem Unglück die Arbeit der Bergungsmannschaft;
• Während des Gastspiels hinter den Kulissen;
• Eine Streifenfahrt mit den Zollfahndern;
• Eine Kundgebung der Rechtsextremen.

▶ **Milieuthema** (solche Themen sind offen und müssen erst strukturiert werden). Geeignet für soziale und räumliche Distanzthemen, wie: soziale Randgruppen, Außenseiter, Berufsgruppen; abweichendes Verhalten; eine exotische Gegend oder Region usw.

Vorteil: Offene Themen lassen sich spannungsreich inszenieren;
Nachteil: Im Thema fehlt der rote Faden; er muss gefunden werden (z. B. die eigene Erkundung als chronologische »Reise« oder Inszenierung der Akteurshandlungen nach dem Veranstaltungsmuster).

Themenbeispiele:
• Mit zwei Obdachlosen auf Betteltour / eine Schicht der Sperrmüllabfuhr / mit dem Wachpersonal im U-Gefängnis;
• Ein Tag im Leben der Asante-Königinnen in Ghana;

- In New Orleans Schwarzen-Getto bzw. Neureichen-Viertel ein Jahr nach der Überschwemmungskatastrophe;
- Im Fahrerlager des Formel-1-Rennstalls / im Trainingscamp der Fußball-Nationalmannschaft für das WM-Spiel u.ä.m.

▶ **Rollenspiel** (Selbsterfahrung als Mittel zum Zweck). Geeignet für psychische Barrierethemen wie Extremsituationen oder abseitige Tätigkeiten in unserer Lebenswelt (das Fremde im Vertrauten).

Vorteil: Hohe Anteilnahme, da der Reporter stellvertretend für das neugierige Publikum fungiert;
Nachteil: Vom Reporter wird einige Bereitschaft zur Selbstentblößung verlangt.

Themenbeispiele:
- Als Rollstuhlfahrer mit der U-Bahn in die Innenstadt;
- Zum ersten Mal Paragliding, Bungeejumping, Wildwasser-Rafting, Steilwand-Climbing usw.;
- Wie ich in fünfzehn Wochen 15 Kilo abnahm.

▶ **Reportagenporträt** (bemerkenswerte Personen bei ihrer Tätigkeit zeigen). Geeignet entweder für Prominente oder für Leute, die eine Tätigkeit, eine Funktion exemplarisch ausführen.

Vorteil: Durch Verschränkung von Person und Handlung entsteht ein lebensnahes Bild;
Nachteil: Verschiedene, zeitaufwändige Personenzugänge sind nötig, aber oft nur schwer zu erhalten.

Themenbeispiele:
- Das zarte Seelchen des vernichtend urteilenden Literaturkritikers;
- Der letzte Schuhmacher unseres Stadtteils geht in Rente;
- Alltag einer Klofrau / der Mission (u. ä.) in unserem Hauptbahnhof;
- Der weltberühmte Maestro gibt bei uns ein Gastspiel.

137

Zum *Beispiel die vorgezogenen Bundestagswahlen September 2005:* Nachdem mehrere Meinungsforschungsinstitute im Frühsommer 2005 für die rot-grüne Regierung unter Gerhard Schröder einen nicht mehr aufholbaren Rückstand meldeten (freilich auf der Basis der sog. Sonntagsfrage, also einer aktuellen Momentaufnahme des Meinungsbildes), beschrieben und schilderten Redakteure und Reporter meinungsführender Blätter (von »FAZ«, »Bild« und »Focus« über »Stern« bis zum »Spiegel«) den Untergang der Schröder-Regierung. (Titelthema des »SZ-Magazins« vom 3. Juni 2005, 16 Wochen vor den Wahlen: »Hier sitzt bald Frau Merkel. Bilder aus dem Kanzleramt, wie wir sie nie wieder sehen werden.«). Die Berichterstatter und Kommentatoren zahlloser Regionalzeitungen, des Hörfunks und Fernsehens folgten dieser Linie und verstärkten sie zum vorherrschenden Mainstream. Nach dem Wahlgang trennten SPD und CDU/CSU knapp ein Prozent der Stimmen; in der SPD-Kampa waren viele überzeugt, die Journalisten hätten eine »sich selbst erfüllende Prophetie« betrieben und Rot-Grün um den Sieg gebracht.

Der gute Politik-Reporter betreibt also keine (Vor-)Urteilsbestätigung, indem er passende Bilder und Szenen montiert; er sollte meinungsneutral beobachten und auch analysieren können. Er setzt zum Beispiel das Beobachtete in Beziehung zu früheren Erfahrungen (Wie agierte der Kandidat im vorigen Wahlkampf? Welche Handlungsspielräume standen ihm offen? Welche Strategien verfolgten seine Widersacher und Kontrahenten?). Er verbindet die Analyse mit dem aktuellen Geschehen (wie Argumente der Gegenpartei, des Gegenkandidaten; die Strategie der Spitzenkandidaten, Stärken und Schwächen der Parteiflügel). Und er konfrontiert seine Einschätzungen mit den persönlichen Präferenzen und Auffassungen: Welche Meinung habe ich als politischer Bürger, wie weit beeinflusst sie meine Wahrnehmung und meine Wertungen als Reporter? (alle guten Reporter unterziehen sich dieser selbstkritischen Introspektion – auch wenn dies die Gefahr der Fehleinschätzung nicht ganz ausschließt. So verfasste Barbara Supp eine hymnisch intonierte Porträtreportage über den angeblich »felsenfesten« Verteidigungsminister Rudolf Scharping (»Kanzler 3000«) kurz vor seinem charakterlichen Waterloo in: »Spiegel-Reporter« Heft 1/2000).

Damit ist nicht gemeint, dass nun eine Kommentar-Reportage zu schreiben sei, vielmehr: Der Reporter wählt die Details, die Szenen und Episoden bewusst als Belege für den analytisch erschlossenen Gesamteindruck. Sibylle Krause-Burger, neben Jürgen Leinemann eine der erfahrendsten Politiker-Porträtisten, sagt, dass der Journalist sich ganz nah heranwagen müsse ans Objekt – »auch wenn es bisweilen peinlich ist«; gute Materialvorbereitung, sehr präzise Beobachtungen und Hartnäckigkeit im Umgang mit den Personen seien Bedingungen.

»Die grelle Farbe der Krawatte, die er fortgesetzt zurechtrückt; sein zerfaltetes, übernächtigt wirkendes Gesicht, und dann dieser überraschend harsche Ton zum

Assistenten, während er die andere Hand zu uns ausgestreckt, dahinter ein zähne-belegendes Lächeln, die weiß geputzten Zähne wie Blitzlichter (…)« (der Verfas-ser 1972 über den Wahlkämpfer Helmut Schmidt): Alle diese Farbtupfer sollen den durch die solide und (möglichst) vorurteilsfreie Politik-Analyse gewonnenen Eindruck sinnlich erfahrbar machen. (Näheres im letzten Buchteil »Werkstatt«.)

Hans Ulrich Kempski von der »Süddeutschen Zeitung« hat diesen mit seinem Thema räsonierend verfahrenden Reportagetypus in den späten 60-Jahren zu großer Meisterschaft entwickelt. In seiner Nachfolge gelang dies (bis zu seinem Tod 2004) in besonderer Weise Herbert Riehl-Heyse, dessen subtil-lakonische Sprache für viele junge Reporter stilbildend war. Er schrieb, dass »eine der ent-scheidendsten Tugenden« des Reporters »ganz einfach der Fleiß« sei: »Sich nicht zu schade sein, stundenlang herumzulungern vor geschlossenen Fraktionszimmer-türen (weil eben doch hin und wieder ein Abgeordneter aus der Sitzung kommt und eine interessante Bemerkung machen könnte); nicht zu faul sein, um in einer noch so langweiligen Plenumsdiskussion des Parteitags ein paar Stunden herumzusitzen (weil eben doch mittendrin der Satz fallen könnte, von dem man das Gefühl hat, dass er diesen Parteitag am treffendsten charakteri-siert); nicht zu arrogant (oder auch zu schüchtern) sein, um mit ungefähr jedem zu reden, von dem man sich irgendwelche Erkenntnisse versprechen kann: Wer zwei Tage lang unterwegs war, hat zum Schluss seinen Notizblock voll mit tau-send Zitaten und Beobachtungen und Eindrücken – und wenn er sich ans Schreiben macht, hat er wenigstens das gute Gefühl, er selbst habe alles getan, um den Stoff, den er da beschreiben soll, einigermaßen zu kennen.« (zit. aus Riehl-Heyses in den 80er Jahren für dieses Buch verfassten Werkstattbericht – siehe Aufl. 1 bis 4, S. 283).

2.7 Wissenschaftsthemen

Mit dem Genom-Biologen am Labortisch stehen und ihm über die Schulter schauen, wenn er mal wieder ein Schaf, einen Ochs oder Esel klont: So stellt sich mancher Nachwuchswissenschaftsjournalist die große Wissenschaftsrepor-tage vor. Doch so funktioniert sie nicht.

Wissenschaftsthemen sind auf den ersten Blick abstrakt und komplex. Und Wissenschaftsbefunde gewinnen ihren Wert dadurch, dass sie verallgemeinerbar sind, also objektiviert und nicht subjektiviert werden sollen. Zudem verbergen viele (und nicht die unwichtigsten) Wissenschaftler ihre Person hinter ihrer Tätigkeit. Alle drei Gründe zusammen machen es ungeheuer schwierig, über Wissenschaftler und deren Arbeit eine »echte« Reportage zu schreiben. Und alle drei Gründe legen es nahe, *lieber ein Feature* zu versuchen. Mit ihm kann man zum Beispiel die Bedeutung der Forschungsergebnisse in der Form eines Szenarios beschreiben. Man kann die Methode anhand einfacher Sinnbilder und Metaphern erläutern und Forschungsarbeit auf typische Prozeduren und Routinen verdichten – und braucht bei alldem dem Wissenschaftler nicht näher zu treten, als es ihm lieb ist.

Es gibt exzellente Texte, die im Schreibstil wie eine Reportage daherkommen, tatsächlich aber anschaulich formulierte, mit Sinnbildern und kleinen Episoden angereicherte Rechercheberichte sind. Mustergültig gelang dies Wissenschaftsjournalist Harro Albrecht, als er die Sensationsberichte über das geklonte Schaf Dolly unter die Lupe nahm. Der gefietscherte Bericht begann so:

> »Iwan Petrowitsch Pawlow ist berühmt geworden, weil er uns gezeigt hat, dass man auch ohne Essen einen wässrigen Mund bekommen kann. Erst setzte der Forscher seinen Hunden Essen vor und klingelte gleichzeitig mit dem Glöckchen, dann klingelte er nur noch, zu Fressen gab es nichts mehr. Trotzdem lief der Hundespeichel, und zwar reichlich. Konditionierung nennt man das, und wir Journalisten funktionieren manchmal genauso. Aber uns Schreiberlinge fängt man nicht mit einem Knochen, sondern mit Worten. Und die Industrie hat gelernt, derartige Wortfallen zu ihrem Nutzen zu legen. Jüngste Beispiele solch magischer Vokabeln sind ›Dolly‹ und ›Klon‹…« usw. (in: Sonntags-Zeitung 27. Juli 1997, Nachdruck mit Rechercheprotokoll in: Haller, Hrsg., 2001, S. 15).

Natürlich gibt es auch Ausnahmen von der Regel: Wenn sich ein Wissenschaftler zu einer begleitenden Beobachtung und intensiven Befragung bereit erklärt; wenn sich Begebenheiten anschaulich nacherzählen lassen; wenn im Zuge der Recherchen ein Forschungsablauf so hautnah beobachtet werden kann, dass sich ein Erzählfaden häkeln lässt; wenn man – mit anderen Worten – genügend sinnliches Material beschaffen und das Wissenschaftswissen in anschauliche Szenen und Episoden übersetzen kann. Versteht sich, dass die empirische Forschung gegenüber den Geisteswissenschaften hier im Vorteil ist. Beispielhafte Wissenschaftsreportagen bringen »GEO« und »GEO Wissen«. Anfang der 90er Jahre schrieben dort die Reporter Christoph Scheuring und Jürgen Neffe (beide Egon Erwin Kisch-Preisträger) exzellente Erzählungen. Seither haben sich die Formen stark versachlicht: weniger personalisierte Story zum Miterleben, dafür mehr anschauliche Beschreibungen zur Wissensvermittlung. Mustergültig für diesen Trend sind die Arbeiten des Wissenschaftsjournalisten Jan Lublinski (2005 mit dem Henri Nannen-Preis für Dokumentation ausgezeichnet).

3.   Die Materialbeschaffung

Angenommen, wir haben unser Thema reportagegerecht erschlossen, seinen interessanten Aspekt und die erlebnisstarken Seiten gefunden: Jetzt beginnt die Materialbeschaffung. Sie läuft über folgende Stationen:

▶ Vorrecherche für die Vorbereitung und den Zugang zu den Akteuren
▶ dann Beobachtungen (Augenschein) am Ort des Geschehens
▶ die Befragung der am Geschehen Beteiligten sowie
▶ bei porträtierenden Reportagen die Begleitung des Protagonisten.

Bei besonders komplexen Themen kann sich zudem noch eine Vollrecherche aufdrängen.

Diese vier Arten der Materialbeschaffung werden im Folgenden erörtert.

3.1   Vorbereitung durch Vorrecherche

Für die Trendthemen, für Personen- und Politikreportagen, meist auch für Milieuthemen, gelegentlich sogar für Veranstaltungsreportagen empfiehlt sich eine gründliche Vorbereitung. Soweit sind sich auch alle Reporter und Reporterinnen in unserer »Werkstatt« im letzten Buchteil einig, auch wenn mit Abstufungen.

▶ Der erste Weg geht ins Archiv oder ins Internet (d. h. zu den übers Internet recherchierbaren elektronischen Datenbanken und Archiven von Zeitungen), um die Vorgeschichte der mit dem Thema verbundenen Ereignisse in Erfahrung zu bringen. Wenn diese Bordmittel zu mager sind oder ganz fehlen: ins Stadtarchiv oder zu früheren Mitarbeitern sowie zu der Einrichtung, die für die Vorgänge zuständig ist (Beispiel Arbeitslosenreportage: die Agentur für Arbeit am Ort sowie deren Datenbank in Nürnberg usw.).

▶ Es folgt die Auswertung eines überregionalen Pressearchivs (2006 waren unentgeltlich: »Die Welt«, »Berliner Zeitung«) oder einer Datenbank (zum Beispiel diejenige von dpa), um festzustellen, ob sich solche oder ähnliche Geschehnisse anderswo in unserem Land zugetragen haben (= Analogiefälle).

▶ Das große Personenarchiv (wie zum Beispiel das per CD zu beziehende Archiv von Munzinger) liefert knappe Biografien aller wichtigen oder prominent gewordenen Personen.

▶ Lokale Themen: Die hausinterne Datenbank sollte Daten über die tonangebenden Persönlichkeiten unserer Stadt abrufbereit halten (wenn nicht, dann ist es höchste Zeit, auf solch ein Archiv zu dringen).

▶ Gegebenenfalls sind weitere themenzentrierte Archive und Dokumentationen zu konsultieren, die zum Thema per Stichwort abgefragt werden können (zur Methode »Zugangswissen« vgl. Haller [6] 2004, S. 165-204).

Oftmals sind die mit dem Thema direkt befassten oder dafür verantwortlichen Stellen (wie die zuständige Behörde, der Eigentümer, der Trägerverein, die verantwortliche Initiativgruppe, die Pressestelle der betreffenden Unternehmung – usw.) nützliche Dokumentationshelfer. Motto: Wer bei den Zuständigen anfragt und mit Nachdruck Dokumentationsmaterial verlangt, hat nichts zu verlieren.

Diese Vorbereitungen sind abgeschlossen, wenn der Reporter
▶ die Vorgeschichte kennt, die zum Thema führt (aber auch den aktuellen Anlass, den Aufhänger);
▶ das Umfeld des Themas einigermaßen umreißen, also auch sagen kann, wen was betrifft und wer sonst noch damit zu tun hat;
▶ allfällige Parallel- und Analogiefälle in der eigenen Gegend und/oder in anderen, vergleichbaren Gegenden kennt;
▶ über den Lebenslauf der in den recherchierten Geschichten handelnden Hauptpersonen wenigstens in der offiziellen Lesart (Selbstdarstellung, Klappentexte) verfügt;
▶ gegebenenfalls die Bedeutung des Themas, seine Problematik und seine Perspektiven für die Leser umreißen und mit einigen Daten belegen kann.

Wenn er sein Material zielstrebig ausgewertet hat, ist der Reporter in der Lage, sein Thema räumlich festzulegen (wo ist es so und wo ist es vielleicht anders) und dessen inhaltliche Bedeutung zu bestimmen, nach dem Muster: Wo und wie zeigt sich in dem Thema das Besondere – und wofür steht es?

Gerade jüngere Journalisten mit noch geringer Reportagenerfahrung neigen dazu, diese informatorische Seite zu vernachlässigen. Sie sind von den (für sie neuen) Möglichkeiten des subjektiven Journalismus so fasziniert, dass die vorbereitende

Umfeldrecherche vernachlässigt, manchmal ganz unterlassen wird. So erging es auch mehreren Verfassern der Übungstexte. Der sechste Übungstext (Bandreißer) etwa hätte noch hinzugewonnen, wenn er den Trend (Untergang dieses Handwerks) mit wenigen Daten belegt hätte. Wie sich solche Umfeldrecherchen in die Erzählung einbringen lassen, zeigt der siebte Übungstext (Zocker): Wir erfahren Näheres über Besucherzahlen, Gewinnchancen, Wettumsatz und Gewinnausschüttung. Zwei, drei weitere Zahlen als Hinweis auf das Phänomen Zocken (Umfang) sowie allfällige Trends (Zu-/Abnahme) hätte man gern erfahren, dann allerdings lieber in einem Kasten.

3.2 An Ort und Stelle

Die Reportage wird überhaupt erst zur Reportage durch die Beobachtungen (= passive bis aktive Teilnahme am Geschehen) des Reporters und seine Erlebnisse. Eine alte Regel heißt: Wer nichts erlebt hat, kann keine Reportage schreiben.

Es sollte klar geworden sein, dass man die erwünschten Erlebnisse nicht einfach beim Veranstalter vorbestellen und abholen kann. Auch bringt es nicht viel, wenn man spontan, also einfach nach Lust und Laune hinläuft und zuschaut. Der Lokaltermin muss vielmehr wohlüberlegt, mitunter sorgfältig geplant sein. Von ihm hängt ja ab, was ich zu sehen bekomme und was nicht.

Das Reportagenthema über die Bahnhofsmission, über die Metzger im Schlachthof zur Zeit der Schweinepest oder Rinderseuche; über die Aufnahmestation für Asylanten auf dem Flughafen kurz nach dem letzten Terroranschlag; über den Betreiber des letzten »Hau den Lukas« auf dem Jahrmarkt; über die Girlie-Band ein Jahr nach ihrem großen Hit: Je nachdem, wann wir den Augenschein durchführen, stoßen wir auf tolles, ungewöhnliches, typisches – oder auf fades, zu Teilen unbrauchbares Material. Schon so manche, vom Thema her narrensichere Reportage ging daneben, weil der Reporter auf Gutglück losmarschierte und dann nichts oder Unzutreffendes erlebte.

Zum Problem des zutreffenden Augenscheins hinzu kommt die unter Journalisten weit verbreitete Oberflächlichkeit: nicht zu viel und nicht zu lange herumquatschen, nicht zu vieles anschauen, das macht sonst Kopfweh! Doch manchmal muss man zwei- oder dreimal an denselben Ort, muss mehrmals mit den selben Leuten reden, sie regelrecht aufweichen und Zutrauen erzeugen, ehe man das Besondere wie auch Typische genau genug kennen gelernt hat.

Der unfreundliche Ton des Schalterbeamten im Arbeitsamt: Geht es in dieser Behörde eigentlich immer so zu – oder hatte für diesmal der Beamte eine miese Laune? Bringt der uralte »Lukas«-Hauklotz tatsächlich so viel Umsatz – oder hat sein Betreiber an diesem milden Spätsommerabend einfach Schwein? Geht die Grenzpolizistin bei Verhörgesprächen immer so zuvorkommend mit den Asylbewerbern um, ist die Grenzpolizei auch andernorts höflich – oder bedeutet diese Episode eine seltene Ausnahme, vielleicht, weil ein Journalist zusieht?

Neugier und Beharrlichkeit sind gefragte journalistische Tugenden. Hier, beim Augenschein vor Ort, sind sie besonders wichtig.

Das Wort »Augenzeuge« ist im Grunde irreführend. Auch wenn im Zeitalter der Bildschirmmedien unentwegt visualisiert, alles ins Bild gebracht und mit Farbe versehen wird: Wir haben mehr als nur die Augen zur Verfügung. Wir hören auch noch Geräusche, wir riechen Gerüche, schmecken Geschmäcker und befühlen Oberflächen.

Sinnliches Wahrnehmen

Nicht nur visualisieren! Wir haben neben den Augen noch vier weitere Sinnesorgane; sie zusammen erzeugen das sinnliche Stimmungsbild. Ein Reporter sollte möglichst alle benutzen – und auch noch den Kopf, der mitdenkt, assoziiert, vergleicht, verbindet, auswählt und verknüpft.

Immerhin, mitunter arbeitet noch die Nase mit: Auf dem Kutter mit Frieslands Muschelbauern »riecht es schneidend nach Fisch«; das von der Bandreißer-Maschine gespaltene Holz »duftet zitronig«; im Schlachthof »macht sich süßlicher Gestank breit«. (Zitate aus den Übungstexten). Doch die übrigen Sinne scheinen zu schlafen.

Die Sinnesorgane sind nicht nur dazu da, einer Story Farbe zu geben, wie es im Reporterjargon schnell mal heißt. Wir benötigen sie, um uns zu orientieren, um uns – wie die reiche Metaphernsprache (»Stallgeruch«, »den hab ich in der Nase« usw.) anzeigt – überhaupt beheimaten zu können. Und der Reporter benutzt sie, damit sich die Leser am Ort des Geschehens zurecht finden. Nur dann können sie auch miterleben.

Um dies zu erreichen, muss der Reporter
▶ für den Gesamteindruck seine vielfältigen Beobachtungen als sinnliche Belegstücke zusammenstellen, und er muss
▶ seine Sinneseindrücke so anschaulich und treffend wie möglich in nachvollziehbare Assoziationen verwandeln.

Für die Schilderung der Verhältnisse am Ort verwendet der Reporter nicht beliebige Beobachtungen, sondern solche, die bei den Lesern wenn möglich jenen Gesamteindruck wecken, den der Reporter an Ort und Stelle für sich gewonnen hatte. So prüft der Reporter während des Augenscheins fortlaufend: Wie wirkt das auf mich? Als Antwort merkt er sich detailgenaue Beobachtungen; diese sammelt er wie Belegstücke.

Der Satz: »Hermann Holtdorf begrüßte mich, ein sympathischer Mann mit lustigem Lockenkopf und dunkler Arbeitskleidung« löst beim Leser eher Achselzucken aus: Wie soll er wissen, wen wir warum für sympathisch halten? Etwa, weil seine Arbeitskleidung dunkel ist? Vielleicht findet er gerade blöd, was uns besonders gefällt. Ganz anders wirken diese Sätze: » ‚Besucher bin ich gewohnt, sogar das Fernsehen war schon hier'. Der 51jährigen Hermann Holtorf, einer der letzten Bandreißer Deutschlands, kommt gemächlich näher. Er begrüßt uns mit knarzig klingender Stimme. Tiefgegrabene Lachfalten im braun gegerbten Gesicht, rotblonde Locken, darunter buschige Augenbrauen. Er trägt eine grobe Cordschürze, hat schwarze Arbeitshosen an und hält ein Bündel Weidenruten unter dem Arm.« (Zit. aus dem *sechsten Übungstext* »Bandreißer«): Unsere Leser werden neugierig auf diesen Mann, ohne dass ihnen diese Empfindung aufgeschwatzt werden muss.

Mit Bedacht wählt dann der Reporter nur solche, seinen Gesamteindruck belegende Merkmale aus; weitere, beliebige Beobachtungen lässt er besser weg.

Johann Gottfried Seume sagte: »Ich stehe für alles, was ich gesehen habe, sofern ich meinen Ansichten und Einsichten trauen darf« (vollständiges Zitat: erster Buchteil, erstes Kapitel). Hier, in Bezug auf den Augenschein, bedeutet dies: Der Reporter muss gewiss sein, dass seine Beobachtungen und sein Gesamteindruck (seine Empfindungen) zusammenpassen – er muss sich dieser Stimmigkeit gewiss sein.

Seinen Sinneseindrücken sollte man nicht blind vertrauen. Das Experiment ist altbekannt: Nehmen wir fünf Testpersonen, alle sind geschulte Beobachter, und setzen sie eine halbe Stunde in einen Raum. Dann wird jede der Personen in eine Einzelkabine gesetzt, um die vier anderen Personen anhand einer Reihe von Merkmalen zu beschreiben. Aus der Fülle von Beobachtungen »wählt« nun jede Person unwillkürlich die ihr »wichtig« erscheinenden aus (wie: Haarfarbe und Frisur, Jacke oder Bluse, Farbe der Augen, der Krawatte) und schreibt ihre Beobachtungen auf, von denen wiederum viele ungenau oder gar unzutreffend sind.

Warum nun hat die eine Testperson diese, die andere jene Merkmale »gewählt«? Kontrollfragen zeigen, dass bei vielen der nicht ausgewählten Merkmale die Erinnerung versagte: Eine Testperson kann sich partout nicht mehr an die Beinkleider der anderen Person erinnern; eine andere vermag nicht zu sagen, ob jemand seine Lippen geschminkt hat – und so weiter. Dass nach »Wichtigkeit ausgewählt« worden sei, entpuppte sich als Beschönigungslüge zur Tarnung des unkontrolliert speichernden, mitunter auch schlechten Gedächtnisses.

Bewusstes Wahrnehmen

An welche Szene, welches Detail eines Erlebnisses erinnern wir uns hinterher? Was hat uns »angesprochen« und warum? Was neurologisch rätselhaft und psychologisch abgründig erscheint, sollte für den Reporter bewusst steuerbar sein: Er muss noch während des Beobachtens entscheiden, welcher Eindruck treffend und sprachlich fassbar ist.

Hier ein Beispiel für einen Augenschein: »Dieser Raum hier wirkt auf mich eng und bedrückend. – Woran liegt es?« fragt sich der Reporter, noch während er im Raum steht. Würde er später schreiben: »... in diesem bedrückenden Raum ...«, so könnten sich die Leser nichts vorstellen, es sei denn, sie wären vom Autor hypnotisiert worden. Also führt der Reporter seine Empfindung auf die auslösenden Sinneseindrücke zurück. Er räsoniert beobachtend: »Eine schiefergraue, früher offenbar gelbe Tapete; ein stark verdreckter Spannteppich. Ah, da fällt mir auf, dass die Stirnwand nach oben geneigt ist und den Raum verengt. Nur eine Zimmerwand hat zwei kleine Fenster, die sind fest verriegelt; eigentlich ist diese Türe zu hoch und zu schmal, ihre Proportionen stimmen nicht, es riecht schlecht« und so weiter. Später beschreibt der Reporter diesen Raum vielleicht so: »Graue Regenwolken hängen vor den zwei kleinen Fenstern, graue Tapeten bedecken die Wände. Die hohe Tür und die fensterlose Stirnwand wirken wie eingequetscht und machen aus dem kleinen Raum einen Schlauch. Der fleckennarbige Teppichboden schluckt jeden Tritt. Die Luft riecht abgestanden wie ein alter Lumpen« Wie erleben wohl die Leser diesen Raum?

Der erfahrene Reporter kennt dieses Dilemma und trainiert sein Gedächtnis: Er soll sich nicht Beliebiges oder Zufälliges merken, sondern das, was zur Erzeugung seines Gesamteindrucks tragfähig ist – im Sinne unseres Musters »beengender Raum«. Natürlich hat der Reporter während des Augenscheins seinen Notizblock stets griffbereit. Und meistens arbeitet er auch mit der Kamera, je nach Thema unter Umständen auch mal mit Kompass und Metermaß, um seine Beobachtungen exakt zu dokumentieren.

Wichtig ist auch dies: Während des Augenscheins beschäftigt sich der Reporter bereits mit seiner Geschichte, die er schreiben wird – nicht, um aufkommende Vergnüglichkeit in Missmut umschlagen zu lassen, sondern um den »Gang durchs Thema« zu finden (wie werde ich den Stoff gliedern, was könnte zum roten Faden werden?). So kann er prüfen, ob er hinreichend präzise Beobachtungen und farbiges Material für die zu schildernden Szenen schon beisammen hat. So mancher Reporter verlässt den Ort des Geschehens erst, wenn er weiß, mit welcher Szene oder Episode er seine Reportage beginnen wird.

3.3 Befragen heißt: Erzählen lassen

Die neben dem Beobachtenkönnen wichtigste Fertigkeit des Reporters lautet: Zuhören können. Um Zuhören zu können, muss freilich zuerst richtig gefragt und der Befragte zum Erzählen gebracht werden.

Der Journalist, der nun seinen Zeigefinger in die Brust des armen Opfers bohrt und eindringlich fordert: »War es so?«, wird zu keiner guten Reportage kommen. Denn er hat recherchierend wie in einem Verhör gefragt, in dessen Verlauf über diesen oder jenen noch unklaren Sachverhalt auf eine geschlossene Frage eine eindeutige Antwort eingefordert wird.

Der *Rechercheur* fragt auf den Punkt hin, sozusagen in den Trichter hinein. Der *Reporter* indessen fragt umgekehrt aus dem Trichter ins Vage hinaus; er stellt vorwiegend offene und nur ausnahmsweise investigative Fragen.

Dank seiner Vorbereitung kennt er das Thema des Gesprächs und hat einige Fragen schon im Kopf. Im Übrigen aber muss er offen bleiben und genau hinhören; dann sieht er selbst, welche Richtung das Gespräch nimmt. Seine Einstiegsfragen beziehen sich zwar auf Tatsachen, aber sie dienen vor allem dem Zweck, den Befragten zum Erzählen zu bringen. Die ersten Fragen gelten darum unverfänglichen Aspekten, über die der Befragte wenn möglich offen Auskunft geben und dann zusehends freier plaudern kann. Beiläufig formulierte anknüpfende Fragen sollen weiter zum aufdeckenden Erzählen ermuntern. Dabei sollte der Reporter stets spüren, wie weit er gehen darf, ob der Befragte bei fortgesetztem Insistieren sich nicht erneut verschließen würde.

Beispiel einer Befragung zum Thema Schlachthof: Gespräch mit einem Metzger während der Arbeitspause in der Kantine. Zuerst fragt der Reporter, seit wann der Mann hier arbeitet. Dann (Reporter deutet auf die Frikadelle, die der Metzger in der Hand hält): »Ist das Fleisch von hier?« Metzger: »Ich glaub schon.« Reporter: »Schmeckts?« Metzger: »Ist einwandfrei.« Reporter (blickt auf die Frikadelle): »Von einem Tier, das Sie zerlegt haben?« Metzger (grinst): »Das wohl nicht« (sagt, wie viele hier als Schlachter arbeiten und wie viele Rinder umgesetzt werden). Reporter: »Essen Sie viel Fleisch?« Metzger (lacht): »Kann schon sein.« Reporter: »Was gabs denn bei Ihnen gestern zum Mittagessen?« Metzger: »Schweinskoteletten«. Reporter: »Und was essen Sie am liebsten?« Metzger (nach kurzem Nachdenken): »Wenn ichs mir recht überleg: gegrilltes Zwischenrippenstück, aber innen rot solls noch sein« (zählt noch weitere Fleischstücke auf und nennt die ihm liebste Zubereitungsart). Reporter: »Wie viele Rinder gehen pro Tag bei Ihnen durch?« Metzger: »Na ja, bis die Schlachter mit der Schicht fertig sind, werden es schon an die siebzig gewesen sein.« Reporter: » Gabs damals für Sie einen bestimmten Grund, Metzger zu werden?« Metzger: »Der Vater wollte das. ›Metzger brauchts immer‹, hat er gesagt.« Reporter: »Und gefiels Ihnen?« Metzger: »Am Anfang hatte ich Mühe. Das Blut beim Schlachten und das Ausnehmen gingen mir auf den Wecker.« Reporter: »Ekel?« Metzger (blickt zum Reporter): »Das nicht gerade, aber doch ein mieses Gefühl im Magen. Aber mit der Zeit fand ich's eine gute Arbeit (erzählt über die verschiedenen Arbeiten der Schlachter und Metzger und wo er schon überall gearbeitet hat, ehe er als Schichtführer zum Schlachthof kam). Reporter: »Was gefällt Ihnen besonders an der Arbeit?« Metzger (schaut hinunter auf den Tisch, greift zur Zigarettenschachtel und fingert an ihr herum): »Wenn ichs mir recht überleg: ich hab als Mensch die Macht über das Tier. Ich kann es töten. Ich bringe es nicht um. Ich schlachte es fein sauber. Und nehme es auseinander, Stück für Stück. Man fühlt sich da stark. Mit dem scharfen Messer und dem Knochenbeil kriegt man alles klein.« Reporter: »Kann man sich dabei auch irgendwie abreagieren?« Metzger (spontan): »Aber sicher« (nach kurzer Pause:) »Also ich kenne zwei Kollegen, bei denen wüsste ich nicht, was die tun würden, wenn sie nicht Schlachter wären.« Reporter: »Haben Sie Hobbys?« Metzger: »Klar. Mein Hobby heißt Motorradfahren. Letzten Sommer hab ich mir ne 500er Kawasaki zugelegt (erzählt dem Reporter, was für Fahrten er wohin macht und was ihm daran gefällt). Reporter: »Vor der Pause haben Sie da drüben zwei Stunden ohne Unterbrechung gearbeitet. Was ist Ihnen da so alles durch den Kopf gegangen?« Metzger (lächelt unsicher): »Hunger hatte ich keinen.« Reporter: »Also nicht ans Filet gedacht?« Metzger (lächelt weiter unsicher): »Was ich heut abend machen werde, ob ich rausfahren soll«. Reporter: »Mädchen?« Metzger (lacht): »Klar, auch an die«. Reporter: »Was man mit denen so alles machen kann?« Metzger: »Was *ich* mit denen gerne mache.« Reporter: »Wie viele Stunden Arbeit haben Sie jetzt noch vor sich?« – und so weiter. (Transkript der Bandaufzeichnung für eine Übungsreportage, für die dann nur einige Sätze des Metzgers verwertet wurden; diese wurden gesagt, nachdem durch den längeren Smalltalk eine Atmosphäre vertrauensvoller Offenheit entstanden war).

Der *Rechercheur* interessiert sich für Sachaussagen. Für ihn können auch einmal Nebensätze oder einzelne Formulierungen entscheidend sein. Er wird deshalb in der Regel mit Frage- oder Stichwortliste und einem Aufzeichnungsgerät arbeiten. Der *Reporter* indessen interessiert sich für die Menschen. Für ihn sind die einzelnen Sätze zwar auch in sachlicher Hinsicht informativ; doch ebenso bedeutsam sind für ihn der Klang der Stimme, die Art, Wörter auszusprechen, die Gestik, der Gesichtsausdruck – kurz das, was die Mitteilungsweise eines Menschen insgesamt ausmacht: Er interessiert sich für seinen Gesprächspartner in seiner Ganzheit. Und diese kann nur hervortreten, wenn der Befragte sich möglichst frei und ungezwungen verhält. Technische Aufzeichnungsgeräte wirken da oftmals kontraproduktiv: Die Entlastung, die sie für den Befrager bedeuten, nützt nicht viel, wenn der Befragte gehemmt und unoffen bleibt.

Die Erfahrung lehrt: Je benachteiligter, schwächer, ausgebeuteter sich der Interviewpartner in seiner Lebenssituation fühlt, um so größer sind seine Widerstände, auch Ängste gegenüber Aufzeichnungsgeräten. Da kann bereits der kleine Notizblock schon zu viel sein. Ähnliches gilt für Menschen aus der Radikalen- und Randgruppenszene, die »Aufzeichnen« rasch einmal mit »Kontrollieren« oder gar »Überwachen« assoziieren.

Im Unterschied zum Rechercheur, der meist kurze und prägnante Aussagen wünscht, sammelt der Reporter viel Erzählmaterial. Manchmal kann es eine Stunde dauern, ehe der Gesprächspartner die bemerkenswerte Äußerung von sich gibt (vgl. Riehl-Heyses Bemerkung – S. 139). Klar, dass technische Aufzeichnungsgeräte hier eher eine Erschwernis sind: eine Stunde Tonband abhören, bis endlich die interessanten Sätze kommen, kostet zwei Stunden. Wie viel einfacher ist es da, eine Stunde lang aufmerksam zuzuhören und sich dann diese drei Sätze zu notieren, garniert mit einigen Stichworten zum Zusammenhang und zu begleitenden Beobachtungen. Das an sich schlechte Gedächtnis (siehe vorigen Abschnitt) arbeitet erstaunlich präzis, wenn man ihm mit treffenden Stichworten auf die Sprünge hilft. Also: Während der Befragung nicht ausführlich mitschreiben, sondern gezielt Stichworte auch über das Atmosphärische notieren. Auch empfiehlt es sich, unmittelbar nach der Befragung, wenn die Eindrücke noch frisch sind, die Notizen zu ergänzen mit weiteren Beobachtungen und Episoden, die man sonst nach wenigen Stunden wieder vergessen hätte.

Anders auch als bei der Recherche lässt sich bei der Reportage nicht im Voraus bestimmen, wer unbedingt befragt werden muss und in welcher Reihenfolge dies zu geschehen habe. Natürlich sollte der Reporter alle Hauptakteure seines Themas kennen gelernt haben. Und selbst für diese Regel gibt es Ausnahmen:

Ist zum Beispiel einer der Hauptakteure nicht erreichbar, so lässt sich das Thema weiter eingrenzen, zum Beispiel von der Milieu- zur Personengeschichte – oder den Schwerpunkt so verschieben, dass der fehlende Akteur zu einer verzichtbaren Nebenfigur wird. Im Übrigen aber hängt es vom Eindruck des Reporters ab, ob er weitere Personen kennen lernen sollte oder ob sein gewonnenes Material hinreichend lebendig und dicht ist.

Die Materialbeschaffung

Die Vorbereitung:
- Fokussieren (= den interessanten Themenaspekt auswählen);
- Recherchieren (Vorgeschichte, Umfeld, Akteure und deren Rollen);
- Vorbereitung des Augenscheins (was, wann, wo sonst noch? Der Zugang zu den Hauptpersonen; der Ablauf des Augenscheins)

An Ort und Stelle:
- Mit-dabei-sein: Augenschein und/oder teilnehmende Beobachtung (alle Sinnesorgane sind mit dabei: sehen, hören, riechen, fühlen – und denken);
- Neugierig sein und Staunen können (aber nicht naiv sein)

Das Reden der Leute:
- Ausfragen der informierten Personen (dient der Vorbereitung);
- Befragen der am Geschehen Beteiligten (immer mit dem Notizbuch unterwegs): Nicht aus- oder abfragen, sondern erzählen lassen (Sinnbild: Schleusen öffnen)

Nachrecherche:
- Informationen über Unverstandenes; Daten zu den Umständen, zur Bedeutung des Gesehenen; Ergänzungen zum Geschehensablauf (Einordnen des Augenscheins)

Ausnahmsweise:
- Bei Report und Großreportage zusätzlich Vollrecherche: Überprüfen der Informationen, Gegenstimmen, Expertenurteil, Anwendungsszenarien, Folgenhaftigkeit

3.4   Bei komplexen Themen: Vollrecherche

Was unter »komplex« zu verstehen ist, haben wir im ersten Buchteil (Abschnitt Report) erörtert. Was aber bedeutet »Vollrecherche«?

Mit diesem Begriff soll der Unterschied zu der sonst üblichen Vorrecherche markiert werden: Im Allgemeinen genügt ja eine mehr oder weniger gründliche Materialbeschaffung zur Vorbereitung des Augenscheins und der Befragungen. Hier aber, bei komplexen und problematischen Themen, geht es zudem um die Abklärung von Vorgeschichten und Zusammenhängen, vielleicht sogar um das Aufdecken verborgener Hintergründe.

Zum Beispiel die Reportage über die neue Fußgängerzone in unserer Stadt: Sie kann ganz an der Oberfläche bleiben und das Erreichte als tolles Erlebnis feiern, Motto: Alle sind zufrieden. Sie kann aber auch in die Tiefe gehen und problematisieren: Warum wurden die beiden angrenzenden Einkaufsstraßen nicht einbezogen? Welche Gewerbeinteressen haben sich da auf welchem Wege durchgesetzt? Warum wurden keine Fahrradwege angelegt? Wer trägt die Verantwortung für die mangelhafte Begrünung? Warum werden die zwei einzigen Zufahrtsstraßen nicht ausschließlich für die Lieferanten reserviert? Und so weiter.

Gesicherte Antworten auf diese Fragen kann der Augenschein nicht geben. Hierzu ist vielmehr eine Vollrecherche erforderlich, die a) Behauptungen nicht einfach als Meinungen oder Erzählungen kolportiert (das darf die Reportage ansonsten), sondern kritisch überprüft, b) zu allen Ursachen- und Schuldbehauptungen die Gegenseite befragt, c) Expertenurteile beschafft und abwägt, d) die mutmaßlichen Folgen einschätzt.

Die Beschreibung solcher Recherchemethoden würde hier zu weit führen. Sie sind ausführlich erläutert im Handbuch »Recherchieren«; summarisch zusammengefasst und anhand vieler Musterrecherchen erläutert findet man sie im Buch »Recherche Werkstatt« (siehe Literaturhinweise im Anhang).

Nun wirkt allerdings ein Bericht, der nur diese Problemfragen behandelt und Rechercheergebnisse präsentiert, im Vergleich zur konkreten Fußgängerzone in unserer Stadt doch sehr nüchtern und abstrakt. Die Ergebnisse der Vollrecherche müssen also wieder rückübersetzt werden auf das sinnliche Niveau der Alltagserfahrung, auf dem ja auch die Leser mit der Fußgängerzone in Kontakt kommen. Dies bedeutet ein mehrstufiges Arbeiten:

- ▶ zuerst Einarbeiten ins Problemthema (Vorrecherche);
- ▶ dann Augenschein, um Problemlage und Beteiligte kennen zu lernen;
- ▶ dann Vollrecherche (Hergang, Konfliktfelder, alle Akteure); schließlich

▶ erneuter Augenschein vor Ort und Nachfragen bei Beteiligten, um sinnliches Material zu gewinnen.

Das Ergebnis ist ein Mix aus Feature, Hintergrundbericht und Reportage, wie wir ihn im Schlusskapitel des ersten Buchteils besprochen haben.

Solche Mix-Formen sind im Lokalteil noch immer die Ausnahme. Die Zeitungen werden diese Genres aber vermehrt pflegen müssen, wenn sie das lokale Geschehen sowohl problemgerecht wie auch publikumsnah vermitteln wollen. Beides zugleich tun zu können, dies ist die große Chance des Lokalteils der Regionalzeitung – etwa im Unterschied zum privaten Lokalradio, das meist auf Animation fixiert sein wird.

4. Vor dem Schreiben: Form und Inhalt zusammenfügen

Es gibt viele Gründe, eine Reportage zu schreiben. Der wichtigste von allen lautet: Weil ich meinen Lesern etwas Interessantes erzählen möchte. Doch wofür eigentlich steht das viel- und nichtssagende Wort »interessant«? Vielleicht finde ich ja meine Erzählungen nur deshalb interessant, weil *ich* es bin, der sie erzählt und dafür auch noch Honorar oder ein Gehalt bekommt.

Ersetzen wir also das Wörtchen »interessant« durch die Formel: *Der Reporter muss sagen können, warum seine Leser diesen Text lesen sollen.* Dasselbe andersherum: Der Text sollte deutlich machen, welchen Gesamteindruck die Reportage vermitteln, welche Botschaft sie an ihr Publikum tragen soll.

4.1 Die Quintessenz

Das Reden von der Botschaft soll keine Phrase sein, sondern eine Aufforderung, als Schreibgrund eine *Quintessenz* auch wirklich zu finden. (Die Absicht, mit einem Erzählstück oder einer Stimmungsschilderung gute Unterhaltung anzubieten, ist im Übrigen auch eine Quintessenz.)

Die Botschaft als verborgenen Schreibgrund zu kennen, vereinfacht die Organisation des Materials. Denn sie gibt Antworten auf diese Fragen:

▶ Welche Beobachtungen brauche ich als sinnliche Belege, welche als Stimmungsbilder für den beabsichtigten Gesamteindruck?

▶ Wie gliedere ich den Stoff? Welche Kontraste und Spannungsbögen stützen die Quintessenz, wer oder was dient als roter Faden?

Was die geschriebene Reportage insgesamt vermitteln wird, hängt wesentlich von der Materialauswahl, -gliederung und -gewichtung ab (explizierte Wertungen haben in einem Reportagentext nichts verloren). Über diese drei Dinge trifft der Reporter seine Entscheidung, *noch bevor er den ersten Buchstaben aufs Papier setzt.*

Den Schreibgrund klären, bedeutet: Einblicke in den Hintergrund des beobachteten oder miterlebten Geschehens geben. Und ihm (je Thema) eine Bedeutung verleihen – nicht explizit, sondern implizit als dessen „Subtext".

Der Zirkus gastiert in unserer Stadt, heute war Premiere: ein Reportagethema. Stellen wir uns vor, wir wären nach umfänglichem Materialstudium, ausführlichen Beobachtungen und vielen Befragungen zum Thema »Zirkus« an den Schreibtisch zurückgekehrt. Nehmen wir weiter an, wir dürften ausnahmsweise mal mehr als nur die übliche Schmankerl-Geschichte schreiben. Was soll rüberkommen?

»Ich möchte mit dieser Reportage zeigen, dass so ein kompliziertes Zirkusprogramm im Grunde nicht von den Glitzerstars in der Manege, sondern von ein paar altgedienten, vor dem Publikum verborgenen Routiniers hinter dem Vorhang durchgezogen und verantwortet wird«. Kein Zweifel, diese Quintessenz sagt etwas ganz anderes aus als etwa jene:»Ich möchte die für Zirkusleute so typische, uns irgendwie fremde Einstellung zum Leben zeigen und porträtiere hierfür ein paar Leute hinter den Kulissen, die schon lange dabei sind und im Zirkus eine wichtige Rolle spielen«. Und von dieser unterscheidet sich wiederum folgende Quintessenz: »Ich bin erstaunt über den Kontrast zwischen der perfekten Schau in der Manege, wo alles reibungslos abzurollen scheint, und der schweißtriefenden Improvisation hinter dem Vorhang, dort, wo doch eigentlich alles perfekt organisiert wie Zahnräder ineinander greifen soll.«

Jeder der drei Gesamteindrücke bedingt eine andere Geschichte, einen anderen Aufbau der Reportage. Die erste Quintessenz wird vielleicht eine Einstiegsszene verlangen, die den Bravo-Schlussapplaus am Ende des erfolgreichen Abends mit den Stars in der Manege zeigt – im selben Atemzug aber auch die Männer hinter dem Vorhang, die schon wieder an der Aufräumarbeit sind. Dann wird sie vielleicht zurückfahren und im Hauptteil die letzten sechzig Minuten *vor* der erfolgreichen Vorstellung aus der Sicht der Arbeiter hinter der Manege schildern. Vielleicht würde diese Reportage dann mit der Schilderung enden, wie die Abendvorstellung beginnt, deren erfolgreiches Ende wir aus der Einstiegsszene bereits kennen. Sie wird mit dem Kontrast vorne-hinten arbeiten und vielleicht die bizarren Attitüden und Redeweisen der Artisten vorne in der Manege mit den eingespielten Handgriffen der Arbeiter hinter den Kulissen konfrontieren.

Die zweite Quintessenz wird vielleicht mit der Frühstücksszene in einem der Wohnwagen beginnen und dann mehrere der Kulissenarbeiter während ihres Tagewerks begleiten, sie im Umgang mit den Artisten zeigen, als Befehlsempfänger der echten und vermeintlichen Chefs, mit ihren Frauen, Freundinnen und Kindern. Vielleicht endet die Reportage, wenn am Morgen um halb zwei nach einem letzten Rundgang ums Zelt in den Wohnwagen die Lichter verlöschen.

Die dritte Quintessenz könnte im Wagen der Zirkusdirektion beginnen und eine Episode aus einer der Besprechungen mit den Programmverantwortlichen erzählen. Sie wird dann vielleicht die Abendvorstellung aus der Sicht des Kulissenschiebers oder mit den Augen des Mannes hinter den Scheinwerfern verfolgen und das, was in der Manege gerade passiert, kontrapunktisch aufs Geschehen hinter den Kulissen zurückführen, es gleichsam aus der Sicht der Handlanger kommentieren – und so das Kontrasterlebnis zwischen vordergründiger Perfektion und hintergründiger Improvisation zum roten Faden machen. Vielleicht endet dann die Reportage wieder im Direktionswagen, wo nach der Premiere die Manöverkritik stattfindet, ehe die Flasche Wein zum Feierabend geöffnet wird.

4.2   Die Stimmigkeit

Die gelungene Reportage unterscheidet sich von der missglückten vor allem dadurch, dass sie »stimmig« ist. Schon wieder ein mirakulöses Wort. Es hat freilich nichts mit Stimmung, umso mehr mit Übereinstimmung zwischen Form und Inhalt, zu tun.

> **Form und Inhalt**
>
> Die Aussage des beschafften Materials (Inhalt), die vom Reporter gewollte Quintessenz (Botschaft), die Textstruktur (Gliederung und Dramaturgie) sowie der sprachliche Ausdruck sollten zueinander passen.

Tun sie es, dann ist der Text stimmig, vorausgesetzt, dem Reporter gelingen auch noch prägnante Formulierungen, so dass Atmosphäre und Leben entstehen (eine schlecht formulierte Reportage kann man im Übrigen fast immer retten, eine unstimmig angelegte Reportage ist verloren).

Beispielhaft zeigt der *dritte Übungstext* (Catcher) diese Übereinstimmung bis hin zum Duktus der Sprache. Die Autorin der Catcher-Reportage wollte sozusagen den real existierenden Catcher zeigen, sowohl vordergründig im Ring vor dem Publikum wie auch hinter der Kulisse mit seinen Kollegen beim Bier. Quintessenz: Die gezeigte Brutalität der Kämpfe ist der Tribut ans lüsterne Publikum. Auf genau diese Quintessenz wird der Leser bereits mit der Einstiegsszene eingestimmt, indem mit kurzen, harten Bildschnitten Vordergrund/Hintergrund satt nebeneinander stehen. Dann werden die Episoden und Szenen breiter, doch das Strickmuster bleibt sich gleich: Vordergrund und Hintergrund sind mit knappen Schnitten gegen- oder ineinander geschoben. Der damit geschaffene Kontrast erzeugt Spannung und Neugier. Die Verfasserin gliedert den Stoff zwar grob in der Reihenfolge der Geschehnisse an jenem Abend, doch folgen sich die Episoden locker und zwanglos, scheinen austauschbar – und vermitteln so die Atmosphäre eines Freizeitabends, in dessen Verlauf man zwanglos mal hier, mal da rumhängt, vielleicht einen zweiten Catchkampf mitmacht oder auch nicht. Das heißt: Material, Form und Thema entsprechen sich.

Der Verfasser des *siebten Übungstextes* (Zocker) fasste seinen Gesamteindruck in die Erkenntnis, dass auch das Pferdewetten eine unter Umständen süchtig machende Spielleidenschaft bedeutet und sich die Wettfreunde nicht für Pferde interessieren; die Gäule sollen nichts weiter als den Kitzel des Kalkulierbar-Unberechenbaren liefern, wie er zu jedem Wettspiel gehört. So kreist das Thema um die Polarität: Spiellust einerseits, kalkuliertes Risiko andererseits. Als Quintessenz nahm sich der Autor die nicht leichte Aufgabe, diese Polarität als Vehikel einzusetzen, um das Wettspiel mit seinen Regeln dem Leser nahe zu bringen. Die Einstiegsszene ist exakt so gewählt, dass der Reiz des Spielens, aber auch das damit verbundene Problematische der Zockerei angesprochen wird; diese Aussage wird übrigens mit dem pointierenden Schlussbild nochmals szenisch unterstrichen. Die Polarität Spiellust/Risiko kann ja hautnah nur über Selbsterfahrung dargestellt werden. Folgerichtig macht sich der Autor selbst zum Objekt der Launen und Ängste, deren Pendelschlag seine Erlebnisgeschichte vorwärts treibt. Den roten Faden liefert die Kommunikation mit dem Fachmann Eddy in der Retrospektive (Nacherzählung der Vorgeschichte) – eine geschickte Inszenierung: Indem sich die Hauptperson, der Reporter, vom Begleiter Eddy das Spiel und seine Regeln erklären lässt, erfahren auch wir, die Leser, wie es funktioniert. Dies, nebenbei, verweist nochmals auf Techniken der Materialbeschaffung: Der Reporter muss hinreichend agil und kontaktfreudig sein, damit er am Ort des Geschehens genügend Leute kennen lernen und die geeignete Figur für seine Geschichte auswählen kann. So stimmen auch hier Material, Gesamteindruck und Darstellungsform überein.

4.3 Aufbau der Geschichte (Dramaturgie)

Zur Stimmigkeit einer Reportage, so zeigten die beiden Übungstexte, gehört auch der Aufbau bzw. die *Dramaturgie* des Stoffs: Von ihr hängt ab, ob der Gesamteindruck des Reporters beim Leser überhaupt ankommt. Freilich gibt es keine Rezepte oder festen Regeln für den »richtigen« Aufbau; entscheidend ist das Formgefühl des Reporters. Die folgenden Stichworte sind darum als Anre-

---

Gliederung

Der Stoff muss nach dramaturgischen Regeln gegliedert werden, wenn eine Geschichte erzählt werden und der Leser etwas (mit)erleben soll. »Dramaturgisch« bedeutet, dass die zu erzählende Geschichte keinem äußeren Vorgang oder Ablauf, sondern einem eigenen Erzählmuster folgt und im Fortgang der Geschichte eine Wandlung zeigt.

---

gungen zu verstehen, die Art, wie man seine Erzählung zu gliedern gewohnt ist, zu überdenken und neue Formen zu erproben.

Der Berichtstyp

Angenommen, das Thema hatte eher *Veranstaltungscharakter* (wie Parteitag; eine Versteigerung; Eröffnung des umgebauten Theaters) oder die *Abfolge* der Ereignisse ist für das Verständnis des Themas *zwingend* (wie Rettungsarbeiten nach einer Katastrophe; Beschreibung einer Produktion: vom angelieferten Frischgemüse bis zur Palette mit gestapelten Konserven an der Verladerampe; wie der Kandidat einer Fernseh-Superstar-Show vor seinem Auftritt kostümiert und geschminkt wird): Da empfiehlt es sich, die Episoden, Szenen und Zitate chronologisch zu gliedern. Manchmal kann sogar das immer erneute Nennen der Uhrzeit zu einem Spannungsbogen verhelfen (dann, wenn etwas unter Zeitdruck geschieht).

> Geradezu prototypisch folgen der *erste* (Tutu) und der *zweite Übungstext* (Fußball-WM) diesem Muster. Der *fünfte Übungstext* (Muschelbauern) zeigt, dass man das Thema in eine Veranstaltung überführen kann: Er erzählt den Schlussteil eines Arbeitsablaufs (unter raffender Erwähnung der vorausgegangenen Arbeit) trotz verschiedener Einschübe insgesamt chronologisch – in Ermangelung eines anderen roten Fadens eine gute, weil themengerechte Lösung, da ja genau dieser Arbeitsablauf durch die drohende Versandung in Frage steht.
> Der *vierte Übungstext* (Schlachthof) zeigt die Grenzen dieses Musters, wenn sich dieselbe Veranstaltung wiederholt. Die Tötung des zweiten Kalbs ist nur deshalb wieder spannend, weil der Autor damit eine Ausnahmesituation (das Danebenschießen) exemplifiziert; die Tötung der Schweine als dritte Veranstaltung wird wohl für viele Leser fast schon zu viel sein (wegen des Gliederungsmusters, nicht wegen des Inhalts). Auch der *neunte Übungstext* (Drahtzieher) organisiert die Personenreportage nach dem Veranstaltungsmuster, indem der Tagesablauf zum roten Faden wird: keine spannende, aber, wie schon erörtert, eine behelfsmäßige Gliederung, um das breite Tätigkeitsfeld der Hauptperson zu zeigen. Übrigens lassen sich meist irgendwelche Tätigkeiten oder Prozesse, mit denen der Reporter vor Ort in Berührung kam, in eine Quasi-Veranstaltung umfunktionieren, die als Not-Gliederung zur Verfügung steht, wenn ein freieres Muster versagt.

Der Reisetyp

Angenommen, es handelte sich um ein offenes Thema, dessen Quintessenz in der Vermittlung einer Mentalität oder spezifischen Stimmung zu suchen ist (der Siegestaumel der Fußballfans nach dem gewonnenen Spiel; Leben im Obdachlosenasyl; der neue Euro-Freizeitpark): Solche Themen bieten meist selbst keine Gliederung, sie sind unstrukturiert. Die Schwierigkeit besteht nun darin, den Stoff so auf die Reihe zu bringen, dass die Episoden und Beobachtungen plausibel verknüpft sind und sich am Ende das vom Reporter gewollte Stimmungsbild bei den Lesern einstellt. Eine mögliche Lösung besteht darin, dass der Reporter seine Erkundungen vor Ort, sozusagen seine Reise durchs Thema, zum roten Faden macht (die Tradition des literarischen Reiseberichts steht diesem Muster Pate). Dabei wird er natürlich darauf achten, dass die Abfolge nicht ganz beliebig und zufällig ist, vielmehr sein Rundgang einer Logik folgt, die auch für das Thema treffend ist.

> Der *fünfte Übungstext* (Muschelbauern) zeigt den für das Thema zentralen Ausschnitt aus der Kutterfahrt; er braucht das offene Themas gar nicht erst als Reise zu inszenieren. Der *sechste Übungstext* (Bandreißer) belegt, dass eine assoziierende Gliederung des Augenscheins bei offenen Milieuthemen sehr ansprechend sein kann, weil sie ganz auf das Atmosphärische ausgerichtet ist (Zeilen 19 bis 22).

Geradezu zwingend sind solche »Reise«-Gliederungen bei Selbsterfahrungsthemen: Der selbst gewählte Weg durch die Geschehnisse bot ja den besonderen Zugang und den interessanten Aspekt; nun sollen die Leser stets vor Augen haben, dass die Erlebnisse regelrecht inszeniert worden sind, also der Willkürlichkeit des Reporters anheim fallen. Der *achte Übungstext* (Puff paradox) zeigt dies mit professioneller Eleganz; die Simplizität seiner chronologisch der Pointe entgegentreibenden Geschichte fällt nirgends störend auf

Die Aufklärung

Damit ist keine moralische Arbeit gemeint, vielmehr der Versuch des Reporters, eine neue Einsicht oder Erkenntnis im Kopf des Lesers nachzubilden. Angenommen, der Reporter hat an Ort und Stelle (für ihn) Neues erfahren, hat vielleicht sogar recherchiert und Unbekanntes entdeckt. Er hat, als Quintessenz, über ein altes Thema eine neue Sicht gewonnen (z.B.: Alkoholiker sind ja gar nicht schlechtere, sondern seelisch beschädigte oder genetisch belastete Menschen; der Spitzenkandidat der Partei ist gar nicht so unglaubwürdig, wie er wirkt, sondern im Grunde überraschend aufrichtig; die strahlende Siegerin ist gar kein Nervenprotz, sondern lebt in panischer Angst, bei künftigen Wettkämpfen die Erwartungen nicht erfüllen zu können). Sein Anliegen muss sein, diese neue Sicht als Quintessenz der Geschichte zu vermitteln.

Denken Sie an den Onkel, die Großtante oder den Neffen – an jemanden, der ein Erzähltalent hat und Ihnen seine neu gewonnene Erkenntnis entlang von Episoden erzählerisch darlegt. Wie nebenbei geht er auch auf Einwände ein und entkräftet sie mit neuen Episoden, bis Sie die Ansicht des Erzählers teilen. Der Erzähler erzählte hier nicht nach dem Reiseschema (»und-dann-und-dann«), sondern er redete im Grunde *argumentativ* und leistete Überzeugungsarbeit.

So arbeitet hier auch der Reporter, freilich mit seinen schreiberischen Mitteln: Vielleicht bringt er zuerst eine problematisierende Episode, dann eine in ein Zitat gepackte Deutung mit Schlussfolgerungen; nun folgt die Berücksichtigung nahe liegender Einwände gegen diese Deutung (zum Beispiel ein verbreitetes Vorurteil), die mit Beobachtungen entkräftet werden; es folgt eine Differenzierung durch neue Episoden und Szenen, die verschiedene Facetten des Themas aufzeigen; daran mag sich eine weiterführende, mit Zitaten unterlegte Deutung anschließen, die neue Einwände nach sich zieht, die aber mit wenigen ergänzenden Informationen (Rechercheergebnisse) widerlegt werden, ehe die Schlussszene wie im Raffer die neue Sicht nochmals ins Bild bringt.

In einigen Abschnitten folgt der *siebte Übungstext* (Zocker) diesem Aufbau, etwa während der Rückblende im Dialog mit Eddy, aber auch im letzten Drittel anhand des geschickt beiläufig formulierten Selbstgesprächs des mit dem Wettschein übenden Reporters (Zeilen 30-38; 70-80). Auch der *achte Übungstext* (Puff paradox) konterkariert im Fortgang der Story diverse Vorurteile in den Köpfen der Leser (bspl. Zeilen 83-94). Ansonsten ist dieser Reportagenaufbau für größere, platzfüllende Problemthemen sehr geeignet, soweit sie Report-Charakter haben.

Collagetechnik

Angenommen, der Reporter sieht als Quintessenz seiner Unternehmungen eigentlich nichts anderes als die skurrile Buntheit seiner Erlebnisse (wie tolles Einweihungsfest; Wellness-Urlaub in einem Ferienclub; Bummel über die soeben eröffneten Modemesse). Oder er möchte die Vielfalt und Vielschichtigkeit des Erlebten zeigen (vor allem bei Personenporträts): Da sind Gliederungen, die einem Handlungsfaden folgen, oftmals fehl am Platz, weil sie dem Ablauf der Geschichte etwas Notwendiges verleihen würden, er indessen beliebig sein sollte.

Eine Möglichkeit bietet nun die assoziierende Verknüpfung der Beobachtungen und Episoden mit Reflexionen und Informationen zu einem vielschichtigen Bild – einer Collage vergleichbar, die verschiedene Materialien zum Kunstwerk fügt. Tatsächlich beginnt hier die höhere Kunst des Reportageschreibens, weil sich der Reporter seinem Sprachgefühl und seiner Assoziationsgabe hingeben, sich ihnen aber nicht ausliefern soll. Tut er dies, dann folgt unter Umständen die Reportage der Zufallskette formalsprachlicher Verknüpfungen und wird zu etwas ganz anderem, als der Reporter eigentlich beabsichtigte – im Sinne der alten, frei nach Morgenstern zitierten Erkenntnis, dass der putzige Wiesel nur um des Reimes willen saß auf dem Kiesel.

Nun ist diese Gefahr wohl umso kleiner, je stärker der Reporter an seinem Objekt und den erfahrenen Erlebnissen haften bleibt. Dabei kann er die noch offenen Fugen zwischen den Episoden und Szenen mit Assoziationen, aber auch Erzählmaterial (zum Beispiel Biografisches oder die Vorgeschichte) füllen und das Ganze in einer Rahmengeschichte haltgebend fassen. »Feuilletonistisch« kann man diese literarisierende Technik nennen.

In beispielgebender Weise gelang dies der Zürcher Reporterin Margrit Sprecher, etwa, wie sie die Persönlichkeit des Gipfelstürmers Reinhold Messner anhand vieler kleiner Episoden zum Vorschein bringt (»Weltwoche« 45/1984), den Bestsellerautor Philipp Vandenberg als neureichen Spießer Klaus D. Hartl kenntlich macht oder die verletzliche Seele des »Zürcher Mieterschrecks« und Finanz-Tycoon Josef Müller entblößt (»Weltwoche-Magazin« 1983-84).

Der *zehnte Übungstext* (Tätowierter) nähert sich dieser feuilletonistischen Textmontage: Die Geschichte folgt locker teils Assoziationen, teils Handlungsabläufen und Kolportagematerial. Viel einfacher, aber nicht themengemäß wäre es gewesen, mit dem Theo Tattoo eine Radtour durch St. Georg zu unternehmen und diese Fahrt als roten Faden zu benutzen. Die Verfasserin hat die schwierigere Form des phantasierten Rundgangs über den tätowierten Körper Theos gewählt – und kommt mit dieser Form dem weichen Typ Theo und seiner eher ziellosen Lebensart sehr viel näher: Material, Gesamteindruck und Collagentechnik passen zueinander.

4.4   Dynamik: Einstieg, Kontrast, Spanungsbogen

Wenn ich an die Lektüre gelungener Reportagen zurückdenke, dann habe ich diese Texte eigentlich immer in einem Zug durchgelesen, manche geradezu verschlungen: Zuerst hatte mich der Einstieg gepackt. Die folgende knappe Erläuterung des Themas überraschte wegen des neuen Aspekts. Die Schilderung der Akteure versetzte mich in Spannung. Und die nuancenreichen Beschreibung einiger Details machte neugierig und zog mich immer tiefer in die Geschichte, deren Episoden mich, einer Achterbahnfahrt vergleichbar, in eine aufregende Kurvenfahrt zwang mit rasanten Sturzfahrten und langsamen Kletterpartien bis zum nächsten Gipfelpunkt, von wo ich wieder in die Tiefe stürzte und weiter in neue Kurven, ehe ich über die Schlusspointe abrupt, aber nicht zu unsanft zum Stillstand kam.

Auch wenn nicht so dramatisch, sollte die Lektüre einer kleineren – sagen wir 5 000 Satzzeichen langen – Reportage im Sport-, Wirtschafts- oder Lokalteil der Tageszeitung in ähnlicher Weise erlebt werden können.

Einstieg

Vieles hängt vom Einstieg in den Text ab: Er sollte szenisch sein und die Leser wenn möglich mitten ins Geschehen stellen; nicht unbedingt ins Zentrum, aber doch dorthin, wo sich etwas Erzählenswertes ereignet.

Als besonders geglückt werden Einstiegsszenen empfunden, deren Stimmung die Quintessenz der Reportage andeutet und so die Leser »einstimmt«. Der *sechste* (Bandreißer) und *siebte Übungstext* (Zocker) zeigen dies sehr schön. Freilich kann das Einstiegsbild auch einen neugierig machenden Kontrast herstellen wie im *fünften Übungstext* (Muschelbauern) oder mit Action und Gegensätzen arbeiten wie der *dritte* (Catcher) und *vierte Übungstext* (Schlachthof). Aber solch actionreichen Stoff hat man ja nur ausnahmsweise mal zur Verfügung. Der *achte Übungstext* (Puff paradox) kann sich den verrätselnden Einstieg leisten, weil das Thema an sich prickelnd ist. Wenn schon zu Beginn die Quintessenz räsonierend ausgesprochen wird, so gibt dies der Reportage etwas Unbestimmtes und zugleich Gekünsteltes. Dieser Einstieg bleibt, wie beim *neunten Übungstext* (Klavierstimmer), eine Notlösung.

Weil von der Einstiegsszene so viel abhängt, sucht der Reporter noch während des Augenscheins nach einer Szene oder einem Bild für die Eröffnung der Reportage. Es ist beruhigend zu wissen, wie die Reportage beginnen wird, noch ehe man zum Schreibtisch zurückgekehrt ist. Auch wenn er wenig Zeit zum Schreiben hat, verwendet der Reporter besonders viel Formuliersorgfalt für diesen Einstieg, denn er weiß: Wem der erste Absatz nicht passt, der bricht die Lektüre meist ganz ab; wer das erste Drittel mit Wohlgefallen gelesen hat, liest weiter, auch wenn es holprig wird.

Kontrast

Das Aufregende an der Achterbahnfahrt sind die Überraschungen. Sie werden durch Kontraste erzeugt: rasante Tempowechsel, das Hinauf und Hinunter und die unerwarteten Wendungen und Kehren.

161

Auch der Reporter hat viele Kontrastmöglichkeiten: Schon *während des Augenscheins* versucht er, dasselbe Geschehen unter verschiedenen Perspektiven zu beobachten (oben/unten; vor/hinter dem Vorhang; von innen/von außen). Bei der Auswahl der Gesprächspartner kann er Antworten auf dieselbe Frage von gegensätzlich eingestellten oder gegeneinander agierenden Leuten holen (Kampfgegner, soziale Gegner, Spielgegner, Mann-Frau, Befehlender und Befehlsempfänger). Er kann den Kontrast setzen zwischen den Erlebnisschilderungen und *seinen* Erlebnissen in derselben Situation (sofern er sie wirklich anders erlebt hat). Solche Kontrastierungen finden sich im *zweiten* (Fußball-WM), im *dritten* (Catcher), und *achten Übungstext* (Puff paradox).

Weitere Kontrastmöglichkeiten bietet *die Organisation des Materials* fürs Niederschreiben: Der Filmkamera vergleichbar, die mit ihrem Zoom-Objektiv von der detailreichen Nahaufnahme in die Totale wechselt, lässt der Reporter auf eine langatmige Detailschilderung die raffend formulierte Übersicht über alles Übrige folgen (Muster: zwei Absätze über die Zigarettenstummel im Aschenbecher, der folgende Absatz über alle übrigen Einrichtungen des Zimmers, die Zahl aller Räume und den Standort des Gebäudes, der folgende Absatz über den Anteil Raucher in Deutschland und deren soziale Kosten). Dieser Zoom-Effekt wurde im *vierten Übungstext* (Zeilen 24-43) nach dem ersten, im *neunten Übungstext* im letzten Drittel (Zeilen 43-57) ansatzweise genutzt.

Spannungsbogen

Der Text erzählt Geschichten, die von Menschen handeln, die handeln. Er erzählt Episoden, aber keine Anekdoten. Und damit sie nicht zu Anekdoten werden, müssen sich die Episoden aneinander reihen wie die Momentaufnahmen einer langen Geschichte (Muster Fotoroman). Sie gehören zusammen und sind durch den Erzählfaden – in Anlehnung an die Magazingeschichte ist dies die erwähnte *Dramaturgie* – miteinander verbunden. Ohne roten Faden droht die Geschichte auseinander zu fallen.

In aller Regel sind Reportagethemen in Tageszeitungen nicht sonderlich aufregend und spannungsreich. Oft gestattet der Anlass keine eigentliche Erzählgeschichte und liefert keinen anderen roten Faden als die Chronologie der Veranstaltung. Es fällt schwer, solche Geschichten interessant zu machen. Doch nichts ist schlimmer als eine langweilig erzählte Geschichte. Darum muss der Reporter versuchen, durch die Anordnung des Materials einen Spannungsbogen zu gewinnen, dem der Erzählfaden folgt und bei den Lesern Erwartungen in

Bezug auf den Fortgang der Geschichte aufbaut. Hierfür stehen inhaltliche, erzählerische und gestalterische Mittel zur Verfügung.

Der *inhaltliche* Spannungsbogen: Gut funktioniert der Bau einer Klammer- oder Rahmengeschichte, indem als Einstieg eine Episode begonnen und nicht zu Ende erzählt, sondern unterbrochen wird (der Leser bleibt gespannt, wie es weitergehen wird). Der Hauptteil setzt meist mit der Rückblende ein, dann folgt die Themenausweitung auf einen anderen, wichtigeren Aspekt. Am Schluss kehrt die Geschichte zur Einstiegsepisode zurück und erzählt sie pointierend zu Ende.

Eine andere inhaltliche Möglichkeit ist das Verrätseln und Enträtseln von Situationen und Verhaltensweisen: Eine Szene oder Begebenheit wird genau beschrieben, aber nicht gesagt, was sie bedeutet. Der Leser wartet nun gespannt auf die Auflösung, die ihm spätestens mit dem Schlussbild präsentiert werden muss (wenn er sich so lange auf die Folter hat spannen lassen). Ähnlich kann man einen Akteur inmitten einer spannenden Tätigkeit erzählerisch verlassen und andere, weniger spannende Dinge ausbreiten, um dann zu ihm und seiner Tätigkeit zurückzukehren. Es versteht sich, dass solche Techniken nur für kürzere Texte und bei einfach strukturierten Themen geeignet sind. Ansätze zu solchen Techniken finden sich im *zweiten* (Fußball-WM), *fünften* (Schlachthof) und *siebten Übungstext* (Zocker).

Den *erzählerischen* Spannungsbogen erzeugt vor allem der Wechsel des Sprachduktus: kühle, faktizierende Sprache für raffende Abschnitte; sinnliche, bilderreiche Sprache für episodale Schilderungen; distanzierender und erwägender Sprachduktus für das Räsonnement; unbegriffliche, metaphernreiche Alltagssprache für die Akteure in den Zitaten.

In diesem Zusammenhang wirkt auch der Wechsel der *Erzählzeit* zwischen gegenwärtigem Geschehen und Rückblende spannungssteigernd (Gegenwart-Vergangenheit), wie es beispielhaft der *siebte Übungstext* (Zocker) zeigt. Und besonders wichtig ist, dass die Erzählung gegen Ende der Reportage beschleunigt wird: Sie soll im Unterschied zur Achterbahn am Schluss immer raffender und schneller werden, weil ja der Leser zusehends themenmüder wird und zum Ende kommen möchte. Sehr gut gelungen ist dies beim *zweiten Übungstext* (Fußball-WM) und beim *fünften* (Muschelbauer).

Zu den *gestalterischen* Mitteln schließlich gehört wesentlich die Ökonomie des Erzählstoffs: Die schildernde Sprache ist raumgreifend und hat die Tendenz, die faktizierenden Aussagen zu verdrängen. Die Folge: Die Reportage gerät zu lang;

Vor dem Schreiben: Die Geschichte entwerfen

Folgende drei Fragen sollten schlüssig beantwortet werden, ehe der erste Buchstabe der Reportage geschrieben wird:

1. Was eigentlich soll rüberkommen?
Nach der Rückkehr vom Augenschein und den Befragungen muss Ihnen klar sein: Welchen Gesamteindruck vom Reportagethema habe ich? Welche Quintessenz, welche Botschaft (»Subtext«) soll rüberkommen?

Tipp: Schreiben Sie in zwei, höchstens drei Sätzen auf, warum die Leser die Reportage lesen sollen (welche Quintessenz sie mitnehmen sollen) – und hängen Sie diesen Zettel gut sichtbar an die Pinnwand über Ihrem Schreibtisch.

2. Wie das Erzählmaterial ordnen?
▶ Ökonomie: Den vorgegebenen Umfang strukturieren (Was alles muss untergebracht werden?)
▶ Dramaturgie und roter Faden: den Aufbau der Geschichte festlegen (Wer oder was führt die Leser durch die Geschichte?)
▶ Die Akteure festlegen (Welche Protagonisten treiben die Geschichte voran?)

Tipp: Ordnen Sie Ihr Material (Notizen, Dokumente, Bilder usw.) in der Reihenfolge, in der Sie die Geschichte schreiben.

3. Wie/wo welche Schwerpunkte setzen?
▶ Spannungsbögen einbauen: ein paar Detailschilderungen und Episoden auswählen.
▶ Für Authentizität sorgen: möglichst treffende Szenen aus dem Erlebnismaterial filtern.
▶ Die Einstiegsszene so wählen, dass sie die Leser wenn möglich auf die Quintessenz einstimmt (oder einen Kontrast setzt).

Tipp: Sollte kein Kollege greifbar sein, stellen Sie einen leeren Stuhl vor sich hin und erzählen dem imaginierten Zuhörer, was Sie erlebt haben und jetzt niederschreiben wollen. Sie werden rasch merken, ob Sie einen Erzählfaden haben.

gleichwohl fehlen nun wichtige Hergangs- und Umfeldinformationen. Damit dies nicht passiert, sollte der zur Verfügung stehende Platz ökonomisch genutzt werden: Wenn der Reporter vor der Niederschrift ein ungefähres *Platz-Budget* aufstellt, kann er abschätzen, was er wo überhaupt unterbringt.

Er wird dann die paar Episoden und Detailschilderungen sehr sorgfältig aus seinem üppigen Material auswählen – und den Gehalt der Reportage nicht davon abhängig machen, auf welcher Seite seines Notizblocks er gerade angekommen war, als die Reportage wegen Platzmangels nun leider beendet werden musste.

> Angenommen, es stehen rund 120 bis 130 Druckzeilen zur Verfügung – ganz schön viel Platz für einen Tageszeitungstext. Für die Einstiegsszene und deren Verankerung im Thema mit seinen aktuellen Bezügen sind rasch zwanzig Zeilen verbraucht. Spätestens jetzt sollte die Handlung in Gang gesetzt, müssen die Hauptakteure vorgestellt und die Vorgeschichte raffend nacherzählt werden – und schon ist knapp die Hälfte des Platzes weg. Nun sollte aber eine farbenreiche, schöne Detailschilderung kommen, ehe die aktuelle Handlung wieder aufgegriffen wird. Dies kostet weitere 20 bis 25 Zeilen, insgesamt haben wir nun rund 80 Zeilen geschrieben. Jetzt bleibt noch Platz, um die wichtigsten Nebenakteure zu erwähnen und einige Informationen zum Umfeld und den Hintergründen des Geschehens zu reichen. Schon muss wieder der rote Faden aufgegriffen, die Akteure in die Bildmitte gerückt und die Geschichte rasant fertig erzählt werden; vielleicht reicht es gerade noch für eine nette Schlussszene auf zehn Zeilen Umfang – und 130 Zeilen sind voll geschrieben.

Man sieht: In diesem Gliederungsmuster blieb für den angestrebten Zoom-Effekt (Detail/Totale) neben der Einstiegsszene nur mehr Platz für eine breite Detailschilderung mit folgendem Raffer. Das ist eigentlich für eine Reportage zu wenig. Also wird der Reporter – noch bevor er zu schreiben beginnt – den vorgesehenen Platz für den Einstieg kürzen und der Vorgeschichte und den Umfeldinformationen weniger Raum geben. Und trotzdem wird er am Ende mal wieder das Gefühl haben, dass nur ein Bruchteil von dem untergebracht wurde, was er für beschreibenswert hielt.

Dies aber ist ein sehr gutes Gefühl im Vergleich zur Katastrophenstimmung, die den geistblitzenden Sponti-Reporter angesichts der Erkenntnis erfasst, am Ende einen Text geschrieben zu haben, der über belanglose Präliminarien nie hinauskam, der die paar Geschehnisse mit falschem Zungenschlag berichtet und zur beabsichtigten Quintessenz gar nie hinführt, sondern bei gefälligen Formulierungen und läppischen Sprachmätzchen verweilt. Viele Stunden später sehen wir den verzweifelten Sponti-Reporter, wie er am Bildschirm gerade einen ganz neuen, nun seinen x-ten Anfang versucht.

Wir alle, die Reportageerfahrung haben, kennen solche Katastrophengefühle und wissen, wohin sie manchen Kollegen, manche Kollegin getrieben haben: zu Beruhigungs- oder Aufputschmitteln und weiter in die Sucht – oder in tiefe Selbstzweifel und weiter in die totale Schreibhemmung. Oder in beides.

Die in diesem Kapitel gegebenen Empfehlungen mögen für manchen Journalisten wegen ihres Seminarcharakters allzu rezeptiv sein. Gleichwohl nützen sie als Medizin gegen solche Katastrophengefühle, sofern sie richtig eingenommen, also *vor dem Schreiben* beherzigt werden. Dann aber versetzen sie Journalisten in die Lage (eine gewisse Sprach- und Schreibbegabung vorausgesetzt), jederzeit zu einem beliebigen Reportagethema eine immerhin interessante und gut zu lesende Reportage zustande zu bringen.

Und diese Gewissheit ist ganz schön beruhigend.

Dramaturgische Grundregeln

Für die zu schreibende Geschichte empfiehlt es sich, folgende Grundsätze zu beachten:

1. Die Einheit des Ortes oder der Person(en): Wenn Sie den Handlungsort wechseln, bleiben Sie bei derselben Hauptperson; wenn Sie die Hauptakteure ändern, wechseln Sie nicht den Handlungsort.

2. Handlungsführung: Entwickeln Sie den roten Faden (Ablauf) so, dass (soweit möglich) aus jeder Szene oder Episode im Kopf des Lesers Fragen entstehen, die von der weiteren Geschichte beantwortet werden (Beispiel Reise: Wird der Protagonist sein Ziel erreichen? Beispiel Konflikt: Wer wird obsiegen? Beispiel Katastropheneinsatz: Kommt er mit dem Leben davon?).

3. Zoom: Organisieren und bearbeiten Sie ihr Material in der Art eines Films: Fahren Sie wie mit der Kamera das zusammengestellte Material ab und wechseln zwischen Tele (Detailschilderung), normaler Brennweite (Halbtotale: Handlungsort, Personen, Umfeld) und Weitwinkel (Übersicht, Themeneinordnung, Strukturdaten usw.).

5. Während des Schreibens: Bei den Sachen und in der Sprache sein

Es wäre ein Widerspruch in sich, sagen zu wollen, wie man eine Reportage schreibt: Die Subjektivität dieser Darstellungsform kommt gerade in der individuellen *Erschließung* und *Umsetzung* des Themas zum Vorschein. Und beides findet seinen Ausdruck im *individuellen* Sprachstil des Reporters.

Gleichwohl kann man ein bisschen mehr sagen als nur die Aufforderung: »Gebrauche *deine* Sprache und ahme keinen anderen nach« (vorausgesetzt, man hat eine eigene Sprache). Man kann sich nämlich fragen, was genau einen Text zu einem gelungenen Text macht. Vergleicht man viele gelungene Texte und stellt sich jedes Mal diese Frage, dann wird man bald Übereinstimmungen und durchgängige Merkmale entdecken. Und über solche Merkmale kann man sich verständigen, wie die Arbeit der Fachjurys hochkarätiger Preisstiftungen zeigt.

Allerdings sind auch solche Übereinkünfte von Moden und Vorlieben geprägt (eine bestimmte Schreibe zu favorisieren, dies wird zum Beispiel der Jury des Egon Erwin Kisch-Preises seit Jahren nachgesagt). Sie können gleichwohl als Anregungen verstanden werden, am eigenen Schreibstil zu arbeiten und auch Ungewohntes auszuprobieren.

Unsere Kapitelüberschrift beginnt indessen nicht mit der Sprache, sondern mit den Sachen. Und die kommen im Journalismus, auch bei der Reportage, tatsächlich zuerst. Was aber soll das heißen: bei den Sachen sein?

5.1 Der Kampf (und Krampf) mit der Wahrheit

Mit »Sachen« meinen wir alles, was außerhalb unseres Kopfes liegt und mit unseren Sinnesorganen wahrgenommen werden kann: die Geschichten, die uns andere Menschen erzählt haben; die in Dokumenten festgestellten Sachverhalte, die Geschehnisse, die wir beobachtet, gehört, gerochen, geschmeckt und betastet haben, kurz: die Objekte unserer Arbeit.

Dass bereits die je individuelle Art der Wahrnehmung die Rolle des Augenzeugen aufs Subjektive verkürzt, haben wir zuvor diskutiert. Ein Fazit lautete: Wir müssen uns Rechenschaft darüber ablegen, wie weit wir die Sachen so sehen, *wie wir sie sehen wollen*. In diesem Abschnitt geht es zudem um die Frage, wie wir, die Reporter, diese Wahrnehmungen *sprachlich gestalten*. Denn für den Modus des Erzählens gilt, dass wir unsere Subjektivität zulassen und auch mal die Sachen so darstellen, wie sie vermutlich niemand sonst erlebt hat. Aber Hand aufs Herz: Erzählt unsere Geschichte, die wir gerade formulieren, wirklich genau das, was wir wahrgenommen hatten? Vielleicht schmückt sie unsere Beobachtungen und macht sie interessanter. Vielleicht erzählt sie mehr als wir wissen.

Viele Journalisten – und ich habe den Verdacht: es sind nicht die redlichsten – tun so, als gäbe es da gar keine Probleme: Wir schreiben alles nur so, wie wir es gesehen und gehört haben. Ausschmückungen? Okay, vielleicht mal eine Blume im Reversknopfloch oder ein rosa statt braun gefärbtes Kleidchen bei der Freundin unserer Hauptperson, es hätte ihr sowieso besser gestanden. Aber erfinden? Niemals! Heerscharen imaginierter Bahnschaffner, Barkeeper und Obdachloser würden jetzt schallend lachen. Doch auch dieses höhnische Lachen existiert ja nur in meiner Reporterphantasie. Wirklich? Wir besitzen doch genügend Erfahrungswissen über das Verhalten solcher Menschen, die andere beim Flunkern ertappt haben … Ist also gestattet, dass man Details hinzudichten darf, sofern sie naheliegend sind und der Stimmigkeit der Geschichte dienen?

An Zeugen wäre kein Mangel. Der aus Galizien stammende Journalist Joseph Roth, ein Zeitgenosse Egon Erwin Kischs und bis zu seiner Emigration 1933 ein großer Reporter der berühmten »Frankfurter Zeitung«, unternahm im Frühjahr 1926, fast gleichzeitig wie Kollege Kisch, eine Wolgareise durch das junge Sowjet-Russland. Am 5. Oktober 1926 erschien in der »Frankfurter« seine fulminante Reisereportage, Überschrift: »Auf der Wolga bis Astrachahn«. Liebevoll und mit sozialistischem Pathos schildert er, wie das Passagierschiff noch immer in vier Klassen unterteilt ist, wobei das echte, unverstellte Leben in der vierten Klasse ganz unten im Schiffsbauch stattfindet: »Männer bergen ihre Köpfe in den Haaren der Frauen, Bauern umklammern die heiligen Sensen, Kinder ihre schäbigen Puppen. Die Lampen schaukeln im Takt der stampfenden Maschinen. Rotbackige Mädchen entblößen lächelnd ihr weißes, starkes Gebiss. Ein großer Friede ist über der armen Welt (...).« Anschließend erläutert Roth, dass der russische Bauer lieber vierte Klasse fahre, zumal die Revolution ihn »von der Demut gegenüber dem ›Herrn‹ befreit, aber noch lange nicht von der Demut gegenüber dem Objekt«. Zum Beleg erzählt er: »Ein paar Monate lang fuhren alle in allen Klassen. Dann schieden sie sich, beinahe freiwillig.«

Dies alles sind sehr genaue Beobachtungen und feinsinnige Deutungen. Doch unmittelbar darauf folgt ein schrecklich plumpes Zitat: » ›Sehen Sie‹, sagte mir ein Amerikaner auf dem Schiff, ›was hat die Revolution erreicht? Die armen Leute drängen sich unten und die reichen spielen Sechsundsechzig!‹ «

Nein, wir erfahren sonst nichts über diesen Mann aus Amerika, keinen Namen, kein Aussehen, keine Kleidung, keine Lebensgeschichte. Wie bestellt steht er da und redet so, wie in dieser Situation »der« Amerikaner als Antithese zur sozialistischen Revolution zu reden hat. Der nächste Satz macht klar, warum sich der Ami auf dem Schiff befindet. Er lautet nämlich: » ›Das ist auch die einzige Tätigkeit‹, sagte ich, ›der sie sich ohne Sorgen hingeben können!‹ (…)«. Die wörtliche Rede Roths überflutet nun den Amerikaner mit einer langen Belehrung über die psychosozialen Konsequenzen der Revolution.

Wir werden es nie erfahren (Joseph Roth starb 1939 in Paris), aber es scheint, als habe unser Reporter den Amerikaner als Stichwortgeber und Zuhörer seiner, der Roth'schen Reflexionen gebraucht. Und nur deshalb fuhr er mit Roth auf dem Schiff bis nach Astrachan.

War es also nur ein kleiner rhetorischer Trick, um sich selbst ins Spiel zu bringen? Wie aber ist Egon Erwin Kischs Verhältnis zu den Realitäten zu sehen, der 1942 (»Marktplatz der Sensationen«) schilderte, wie er als junger Reporter der »Bohemia« aus Angst und Ehrgeiz die Unwahrheit geschrieben und daraus die Lehre gezogen habe: »Wenn die Begebenheit erfunden ist, mag es der Leser merken oder nicht, ist ihre Darstellung kein Bericht.« Kischs unzweideutiges Fazit: Romanschriftsteller und Anekdotenerzähler dürften zwar flunkern, »aber ein Chronist, der lügt, ist erledigt«. Und da ergaben die Recherchen eines Landsmannes von Kisch, dass just diese autobiographische Episode ihrerseits erfunden war (Josef Poláček in: Philologica Pragensia 1968, S. 248ff.; Verweis bei Erhard Schütz 1978, S. 324). Durfte Kisch seine Biographie fälschen zugunsten der »tieferen Wahrheit«, »dass es der Fiktion bedarf, um festzuhalten, was wahr ist«, wie Erhard Schütz verständnisinnig vermutete (S. 325)? Was aber ist dann von Kischs beißender Kritik an anderen zu halten, wenn er ihnen Flunkerei nachsagen konnte wie etwa im Fall Opper von Blowitz? Wie kommt es, dass Kisch am Internationalen Schriftstellerkongress den Dichtern entgegenhielt, für ihn, den Reporter, dürfe es »Wahrheit, nichts als die Wahrheit geben«, womit er den hohen »Anspruch auf wissenschaftliche, *überprüfbare* Wahrheit« meinte – und er zur selben Zeit seinen Reportagenbericht »Landung in Australien« veröffentlichte, der von dichterischen Freiheiten nur so strotzte? (vgl. Hans-Albert Walter, Nachwort zu: Egon Erwin Kisch: Landung in Australien, Neuauflage Büchergilde Gutenberg 1985).

Es ist nachweislich, dass Kisch nicht nur sprachlich seine Texte geschmückt und geschönt, sondern inhaltlich seine Stoffe umgebogen hat zur dramaturgisch wie *weltanschaulich* stimmigen Reportage. Dass ihm das, was er zeigen wollte, stets wichtiger war als das, was er über die Sachen zu sagen wusste. Dass seine Wahrnehmungen hinter dem zurückblieben, was er sprachlich zum Vorschein bringen wollte. Dass er ergriffen war von der Idee der perfekt-realistischen Reportage als Gegenstück zur Dichtung – und zu dichterischen Freiheiten griff wie zur Droge, um gegen die blassen Realitäten den schönen Schein seiner Kunstform zu setzen. Kisch war sicherlich ein Virtuose. Aber ein Spieler war er auch.

Wo also beginnt die dichterische Freiheit? Die Schriftstellerin Christa Wolf recherchierte die vielen Begebenheiten an jenem gewöhnlichen Werktag im April 1986, als die Meldung von dem AKW-»Zwischenfall« in Tschernobyl diesen Ort in Mecklenburg erreichte. Viele der befragten Personen tauchen mit ihren Geschichten und Episödchen in ihrem erzählenden Bericht »Störfall« (1987) auf, eine *literarische* Reportage par excellence. Doch vor allem anderen schreibt sie: »Keine der Figuren dieses Textes ist mit einer lebenden Person identisch. Sie sind alle von mir erfunden.« Also kein journalistischer Text, sondern Dichtung. Das soll heißen: Neben dem Quellenschutz wollte sich die Autorin die Möglichkeit der fiktionalen Überhöhung und Erweiterung offen halten. Indirekt bekräftigt sie damit ihre Überzeugung, dass sich *journalistische* Texte am tatsächlich Geschehenen zu orientieren und keine Dichtungen zu sein haben.

Bei aller Wertschätzung Kischs bleibt sein Umgang mit der Wahrheit nebulös. Was aber ist mit Joseph Roths Amerikaner? Halten wir fest: Der Unterschied zwischen erlaubter Schmückung und unerlaubter Dichtung orientiert sich an den *Sachen* und nicht an den *Absichten*. Für den Fall Roth wäre daraus zu folgern: Der Reporter muss sicher sein, dass derzeit (in diesen Tagen) tatsächlich kapitalistisch denkende amerikanische Staatsbürger auf russischen Wolgadampfern reisen. Weiß er von mehreren Fällen, dann darf er dem Zufall ein wenig nachhelfen und sich mit diesem Amerikaner auf demselben Schiff einquartieren. Er darf es, weil er die *derzeitigen Realitäten* auf Wolga-Dampfern nicht entstellt. Falls er aber nicht gewusst hat, ob es dort Amerikaner gab, dann war die Schmückung eine freie und unzulässige Erfindung (abgesehen davon stört der Amerikaner in Roths Reportage eher deshalb, weil sich Roth selbst als Kommentator in den Vordergrund schieben möchte – eine für einen Reporter eher peinliche Attitüde).

Das *journalistische Realitätsprinzip* besagt also, dass die zur Zeit anzutreffenden Verhältnisse gestalterisch ausgeschöpft, aber nicht entstellt werden dürfen. Und dieses Prinzip sollte für die ganz großen Künstler ebenso selbstverständlich sein wie für die kleine Tageszeitungsreportage auf der Lokalseite.

Am *siebten Übungstext* (Zocker) lässt sich dieses modellhaft diskutieren: Der Verfasser hatte im Verlauf jenes Nachmittags auf der Trabrennbahn mehrere Zocker angesprochen und kennen gelernt, darunter auch einen im Zuschnitt des Eddy. Allerdings absolvierte er den Rest des Nachmittags und die Heimfahrt in Begleitung anderer Helfer und Ratgeber. Um nun das Geschehen nicht kompliziert und den roten Faden unübersichtlich werden zu lassen, verschmolz der Autor beim Schreiben der Reportage zwei Zocker-Gestalten zu dem einen »Eddy«, wie er auch wieder am Ende der Reportage auftaucht – eine gefietscherte *Montage*, die ihre Schilderung aufs Wesentliche verdichtet, aber die Realitäten nicht verbiegt. Tatsächlich traf der Autor Figuren nach Art seines Eddy. Und wie viele er im Verlauf eines Nachmittags kennen lernen wollte, konnte er weitgehend selbst bestimmen; es war eine beliebige Größe und sagt *inhaltlich* nichts über das Thema aus (vgl. den Abschnitt über Featuretechniken).

Ähnliche Manipulationen wurden im engen Rahmen des Zulässigen auch bei einigen anderen Übungstexten vorgenommen. Indem sie aber dieses Realitätsprinzip respektierten, flippten diese Autoren nicht ins Fiktionale, sondern verarbeiteten ihre Beobachtungen – sie blieben bei den Sachen.

5.2 Die verschiedenen Sprachen

Das Material, das der Reporter sprachlich gestalten möchte, hat unterschiedliche Qualität. Diesen Unterschieden muss er in angemessener Weise auch sprachlich Rechnung tragen. Wir unterscheiden:

1. Kolportieren

Bei diesem Stoff handelt es sich (meist) um persönliche Berichte und Schilderungen anderer Menschen, die der Reporter gehört hat und die er seinen Lesern weitererzählen möchte. Wenn er diese Erzählungen unüberprüft weitergibt (was die Regel ist), dann *kolportiert* er sie. Wenn er sie überprüft hat oder aus anderen Gründen von deren Gültigkeit überzeugt ist, dann *berichtet* er *über* sie.

Das Wort »Kolportage« stammt aus dem Französischen und bedeutete ursprünglich »zusammentragen und weitergeben« (etwa der Händler, der Waren verkauft). Erst gegen Ende des vorigen Jahrhunderts gewann dieses Wort eine negative Bedeutung, weil die damals neu aufgekommene, massenhaft über Bauchladenhändler verbreitete Schund- und Trivialliteratur *Kolportageroman* genannt wurde. Tatsächlich aber bedeutet »kolportieren«, dass ich als Journalist die Informationen (vom Communiqué bis zum Gerücht) inhaltlich unüberprüft weitergebe, dem Obsthändler vergleichbar, der ja auch nicht jeden Apfel aufschneidet und kontrolliert, ob er wurmstichig ist.

Reportagenmaterial besteht zu großen Teilen aus solchen Erzählungen Dritter. Manch gutgläubiger Journalist neigt dazu, diesen bunten schönen Geschichten zu glauben, die ihm jener nette Artist oder dieser vom Leben gegerbte Fernfahrer erzählt hat. Oft genug aber sind in solchen Storys Dichtung und Wahrheit untrennbar verschmolzen. Also wird der gute Reporter sich mit den Geschichten der Leute nicht identifizieren, sondern Distanz zu ihnen halten und die Erzähler stets kenntlich machen: Die gute Kolportagesprache übernimmt nicht die Storys im Indikativ, sondern im Konjunktiv der indirekten Rede, als Zitat oder im Redekontext (Muster: … Er beugt sich über den Tisch, die Hand deutet zum offenen Fenster. Schon seit einem Monat soll es hier regnen. Und während er übers Wetter spricht, rauscht draußen …). Die gute Kolportagesprache wird umso vorsichtiger, je persönlicher das Thema des Erzählers wird: Die Reden des Straßenmalers, der von seinen großen Erfolgen in fernen Städten schwärmt, gibt der Reporter so wieder, dass seine Leser die Fraglichkeit dieser Selbstdarstellung begreifen. Dabei sollte aber der Reporter nicht ironisch oder überheblich werden, sondern liebenswürdig bleiben.

Der *siebte Übungstext* (Zocker) zitiert den Begleiter Eddy in stets schmunzeliger Distanz; der *achte* (Puff paradox) zitiert die Sprüche der anderen Boys ausschließlich in miterlebten Handlungszusammenhängen (also keine Kolportage), im Übrigen werden nur Hinweise gegeben (»Der Flachs blüht … Manfred erzählt von seinen Erlebnissen als Callboy« - Zeile 111). Trefflich geht der *zehnte Übungstext* (Tätowierter) mit der Hauptperson um, deren Erzählungen ja nicht weggeblendet werden können (wie es der *neunte* Text tut): Theos Reden werden stets so zitiert, dass offen bleibt, wo deren Wahrheit endet und die Dichtung beginnt (Bspl. Zeilen 43-56). Hält aber der Reporter aus *wohlüberlegten Gründen* die Geschichten seiner Hauptperson für glaubhaft, kann er sie als Tatsachen berichtend weitergeben. Dies macht der Autor des *neunten Übungstextes* (Klavierstimmer), indem er die Selbstdarstellungen des Herrn Winnitzi sachverhaltlich wiedergibt (Bspl. Zeilen 40-46).

Zu erörtern ist eine Sonderform der Kolportage, die im Gewand der *Pseudo-Reportage* daherkommt: Die *Rekonstruktion* von historischen Ereignissen von meist katastrophischem Ausmaß anhand überkommener Zeugenberichte. Diese werden dann zu Erlebnisberichten aufbereitet und so erzählt, als stamme der

Bericht nicht vom historisierenden Konstrukteuren, sondern von einem Augenzeugen. Das liest sich dann zum Beispiel so:

>»(…) Fünf Maschinen kreisen über Karlsruhe. Jede hat acht Bomben an Bord.
Fünf von vierzig Bomben werden ein Blutbad anrichten.
    Unten reitet der Türke Brahim-Hamid, mit einem Turban geschmückt, auf ei-
nem Kamel vor dem Zelt auf und ab. Die Kinder dürfen das Tier anfassen. Es ist
ganz rauh und stinkt ein bißchen. Aber es ist herrlich. Fast zweitausend Menschen
sitzen schon im Zelt. Da die meisten Kinder sind, sitzen die wenigsten tatsächlich.
(…). Sie hauen sich, nörgeln, sie tauschen Bonbons aus, sie quengeln, sie lachen,
sie schreien (…).
    Ein bißchen riecht es auch nach Hunger. Vor einem Jahr wurde die Lebens-
mittelbewirtschaftung in Deutschland eingeführt. Wer täglich Kohlrüben ißt,
riecht. (…)
    Dann ist ein singendes Geräusch in der Luft. Es ist 15.16 Uhr am 22. Juni
1916. Niemand hört es, außer einem Mädchen in einem schwarz-weißen Pepita-
Kleid. (…) Das ist ein hübscher Ton, der aus dem blauen Himmel kommt. Das
Mädchen schaut neugierig nach oben. Sind das vielleicht die Engel, die dort oben
singen? (…) Das Mädchen zieht seinen Bruder begeistert weiter. Sekunden darauf
sind Eisensplitter in die nach oben gerichteten Augen geschnellt. Das Mädchen
blutet. Hat es was falsch gemacht? Zürnt der Himmelsvater? (…) Als die ersten
Detonationen dumpf durch die Straßen von Karlsruhe rollen, …« und so weiter
(FAZ-Magazin vom 2.6.1986).

Diese präzise, mit viel Einfühlungsvermögen und ebenso viel dichterischer
Phantasie sprachlich durchaus ergreifend geschriebene Pseudo-Reportage von
Mariela Sartorius handelt von dem irrtümlichen Bombenangriff der Franzosen
auf die »freie« Stadt Karlsruhe im Ersten Weltkrieg, dem 85 Kinder und 34 Erwachsene zum Opfer fielen. Man liest solch einen Text trotz seiner literarischen
Qualitäten gleichwohl mit gemischten Gefühlen: Da wird »Faction« im Gewand
der Authentizität nahe gebracht, werden wir mit geradezu nötigenden Sprach-
mitteln zur Teilnahme aufgefordert, wo es sich um Vorstellungen und Schmü-
ckungen, also nur um eine phantasierte, bestenfalls *mögliche* Wirklichkeit handelt.
    Der einfühlsam schreibende, formulierungsstarke Erzähler Erwin Koch, der
wiederholt mit dem Egon Erwin Kisch-Preis ausgezeichnet wurde, ist ein Meister der Rekonstruktion. 1995 schrieb er nach ausgiebigen Recherchen in Texas
eine Geschichte über den anatomisch mustergültig geformten Leichnam des
zwei Jahre zuvor hingerichteten Mörders Joseph Paul Jernigan, der tiefgefroren
und in feine Scheiben zersägt, von Medizinern kartografiert wurde, um daraus
den ersten digitalen Atlas eines menschlichen Körpers zu erstellen. Kochs Geschichte, die er »Ermittlung« nannte, beginnt so:

»Es war ein Tag ohne Wetter und Trost. Am 31. Januar 1954 stieß Anabelle Jernigan ihr sechstes Kind in die Welt, sie weinte. Nicht vor Schmerz, aus Wut. Weil sie es nicht abgetrieben hatte, als die Zeit dazu noch reichte. Und doch liebte Joseph Paul Jernigan ein halbes Menschenleben später, als es ans Sterben ging, niemanden heftiger als diese Mutter, die ihn im Zorn gebar, und seinen Anwalt, einen gewissen Mark A. Ticer, North Central Expressway, Dalls, Texas. Der Bub, von allen Paul gerufen, eine Zerbrechlichkeit, schüchtern, oft krank, war zwei Jahre alt, dann verließ der Vater die Familie, nahm die Nachbarin mit, Anabells einzige Freundin. Einmal noch besuchte das stumme Kind seinen Vater Earl. Als Paul zur Mutter zurückkehrte, hatte er schwarze Flecken auf Armen und Beinen. Asthma schüttelte den Knaben immer heftiger, manchmal erstickte er fast daran. Rechtsanwalt Ticer, Mensch im maßgeschneiderten Hemd, weinte, als er am 4. August 1993 ein letztes Mal mit Paul telefonierte. (409) 295-6964. Es war 23.50 Uhr.

Drei Minuten vor Mitternacht stellte ein Offizier des Gefängnisses Walls Unit im texanischen Huntsville das Radio ab, befahl Jospeh Paul Jernigan einen Schritt aus der Zelle, in der er seine letzten vier Stunden gelebt hatte.« (in: Das Magazin, Beilage des Zürcher Tagesanzeigers, Nr. 48/1995).

Hier verwischen die Grenzen zwischen der faktizierenden Rekonstruktion und der jene unsäglichen Lebensverhältnisse nachspürenden Erzählung, die ihre Leser schon mit den ersten Sätzen auf das zum Scheitern verurteilte Leben des Protagonisten einstimmt. Erwin Koch montiert sein Kolportagenmaterial mit Daten und Eindrücken zu einer synthetischen Geschichte, die zwischen Episoden im Leben des Paul, dem Ablauf der Hinrichtung und dem Kartografieren des Leichnams hin und her wechselt – und ihre Leser (im doppelten Sinne) mitnimmt. Die Montage gibt dem Thema eine Verstehenstiefe, die dem Literarischen eigen ist. Und da möchte man nicht weiter nachfragen, ob auch alles faktisch genau stimmt, was erzählt wird.

Zehn Jahre später schrieb Erwin Koch das Porträt einer 20-Jährigen, die als 16-jähriger Teenager erfuhr, dass sie an einer unheilbaren Nervenkrankheit leidet, die meist vor dem 40. Lebensjahr zum Tod führt. Der Text erzählt die vergangenen vier Lebensjahre des Mädchens anhand ihres Tagebuchs und Interviews ganz in der Gegenwartsform. Der Text beginnt so:

»Sie sitzt am Fenster und kaut ihre Nägel, der Lehrer sagt: Wer oder was bin ich in zehn Jahren? – Falsch! Es war eine Lehrerin. – Corinne sitzt und schaut vielleicht aus dem Fenster, nichts Neues da draußen, und die andern krümmen sich längst über die Hefte, sie schreiben, denkt Corinne O., über Haus und Geld, Mann, Beruf, nice und easy, wer oder was bin ich in zehn Jahren? Sie ist sechzehn. In ihr Tagebuch hat sie geschrieben: mein Gesicht ist ganz nass, ich will nicht weinen. Was ist nur los? Ich weiß nicht, wer ich bin. Ich bin ein niemand. 8. Mai 2001. Corinne lacht oft, sie ist laut und keck. In ihrem Tagebuch steht: HELP ME! Manchmal denkt sie: Warum bin ich anders?« (in: Die Zeit, 1.12.2005).

In dieser Montage werden auch rein literarische Elemente verbaut: auktoriales Schreiben; Zeitgleichheit vergangener Episoden mit gegenwärtigen; Verschleierung der Quellen wie auch des Realitätsbezugs der Aussagen. Somit verlässt der Autor die journalistische Gattung, weil hier Tatsächliches, Interpretiertes und Phantasiertes *ununterscheidbar* zu einem Amalgam verschmolzen sind.

2. Authentisch erzählen

Das Gegenstück zur Kolportage sind Erlebnisse und Eindrücke, die der Reporter vor Ort selbst erfahren und die kein anderer genau so erlebt hat wie er. Dieses Material hat sich der Reporter mit seinen Sinnesorganen erschlossen, in erster Linie mit den Augen und den Ohren.

Dieses authentische, ureigene Erlebnismaterial ist indessen eine Emulsion, die sich nicht nur aus den Sinneswahrnehmungen, sondern auch aus Selbstbetrachtungen (Empfindungen) und Reflexionen (Erwägungen über sich, die anderen und über das Geschehen) zusammensetzt.

Zu den herausragenden Erzählern gehört (aus meiner Sicht) der Reporter Alexander Osang, der wiederholt mit dem Egon Erwin Kisch-Preis ausgezeichnet wurde. Im Frühjahr 2000, kurz bevor Angela Merkel CDU-Vorsitzende wurde und dafür sorgte, dass ihr früherer Ziehvater Helmut Kohl den CDU-Ehrenvorsitz niederlegte, begleitete Osang die Politikerin bei ihren Fahrten zu diversen Parteikrisensitzungen, bei ihren Besuchen bei Bekannten und Freunden und war auch bei ihren Eltern zu Hause. Unter dem Titel »Das eiserne Mädchen« erschien sein Reportagenporträt. Hier ein Auszug aus dem ersten Drittel des preisgekrönten Textes:

»(…) Nach der Pressekonferenz will sie schnell weg, schnell nach Berlin, der Rückflug ist ausgebucht, alle sind in der Maschine, nur sie steht noch im Warteraum und telefoniert. Sie weiß, in einer Stunde, in Berlin, kann alles anders sein. Sie hört, dass Kohl heute abend im Fernsehen spricht. Sie schaltet ihr Handy ab und sagt leise: ›Er schlägt zurück. Heute schlägt er zurück.‹

Am Abend sieht Merkel Helmut Kohl im Fernsehen. Sie ist zu Besuch bei Freunden und fragt, ob sie was dagegen haben. Nein, den Kohl gucken gehört inzwischen dazu. Es ist spannend, Kohl marschiert in das ZDF-Studio wie ein General. Thomas Bellut vom ZDF knallt die Hacken zusammen. Er fragt nach Angela Merkel. Er sei nicht hierher gekommen, um über Angela Merkel zu reden, sagt

Kohl. Und dann redet er. Wie ein betrogener Liebhaber. Oder ein enttäuschter Vater.

Die Tür öffnet sich am Rande von Templin, es ist die Tür des letzten Hauses in einer kurzen Sackgasse. Horst Kasner ist überraschend groß und überraschend aufrecht für einen 74-jährigen Pfarrer. Er trägt ein graues Cordjeanshemd, hat breite Schultern, aber sein linkes Auge ist trübe. Als ich anbiete, die Schuhe auszuziehen, lacht er. Man erkennt jetzt die Tochter in seinen Zügen. Auch die Art, wie er die Arme schwingt, vorfreudig irgendwie, könnte sie von ihm geerbt haben. Die Frage ist, worauf er sich freut.

›Nee, nee behalten Sie mal Ihre Schuhe an‹, sagt Kasner. ›Manche bringen sogar ihre Hausschuhe mit. In der Plastetüte. Das ist so Sitte bei den Leuten hier.‹ Er läuft in ein helles Wohnzimmer.« (Es folgt eine kurze Nacherzählung, die mit dem Umzug der Familie 1952 in die DDR beginnt und endet, wie Klein-Angela Laufen lernte. Dann Schnitt: Angela Merkel eilt zum Kreisparteitag der CDU in Grimmen – usw. In: Spiegel-Reporter Nr. 3/2000).

Das Erzählmaterial ist untrennbar mit der Persönlichkeit des Reporters verbunden. Er schreibt, wenn er seine Erlebnisse schildert, immer auch über sich, über seine Sicht der Dinge. Das ist – anders als in der Welt der Dichtung – im Journalismus eine heikle Schreibsituation. Man kann, einerseits, über persönliche Erlebnisse nur in der Ich-Form schreiben. Andererseits zeigt sich eine der journalistischen Tugenden darin, sich selbst zurückzunehmen. Und vielleicht sollte ja der Reporter auf die narzisstisch gestörte Gesellschaft reagieren, indem er bewusst hinter das, was er zu sagen hat, zurück tritt. Es gibt manchen brillanten Reporter, der schon hunderte Reportagen geschrieben – und noch nie das Wort »ich« verwendet hat.

Entscheidend ist, ob der Reporter das Geschehen beobachtet oder ob er im Geschehen mit agiert. Bei Rollenspielen ist die Ich-Form sinnvoll, bei *Selbsterfahrungsthemen* sogar notwendig. Nur durch die Ich-Form wird klar, dass es sich um eine ungewöhnliche Erlebnissituation handelt, die so nur von diesem Journalisten erlebt wurde und nicht übertragbar zu sein braucht auf die originale Person, deren Rolle der Journalist übernommen hatte. So war im *siebten* (Zocker) und *achten Übungstext* (Puff paradox) die Ich-Form unabdingbar: Der Autor des ersteren definiert das Rollenspiel bereits in den ersten Sätzen des ersten und dann des zweiten Absatzes; der Autor des anderen Textes mit dem dritten Absatz.

Schildernde, erzählende und berichtende Stile gehen hier fließend ineinander über, wie die ersten Absätze des *achten Übungstextes* prototypisch zeigen. Tatsächlich soll ja das Ganzheitliche des Handelns, Empfindens, Räsonierens und Erzählens in der Sprachform hervortreten. Der Charme solcher Passagen lebt im Übrigen von der Fähigkeit, sich selbst mit einem Hauch Selbstironie zu be-

Wann in der Ich-Form schreiben?

Ein brauchbares Kriterium für die Ich-Form lautet: Hätte sich das Geschehen, das ich schildere, anders zugetragen, wenn ich nicht zugegen gewesen wäre? Der Einsatz der Feuerwehr beim Mühlenbrand gewiss nicht; die vermeintlichen Callboys im »Puff paradox« indessen ganz bestimmt. Die Regel lautet: Wenn sich das Geschehen aufgrund meiner Anwesenheit (inhaltlich) verändert, ist die Ich-Form nicht nur legitim, sondern notwendig.

gleiten. Wer sich tierisch wichtig nimmt oder im Ton rechthaberisch wird, hat bei seinen Lesern verloren.

Selbsterfahrung bedeutet, dass man *mit sich selbst* auch wirklich erzählenswerte Erfahrungen macht. Es reicht nicht, dass man irgendwohin ging, zuschaute und fragte. Viele Journalisten halten sich nämlich bereits für Reporter, wenn sie irgendwo etwas fragen. Und manche halten sich für kühne Rollenspieler, die in der Ich-Form schreiben dürfen, nur, weil sie mit irgendjemandem ein Gespräch geführt oder ihn irgendwohin begleitet haben. Einige Freizeit-Zeitschriften haben diese Unsitte zum »Selbsteinbring-Journalismus« gesteigert. Wir baten eine Kollegin eines Münchner Frauenmagazins, diesen Un-Stil à la »Elle«, »Woman« oder »Brigitte« zu charakterisieren. Ihre fiktive Reportage begann so:

»Mit einem fröhlichen Ding-Dong begrüßt mich das Glasperlenspiel über der Türe, als ich sie sachte öffne. Mit klopfendem Herzen trete ich ein. Der weiche Teppich umflort meine Füße. Links ein langes Regal, bis unter die Decke gefüllt mit Wolle in allen Pastellfarben: ein Regenbogen, der nie verblasst. Der mildwürzige Duft eines glimmenden Räucherstäbchens spielt um meine Nase. Unwillkürlich muss ich daran denken, wie ich als kleines Kind sonntags in der Kirche stand. Meine Gedanken werden unterbrochen: Aus dem Hintergrund des Raumes kommt sie freundlich lächelnd auf mich zu: Britta, blond gelockt und von großer, schlanker Statur. Sie trägt ein zartblaues, als Kaftan geschnittenes Kleid aus roher Seide. Der breite Gürtel gibt Kontrast zu den mädchenhaften Zügen ihres Gesichts. Die 31-jährige Kauffrau hat vor einer Woche diese Boutique eröffnet. »Weißt Du«, sagt sie und deutet auf das weiche Sitzkissen, »ich bin ja so glücklich hier«. Ich nippe am milden Kemun-Tee, den sie uns bereitet hat und lasse meinen Blick durch den Raum gleiten. Auch ich fühle mich wohl hier …«

Es folgt die stets selbstbezügliche Beschreibung des Raums und der Waren. Anlass und Thema der Reportage (Dachzeile): »Britta macht sich selbständig«. Tatsächlicher Anlass: Irgendwo in München ging mal wieder eine der vielen Boutiquen für Handgearbeitetes auf, die meist nach ein paar Monaten wieder von der Bildfläche verschwinden.

In Reportagen dieser Machart stehen die Verfasser nicht mehr hinter, sondern vor den Sachen. Und das besonders Schmerzliche an solchen Texten ist deren kitschige, von Klischees überladene Sprache. Wenn wir Joseph Roths Trick, sich selbst einzubringen, bereits peinlich nannten, dann ist dieser Journalismus so schrecklich peinlich, dass wir, die Leser, uns für deren Verfasser schämen möchten. Apropos Frauenzeitschriften: Die gleiche Untugend gibt es auch bei männlichen Kollegen in der »fit for fun«-Welt, die sich in der narzisstischen Pose des tollkühnen Abenteurers feiern. Wir haben darüber im ersten Buchteil, am Ende des ersten Kapitels (Abenteuerreportage) geschrieben.

3. Eine Geschichte erzählen

Damit aus Beobachtungen Erlebnisse werden, müssen sie in einer Abfolge stehen, die folgerichtig ist und einen Beginn und ein Ende hat. Wenn dann solche Abfolgen erzählt werden, hören wie eine *Geschichte*. Und Geschichten sind interessanter, spannender als Ereignisberichte.

»Geschichte« meint hier, dass die Materialien in einen Handlungsablauf gestellt werden. Meistens ist dieser Ablauf zeitlich-kausal, auch wenn die Gliederung der Reportage der Chronologie nicht folgt. Darum sollte der Reporter durch den Gebrauch der Tempi, durch Adverbien und Konjunktionen stets den Handlungsfaden seiner Geschichte deutlich machen. Vor allem bei Personenporträts ist das Nacheinander oftmals zu spannungsschwach; ein Ausweg bietet das »Gegenschneiden« von Szenen, indem zwischen verschiedenen Handlungsorten und/oder -zeiten gewechselt wird (wie dies die Erzähler Erwin Koch und Alexander Osang meisterhaft beherrschen). Allerdings ist sehr darauf zu achten, dass die Leser den Szenenwechsel spontan mitvollziehen und nicht irritiert aussteigen.

Das Erzählen im Handlungsablauf geschieht vor allem über das sprachlich-inhaltliche Verknüpfen: Das eine soll aus dem andern hervorgehen, das eine ins andere übergehen. Jeder neue Absatz knüpft am vorausgegangenen an. Inhaltlich geschieht dies etwa nach dem Muster »Und-dann-und-dann« (Beispiel: *zweiter und achter Übungstext*) oder nach dem Muster »Rundgang« (*sechster Übungstext*) oder dem der Stafette, indem sich der Beobachter quasi weiterreichen lässt (*fünfter Übungstext*). In Ermangelung inhaltlicher Verknüpfungsmöglichkeiten müssen ersatzweise sprachlich *Sinn machende* Übergänge gefunden werden (wie *zehnter*

Übungstext, insbesondere Zeilen 16 bis 33). Bedeutungsleere sprachspielerische Verknüpfungen (Muster: »Zuerst schlug er die Frau und dann den Gang nach Canossa ein«) sind Unsinn. Der *dritte Übungstext* (Catcher) bietet demgegenüber Beispiele für gelungene sprachliche Brücken (etwa Zeilen 14-19; 23-27; 37-43).

Manchmal wird die Erzählung im rein chronologischen Nacheinander zu langweilig. Da hilft es, mit zwei synchron zu erzählenden Parallelgeschichten (= verschiedene Schauplätze) die Erzählung spannender zu machen. Der *zweite Übungstext* (Fußball-WM) zeigt dies auf prototypische Weise: Der Autor erzählt die Geschichte des Fußballspiels und die der Fans in der Kneipe. Die Zeilen 30 bis 47 führen uns die Verknüpfung über die Uhrzeit und über den Standort des TV-Geräts (Schnapsregal) sehr schön vor. Erst diese Parallele macht die Reportage spannend – und nicht etwa eine überbordende Fußballsprache.

Überhaupt sollte die Sprache umso knapper und kühler werden, je hitziger die zu erzählenden Geschehnisse sind. Und umgekehrt: Je handlungsärmer, also langweiliger die Story, umso interessanter muss der Reporter die Sprache gestalten (siehe *zehnter Übungstext*). Also nie mit »Schaum vor dem Mund« schreiben.

> Der *zweite Übungstext* zeigt dies auf beispielhafte Weise: Am Ende wurde das Fußballspiel dramatisch, die Sprache des Reporters (ab Zeile 58) indessen kürzer und kühler – und auch indirekter: Statt in das sentimentale Klischee des Sich-in-den-Armen-Liegens zu kippen, gelingt dem Autor mit der Abstrahierung »Portugal« eine sprachliche Distanzierung, inhaltlich aber eine Steigerung und zudem die treffende Verkürzung auf den Gehalt, mit dem die Fans sich in diesem Augenblick identifizieren.

Gute Erzählungen zeigen die handelnden Menschen auch wirklich als Handelnde – und nicht als Lautsprecher, wie es die Berichterstattung meist tut. Wenn sie sprechen, dann verhalten sie sich: Sie bewegen sich, sie schauen in bestimmter Weise, machen eine Miene. Die verbale Kommunikation ist immer eingebunden in eine umfassendere nonverbale. Die Erzählung schildert und beschreibt demnach die Akteure des Themas, wie sie dies und jenes tun – und wie sie unter anderem auch noch reden. Mehrere, insbesondere der *dritte Übungstext* (Catcher) führt uns solch lebendige und handlungsstarke Szenen vor Augen (Zeilen 34 bis 43 und 47 bis 58).

4. Fakten bringen

Von Reportern oft vernachlässigt wird das faktizierende Material zur genaueren Information des Lesers über den Zusammenhang, in dem das Thema steht (und aus dem sich seine Bedeutung erkennen und das Umfeld verstehen lässt).

Dieses Material muss – im Unterschied zu dem der Kolportage – zutreffende Informationen bieten, also überprüft/gesichert werden. Oft hat es der Reporter recherchierend beschafft, oft stammt es aus so genannten zuverlässigen Quellen (wie Forschungsinstitut, Pressestelle einer Behörde). Jedenfalls handelt es sich um objektivierte Sachaussagen in der sachlich-nüchternen Nachrichtensprache. Die aber wirkt wie ein Bleigewicht und kann die Reportage zu Boden drücken. Das Kunststück besteht nun darin, diesen nachrichtlichen Stoff *in eine stark verknappende Sprache* zu packen, in sehr kleine Häppchen aufzuteilen und genau da anzubringen, wo die Erzählung gerade angekommen ist: Wenn sie vom kargen Lohn des Zirkus-Kapellmeisters erzählt, dann stehen in diesem Zusammenhang einige Informationen über die Bandbreite der Gagen und Gehälter im Zirkus. Wenn vom Stress in der Taxi-Telefonzentrale erzählt wird, dann wird beiläufig erwähnt, wie lange im Durchschnitt eine Telefonfrau den Job macht und wie viele Neubeschäftigungen es in den letzten Monaten gab – und so weiter. Die Erfahrung lehrt: Je dichter und intensiver die Handlungen, je kräftiger der Handlungsfaden, desto mehr Umfeld- und Zusammenhangsinformationen können untergebracht werden – einer Seilbahn in zweierlei Hinsicht vergleichbar, die umso mehr belastende Gondeln trägt, je stärker ihr Tragseil ist.

Eine gute Reportage benötigt solches Informationsmaterial. *Erstens*, um den Zusammenhang zwischen dem Besonderen (Beispiel Aids: die Lebensgeschichte der zwei Hauptpersonen) und dem Allgemeinen (wie viele Menschen sind unter vergleichbaren Lebensumständen ebenfalls von Aids betroffen) aufzuzeigen. Solche Zusammenhangsinformationen sind naturgemäß besonders wichtig bei Trendthemen. Unter den Übungstexten bieten der *vierte* (Schlachthof: was, wann, wie viel und unter welchen Gegebenheiten getötet wird) und der *siebte* (Zocker: Umfang des Wettspielens pro Jahr) solche Informationen an.

Zweitens sind Fakten notwendig, um die Bedeutung der einzelnen Szenen und Episoden aufzeigen zu können: Wenn der Reporter dies oder jenes geschehen lässt, dann soll er *an dieser Stelle* wie beiläufig erwähnen, wie es dazu kam oder was es damit auf sich hat. Im *sechsten Übungstext* (Bandreißer) sind mehrere gelungene Passagen zu finden, zum Beispiel der vierte und der drittletzte Absatz. Der *fünfte Übungstext* (Muschelbauer) führt vor, dass oftmals beides geleistet werden muss: der Zusammenhang aus Umfeld und Bedeutung. Es ist hier geglückt, weil der berichtende Informationsblock in der Mitte des Textes sprachlich und inhaltlich aus dem Handlungszusammenhang des Kapitäns entwickelt wird: Der Text bricht nicht aus dem Erzählduktus, d. h. der Leser bleibt gleichsam auf dem Schiff, auch wenn nun über drei Absätze das Versandungsproblem ausgebreitet wird.

5.3 Der sprachliche Ausdruck

»Verwendet nie ein neues Wort, sofern es nicht drei Eigenschaften besitzt: Es muss notwendig, es muss verständlich und es muss wohlklingend sein«. Dieser gute Ratschlag, den Voltaire 1737 einem Nachwuchsjournalisten erteilt haben soll (zit. nach Schneider 1976, S. 53), gilt nicht nur für neue, sondern für alle Wörter, die der Reporter gebraucht. Oft genug wird ja Unnötiges auf unverständliche und unschöne Weise gesagt.

1. »Notwendig« heißt für die Reportage, dass dieses Wort, dieser Satz eine Aussage macht, zumindest, dass er den Sprachfluss mitträgt. Keineswegs nur selten gebraucht man ja gerne und wiewohl unnötigerweise ein doch im Grunde so viel wie nichts oder im eigentlichen Sinne bedeutungsloses, das heißt: nichts sagendes Wort, nur, damit irgendetwas gesagt worden ist…

Nicht nur beim Reden, auch beim Schreiben folgen wir (schlechten) Gewohnheiten und Moden, nehmen Attitüden ein, die nicht unbedingt Ausdruck eines Stils sind, sondern aus anderen Motiven aufs Papier kommen: um Ängstlichkeiten zu verbergen, Unsicherheiten zu überdecken, für modisch gehaltene Stile nachzumachen.

Die Probe, ob das Wort oder der Satz notwendig ist, lässt sich ganz einfach ziehen: Wenn der betreffende Absatz geschrieben ist, streicht man jedes Wort weg, dessen Notwendigkeit nicht sicher ist, und liest sich den gekürzten Text *laut* vor: Ist die Aussage noch immer hinreichend vollständig und unmissverständlich? Ist der Satzrhythmus akzeptabel? Die Regel heißt: Sich im Zweifelsfalle nicht für, sondern gegen das Stehenlassen entscheiden!

> Wie man seinen Text dicht schreibt (im Sinne von Verdichten), zeigen der *zweite* (Fußball-WM), der *achte* (Puff-paradox) und der *zehnte Übungstext* (Tätowierter). Hier finden sich gute Beispiele für eine verdichtete Sprache.

Aber man kann es auch übertreiben. Im Unterschied zu Meldung und nachrichtlichem Bericht darf nämlich der Reportagentext auch *Redundanzen* enthalten. Redundant sind solche Wörter und Satzteile, die keine Informationen bzw. Aussagen enthalten und darum ohne Informationsverlust (in der Nachrichtentechnik) weggelassen werden können. Doch in der Reportage haben hin und wieder auch Redundanzen einen Sinn: um, wie angedeutet, den Sprachfluss und den Satzrhythmus mitzutragen, aber auch aus rhetorischen Gründen, um Betonungen zu erzeugen, Verweilpausen (etwa in einer handlungsreichen Erzählung) einzubauen oder einen Stimmungsteppich zu legen. Denn auch inhaltlich nichts sagende Wörter erzeugen durch den Sprachzusammenhang, in dem sie stehen, eine Atmosphäre, die wiederum den Inhalt betrifft.

> Redundanz und Rhetorik: Der Basler Literat Jürg Laederach schrieb kurz nach der vom Chemiekonzern »Sandoz« verursachten Rheinkatastrophe einen Reportagen-Essay über die Folgen des Chemiebrandes für seine Heimatstadt. Der dritte Absatz beginnt so: »Basel also: am Ende. Der Ofen ist aus. Geist erlösche. Pardon ist nicht gegeben. Der größte Umweltverschmutzer seit Tschernobyl (…) kam diesmal und erst diesmal, system-analytisch gesehen, in die Klemme, erstens, (…)« (in: Die Zeit, 21.11.1986). Die ersten Sätze sind ohne Informationswert und insofern redundant – und sind es (be-)deutungsreiche Setzungen, die treffen. Redundanz ist hier, wie wenn von einem Schlagenden gesagt würde, jeder neue Schlag, den er dem Opfer versetzt, sei in Bezug auf seinen ersten Schlag nichts Neues. Das Opfer würde dem nicht zustimmen wollen. Und selbst wenn es nur einstudierte Posen statt Schläge wären: Die vielen Schläge sprechen eine weitaus verzweifeltere und aggressivere Sprache als es nur der eine, erste Schlag anzeigen würde.

2. »*Verständlich*« soll die Reportage sein, also den Lesern *entgegenkommen* und die Geschehnisse wenn möglich in deren Sprache beschreiben und schildern. Doch der Reporter sollte sich nicht anbiedern, auch nicht die Sprechsprache übernehmen oder im Milieujargon schreiben (Milieusprachen werden nur dann und dort verwendet, wo Leute aus dem betreffenden Milieu im Text auftreten und als Zitat sprechen).

Auf die Leser zugehen: Dies heißt auch, dass der Verfasser die mit der Funktion verbundene Nutzungsweise etwa der Tageszeitung berücksichtigt. Leser von Tageszeitungstexten erwarten eher kürzere Sätze, weil sie auch bei flüchtiger Lektüre eher verständlich sind. Also wechselt der Reporter, um nicht langweilig zu werden, zwischen etwas längeren und kurzen Sätzen ab. Aber: Je länger sie sind, desto einfacher muss die Syntax sein. Außerdem erwarten die Leser Wörter, die sie kennen oder sogleich durch den Satzzusammenhang verstehen. In der Tageszeitungsreportage sollten, soweit möglich, komplizierte und abstrakte Wörter durch einfachere, (unter Schmerzen sei es gesagt:) auch gängigere ersetzt werden. Das Lichtspieltheater ist eigentlich das richtige Wort, aber die

Leute nennen es nun mal Kino. Auch fahren fast alle lieber in ihrem Auto als im Motorfahrzeug, benutzen den Spray statt der Treibgassprühdose und ziehen das Menü den Speisegängen vor. Viele Jugendliche führen kein tragbares Kleintonabspielgerät mit sich herum, sondern einen Mp3-Player oder Walkman: Wieder ist es den Marketing-Strategen einer Firma (hier: »Sony«) gelungen, ihren Produktnamen als Gattungsbezeichnung durchzusetzen.

Gleichwohl sind die überkommene Sprache und deren Wörter zu pflegen. Denn die Alltagssprache ist ja auch durchsetzt mit Jargon und modischen Ausdrücken, die eigentlich keinen Sinn ergeben. Seit den 80er-Jahren lässt sich dies an der Penetration mit Ausdrücken der EDV-Fachsprache beobachten. Zum erwähnten Speisemenü hinzugekommen ist mit dem Internet die schwer verdauliche »Menüleiste«. Plötzlich ist die Abfolge von Popups »vorprogrammiert«, wo doch »programmiert« schon schlimm genug wäre. Unsere Erinnerung besteht aus »abgespeicherten Daten«, die wir statt im Gedächtnis »auf unserer Festplatte« haben (diese Metapher hat sich bis zur Wissenschaftsbeilage der »FAZ« vorgefressen). Apropos „abspeichern“: Viele Alltagswörter tragen unnötige Vorsilben (wie: aufzeigen → zeigen; abtrennen → trennen; anmieten → mieten).

Es ist schwer zu sagen, wann Wortübernahmen aus Fach- und Fremdsprachen notwendige Erweiterungen des Wortschatzes bedeuten (man denke an das Kürzel »GAU«) – und wann sie nichts weiter als modischer Jargon und das Gegenteil von verständlich sind. Oftmals ist die Alltagssprache ja auch eine Art Durchlauferhitzer, wobei die Zeitungs- und Fernsehjournalisten diesen Durchlauf eifrig füttern. Die »Gesellschaft für deutsche Sprache« in Wiesbaden stellt jährlich die in der Öffentlichkeit am häufigsten gebrauchten (= populärsten) Wörter fest und beschreibt sehr anschaulich auch deren metaphorische Wendungen. Zum Beispiel, wie das Kürzel »GAU« in ganz andere Sinnbereiche einsickerte und zum Beispiel den Ehekrach in einen »Beziehungsgau« verwandelte.

Sprachsorgfalt bedeutet also für den Reporter, dass er abwägt zwischen dem überkommenen Ausdruck, einer (Sinn machenden!) Neuschöpfung oder Übernahme und dem modischen Gerede, das wiederum für Denk- und Sprechweisen einer Ära stehen und insofern schon wieder bedeutsam sein oder ironisierend wirken kann.

Zu mehr Sorgfalt kann im Übrigen auch die Beschäftigung mit der Sprachanwendung und ihren aktuellen Wandlungen gehören. Anregend ist etwa die Lektüre treffend geschriebener Bücher zum Sprachgebrauch, allen voran diejenigen von Wolf Schneider (siehe Literaturanhang). Nützlich kann mitunter auch der »Sprachendienst« der »Gesellschaft für deutsche Sprache« sein, der sechsmal im Jahr erscheint. Dort werden Fragen erörtert wie diese:

»Anfrage: Seit etwa zwei Jahren wird das Verb *vorführen* zunehmend in einem Sinne verwendet, der mir bis dahin unbekannt war und nach dem ich in Wörterbüchern vergebens gesucht habe: ›zeigen, wie gering jemand ist‹. Das kommt vor allem in der Sportpresse vor; ein Beispiel: ›Hertha BSC wurde vorgeführt‹. Gemeint ist: Die Fußballmannschaft hat große Schwächen gezeigt, hat haushoch verloren. (…)

Antwort: Weder in den Wörterbüchern noch in unserer Dokumentation zur deutschen Gegenwartssprache (über 300 000 Belege) finden wir die offenbar neue Bedeutungsvariante des Wortes *vorführen*. Nun aber suchen wir umso emsiger in Zeitungen (…). Unter den vielen Bedeutungen des Verbs *vorführen*, gespiegelt etwa im Grimmschen Deutschen Wörterbuch, gibt es eine, die so etwas wie eine Keim-zelle der neuen Bedeutung sein könnte; sie wird deutlich in dem Beispielsatz ›Der Angeklagte wird zur Vernehmung vorgeführt‹ (ebd.). Mehr können wir leider jetzt nicht dazu sagen.« (aus Heft 6/1986, S. 167).

Unter Reportern ist die Frage umstritten, ob der Gebrauch von *Sinnbildern und Metaphern* guter oder schlechter Stil sei. Im Wissenschaftsjournalismus, wo es um die Umsetzung abstrakt-fachsprachlicher Sachverhalte in Allgemeinsprache geht, ist die Verwendung von Metaphern zur Veranschaulichung dienlich. Auch die Darstellungsform des Features, soweit es die Beziehung zwischen einem konkreten Beispiel und der abstrakten Struktur augenfällig macht, verwendet Analogien und Sinnbilder (Näheres erster Buchteil, drittes Kapitel). Und die Re-portage? „Mit seiner faltigen Stirn über der randlosen Brille erinnerte er an Wil-helm Buschs mürrischen Lehrer Lämpel" – Nicht Sinnbilder, sondern bildstarke Assoziationen sind hier hilfreich. Reportagen sollen ja konkret-anschauliche Stoffe behandeln. Diesen angemessen ist die beschreibende, erzählende und schildernde Sprache, die sagt, wie es ist. Metaphern und Sinnbilder würden das Konkrete eher verschleiern. Sie erwecken den Eindruck, der Reporter sei nicht in der Lage, die Sachen selbst zu beschreiben. Demnach wäre der Gebrauch von Sinnbildern nicht Zeichen guten Stils, sondern mangelnder Ausdruckskraft.

Aber auch diese Einschätzung bedeutet keine »eherne« Regel und mit der Warnung vor Metaphern »reiten« wir kein »Steckenpferd«, sondern wollen »den Kopf« des Lesers auf ein Problem »stoßen«. Wer sich hier »auf den Schwanz getreten«, sich »verraten« oder »im Stich gelassen« fühlt, sollte nochmals »über die Bücher gehen« - und dann zu nachvollziehbaren Assoziationen »greifen«.

3. Mit *»wohlklingend«* verband Voltaire vermutlich einen anderen, für das Franzö-sische auch bedeutsameren Sprachklang als wir heute. Und in der Dichtung er-zeugen vermutlich ganz andere Lautmalereien einen gelungenen Klang als im Prosatext, zumal in einem journalistischen.

Am Ende des ersten Buchteils nannten wir die Reportage »Gebrauchskunst«. Sie ist nicht, wie etwa ein Gedicht von Mörike, ein schöner Schein in sich selbst,

sondern gewinnt ihre Schönheit in der Erfüllung ihres Zwecks, die Leser mitge-
nommen zu haben auf die kurze Reise der Erzählung. Lesegenuss wie auch
Zweckerfüllung (Funktion) gehören zusammen. Soll heißen: Im Zweifelsfalle
haben die Genauigkeit und die Verständlichkeit der Aussage den Vorrang vor
dem gefälligen Klang oder der Eleganz des Sprachflusses. Hier hilft im Übrigen
das Nachschlagen in Synonymwörterbüchern, um den Wortschatz zu erweitern
und abgegriffene Formulierungen zu ersetzen.

Die sprachgestalterische Arbeit des Reporters sehe ich darin, dass er beides
einander näher bringt: Stolpersteine ausräumen, Schachtelsätze auflösen, Wort-
ungetüme knacken, missverständliche Satzkonstruktionen umbauen, Synonyme
suchen – und doch stets die knappere, einfachere Lösung wählen. Auch hier
hilft oftmals das laute Lesen weiter, nachdem der ganze Text fertig gestellt ist.

5.4 »Meine Sprache«: Wessen Sprache?

Der Reporter solle seine eigene Sprache und seinen Stil finden, steht als Motto
über diesem ganzen Kapitel. Diese beglückende Ermunterung sollte nun aber
nicht zum kopflosen Gebrauch der von Kleinkindesbeinen an eingeübten
Sprechweise führen. Denn die Art, in der wir reden, bringt vorherrschende
Denkweisen und Einstellungen zum Vorschein. Und das Wort »vorherrschend«
zeigt an, dass sie von den männlich dominierten Herrschaftsverhältnissen geprägt sind. Indem diese hervortreten, ist Sprache immer auch entlarvend.
Diese Machtverhältnisse verlaufen freilich nicht nach dem simplen Schema
»Die-da-oben-wir-da-unten«, sondern signalisieren nun eben *Verhältnisse*, die
vorherrschen. Zum Beispiel die vom Kriegshandwerk und aggressivem Verhalten durchdrungene Alltagssprache, gesteigert im Sprachgebrauch vieler Sportjournalisten: Da toben Kämpfe, wird zugeschlagen, darf das gegnerische Feld
aufgerollt und der Gegner niedergemacht werden. Oder die im Wirtschaftsteil
gern benutzten Manipulationswörter (beispielsweise »freistellen« statt »entlassen«, »Gastarbeiter« statt »Fremdarbeiter« oder »Reststoffe« statt »Müll«).

Noch verbreiteter, noch unmerklicher ist die Herrschaft des Sexismus. Wir
männliche Journalisten schreiben schnell mal von der kurvigen Blondine, über
das leichte Mädchen oder die ehrgeizige Rabenmutter. Und da die Machtpositi-
onen trotz der 2005 vom Bundestag erkorenen Bundeskanzlerin Angela Merkel
überwiegend von Männern gehalten werden, erwähnen wir meist nur Diplomaten, Politiker und Gelehrte, porträtieren wir Künstler und Unternehmer und

Zwanzig Tipps für das Reportageschreiben

Zum guten journalistischen Stil gehören Anschaulichkeit, Verständlichkeit, treffender Ausdruck, sprachliche Prägnanz. Zum Reportagenstil kommen noch ein paar weitere Merkmale hinzu. Hier die wichtigsten:

► Mit der Satzlänge abwechseln (zur Beschleunigung eher kurze Sätze, zum Innehalten und Betrachten sind auch längere Sätze gut).

► Starke Verben suchen und die Hilfsverben, auch die modalen, wenn möglich ersetzen (ging ins Büro → trabte, schlenderte, stampfte, stöckelte, stolzierte, schlurfte, tippelte usw. über den Asphaltweg zum Firmentor …usw.).

► Lexik: Jedes Hauptwort prüfen, ob es a.) verbalisiert (nach der Beschlussfassung → als die drei Herrn der Geschäftsleitung beschlossen) oder b.) durch einen konkreteren Begriff (Tisch → Esstisch usw.), ersetzt, evtl. mit einem Attribut (schwarz gebeizter Esstisch) anschaulich gemacht werden kann.

► Soweit möglich: Aktive Sätze schreiben (wer/was ist das handelnde Subjekt? Passivformen müssen inhaltlich gerechtfertigt sein = jemandem widerfährt etwas).

► Keine Angst vor Adjektiven (aber: beschreibende, nicht kommentierende Attribute wählen! sympathischer Mann → ein breites Lächeln zog über sein Gesicht, als er mit weit geöffneten Armen… usw.).

► Alle Beschreibungen/Schilderungen auf sinnlich Wahrgenommenes zurückführen (auktoriales Schreiben vermeiden in der Art: »Die Frau glaubte/war überzeugt; er dachte/hoffte/wünschte … « usw.).

► Beobachtungen auf den besonderen, den bemerkenswerten Aspekt sprachlich verdichten.

► Den »roten Faden« (= Erzählfaden) durchhalten (und gegebenenfalls mit einem »Running Gag« verstärken → die immer wieder auftauchende rote Baskenmütze; die Fistelstimme des dicken Schaffners; der Geruch leicht ranzigen Frittieröls usw.).

► Die Erzählzeit (Gegenwart) von den Handlungszeiten (Vergangenheit, Gegenwart, Zukunft) klar trennen und transparent machen.

► Fiktionale (fantasierte) und real erlebte Szenen trennen und ihren Status für die Leser klar erkennbar machen.

► Sachaussagen, die nicht zum allgemeinen Wissensschatz gehören, stets mit der Quelle (Sprecher, Akteur usw.) verbinden.

► Treffende Formulierungen suchen und Klischees vermeiden (quietschende Reifen, mit Geld klimpern, verschmitzt lächeln usw.).

► Beim Schildern selbst erlebter Szenen auch eigene Empfindungen formulieren (» …Ob man da heil wieder herausfindet? Er tastete...«; » … ihre flattrig-leise Stimme weckt Beschützergefühle … « usw.).

► Spannungsbögen einbauen (Erwartungen über Handlungsfortgang wecken; Tempowechsel und sprachliche Kontraste setzen).

► Balance zwischen Handeln (Schildern) und Reden (Zitieren) halten; Zitate als persönliche, situationsgebundene Äußerungen bringen.

► Die Personen handelnd reden lassen (beides miteinander verschränken! Muster: »Bald wird es regnen!« Sein gestreckter Zeigefinger deutet durchs offene Fenster in den tiefblauen Himmel).

► Die Hauptpersonen durch deren äußere Beschreibung (Aussehn und/oder Handlungsweisen) als Individuen unverwechselbar machen (= prägnant charakterisieren).

► Nach dem Schreiben: Zum eigenen Text, zu den Formulierungen wie auch zu seinem Inhalt Abstand gewinnen (Zeit!).

► Niemals unnötig langatmig, niemals geschwätzig, niemals selbstverliebt schreiben (den Text selbstkritisch redigieren und kürzen. Faustregel: Um zehn Prozent eindampfen!).

► Ich-Form zurückhaltend einsetzen (zwingend nur bei Selbsterfahrung und Extremsituationen).

berichten vom Ärzte- oder Psychologenkongress, selbst wenn der überwiegende Teil der Teilnehmer weiblich war. Auch die Metaphernsprache ist manchmal entlarvend: Nach der »Verbrüderung« teilen wir diese »Herrlichkeiten« mit dem »Mann der ersten Stunde«, vielleicht, weil da keine Frauen im Spiel sind.

Einen *treffenden Sprachausdruck* finden bedeutet, die Herrschaftsverhältnisse im Gebrauch der Sprache erkennen – und sich von ihnen emanzipieren. Die gute, die authentische Sprache der Reportage ist emanzipatorisch; sie reflektiert nicht nur ihre Bedeutung, sondern auch die Geltung dessen, was sie und wie sie es sagt.

Zu den Fachmännern kommen die Fachfrauen hinzu; Politikerinnen und Sportlerinnen gibt es immerhin schon viele, doch von den Skimädchen und der Damenriege nimmt Mann nur ungern Abschied. In einer Reportage für undenkbar halten wir indessen die Zwischenlösung mit dem Schrägstrich: Mann/Frau, auch ReporterInnen sollten solche Konstruktionen vermeiden.

Auf die Gefahr hin, selbst als unemanzipiert zu erscheinen, habe ich meist von Journalist und Reporter gesprochen, wenn Journalistinnen und Reporterinnen ebenso gemeint waren. Frau möge dies als eine Entscheidung für die bessere Lesbarkeit zulasten einer frauengerechten Sprachanwendung tolerieren. Die bessere Lösung, auf die wir wenigstens bei Gattungsnamen hinarbeiten sollten, liegt in der geschlechtsspezifischen Kenzeichnung (Reporterin, Professorin, Richterin, Bundeskanzlerin). Dies aber ist noch vergleichsweise abstrakt; an weitergehenden Sprach-Präzisierungen müssen wir arbeiten. Schließlich gilt: »Die Sprache ist kein Mann, Madame«, wie eine bereits in den 80er Jahren des vorigen Jahrhunderts von Schweizer Journalistinnen zusammengestellte, für uns Kollegen erhellende Broschüre feststellt. Ihr Untertitel ist Aufforderung: »Anregungen für einen nichtsexistischen Sprachgebrauch« (Hinweise siehe Literaturverzeichnis).

6. Nach dem Schreiben:
Abstand gewinnen

1986 veröffentlichte Friedrich Dürrenmatt seinen Kolportageroman »Der Auftrag – oder Vom Beobachten des Beobachters der Beobachter«: eine sprachlich brillante Novelle von vierundzwanzig Sätzen auf hundert Seiten Länge. Zu diesem Buch sagte Dürrenmatt: »Nicht ich trieb die Sätze, wohin ich wollte, die Sätze trieben mich, wohin sie wollten.«

Treffender und knapper lässt sich der Unterschied zwischen literarischer Dichtung und journalistischer Reportage nicht sagen. Im Unterschied zum Literat sollte der Journalist Sorge tragen, dass ihn die Sätze, die er schrieb, nicht entführt haben. Das Schreiben der Reportage, dies sollte das vorige Kapitel zeigen, ist ein Balanceakt zwischen Sachlichkeit und Sprachlichkeit.

Mit der Niederschrift der Reportage beginnt aber auch der Prozess der Distanzierung: Beim Schreiben muss man Abstand gewinnen können. Meist gelingt dies nicht vor dem Schreiben, sondern währenddessen, weil das Niederschreiben und Ausformulieren zugleich ein Vorgang der *seelischen Verarbeitung* des Erlebten bedeutet.

Eine Folge davon ist, dass man seinen eigenen Text, wenn fertig geschrieben, kaum zu beurteilen vermag. Je nach Verfassung hält man ihn mal für ganz miserabel, mal für sehr gekonnt – und ist bass erstaunt über das ganz andere Urteil im Kollegenkreis.

Diese Unsicherheit ist meist Ausdruck mangelnder Distanz. Und die muss nach dem Schreiben zurückgewonnen werden, noch bevor der Text verabschiedet wird.

Der einfachste Weg dorthin heißt: den Text »abhängen« lassen. Und das einfachste Rezept hierfür: den Abgabetermin schon bei der *Auftragserteilung* so absprechen, dass nach der Niederschrift wenigstens eine Nacht zum darüber schlafen und ein Vormittag zum Redigieren bleibt.

Schon der Abstand einer Nacht führt meist zu frappierenden Entdeckungen: Eine Formulierung, die wir gestern Abend noch für unerhört geglückt hielten, entpuppt sich jetzt als leere Floskel. Ein ganzer Absatz ist entbehrlich, weil er tatsächlich nichts zur Quintessenz beiträgt. Die ganze erste Szene ist noch zu umständlich formuliert, sie zieht ihre Leser nicht stark und schnell genug in die Geschichte: also überarbeiten. Und dann fehlen doch noch einige wichtige Umfeldinformationen, die jetzt an geeigneter Stelle in den Handlungsfaden eingeklinkt werden. Und auch der Schluss verplempert sich, statt abrupt und pointierend zu enden. Also neu.

Überarbeiten

Das redigierende Überarbeiten des Textes steht ganz im Dienste der drei Qualitäten einer Reportage:

▶ Thema: Kommt ein informierender Gesamteindruck rüber, ist die Quintessenz als Botschaft erkennbar, hat der Text genügend Exotik, haben die Leser einen Gewinn (Teilhabe, Orientierung)?

▶ Form/Inhalt: Ist die Reportage stimmig, d. h. fügen sich meine Sprache (Stil), das verarbeitete Material und die geweckten Leser-Erwartungen zu einem Ganzen?

▶ Sprache: Ist die verwendete Sprache treffend und prägnant, ist sie verständlich und ist der Sprachgebrauch im Rahmen des Zweckmäßigen nicht nur elegant, sondern auch emanzipatorisch?

Die redaktionelle Überarbeitung, die sich an den drei Merkmalen (siehe Kasten »Überarbeiten«) orientiert, kontrolliert jeden Satz:

▶ Wie kann ich dasselbe noch knapper sagen?
▶ Wie kann ich es noch genauer sagen?
▶ Wie kann ich es noch anschaulicher sagen?
▶ Wie kann ich es noch origineller sagen?

Die Erhöhung der Dichte des Textes und der Präzision des Ausdrucks empfinden die Leser als einen Zuwachs an *Prägnanz*. Zum Beispiel aus dem Relativsatz eine Akkusativ-Infinitiv-Konstruktion machen. Abstrakte Benennungen in sinnlich-konkrete Beschreibungen umwandeln. Zitate und Personenbeschreibungen noch enger führen. Fachausdrücke durch gebräuchliche Benennungen oder Umschreibungen ersetzen. Und den Erzählfluss, vor allem die Verknüpfung der Absätze plausibler und durchgängiger formulieren.

Ebenso wichtig ist aber die *inhaltliche Kontrolle:* Habe ich mich zu Formulierungen verführen lassen, für die ich *so*, wenn ich ganz ehrlich bin, nicht den Kopf hinhalten kann? Hier beginnt meist der Laokoon-Kampf zwischen Formulierung, Tatsachendarstellung, Zeitdruck und Platzmangel. Denn der Text ist ja ohnehin schon viel zu lang geraten und inhaltliche Korrekturen führen meist zu Differenzierungen, die den Text noch länger machen. Vor allem die Auswahl groß angelegter Detailschilderungen (Zoom-Effekt) muss nochmals bedacht werden: Ist es wirklich die kennzeichnende Szene, stimmt sie die Leser auf die Quintessenz des Themas ein – oder steht sie nur deshalb da, weil mir (immerhin) ein paar Formulierungen gefallen?

Je nachdem, wie ausgeprägt der Hang zu Selbstzweifeln ist, besteht hier die Gefahr, dass ein allzu pingeliges Überarbeiten zur völligen Verunsicherung führt. Bald wird jeder zweite Satz umformuliert, werden Absätze wieder umgestellt, gestern noch für unhaltbar erklärte Passagen in den Text wieder aufgenommen – und wieder in den elektronischen Papierkorb befördert.

Natürlich ist das Reportageschreiben – um zu einer Metapher zu greifen – für die meisten Journalistinnen und Journalisten eine langwierige und schmerzhafte Geburt. Und auch die Überarbeitung bereitet Nachwehen. Nur sollte sie nicht zum Wochenbettfieber, gar zur Wochenbettpsychose eskalieren, die zur Verweigerung des eigenen Kindes führen könnte. Wenn man solche Tendenzen in sich spürt: die Übung abbrechen und den Text ruhen lassen. Noch besser ist es, wenn man wohlmeinende, in der Sache kritische Kolleginnen und Kollegen hat, die man zu Rate ziehen kann, nicht so sehr, um das ramponierte Selbstbewusstsein aufzurichten, sondern um den Text zu verbessern.

Was für jeden Artikel gilt, trifft auf die Reportage ganz besonders zu: Man gibt sie nach der Überarbeitung jemandem zum Gegenlesen – nicht der sowieso wohlgesonnenen Freundin, sondern der als giftig verschrienen, im Grunde aber hilfsbereiten älteren Kollegin, die für ihr gutes Sprachgefühl bekannt ist. Sie sollte vom Thema wenn möglich keine Ahnung haben, damit sie den Text mit den Augen des kritischen Lesers lesen kann.

Für diejenigen, die Texte von Kollegen gegenlesen, sollte umgekehrt selbstverständlich sein, dass ihre Bemerkungen immer nur *unverbindliche Vorschläge* sind, die der Verfasser beherzigen, aber auch übergehen kann. Und wenn er oder sie dies tut, dann kommt darin keine Missachtung des Gegenlesers zum Ausdruck, sondern das Resultat einer *Erwägung.*

Ich bewege mich an der Grenze zum Trivialen, wenn ich solche Hinweise schreibe. Aber der Erfahrungsaustausch mit Kolleginnen und Kollegen lehrt, dass auch dies vorkommt: Eine jüngere Redakteurin folgt dem Rat eines älteren Kollegen und verschlechtert ihre Reportage wissentlich, aus Sorge, den Kollegen zu vergrämen, wenn sie seinen Empfehlungen nicht Folge leistet, Motto: lieber einen schlechteren Text und dafür ein nicht so schlechtes Betriebsklima …

Zu der Redaktion setzt die Kultivierung der Reportage einen am Respekt vor dem anderen orientierten offenen Kommunikationsstil voraus.

Wer viel schreibt, der schöpft beständig aus seinem Sprachvorrat. Und dieser ist nicht unerschöpflich, sondern eines Tages ausgeschöpft. Man bemerkt dies daran, dass zusehends die gleichen Wendungen, dieselben Wörter und syntaktischen Verknüpfungen zu Papier kommen. Und dass man die früher geschriebenen Texte für treffender, origineller und stimmiger hält als die derzeitigen.

Schon aus Gründen der Prophylaxe empfehlen sich Gegenmaßnahmen. Zum Beispiel solche:

▶ regelmäßig, aber nicht zu oft Reportagen schreiben
▶ die besonders gelungenen eigenen Texte nicht als Maßstab nehmen
▶ bei sich und den anderen keinen Erwartungsdruck erzeugen, vor allem:
▶ für das Schreiben und Überarbeiten genügend Zeitreserven einkalkulieren.

Und die meiner Ansicht nach wichtigste Maßnahme: das eigene Sprachreservoir immer wieder füllen durch die Lektüre nicht nur guter Reportagen, sondern auch sprachstarker Literatur. In diesem Zusammenhang schätze ich als gute Literatur, was meinen Sprachgebrauch anregt und erweitert. Ich liebe Autoren, die sprachschöpferisch schreiben und Sprachphantasie besitzen. Als Reporter habe ich zum Beispiel von Günter Grass mehr als von Thomas Mann; sprachlich verspielte Autoren wie Wilhelm Genazino, Daniel Kehlmann und Markus Werner bringen mir mehr als so gediegene Literaten wie Siegfried Lenz und Walter Kempowski. Und aus männlicher Sicht besonders erhellend sind für mich Texte von Erzählerinnen wie Doris Dörrie, Irene Dische, Elke Heidenreich oder Juli Zeh, deren mitunter anderer Sprachgebrauch einen ungewohnten Blickwinkel öffnet: Plötzlich sehe ich manche Dinge mit anderen Augen.

Übungsreportagen

Die folgenden zehn Übungstexte entstanden seit Mitte der 80er-Jahre des vorigen Jahrhunderts überwiegend in Volontärskursen, Lehrredaktionen und Inhouse-Workshops im Raum Hamburg. Dementsprechend behandeln die meisten Texte norddeutsche Geschehnisse; doch die Art der Themenfindung, selbst manches der Themen könnte so oder ähnlich auch anderenorts stattfinden und journalistisch umgesetzt werden.

Fast alle Reportagen wurden unter Tageszeitungsproduktionsbedingungen erarbeitet und geschrieben (ein halber Tag Vorbereitung, ein halber Tag Augenschein am Ort, ein halber Tag Schreiben). Nach Maßgabe der für dieses Handbuch verfolgten didaktischen Zwecke wurden die Texte vom Autor redigiert.

Auch wenn der Anlass bei manchen der Texte schon länger zurückliegt, so haben die Herangehensweise, die Themenumsetzung und die sprachliche Ausformung überzeitliche Geltung. Sie eignen sich auch in zehn Jahren noch als Übungsmaterial, einige von ihnen zudem als lehrreiche Beispiele für Kurzreportagen.

Text 1: Ereignis als Veranstaltung

Die Themenfindung: Zu der Zeit, als in Südafrika noch die Burenregierung mit ihrer Apartheitspolitik die Schwarzen unterdrückt hielt und Nelson Mandela im Gefängnis saß, wurde der schwarze Bischof Desmond Tutu in Stockholm mit dem Friedensnobelpreis ausgezeichnet. Auf seiner Rückreise durch Europa hielt er in zahlreichen Städten Predigten – auch in Hamburg. In der Lehrredaktion »Lokales Hamburg« besprachen die Volontäre, wie man das Ereignis themengerecht umsetzen könne. Bald war klar: Das Herausragende der Person wie des Anlasses verlangt eine reportagige Form, die zwar der Chronologie der Veranstaltung berichtend folgt, die jedoch ein paar subjektive Eindrücke des Berichterstatters möglichst sinnlich-anschaulich vermittelt. Der Text wurde geringfügig redigiert und für den Lokalteil einer Zeitung aufbereitet.

> ► Attraktion: Prominenz, Exotik, politischer Konflikt
> ► Augenschein: Berichterstatterrolle, passive Beobachtung
> ► Quintessenz: Die Botschaft der Freiheit wird sich durchsetzen
> ► Dramaturgie: keine (Veranstaltungsmuster, chronologisch)

1 ## »Ich bin ein christlicher Führer«

2 *Unser Redaktionsmitglied Andreas Landwehr war dabei, als Nobel-*
3 *preisträger Desmond Tutu in der St. Petrikirche den Hamburgern ins*
4 *Gewissen redete.*
5
6 »Ich hoffe, Ihnen geht es nicht wie der Frau des Pastors, die abends mit
7 ihrem Mann im Bett liegt«, ruft der Mann von der Kanzel in die überfüll-
8 te Kirche. Ein Raunen geht durch die Menge, die Menschen sehen sich
9 fragend an. Das rotweiße Gewand macht sein dunkelhäutiges Gesicht
10 noch dunkler. Er schaut in die erstaunten Gesichter ringsum und fährt
11 fort: »Die Pastorenfrau sagte nämlich zu ihrem Gatten: Ich kann nicht
12 schlafen, Darling. Bitte halte mir eine deiner Sonntagspredigten.«
13 Mit diesem Auftakt löst der südafrikanische Bischof und Friedensno-
14 belpreisträger Desmond Tutu in der St. Petrikirche in Hamburgs Innen-
15 stadt schallendes Gelächter aus. Über tausend Zuhörer waren am »Tag
16 für Afrika« in die gotische Kirche gekommen und standen dicht gedrängt
17 bis in die Eingänge.

18 **Einigend wirken**

19 Auf der Brust des Bischofs baumelt ein feines, goldenes Kreuz. Seine
20 leuchtenden Augen blicken knapp über das große Blumengesteck auf
21 dem Predigerpult hinab aufs Publikum. »Der Nobelpreis war keine per-
22 sönliche Auszeichnung für mich, es ist unser Preis, er gehört uns allen«,
23 ruft er und streckt die Arme aus, als wolle er die klatschende Menge um-
24 armen. »Alle von uns sind ausgezeichnet worden, für unser Bekenntnis
25 und für den Einsatz für Frieden, Gerechtigkeit und Versöhnung.

26 Das Nobelkomitee hatte Tutu im vorigen Dezember in Oslo als »ei-
27 nigende Führerfigur« im Kampf gegen die Apartheid ausgezeichnet.
28 Während die südafrikanische Apartheitsregierung den Widerstand in den
29 schwarzen Townships von ihren Polizeitruppen niederknüppeln ließ,
30 ermutigte das Komitee »alle Einzelpersonen und Gruppen«, weiter für
31 die Abschaffung der Rassentrennung zu streiten.

32 Engagiert zitiert Tutu seinen Hamburger Zuhörern die Propheten.
33 Jeder Satz geht ihm wie ein streng zu hütendes Geheimnis über die Lip-
34 pen. Er spricht von irregeleiteten Menschen, die »die von Gott geschaf-
35 fene Balance der Welt« durcheinander bringen. Für ihn sei die Bibel das
36 »revolutionärste, radikalste Buch, das es gibt«.

37 **Am Kragen gepackt**

38 Tutu, der seine Predigt in Englisch hält, muss seinen Redefluss immer
39 wieder unterbrechen, damit übersetzt werden kann. Konzentriert und
40 bewegungslos wartet er. Dann kommt wieder Leben in seine großen Au-
41 gen. Er redet von Unterdrückung, Ungerechtigkeit und Ausbeutung in
42 der Welt und in Südafrika. Als suche er Beistand, blickt er hoch ins Kir-
43 chenschiff.

44 »Unsere Gebete müssen wir auch auf die sozialen, wirtschaftlichen
45 und internationalen Vorgänge ausdehnen.« Frömmigkeit, die sich nur auf
46 die Kirchenräume beziehe, sei ihm ein Gräuel und unakzeptierbar. »Ich
47 bin kein Politiker«, hat er bei anderer Gelegenheit gesagt, »ich bin ein
48 christlicher Führer, den Gott am Kragen gepackt hat. Und Gott muss ich
49 mehr gehorchen als den Menschen, was immer das auch kosten mag.«
50 Tutu hat immer und überall deutlich gemacht, dass er Gewalt ablehne.
51 Doch gleichzeitig hat er davor gewarnt, dass unterdrückte Menschen
52 verzweifeln und verzweifelte Menschen zu zweifelhaften Methoden grei-
53 fen.

54 »Armut und Not in der Welt sind nicht zufällig«, sagt er den Hambur-
55 gern. Ohne Schuldige beim Namen zu nennen, spricht er von der un-
56 gerechten Verteilung der Macht, des Reichtums und der Bodenschätze.
57 Desmond Tutu fordert eine neue Weltwirtschaftsordnung, die auf
58 Gleichheit aufbaut: »Wir müssen teilen«. Am Ende seiner vierzigminüti-
59 gen Predigt hebt er beschwörend die Arme und ruft: »Wir werden ent-
60 weder gemeinschaftlich überleben oder als einzelne untergehen.«

61 Von anhaltendem Klatschen begleitet, tritt er vom Pult zurück und
62 winkt den Menschen zu. Dann verschwinden seine leuchtenden Augen
63 hinter dem Blumengedeck.

64 Ein hoch gewachsener, elegant gekleideter Afrikaner, der die ganze
65 Zeit mit seiner kleinen Tochter auf dem Arm im Mittelschiff der über-
66 füllten Kirche stand, blickt seine weiße, vermutlich deutsche Frau mit
67 leuchtenden Augen an. Langsam schieben sich die drei im Strom der
68 Menschen durch den Hauptausgang der Kirche und verschwinden im
69 Gewühl der Innenstadt.

Text 2: Thema als Veranstaltung

Die Themenfindung: Es ist mal wieder Fußball-WM, diesmal fernab von Deutschland auf dem amerikanischen Kontinent, zu einer Zeit, zu der bei uns schon tiefe Nacht herrscht. Die Presse und das Fernsehen bringen seit Wochen ununterbrochen Fußballberichte. Die allerdings haben ein Problem: Die Deutschen spielen diesmal einen langweiligen Fußball. Übermüdet und frustriert gehen die Fußballfans am anderen Morgen ins Büro. In der Lehrredaktion für einen fiktiven »Lokalteil Hamburg« wird rasch erkannt, dass sich die Zeitung am Stadtgespräch »Fußball« beteiligen muss. Aber auch, dass sie Fußball »von der andern Seite« thematisieren sollte. Am nächsten Abend wird das Spiel der beiden Geheimfavoriten England gegen Portugal stattfinden. Das Thema ist geboren: Miterleben, wie die Hamburger Portugiesen »ihr« Spiel begleiten – beim Portugiesen im Hafen natürlich. Der Text wurde für einen Lokalteil in Hamburg aufbereitet und redigiert.

> ▶ Attraktion: Das Fremde im Altbekannten (Exotikeffekt)
> ▶ Augenschein: Teilnehmende Beobachtung; Mitnahme eines Kollegen als Stichwortgeber, Informationsträger, Alter Ego usw.
> ▶ Quintessenz: Spaß und Fairness
> ▶ Dramaturgie: Veranstaltung, aber Spielverlauf auf zwei Bühnen; Zapping zwischen den Bühnen

1 **Fußball-WM: Uma festa Portuguesa**

2 *Die Weltmeister-Hoffnungen der Portugiesen hat unser Reporter Kars-*
3 *ten Kolloge während eines Abends hautnah miterlebt – in einer Ham-*
4 *burger Portugiesenkneipe.*
5
6 24 Uhr, Anpfiff. Zigaretten werden angezündet, nervös rutschen die
7 Gäste im Bela-Mar an der Hafenstraße auf ihren Stühlen hin und her.
8 Die Liebhaber der iberischen Küche, auch die Billardspieler haben das
9 portugiesische Restaurant längst verlassen. Geblieben sind die Fans. 24
10 Augen starren jetzt auf den Bildschirm hoch oben im Spritregal. Von
11 dort wird jetzt live und bunt aus Amerika die Entscheidung kommen:
12 Schafft Portugals Elf die Hürde England?

13   Toni, mein Kollege aus dem Sportressort, hatte mir bereits alles prophe-
14   zeit. Portugal wird Weltmeister. Dafür werden Carlos Manuel und Ma-
15   nuel Diamantino schon sorgen. Zweiter Brasilien, vielleicht auch Argen-
16   tinien. Und Deutschland? Toni lächelte nachsichtig. Na ja, mit dem
17   Zusammenspiel sei das so eine Sache. »Vielleicht das Halbfinale«, tröste-
18   te er mich diplomatisch.
19   Experten hatten in Fachzeitschriften zwar andere Prognosen gegeben,
20   doch Toni wirkte auf einen Laien wie mich überzeugend. Immerhin hät-
21   te er bei einer Wette, ob Portugal den Sprung zu den WM-Spielen schaf-
22   fe, fast einen Polo gewonnen - wenn das Wettbüro nicht kurz zuvor
23   dicht gemacht hätte. So blieb es bei einer Flasche Porto unter Kollegen.
24   »Fünftausend Fans aus Großbritannien sind hier im Stadion, aber nur
25   rund tausend Portugiesen«, scheppert die rauchige Stimme des Sport-
26   reporters vom Spritregal herunter. Toni zieht die Stirn in Falten: So kön-
27   ne man das nicht sehen, schließlich seien da noch die Brasilianer. Und
28   die pfeifen, singen und trommeln für die Rot-Grünen, seit Portugiesen
29   Fußball spielen.
30   Null Uhr fünf. Oben auf dem Regal rammt Dave Watson dem Kee-
31   per Manuel Bento von Benfica Lissabon seine Schulter in die Brust. Man
32   denkt, man höre es krachen. Bento geht zu Boden, die Portugiesen
33   ringsum sind an der Decke. José am Tisch gegenüber zermalmt seinen
34   Kaugummi, den er sich vor einer halben Stunde in den Mund geschoben
35   hat. Endlich kommt Bento wieder hoch, ein Seufzer flirrt durchs Lokal.
36   Von den hinteren Tischen werden Bestellungen gerufen. Zwei Deut-
37   sche und drei Holländer wollen noch essen - und dies zehn Minuten
38   nach Mitternacht, wenn Portugal spielt! Koch Raul versteht die Welt
39   nicht mehr. Er verdreht die Augen, dann fixiert er hilfesuchend Belarmi-
40   no Santos, seinen Chef. Doch dessen Blick klebt am Bildschirm. Mit he-
41   runtergezogenen Lippen, zu einem Strich gepresst, verschwindet Raul in
42   Richtung Küche.
43   Aber der Koch verpasst nicht viel. Das Spiel schleppt sich hin. Es sei
44   die Nervosität, tönt der Reporter von oben, die auf beiden Seiten ihren
45   Tribut fordere. Tändeleien im Mittelfeld und häufiger Ballverlust drü-
46   cken auf die Stimmung, die Zuschauer im Bela-Mar greifen nun häufiger
47   zu ihren Gläsern. »Chalana fehlt«, sagt Toni knapp. Der Mittelfeldstar
48   habe sich in den letzten Monaten mit Verletzungen herumgeplagt, er
49   müsse zu Hause bleiben.

50   Endlich schrillt der Pausenpfiff. Zeit für Fachsimpelei und eine weite-
51 re Zigarette. Mit zusammengepressten Lippen bringt Raul das bestellte
52 Essen. Unglaublich, diese Deutschen am hinteren Tisch wollen vom
53 Foul des Engländers nichts gesehen haben – Raul ist perplex. Zwar habe
54 England zugelegt, erklärt mir Toni, aber das Unentschieden sei gerecht.
55 Nach der Pause drücken die Engländer. José zermalmt seinen Kaugum-
56 mi und Toni schiebt unruhig seinen Hintern hin und her. »Rapido!« feu-
57 ert er an, die Portugiesen sollen endlich aufwachen.
58   Und dann kommt es: Diamantino und Manuel sprinten nach vorn,
59 Diamantino schlängelt sich durch Englands Abwehr, flankt von links
60 außen – Manuel steht goldrichtig und kickt ein. Ein Aufschrei, Portugal
61 ist von den Sitzen, Portugal umarmt sich, Portugal tanzt.
62   Ob Portugal Meister werden wird? Toni lacht: »Haste doch gesehen!«
63 Endlich der erlösende Schlusspfiff. Portugal springt von den Stühlen.
64 »Uma festa Portuguesa«, singt Koch Raul durchs Lokal. Der Schampus
65 kann kommen.
66   Ein schweigsamer Gast in der Ecke senkt seinen Kopf, steht auf,
67 schleicht zur Theke und zahlt. »Ein Engländer«, flüstert Belarmino; der
68 sei kurz nach der Halbzeit aufgetaucht, er habe keinen englischen Pub
69 gefunden, um das Spiel seiner Mannschaft zu sehen. Belarmino legt sei-
70 nen Arm um die Schultern des jungen Briten und führt ihn mit trösten-
71 den Worten zum Ausgang.
72   Für einen Moment kehrt Stille ein. Portugal kondoliert.

Text 3: Soziales Randmilieu

Das umzusetzende Thema des Workshops hieß: Mit schockierenden Brutal-kämpfen versuchen Catcher auf der Kirmes das abgestumpfte Publikum zu ho-len. Wie aber gehen die Ringer wirklich miteinander um? Wie sieht deren Leben aus, wenn der Vorhang fällt und sie ihre bösen Fratzen ablegen? Einblicke in das Milieu der durch die Lande tingelnden Catcher gewinnt freilich nur, wer hin-ter die Bühne gelangt und mit den Schaustellern nach Dienstschluss zusammen sein kann. So war es Aufgabe der Volontärin, während des Hamburger »Dom«, der Vergnügungsmesse auf dem Domplatz, eine Ringkampf-Schaubude zu er-kunden und sich Zugang zu verschaffen – ein Unternehmen im Niemandsland zwischen journalistischer Befragung und Undercover. Denn meist spielen Schausteller ihre aufgesetzten Rollen weiter, wenn sie sich von Journalisten beo-bachtet sehen. Der Text wurde für das Wochenendjournal einer Lokalzeitung bearbeitet.

> ► Attraktion: Vor/hinter den Kulissen (Barriere-Effekt: Sicht von der anderen Seite)
> ► Augenschein: Schauplätze aufsuchen und prüfen, dann: Entschei-dung für ein Objekt mit seinen Protagonisten; Beobachten, Befra-gen, Miterleben.
> ► Quintessenz: Bösesein ist ein anstrengender Job
> ► Dramaturgie: Handlungsort mit drei Hauptpersonen; Ablauf assozi-ierend (grob chronologisch); Gegenschnitte zwischen Gespräch (Hintergrund) und Episoden (Vordergrund)

1   ### »Los, zieh ihn an den Haaren«

2   *Auf der Bühne sind sie Todfeinde. Wie gehen sie miteinander um,*
3   *wenn der Vorhang gezogen ist? Unsere Reporterin Anne-Kathrin Stö-*
4   *ber ging zu den Brutalo-Catchern auf dem Hamburger Dom. Und kehr-*
5   *te recht entspannt zurück.*

6   Dumpf klatscht der Zentnerschwere auf die Planken. Sein Gegner, flin-
7   ker als er und von schwarzer Hautfarbe, hatte ihm zuerst den Arm nach
8   hinten verdreht, durch die Luft geschleudert und dann zu Boden krachen
9   lassen. Die Zuschauer kreischen, brüllen: »Hau ihm in die Fresse!«

10 Der Dicke kommt mühsam auf die Füße, schwankt, stöhnt, wirft sich
11 mit wutverzerrtem Gesicht gegen den Schwarzen. Verpasst! Er hängt in
12 den Seilen, schleudert giftige Blicke ins Publikum und holt zum nächsten
13 Schlag aus, angefeuert durch Mach-ihn-fertig-Rufe aus der rechten Ecke.
14 »Die tun sich gar nichts«, flüstert in die Spannung hinein Norbert, ehe-
15 maliger Catch-Europameister, und legt seinen wuchtigen Arm über mei-
16 ne Schultern - eine Umhalsung wie im Schwitzkasten.

17 Norbert ist der Star der Catch-Truppe auf dem Hamburger Dom,
18 darf aber heute wegen einer Verletzung nicht in den Ring. Während rings
19 um die Seile mehr als zweihundert Zuschauer im zugigen Show-Zelt dem
20 schließlich siegenden Koloss zujubeln, trinkt Norbert in großen Schlu-
21 cken sein Dosenbier. Glatzköpfig ist er, mit kleinen verquollenen Augen
22 und einem schmalen Bart, der sich von Ohr zu Ohr durch das narbige
23 Gesicht schlängelt. Die Umstehenden sehen zu ihm hin und schnell auch
24 wieder weg. »Ich bin der Böse«, sagt er leise. »Jeder fängt gut an und wird
25 dann böse.«

26 Auch sein Vertreter, der fette Sieger Karl-Heinz Grabicki, spielt die
27 Rolle des Bösen. Im Ring. Doch alle Griffe seien genau einstudiert und
28 schmerzlos aufeinander abgestimmt, sagt Grabicki. Sein Kampf ist so-
29 eben zu Ende gegangen, der erste am Abend, auf den je nach Publi-
30 kumszustrom noch einer oder zwei folgen. Grabicki setzt sich Seite an
31 Seite zu seinem Raufpartner im Bierzelt. »Zwei Halbe!« Dany Lopez, der
32 schwarze Kubaner, und Karl-Heinz trinken einander zu, rauchen.
33 »Nachher noch zu Helga, Dany?« Lopez weiß noch nicht. »Alte Flasche.«
34 Karl-Heinz grinst anzüglich.

35 Am Nebentisch hält Norbert zwei Teenies im Arm, die ihn kichernd
36 anhimmeln. Wie seine Kollegen ist er seit vielen Jahren Catcher, aber
37 kein Dauermitglied dieser Truppe. Er, der sonst Profi-Kämpfe austrägt,
38 wird engagiert, um die Bude voll zu kriegen. Sein Brutalo-Image lockt
39 besonders Jugendliche.

40 »Alle Publikumslieblinge sind böse, denn der Bösewicht macht den
41 Kampf.« Norbert erzählt, wie die Schwester seiner Freundin ihm vor
42 Jahren einen Rosenstrauß in den Ring schicken ließ. Den hat er mit den
43 Händen zerrissen und ist dann drauf herumgetrampelt. »Musste ich,
44 sonst glaubt man mir nicht mehr.«

45 Vor dem Show-Zelt dröhnt plötzlich Discomusik. Sofort bleiben
46 hunderte Menschen vor der Treppe stehen. Über die Lautsprecher
47 dröhnt die Stimme des Show-Ansagers, der die »schlagkräftigste Truppe

48   Europas« zum zweiten Mal heute anpreist. Mit stampfenden Schritten
49   erscheint der Dicke im roten Trikot. Er ballt die Fäuste und starrt über
50   die Menge hinweg. »Das ist Karl-Heinz Grabicki, der Osteuropameister«.
51   Grabicki haut gegen einen Punchingball, boxt dann dem Kubaner, der
52   tänzelnd aufläuft, in die Seite. Wer aus dem Publikum gegen beide antre-
53   ten wolle, soll sich melden. Da drängt ein junger Muskelmann mit bulli-
54   gem Gesicht zur Treppe. »Den da will ich.« Er deutet auf den Osteuro-
55   pameister, der über die Köpfe hinweg in die Ferne blickt, als suche er
56   den Kaukasus. »Wenn er gewinnt, gibt's ne Prämie von hundertfünfzig
57   Euro«, dröhnt es aus den Lautsprechern. Grabicki spuckt aus, ganz der
58   Brutale. »Gehört natürlich dazu, der aus dem Publikum«, flüstert Norbert
59   neben mir.

60   Grabicki und der Junge wohnen zusammen im Wohnwagen, solange
61   sie auf dem Dom catchen, mit Klappbett, Kunstblumen und gemeinsa-
62   mem Fernseher. Sie kommen aus Essen und Dortmund, sind von Beruf
63   Boxer und Dachdecker und schlagen sich, bis das Geld fürs Nötigste
64   reicht. »Immer wenn wir uns wieder sehen, fallen wir uns um den Hals.
65   Aber am letzten Tag guckt man sich mit dem Arsch nicht mehr an. Dann
66   reicht's.«

67   Oben auf der Bühne mimt der Junge, der aus der Menge kam, den
68   knallharten Herausforderer. »Unser junger Freund hier ist von Beruf
69   Grobschlächter«, schreit der Showmaster ins Mikro. Viele Neugierige,
70   von dieser Nachricht angelockt, schlendern ins Zelt. Für fünf Euro gibt
71   es unbequeme Stehplätze und drei Viertelstunden Wartezeit. Draußen
72   röhrt der Ansager weiter, offenbar stimmt die Kasse noch nicht.

73   »Wir haben mal 'nen Schlachthof besichtigt«, fachsimpelt drinnen ein
74   Halbwüchsiger vor seinen Kumpels. »Die Grobschlächter waren am bru-
75   talsten.« Auf den Jacken der Jungens prangt in großen Buchstaben
76   »Rambo« und »Rocky«.

77   Inzwischen ist die Discomusik verstummt und die Leute drängeln
78   nach vorn in Richtung Seile, die Mädchen dürfen in die erste Reihe.
79   Kaum klettern die Kämpfer auf die Bretter, beginnen die Mädels zu krei-
80   schen. Norbert weiß, warum: »Die stehen auf Härte. Und die Weiber
81   sind am schlimmsten.«

82   In dieser Runde hat der Grobschlächter die Massen auf seiner Seite.
83   »Los, zieh ihn an den Haaren!« schreien sie, als der Osteuropameister
84   sich stampfend auf ihn wirft. Der Junge tut ihnen den Gefallen und
85   durchbricht eine der wenigen Regeln des »Catch-as-catch-can«: Haare

86 reißen, Augenstechen und Schläge in den Unterleib - so hat man es vor
87 dem Zelt lautstark erfahren - sind verboten.

88 Der Meister jault auf, das Gesicht schmerzverzerrt. Das Publikum
89 hasst ihn. Ein Mädchen presst die Augen zu und wendet sich ab. »Ich
90 kann das nicht mehr ansehen.« Norbert grinst, seine glasig betrunkenen
91 Augen bedeuten mir: Siehst du, es funktioniert.

92 Nach vier Runden zu je einer Minute Dauer ist wieder Schluss. Vor
93 dem Zelt verstricken sich Zuschauer und Catcher in wilde Debatten.
94 »Mann, du hast doch keine Chance gegen den Ostmeister!« Der Grob-
95 schlächter blickt trotzig. »Im nächsten Kampf mach ich ihn fertig.« Darf
96 man das verpassen? Schon stehen Neugierige vor dem Zelt und wandern
97 Richtung Eingang.

98 Die Catcher, schwitzend und müde, kippen derweil ihr nächstes Bier
99 an der Theke nebenan. Kein Wort über die Show. Grabicki hat ein blut-
100 unterlaufenes Auge, im Neonlicht fällt das plötzlich auf, und seine
101 stämmigen Oberarme sind blaugrün gefleckt. »Weißt du«, beugt sich
102 Norbert vor, »das ist nicht von hier, das hat er sich letzte Woche in Düs-
103 seldorf geholt.« Er guckt bühnenreif brutal auf Grabickis Arme. »Das
104 war privat.«

105 ## Text 4: Berufsmilieu I

106 Seit Monaten wird in unserer Stadt darüber gestritten, ob die Tötungs-
107 methoden im Schlachthof noch zeitgemäß sind. Tierschutzvereine, Be-
108 rufsgenossenschaften, Schlachterinnung, Veterinärexperten und Ethikrä-
109 te liefern sich in den Medien einen Meinungskrieg: Wie sollte man die
110 Tiere auf tierfreundliche Weise zu Tode bringen? Um das Problem kon-
111 kret anschaulich zu machen, bietet sich die Reportagentechnik an: Auf-
112 schreiben, was man sieht. Und erläutern, was man gesehen hat.
113 Problemthemen haben keine Struktur, der Reporter muss den Hand-
114 lungsfaden selber spinnen. Würde er als roter Faden den Weg eines ein-
115 zelnen Tieres wählen, könnte die Geschichte unangemessen sentimental
116 werden. Umgekehrt würde die Schilderung eines kompletten Tagesab-
117 laufs in einem großen Schlachthof den Rahmen sprengen. In der Lehrre-
118 daktion entschied sich der Volontär für die Beobachtung und Schilde-
119 rung nur des Tötungsvorgangs: ein themengerechter Fokus, der freilich
120 keinen Handlungsstrang erzeugt. Folglich erzählt der Text keine Ge-
121 schichte, er montiert Beobachtungen aneinander. Der folgende Text
122 wurde als Teil einer Themenseite (»Tod am Fließband«) aufbereitet.
123

124 ▶ Attraktion: Tabuthema, kontroverse Positionen
125 ▶ Augenschein: Kennenlernen des Tages-/Produktionsablaufs,
126   dann Beobachtung während mehrerer Stunden, dann Befra-
127   gung
128 ▶ Quintessenz: Mechanisiertes Töten ist nicht artgerecht
129 ▶ Dramaturgie: Additive Abfolge dreier Schlüsselszenen (Kern-
130   thema), verknüpft mit Sachinformationen

131

132 ### »Das Herz muss weiterpumpen«

133 *Abstechen, erschießen oder vergasen? Unser Redaktionsmitglied Jörn*
134 *Hons war im Schlachthof und hat zugeschaut, wie Kälber und Schwei-*
135 *ne nach den Regeln der Schlachterkunst getötet werden. Die Tier-*
136 *freunde unter den Lesern seien vorgewarnt.*

137 Die Männer haben die Kälber in einen schmalen Gang getrieben. Jetzt
138 stehen die drei bis vier Monate alten Tiere dicht gedrängt hintereinander.
139 Von ihren Rücken steigt Dampf auf, sie schwitzen ihre Angst aus.

140   Die beiden vordersten werden in den Bolzenschuss-Käfig gestoßen.
141   Ein drittes Kalb drängt sich dazu, doch nach wenigen Stockhieben stol-
142   pert es rückwärts. Die Eisentür schließt sich. Sekunden später hat der
143   junge Schlachter die pressluftbetriebene Bolzenpistole an die erste Käl-
144   berstirn gesetzt und abgedrückt. Lautlos sackt das Rind zusammen und
145   rutscht durch die seitliche Klapptür auf einer Schräge aus dem Käfig.
146   Seit drei Uhr in der Frühe sind die Männer in der Rinderschlachthalle
147   des Vieh- und Fleischzentrums schon bei der Arbeit. Einer legt die Kette
148   um ein Hinterbein des noch zappelnden Kalbes. Es wird hochgezogen
149   und pendelt langsam auf den Mann zu, der mit Gummischürze und
150   scharfem Messer vor einer Wanne voll Blut steht. Dem Kalb schießt
151   weißliches Wasser aus Nase und Maul, ein süßlicher Gestank macht sich
152   breit. »Baby-Kotze« sagt der Schlachter und meint die Milch, die die
153   Kälber am Abend zuvor gesoffen haben. Jetzt entleert sie sich aus dem
154   Magen.
155   Werner, ein drahtiger Mann um die vierzig, macht diese Arbeit seit
156   bald zwanzig Jahren. Tief stößt er in das Fell zwischen Hals und Vorder-
157   beinen und findet die Hauptschlagader. In breitem Strahl schießt Blut
158   heraus, strömt über Hand und Schürze. Erst jetzt stirbt das Tier.
159   Schlachten sei »Töten durch Blutentzug«, sagt er. Der Bolzen, der den
160   Schädelknochen durchschlug, betäube nur.

161   **Sensible Tiere werden ausgesondert**

162   »Das Herz des Tieres muss weiterpumpen, damit alles Blut aus dem Kör-
163   per fließt«, lautet die einfache Metzgerregel. Tierarzt Harald Kühnle er-
164   läutert: »Tötet man ein Tier vor dem Schlachten, wird das Blut schockar-
165   tig in die Muskeln getrieben. Das Fleisch schmeckt nicht mehr und ist
166   weniger lange haltbar.«
167   Seit heute Morgen um drei Uhr steht darum auch ein Veterinär am Gat-
168   ter und begutachtet die Kälber zehn Meter vor der Tötungsfalle. Ein
169   krankes Kalb, dessen Herz beim Bolzenschuss versagen würde, muss
170   herausgetrieben und im »Isolierschlachthaus« abgestochen werden.
171   Im vergangenen Jahr brauchten die Männer von den 26 000 Kälbern,
172   die zur Schlachtung kamen, nur fünfzig auszusondern. Von den 57 000
173   Rindern trieb man 130, von den 198 000 Schweinen jedoch fast tausend
174   die Notschlachthalle. Die Schweine sind am heikelsten.
175   Der junge Schlachter am Käfig hat seit heute früh schon an die vier-
176   hundert Tiere geschossen, die letzten Kälber werden gerade in den

177 schmalen Gang getrieben. Als er auf das vorletzte Kalb zielt, trifft er nur
178 das Horn. Der zweite Schuss geht knapp an der Schläfe vorbei, das Kalb
179 hatte in letzter Sekunde seinen Kopf gedreht, es stemmt sich in pani-
180 scher Angst gegen die Eisentür. Auch der dritte trifft nicht richtig. Erst
181 der vierte Schuss – der Mann hat ein Hand-Bolzenschussgerät zur Hilfe
182 genommen – erlöst den Jungbullen.

183 **Mit 220 Volt im Nacken**

184 Im Unterschied zu den Rindern scheinen die Schweine zu wissen, was sie
185 erwartet. Gellende Angstschreie begleiten die blutige Prozedur, sie hallen
186 von den Wänden des Schlachthauses wider. Vorwärts getrieben von
187 Elektro-Knüppeln laufen die Tiere durch eine Wasserdusche. Schlagartig
188 verstummen die beiden vordersten Tiere, als der Schlachtergehilfe ihnen
189 die 220-Volt-Zangen in den Nacken drückt. Wie zu Eis erstarrt, stehen
190 sie stocksteif da.
191   Nach wenigen Sekunden werden die Stromzangen weggerissen, die
192 Schweinekörper stürzen eine Schräge hinunter. Eins nach dem anderen
193 wird mit einer Kette am Hinterbein hochgezogen. Rund sechzig Minuten
194 später werden vier Schweinehälften in einen der Kühlräume abgescho-
195 ben.

196 **Historisch belastet**

197 Die technisch einfachen Bolzenschuss- und Strombetäubungen sind
198 auch unter den hiesigen Fleischern nicht beliebt. Im Nordfleisch-
199 Schlachthof in Bramstedt etwa arbeitet man mit Kohlendioxid, weil da-
200 bei mehr Glukose im Fleisch erhalten bleibt. Noch lange nach dem Zer-
201 legen des Tieres, sagen die Fachleute, wirke der Fruchtzucker weiter und
202 das Fleisch werde zarter.
203 Und doch hat diese Methode ihre Widersacher. Die argumentieren je-
204 doch nicht moralisch oder technisch, sondern psychologisch. Betriebslei-
205 ter Uwe Koppitke nennt es den »negativen Beigeschmack, den die Gas-
206 methode in Deutschland hat«. Und darum bleibt in Sachen Tötung in
207 unseren Schlachthallen alles beim Alten. Vorerst.

Text 5: Berufsmilieu II

Man hört verschiedenes über die Folgen der Begradigung des Flusses Jade bei Wilhelmshaven. Vor allem die Muschelkulturen, sagen die Fischer, seien bedroht. Darüber hat man berichtet. Doch was ist das für ein Beruf: Muschelbauer? Jenseits von Friesland kann sich kaum jemand genaueres darunter vorstellen. In der Lehrredaktion macht ein Volontär aus der Frage ein Reportagenthema: ein Tag mit den friesischen Muschelbauern zur See fahren. Sein doppeltes Ziel: Diese Berufstätigkeit den Lesern nahe bringen und die (mutmaßlichen) Folgen der drohenden Vollsandung aus der Sicht der Betroffenen beschreiben. Der folgende Text ist für eine Beilage über Friesland gedacht und redigiert.

> ► Attraktion: das Fremde (Muschelbauern) im Vertrauten (Muscheln verzehren)
> ► Augenschein: Eine Mitfahrt (Muster: Veranstaltung) organisieren; begleitende Beobachtung, Befragungen
> ► Quintessenz: Aha, so machen die das!
> ► Dramaturgie: offenes Thema, als Reisebericht umgesetzt. Ein Erlebnis-Ausschnitt daraus liefert die Geschichte; das zeitliche Nacheinander der Episode gibt den roten Faden

1 **Auch Muscheln soll man pflanzen**

2 *Die Muschelkulturen vor Wilhelmshaven gelten als friesische Speziali-*
3 *tät. Doch wegen der Jade-Begradigung drohen sie zu versanden. Un-*
4 *ser Reporter Kai Stumper war mit friesischen Muschelbauern auf See.*

5 Gekräuselt liegt das tiefblaue Meer. Müde spritzt Gischt über den Bug.
6 Die Luft schmeckt salzig, es riecht schneidend nach Fisch. Rostige Roh-
7 re winden sich über das Schiffsdeck. Ein unrasierter Mann in Holzschu-
8 hen, Jeans und Seemannspullover beobachtet von der Brücke aus, wie
9 siebzig Tonnen Miesmuscheln langsam durch den Schlund des Vorder-
10 decks wegsacken. Wir liegen drei Meilen vor Hooksiel an der Küste
11 Frieslands.
12   Die Ventile sind geöffnet, aus allen Ecken und Enden des Vorder-
13 decks strömt Wasser. Der mannshohe Muschelberg, der sich eben noch
14 bis über die Reling der »Schillhörn« erhob, sackt jetzt prasselnd in sich

15 zusammen. In seiner Mitte wächst ein gefräßiger Krater, Tausende von
16 Muscheln brechen scheppernd von seinem Rand und verschwinden im
17 gurgelnden Schlund. Unter dem Schiffsrumpf rieseln sie auf den Meeres-
18 grund herab.
19   Kapitän Johannes Kaiser (36) ist Bauer auf See, ebenso wie die beiden
20 Matrosen, die unter ihm auf dem Ladedeck an den Rohrventilen hantie-
21 ren. »Muscheln wollen gehegt und gepflegt sein. Da gehört mehr zu als
22 nur Fangen.«
23   Die vielerorts als Delikatesse geschlürften Schalentiere, die sie jetzt
24 über dem Wattengebiet »Brossenloch« aussät, erntete die Mannschaft 24
25 Stunden zuvor vom Grund des Jadebusens, 15 Meilen weiter südlich.
26 »Im Brossenloch reifen sie erstmal, bis sie ausgewachsen sind. Hier ha-
27 ben die Muscheln mehr Plankton und mehr Sauerstoff. Im September
28 ernten wir sie dann wieder«, sagt Kaiser, und nach kurzer Pause - »hof-
29 fentlich.«
30   Der Unterschied zwischen Hoffnung und Gewissheit liegt für ihn
31 nicht nur in den Unwägbarkeiten von Wind und Wetter. Seit kurzem gibt
32 es eine neue Gefahr: »Wenn die uns den Sand hier draufspülen, dann
33 können wir einpacken, dann ist Feierabend«, raunt er.
34   Der Sand, von dem er spricht, das sind 15 Millionen Kubikmeter, die
35 nach Plänen der Bezirksregierung Weser-Ems bei der Jade-Begradigung
36 vor Wilhelmshaven anfallen. »Und ausgerechnet auf unseren wichtigsten
37 Kulturflächen«, fügt er mürrisch hinzu, »wollen sie den Kram abladen.«
38   Kaisers Arbeitgeber Siebenus Gerjets besitzt den größten Muschel-
39 baubetrieb Deutschlands. »Wenn er dichtmachen muss, weil sie ihm sei-
40 ne Kulturen vollsanden, dann stehen wir alle auf der Straße«, prophezeit
41 Hermann Oleeksyn. Den 16 Arbeitskollegen der drei anderen Muschel-
42 schiffe erginge es kaum anders.
43   »Es wär' nur halb so schlimm«, sagt Kaiser und lässt die 240 PS tief
44 unten im Schiffsbauch wieder kraftvoll brummen, »wenn sie den Sand
45 ein paar Meilen weiter weg abschütten würden. Aber nein, das ist ihnen
46 zu teuer.« Das Planfeststellungsverfahren ist beendet, die endgültige Ent-
47 scheidung der Wasser- und Schifffahrtsdirektion Aurich fällt im Juni.
48 »Bis dahin«, sagt Oleeksyns Bruder Ralf, »bleibt uns nur abzuwarten.«
49   Mit leichter Hand zieht er jetzt den Ruderhebel zu sich heran. Der 35
50 Meter lange Muschelkutter antwortet willig mit einer Gegenkurve. Die
51 Pumpen auf dem Vorschiff laufen auf Hochtouren. Aus 16 Düsen steu-
52 erbords und 16 Düsen backbords tost Wasser gegen den schrumpfenden

53 Muschelberg. Was die Öffnungen der Druckrohre nicht schaffen, das
54 spülen dann Hermann Oleeksyn und sein Bruder Ralf mit armdicken
55 Schläuchen in das Loch im Rumpf.

56 Das Ladedeck hat sich in eine schaumige weiße Fläche verwandelt, als
57 die letzten Miesmuscheln durch die Öffnung klappern. Ein letztes Mal
58 dreht der Kapitän im Ruderhaus die Rohre voll auf, dann verebbt ihr
59 Rauschen in perlenden Tröpfchen.

60 Jetzt zieht die »Schillhörn« einen Schwarm kreischender Möwen nach
61 sich, die sich wieder und wieder auf verweste Fangreste stürzen. Die
62 Strahlen der Sonne sind merklich blasser geworden.

63 Das Schiff richtet seinen Bug in Richtung Heimathafen. Im Ruder-
64 haus stehen die drei Männer beieinander und prosten sich mit ihren Tee-
65 tassen zu.

66 **Erforderliche Zusätze**

67 1. Ein Info-Kasten über die Miesmuscheln sowie Eckdaten (Umsatz,
68 Volumen, Beschäftigte) der Muschelpflege in Friesland.

69 2. Ein kurzes Interview (Thema: Die Vorwürfe der Muschelbauern) mit
70 dem Sachzuständigen der Bezirksregierung Weser-Ems.

Text 6: Berufsmilieu III

Themenfindung: Da flatterte die Agenturmeldung auf den Redaktionstisch: Der letzte der Bandreißer gibt auf, der Beruf ist unwiderruflich tot. Was verbirgt sich hinter dieser Meldung? Was genau geht mit dieser Tätigkeit verloren? In der Lehrredaktion wird rasch klar, dass die Information für sich eher langweilig ist; spannend hingegen wäre es, einen der letzten Bandreißer den Lesern nahe zu bringen, damit sie verstehen, um was es dabei geht – also ein Reportagenthema, dazu da, die Leser zu einem Besuch beim letzten Bandreißer mitzunehmen. Das Problem dieses Themas - der Mann hat keine Arbeit mehr und übt seine Tätigkeit nur mehr freizeitmäßig aus – verhindert eine vollwertige Reportage; es bleibt der Besuchs- und Vorführcharakter. Gleichwohl können die Leser die Lage der Bandreißer nun auch emotional mitvollziehen. Der folgende Text ist für die Wochenendbeilage einer Regionalzeitung gedacht und redigiert.

> ► Attraktion: Das Besondere, Unwiederbringliche
> ► Augenschein: Eine das Thema repräsentierende Person finden; Besuch organisieren; Beobachtung, Befragung
> ► Quintessenz: Abschied nehmen vom Altvertrauten
> ► Dramaturgie: Keine Story, kein Handlungsfaden; Schilderung willkürlich verknüpfter episodaler Beobachtungen

1 Den Trauerkranz binden

2 *Man brauchte sie, als es noch Butterfässer gab: die Bandreißer. Doch*
3 *das ist lange her. Unser Reporter Kai-Ove Kessler besuchte den letz-*
4 *ten seiner Zunft und sah ihm bei der Arbeit zu.*

5 Meist kommt der Wind kalt von Osten. Oder feucht aus dem Westen
6 von der Elbe her. Nur wenig Grün lugt aus den knorrigen Zweigen der
7 Apfelbäume, die in großen Plantagen vor den Elbdeichen stehen. Schafe
8 grasen auf den deichgewölbten Wiesen, die wie grüne Furchen das Land
9 durchziehen. Ein Traktor knattert in der Ferne. Wir sind in Haseldorf in
10 Holstein, vor uns die gepflasterte Hofeinfahrt zur roten Backsteinkate.
11 »Besucher bin ich gewohnt, sogar das Fernsehen war schon hier«. Der
12 51jährigen Hermann Holtorf, einer der letzten Bandreißer Deutschlands,

13 kommt gemächlich näher. Er begrüßt uns mit knarzig klingender Stim-
14 me. Tiefgegrabene Lachfalten im braun gegerbten Gesicht, rotblonde
15 Locken, darunter buschige Augenbrauen. Er trägt eine grobe Cordschür-
16 ze, hat schwarze Arbeitshosen an und hält ein Bündel Weidenruten unter
17 dem Arm.

18   Tausende dieser Bündel stehen aneinander gelehnt auf seinem Hof
19 vor der offenen Blechscheune. Ein Wald aus gertenschlanken, meterho-
20 hen Schösslingen, der verarbeitet werden soll. Über dem ganzen Gelände
21 ein Duft, wie ihn ein ritzender Fingernagel auf Baumrinde hervorbringt.

22   Noch bis zur ersten Hälfte dieses Jahrhunderts haben die Bandreißer
23 aus dem hochelastischen Holz Fassreifen hergestellt. Hauptsächlich für
24 die Butterfässer der dänischen Böttger. Doch dann kam der Metallreifen
25 und Ende der Fünfziger der Kunststoff. Hermann Holtorf ächzt, als er
26 das 80 Pfund schwere Bündel zu Boden wirft. »Nur wenige von uns ha-
27 ben das überlebt.«

28   Aus dem Blechschuppen dringen metallische Geräusche. Dort schiebt
29 Hermanns 75jähriger Vater Johann gerade ein Band, wie die Weidenrute
30 genannt wird, durch die eiserne Spaltmaschine.

31   Zwei wirbelnde Schneidemesser reißen das grüne, zitronig duftende
32 Holz der Länge nach auseinander. Die beiden Hälften fliegen auf einen
33 Stapel hinter der Maschine. Hauptabnehmer seiner zu Reifen gebogenen
34 Bänder seien inzwischen die Kranzbindereien, sagt Holtorf, »Plastik darf
35 auf dem Friedhof nicht verbrannt werden«.

36   War denn früher alles Handarbeit? »Komm mal mit, min Jung.« In der
37 Scheune zerrt er einen alten Spaltblock über die Fliesen, der wie eine
38 schmale Holzbank aussieht. Flink setzt er sich über den Bock und steckt
39 einen grob geschmiedeten Metallkeil in das Loch in der Mitte der Bank.
40 Mit einem Beil spaltet er die Spitze der Rute auf, setzt sie an den Metall-
41 keil. Dann ein bedächtiges Entlangziehen am Zapfen. Immer mit dem
42 Daumen führen. Vorsichtig, damit das Holz nicht ausreißt. In wenigen
43 Sekunden ist das Band sauber geteilt. Und doch sind diese paar Sekun-
44 den zu viel im Zeitalter der Mikrochip.

45   Vorbei die Zeit, als das ganze Dorf vom Band lebte und die Männer
46 im beißenden Winterwind die Holzplantagen auf der Halbinsel Juhlsand
47 abernteten. Vorbei die Zeit, als der Oberlehrer die Kinder um Pfingsten
48 herum in die Stöckebastferien entließ, damit sie mit ihren Müttern und
49 Großeltern die Weideruten schälen. Als damals die Männer mit ihren
50 Schuten das Bandholz holten vom fruchtbaren Land auf der anderen

51 Elbseite. Heute stehen dort ein Atomkraftwerk und Dow Chemical. Opa
52 Johann kratzt sich verlegen am Kopf. »Vorbei ist eben vorbei«.
53   Der Wind drückt gegen eine grüne Heubodentür; sie pendelt quiet-
54 schend hin und her. Und er lässt die fertig gebundenen Reifen schaukeln,
55 die an der Hauswand auf dicken rostigen Nägeln zum Trocknen hängen.
56 »Stecklinge habe ich in diesem Jahr schon gar nicht mehr ausgepflanzt.
57 In ein paar Jahren gehe ich in Rente«. Holtorf klemmt sich für heute ein
58 letztes Bündel unter den Arm. »Komisches Gefühl, auszusterben«, sagt
59 er und hebt die linke Hand zum Abschied.

Text 7: Rollenspiel

Themenfindung: Glücksspiele sind in, jeder dritte Deutsche spielt irgendwo um irgendwas und hofft auf den Zufall. Wie aber ist es mit den Wetten, deren Chancen und Risiken kalkulierbar scheinen – zum Beispiel Pferderennen? Was ist dran am Gerede, dort gebe es Bestechung und Betrug? In der Volontärsrunde kam schnell heraus, dass wohl jeder eine Meinung, aber niemand wirklich Erfahrung hat. Damit war der Themenzugang geboren. Wie ist es, wenn man mal selber als Zocker mitmacht: Hilft das Pferde-Insiderwissen? Wie geht's zu bei der Pferdewette? Also ein Doppelthema: Rollenspiel, um das Milieu der Zocker kennen zu lernen – und Selbsterfahrung, um den Wettkitzel und das Spiel mit dem Glück zu erfahren. Der leicht gestraffte und redigierte Text wäre für den Lokalteil, aber auch für eine Magazinbeilage geeignet.

> ► Attraktion: Glücksspiel-Kitzel; Identifikation mit dem Rollenspieler als Stellvertreter der Leser
> ► Augenschein: Rekognoszieren, dann Selbsterfahrung, Beobachtung des Zockermilieus, Befragung
> ► Quintessenz: Dem Zocker ist egal, was seinen Wettkitzel stimuliert
> ► Dramaturgie: Wettspiel-Episoden (mit weit reichender Rückblende) werden zum Handlungsstrang verknüpft; Rahmengeschichte

1   **Gangster ließ mich im Stich**

2   *Glück oder Berechnung? Was man als Pferdewett-Neuling so alles er-*
3   *lebt, wenn man dem Rat eines Zockers folgt, berichtet unser Reporter*
4   *Michael Geffken.*

5   Es ist nicht zu fassen. Schon wieder eine Pleite. Dabei hatte ich alles so
6   schlau eingefädelt. Doch die Gäule machen, was sie wollen.
7   Taurus Hörn zum Beispiel: »Todsichere Sache, ich schwör's dir«, war
8   sich Eddy kurz vor dem fünften Rennen noch ganz sicher. Jetzt ist Eddy
9   nicht mehr zu sehen, und ich stehe da mit einem wertlosen Wettschein.
10   Otranto vor Taurus Hörn und Doux, das war mein Tipp für dieses Ren-
11   nen. Otranto vor Doux und Widukind, das haben die Pferde selbst ent-
12   schieden. Oder waren es gar nicht die Pferde, die so entschieden haben?

13 Weil man derzeit in den Medien allerlei erfährt über Doping und Wettbe-
14 trug, über illegale Buchmacher und Bestechung, deshalb war ich voll
15 Neugier und Argwohn auf die Trabrennbahn nach Bahrenfeld gekom-
16 men. Das Wettgeschäft ist auf meiner ganz persönlichen Ehrsamkeits-
17 skala irgendwo zwischen Tiefbaugewerbe und Parteienfinanzierung ein-
18 geordnet. Der Kitzel war da. Und deshalb wollte ich auf den Rat der Ex-
19 perten achten, der Zocker.

20   Der erste, der mir begegnete, war Eddy. Er hatte sich mir dadurch als
21 Experte ausgewiesen, dass er, im Bus vom Bahnhof Altona zur Trab-
22 rennbahn neben mir sitzend, den »Starter« aus der Aktentasche zog. Die-
23 ses Fachblatt für Wettfreunde ging er noch mal gewissenhaft durch, ver-
24 glich einige Angaben mit eigenen Aufzeichnungen aus einer kleinen
25 schwarzen Kladde - was mich vollends von seiner Kennerschaft über-
26 zeugte. An Eddy wollte ich mich halten. Und er nahm mich auch bereit-
27 willig unter seine Fittiche: »Klar helfe ich dir 'n büschen. Damit du hier
28 nicht unter die Räuber fällst!« So lernte ich im Schlepptau des Mittdreißi-
29 gers die Rennbahn kennen. Und das Wetten.

30   Spaß an Pferden? Mein Freund Eddy hatte da ganz eigene Ansichten.
31 »Von wegen Sport! Die Leute wollen wetten. Ob hier Pferde laufen oder
32 Kamele, das ist den meisten egal.« So bleiben denn auch fast alle Besu-
33 cher während des gesamten Renntags auf der überdachten, voll verglas-
34 ten und geheizten Tribüne. Sie verspüren keinen Drang, sich die Pferde
35 vorn an der Bahn aus der Nähe anzuschauen. Der wahre Zocker hält
36 sich lieber an die endlosen Zahlenkolonnen aus dem »Starter«, der von
37 der Bestzeit der Fahrer und Besitzer bis zu den vorigen Platzierungen
38 schier alles über das Pferd zu berichten weiß.

39   Auch Eddy war zahlengläubig: »Die Tendenz ist wichtig. Aus meinen
40 Tabellen sehe ich, wer zuletzt wen geschlagen hat, ob die Zeiten besser
41 werden, welcher Fahrer mit dem Pferd gut zurechtkommt. Dann noch
42 ein bisschen Feeling, und fertig ist die Laube.« Hörte sich gut an - und
43 Erfolg versprechend. Doch ich wollte vorsichtig sein. Daher meine Idee:
44 In den ersten beiden Rennen nur Probewetten! Ich studierte den »Star-
45 ter«, fragte Eddy, füllte dann einen Wettschein aus, aber gab ihn nicht ab.

46   Es ging prima los. Mein Probewettschein hätte mir gleich 18 Euro
47 gebracht, bei 5 Euro Einsatz. Ich hatte nämlich die Siegerin Gigi richtig
48 getippt. »Mit dem Lehmkuhl im Sulky kann die gar nicht verlieren«, die-
49 ser Expertenmeinung hatte ich mich gerne angeschlossen. Mutig gewor-
50 den, wagte ich mich im zweiten Rennen gleich an die Dreierwette. Hier

51 muss man die ersten drei Pferde in der richtigen Reihenfolge vorhersa-
52 gen. Schwierig, schwierig, doch wenn es klappt, gibt's gutes Geld.
53   Für meine Dreierwette auf Probe verließ ich mich auf den »Starter«:
54 »Cervantes unterlag zuletzt nur nach Kampf. Vielleicht kann er sich be-
55 reits heute schadlos halten. Unser erklärter Favorit!« Die »Starter«-
56 Vorhersage: 1. Cervantes, 2. Taras, 3. Burggraf. Außerdem setzte ich
57 noch Jatagan auf Sieg, auch dieser Traber war in der Fachzeitung hoch
58 gelobt worden. Am Ende hieß der Einlauf Jatagan vor Taras und Burg-
59 graf. Wieder nicht schlecht, die Dreierwette nur knapp daneben, auf Sieg
60 hätte es diesmal bei 10 Euro Einsatz sogar 84 Euro gegeben.
61   Fürs dritte Rennen kreuzte ich nun im Ernst meine Kandidaten auf
62 meinen elektronischen Wettschein an und zahlte den Einsatz.
63   Es ging schief. Mein Favorit Hoher Meißner (wer gibt Pferden solche
64 Namen?) landete »am Turm« - dieser schöne Zocker-Ausdruck bedeutet
65 »totaler Versager«. Im vierten Rennen fiel ich dann auf einen Gaul na-
66 mens Agathos herein, der mir nicht nur die Dreierwette verdarb, sondern
67 es zu allem Überfluss nicht einmal schaffte, für eine klitzekleine Platz-
68 wette wenigstens unter die ersten drei zu kommen. Von der Pleite mit
69 Taurus Hörn habe ich eingangs schon berichtet. Doch wo ist Eddy?
70   Mein Zockerfachmann bleibt auch während des fünften Rennens ver-
71 schwunden, obwohl er mich vor den »Räubern« gewarnt hatte, den ille-
72 galen Buchmachern. Jeder Zocker in Bahrenfeld kennt diese »Wilden«,
73 und jeder Offizielle der HTRG bestreitet, dass es sie gibt. »Ja, früher viel-
74 leicht«, meint die nette Frau, die seit acht Jahren von ihrem Schalter das
75 Treiben im unteren Tribünengeschoss beobachtet. »Aber seit die Polizei
76 vor drei Jahren gleich 14 von denen verhaftet hat, ist hier eigentlich Ruhe.«
77   Mich lassen die Illegalen tatsächlich in Ruhe. Doch ich werde mein
78 Geld auch legal los, 35 Euro bisher. Ganz schön viel für mich, doch we-
79 nig im Vergleich zu den mehr als 300.000 Euro Wettumsatz an diesem
80 Tag. Insgesamt wanderten im vorigen Jahr mehr als dreißig Millionen
81 Euro Wetteinsätze über die Schalter der Bahrenfelder Bahn. Davon ge-
82 hen etwa 75 Prozent zurück per Gewinnausschüttung, den Rest braucht
83 die HTRG für die Bahn- und Personalkosten, für Preisgelder und Pacht.
84 Außerdem bekommt der Fiskus 16,66 Prozent Rennwettsteuer; auf die-
85 sem Wege profitiert der Staat von unser aller Wettleidenschaft.
86   Im letzten Rennen des Tages versuche ich mein Glück noch einmal.
87 Diesmal nehme ich einfach die beiden Pferde mit den schönsten Namen:
88 Gangster und Schmusel. Ich riskiere jeweils 2,50 Euro auf Platz. Schmu-

89 sel wird Letzter, doch - kaum zu glauben - mit Gangster habe ich mich
90 als Zocker-Nachwuchshoffnung erwiesen: Er wird Dritter, endlich ein
91 Gewinn. Ich warte auf die Bekanntgabe der Quoten. Doch es dauert und
92 dauert viel länger als bei den anderen Rennen.
93 »Gegen Gangster läuft ein Protest wegen Behinderung«, klärt mich der
94 Platzlautsprecher schließlich auf. Dann wird - wahrscheinlich, weil man
95 einem Gaul mit diesem Namen sowieso alles zutraut - dem Protest statt-
96 gegeben. Gangster landet strafversetzt auf Platz vier. Ich kann meinen
97 Wettschein wegfeuern.
98 Auf dem Weg zum Bus entdecke ich Eddy weit vorn. Ich eile hin, er
99 hört sich voller Mitgefühl meine Geschichte an. Und hat gleich einen
100 Trost parat: »Komm doch morgen mit zum Buchmacher. Da sitzen wir
101 warm und trocken - und haben fürs Wetten fast 20 Rennen zur Aus-
102 wahl!«

103 **Erforderlicher Zusatz**

104 Eine Textbox mit nutzwertigen Informationen über das Wettsystem auf
105 deutschen Pferdebahnen, über die Wettumsätze in Deutschland und die-
106 jenigen der Bahrenfelder Pferdebahn.

216

Text 8: Selbsterfahrung

Das Thema: Wenn in einer Zeitungsanzeige Männer für ein Frauenbordell gesucht werden, dann ist dies vordergründig ein aufregendes, von wilden Phantasien umgarntes Thema. Hintergründiger ist die Frage, ob die Geschlechterrollen in unserer Gesellschaft sich so weit angeglichen haben, dass auch ein umgekehrter Puff zum Alltag gehört. Beides zusammen kann kein Bericht, keine Analyse zum Vorschein bringen, sondern nur das Rollenspiel: undercover mitmachen und seine Mitspieler befragen. Das klingt einfach, ist es aber nicht. Denn der Rollenspieler exponiert sich, er zeigt sich selbst, seine Sehnsüchte, seine Eitelkeiten, seine Ängste. Mehr noch: Indem sich ein Reporter auf dieses Experiment einlässt, thematisiert er zudem das Rollenspiel der Männer. Auch dies ist – wiewohl ironisch gebrochen – ein Stück heikler Selbstentblößung. Der folgende Text wurde raffend redigiert; er eignet sich für die wöchentliche Veranstaltungsbeilage der Zeitung oder als Beitrag für ein Stadtmagazin.

▶ Attraktion: Tabuthema »Sex« und »Callboy«; Identifikation mit dem Rollenspieler

▶ Augenschein: Ein Arbeitstag Undercover-Rollenspiel; Beobachtung, Gespräche

▶ Quintessenz: Die wahren Helden sind die Frauen

▶ Dramaturgie: Chronologisch erzählte Erlebnisse als Story, angereichert mit Episoden und Szenen

---

1 **Als Callboy im »Puff paradox«**

2 *Unser Reporter Dirk C. Fleck sammelte ein paar komische Erfahrun*
3 *gen als Lehrbub im ersten Frauenbordell Hamburgs. Hier sein Erleb*
4 *nisbericht.*

5 In der »Treffpunkt«-Spalte der Hamburger »Morgenpost«, dort, wo
6 »Modelle« aus aller Welt mit viel sagenden Worten (»Ich machs Dir fran
7 zösisch!«) ihre Spezialdienste anbieten, ragte eine Anzeige besonders her
8 vor. Unter dem Emblem eines knallenden Sektkorkens suchte ein Club
9 nach männlichen Dienstleistern, diesmal »nur für die Frau«.
10   Es war nicht schwer, den Job zu bekommen. Ein Anruf, ein kurzes
11 Vorstellungsgespräch in einer Privatwohnung, und schon war ich engagiert.

12 Meine Vorteile? »Jüngelchen können wir nicht gebrauchen«, hieß es, »du
13 bist genau der Richtige.« Das ging runter. Wenn die Männer schon so
14 dachten, was würden dann erst die Frauen sagen? Ich durfte gleich schon
15 bei der Premiere dabei sein. Arbeitskleidung war mitzubringen: Badehose
16 und T-Shirt. Arbeitsbeginn: zwölf Uhr mittags, High Noon ...
17   Der Taxifahrer war sich auch nicht ganz sicher, und so machten wir
18 eine kleine Tour. Genau dort, wo die flachen Einkaufsparadiese die wei-
19 ten Grasflächen verdrängt haben, blieben wir stehen. Und da war es: das
20 tiefe, samtene, Wände und Boden überziehende Puff-Rot! Nichts in der
21 langen Geschichte der Innenarchitektur und ihrer Geschmacks-
22 verirrungen hat sich hartnäckiger behauptet als der Kordel-Plüsch in Rot,
23 mit dem die Bordelle seit Jahrhunderten auf Bauernfang gehen.
24   Ich war der erste. Die muffigen Ausdünstungen der Polster und Tep-
25 piche waren mit schärfstem Scheuermittelduft gewürzt. Hinter der Bar
26 tilgte die Putzfrau die Spuren der Nacht. Ihre Ignoranz tat gut. Unter der
27 Woche arbeitet man hier mit Animierdamen.
28   Nach wenigen Minuten schlenderte ein junger Kollege mit Sporttta-
29 sche herein. Verwirrten Blickes zwar, aber mit einem verkrampften Lä-
30 cheln um die Lippen. Ich fühlte mich plötzlich wie ein alter Hase und
31 reichte ihm die Hand. So gibt man sich in jeder Firma der Welt am ers-
32 ten Tag die Hand: kräftig, geradeaus, Mut zusprechend. Wir sollten noch
33 genügend Gelegenheit haben, diesen Handschlag zu wiederholen. Punkt
34 zwölf waren wir dann komplett: sieben Glorreiche, jeder bereit, sein Bes-
35 tes herzuleihen.
36   Betriebsbesichtigung. Werner geht voran: »Zur Linken sehen Sie un-
37 seren Swimmingpool ... Und dies hier ist ein Bidet, falls die Damen, na
38 ihr wisst schon.« Der Kollege vor mir ist ganz fasziniert von dem Pool.
39 »Hier kann man gut baden gehen«, sagt er. Sympathischer Bursche.
40   Es folgen Sauna, Toiletten, Umkleideräume. Und dann schreiten wir
41 endlich dorthin, wo die Zimmer liegen. Donnerwetter, hier lässt es sich
42 lieben! Ein breites Bett mit Baldachin, eine gepolsterte Sitzgruppe, Run-
43 dumverspiegelung und, und, und. »Nett«, sagt einer. Ein anderer prüft
44 mit spitzen Fingern die Matratze. Er gehört zu der Sorte, die beim Auto-
45 kauf gegen die Reifen tritt. Ferdi steht abseits in der Tür und dimmt das
46 Rotlicht runter.
47   Zeit zum Umziehen. Wir schlüpfen in unsere Höschen und treffen
48 uns bei einer gemütlichen Tasse Kaffee zum Informationsgespräch. Zu-
49 nächst der Verdienst. Fünfzig Euro, wenn es gelingt, einer Kundin eine

50 Flasche Sekt aufzuschwatzen. Dafür müssen wir selbstverständlich mit
51 der Dame aufs Zimmer gehen, wenn sie es so will. Selbstverständlich.

52 Wir erhalten einen Einblick in die Preisliste (die billigste Flasche
53 »Schampain« 150, die teuerste 240 Euro) und lauschen einem Exkurs der
54 Geschäftsführung über die weibliche Psyche. Fazit: Frauen wollen sich
55 ausquatschen, Charme und Verständnis sind oberstes Gebot!

56 »Was ist mit den Perversen?« will jemand wissen, »und was mit den
57 Nutten, die garantiert kommen, um uns auszulachen?« »Keine Sorge,
58 Jungs«, beruhigt Ferdi, »wenn es Ärger gibt, kommt zu mir.« Ferdi hat
59 sympathische Augen und einen ungeheuer breiten Rücken.

60 Bis auf Manfred, den Boxer, der in Baden-Württemberg als Land-
61 Callboy gearbeitet hat, sind wir alle Jungfrauen. »Und sitzt nicht alle wie
62 die Hühner an der Bar, wenn Kundinnen da sind, sondern schwimmt 'ne
63 Runde. Das macht die viel unbefangener«, lautet Ferdis abschließender
64 Rat. Es kann losgehen.

65 So eine Zwölfstundenschicht ist lang. Dreizehn, vierzehn, fünfzehn
66 Uhr. Eigentlich hat niemand so recht geglaubt, dass die Mädels gleich
67 nach dem Mittagessen ins Freudenhaus kommen. Vier von uns lümmeln
68 sich auf den Liegen, einer schwitzt in der Sauna, zwei haben sich ins
69 Tabla verbissen. Ich liege am Pool. Das Schwimmen tut gut. Noch nie
70 hatte ich so viele schöne nackte Männer um mich herum.

71 Man kann nicht behaupten, dass wir unbedingt das Gespräch suchen,
72 aber wir gehen ihm auch nicht aus dem Weg. Lustig wird es, wenn von
73 »schönen, reichen, geilen« Frauen die Rede ist, die gleich kommen wer-
74 den. Aber auch dieses Thema verbraucht sich.

75 Im Moment schweigen wir. Nur die Umwälzpumpe im Pool und die
76 Würfel sind zu hören. Und die schwülstigen Udo-Jürgens-Lieder aus der
77 Musikanlage.

78 Achtzehn Uhr. Das kleine Nickerchen auf einem der verschwiegenen
79 Lotterbetten hat mir gut getan. Ich geselle mich zu den Kollegen an die
80 Bar. Man schließt gerade Wetten ab, wie viele Frauen kommen werden.
81 Der Geschäftsführer tippt Zero. Das macht mich skeptisch. Am optimis-
82 tischsten ist Ralf, der Setzer. Er setzt auf die Dreizehn.

83 Ferdi bittet in den Garten zum Grill. Der ständige Blick auf den Mo-
84 nitor, der den Eingang bewacht, macht hungrig. Die Steaks sind großar-
85 tig gelungen. Ferdis Neunjähriger kommt und schwärmt von seiner Ge-
86 burtstagsparty, die er hier im Garten gefeiert hat. Die Mädels aus dem

87 Club waren auch alle dabei. Irgendwie werde ich den Eindruck nicht los,
88 dass ihn unsere stoppelbeinige Gesellschaft belustigt.
89   Gestärkt kehren wir wieder an die Arbeit. Und plötzlich kommt Be-
90 wegung auf. Alle Blicke fliegen gen Monitor. Es hat geläutet. Und tat-
91 sächlich steht draußen ein unbekanntes Menschenobjekt. Um eine Frau
92 sein zu können, ist er eigentlich zu allein, denke ich beim Anblick des
93 wartenden Schattens. Ferdi geht öffnen. Wir rücken die Turnhosen zu-
94 recht, einer springt in den Pool und schwimmt 'ne Runde.
95   »Darf ich vorstellen«, sagt Ferdi, »dies ist Bernd aus Hannover. Er
96 wird uns tatkräftig unterstützen.« Von hinten kommen Udo Jürgens sof-
97 tige Schmalzer.
98   Einundzwanzig Uhr. Allen ist klar, dass die Mädels in diesen Minuten
99 letzte Hand an sich legen, ihr Geld zählen und hereilen. Michael telefo-
100 niert mit seiner Freundin, dass es etwas später wird, seiner Mutter ginge
101 es nicht so gut. Wenn in einer halben Stunde keine gekommen ist, will er
102 los. »Das würde ich nicht machen«, gibt Ferdi zu bedenken, »plötzlich
103 kommt 'ne ganz Gestopfte und du schaust in die Röhre!«
104   Von nebenan dringt ein ohrenbetäubender Lustschrei zu uns. Björn
105 steht auf der Wippe über dem Pool und haut sich in die Brust. Tarzan
106 war auch nicht schöner.
107   »Scheiße«, sagt Manfred, »ich hätt' schon zu gerne eine durchgezer-
108 belt.« Er legt ein imaginäres Gewehr auf Björn an und schießt. Tarzan
109 fällt vom Baum in die Fluten. Als er auftaucht, erwischt ihn die Wippe
110 knallhart am Hinterkopf. Platzwunde. Wir haben unseren ersten Verletzten.
111   Dreiundzwanzig Uhr. Der Flachs blüht. Längst haben wir uns den ei-
112 nen oder anderen Drink genehmigt, auch wenn es der Kondition scha-
113 det. Manfred erzählt von seinen Erlebnissen in Baden-Württemberg. Die
114 Spannung ist raus. Übereinstimmend tun uns die Frauen leid, die heute
115 nicht gekommen sind. Wir wären so eine angenehme Gesellschaft gewesen.
116   Gegen Mitternacht zahlen wir unsere Getränke (Hauspreise) und ver-
117 abreden uns für morgen zur zweiten Schicht. Sorry Jungs, dass ich nicht
118 kommen konnte, ich muss schreiben. Und sorry, dass ich unser unschul-
119 diges Tun in die Öffentlichkeit zerre: Von Irgendwas muss man leben,
120 und auf die Frauen ist ja kein Verlass.

Text 9: Personenreportage

Themenfindung: Kurz vor dem nächsten großen Gastspiel in der Festhalle unserer Stadt könnten wir unseren Lesern die Leute vorstellen, die hinter der Bühne ihre Arbeit leisten – auf diesem Wege sollte die Volontärsrunde das Themenfeld »Kultur im Lokalen« für die Zeitung attraktiv machen. Man war sich rasch einig: Eine wichtige und fast unbekannte Arbeit hinter den Kulissen der großen Konzerte ist die des Klavierstimmers. Es ging also nicht darum, eine prominente Persönlichkeit zu feiern, sondern den im Verborgenen arbeitenden Mann über seine Arbeit den Lesern nahe zu bringen: Der *Klavier stimmende* Klavierstimmer ist das Thema der Reportage. Der folgende Text wurde für die Seite Kultur im Lokalteil einer Zeitung redigiert und leicht gerafft.

> ▶ Attraktion: Hinter der Kulisse (Unbekanntes als Erweiterung des schon Bekannten)
> ▶ Augenschein: Begleitende Beobachtung, Befragung
> ▶ Quintessenz: Ein unterschätzter Begabungsberuf
> ▶ Dramaturgie: Ausgearbeitete Szenen, pro forma als Tagesablauf inszeniert

1 ## Drahtzieher mit gutem Ton

2 *Was alles hergerichtet werden muss, ehe Krystian Zimermann sein*
3 *Gastspiel geben kann – ein Blick hinter die Konzertkulisse. Von unse-*
4 *rem Reporter Utz Lederbogen.*

5 Wenn der Konzertpianist, vom Beifall umrauscht, auf die Bühne kommt,
6 hat Paul Winnitzki seine Arbeit hinter sich. Ohne ihn könnte der Kla-
7 viervirtuose das Publikum kaum beeindrucken. Denn Winnitzki ist einer
8 dieser unsichtbaren Zauberer, die alle Saiten für den Konzerterfolg in der
9 Hand haben.
10 Zwischen Käsebrot und Kaffee eilt Winnitzki zum Klavier und
11 schlägt mehrere Töne an. »Jeder Pianist hat seine musikphilosophischen
12 Vorstellungen, die ich in den Klang übertragen soll«, erläutert der 46-
13 jährige Pole. »Das Stimmen eines Flügels oder Klaviers ist mehr als nur
14 Stahl- und Kupferdrähte in die richtige Spannung zu ziehen«.

15   Zum Beispiel sein polnischer Kollege Krystian Zimermann: Vor jedem
16   Konzert arbeitet Winnitzki mehrere Stunden am Intonieren des Flügels.
17   Der eine Ton ist dem Pianisten zu laut, ein anderer zu leise, der Klang zu
18   dunkel oder wieder zu hell. »Total erschöpft fiebere ich dann dem Kon-
19   zert entgegen. Am liebsten bin ich selber dabei«. Winnitzki nimmt zwei
20   große Schluck Kaffee. »Erst, wenn das Konzert geglückt ist und der Flü-
21   gel sich nicht verstimmt hat, kann ich aufatmen.«

22   Ursprünglich wollte er Komponist und Pianist werden. »Meine Mut-
23   ter und meine neun Geschwister fanden das eine verrückte Idee. Die ha-
24   ben über mich gelacht.« Jahre später hat ihm der blinde Lehrer Jerzy Ko-
25   zak an der Katowitzer Musikhochschule die »Bastelarbeit« des Klavier-
26   baues und Klavierstimmens beigebracht. Vor 25 Jahren hat er sein
27   Gesellenstück gebaut, natürlich ein Klavier.

28   Der Geruch von Lack durchzieht den Raum, in dem sich sechzig
29   Klaviere und Flügel, durch ein paar Deckenleuchten angestrahlt, anein-
30   ander drängen. Winnitzkis Stimmarbeit wird durch den Lärm vorbeifah-
31   render Züge unterbrochen. An der weiß getünchten Wand des ehemali-
32   gen Lagerschuppens hängen naive Landschaftsbilder des polnischen
33   Landsmannes Pawel Michalowski. Auf dem Fenstersims türmen sich
34   Berge alter, verstaubter Noten.

35   Ein schwarzes Klavier ist in seine Einzelteile zerlegt. Saiten, Hämmer
36   und Dämpfer werden ersetzt und das alte Holz mit etwas Lack aufpo-
37   liert. Vorne steht ein 150jähriger Mahagoni-Flügel; der hat diese Proze-
38   dur bereits hinter sich. Siebenmal muss er gestimmt werden, bis der Ton
39   »steht«. Wenn eine Taste des Klaviers angeschlagen wird, versetzt der
40   Hammer drei gleichgestimmte Saiten in Schwingung. Es erklingt ein
41   Ton. »Streng genommen«, sagt Winnitzki, sei es ein Gemisch von Tönen.
42   Immer wieder muss er die Saiten zum Schwingen bringen, bis er mit dem
43   Stimmhammer die 128 Wirbel in die richtige Position gedreht hat. Ob
44   man hierzu über ein »absolutes Gehör« verfügen müsse? Ein Lächeln
45   huscht über das markige, mit einem liebevoll gepflegten Lippenbart ge-
46   schmückte Gesicht des grauhaarigen Meisters. »Das reicht nicht aus.«

47   Im Unterschied zu den Streichinstrumenten, deren Saiten man »rein«
48   stimmen kann, müsse der Klavierstimmer die Oktave in zwölf gleiche
49   Halbtöne aufteilen. Unterschiede von zwei bis drei Schwingungen seien
50   da bereits quälend. Winnitzkis Hand perlt über die Tasten. »Wenn das
51   geschafft ist, beginnt erst die richtige Kunst.« Jetzt zeigt sich erst, aus
52   wessen Schule der Klavierbauer stammt. Intervalle werden etwas größer

53 gedreht, damit sie brillanter klingen. Und beim Bass rücken die Töne
54 auseinander, damit sie an Prägnanz und Volumen gewinnen. Winnitzkis
55 Hände pieksen einen Klavierhammer mit Nadeln, damit der Anschlag
56 weicher wird. »Das ganz feine Erfassen von Nuancen wird kein Compu-
57 ter können«, meint er, »dafür taugt nur das menschliche Ohr.«
58   Geschafft! Nach anderthalb Stunden verschwindet der Stimmhammer
59 in der Werkzeugtasche. Winnitzi wäscht sich die Hände, dann setzt er
60 sich auf den Klavierschemel und beginnt einen Satz aus Bachs A-Dur-
61 Klavierkonzert zu spielen. »Zu meiner Belohnung«, sagt er. Und grinst,
62 zum ersten Mal heute.

Übungsreportage 10: Porträt

Ein Blick hinter die Kulisse des etwas heruntergekommenen Vergnügungsviertels St. Georg: Dies war ursprünglich das Reportagenthema. Als Fremdenführer war das Faktotum Theo Tattoo auserkoren worden, der alle kennt und den alle kennen – sozusagen der »running gag« durch das Thema. Doch Theo verpennte den Termin (Rausch). Die Volontärin reagierte professionell: Sie ging zu ihm nach Hause und ließ sich seine Geschichte erzählen, damals (als das Tätowieren noch als exotisch galt) eine Ausnahmestory. Die Reportage porträtiert das Unikum in der Art einer Reise entlang der Tattoos auf seinem Körper. Der folgende Text wurde leicht redigiert und könnte in einer Zeitschrift (Schwerpunktthema Hamburg) oder in der Reisebeilage zum Thema Hamburger Kiez erscheinen.

▶ Attraktion: Außenseiter/Randgruppenmilieu - Exotikeffekt
▶ Augenschein: Zutritt verschaffen; Befragung mit begleitender Beobachtung
▶ Quintessenz: Selbstbehauptung und Selbstwert in einer entwertenden Umgebung
▶ Dramaturgie: Roter Faden aus Episoden (Kolportage), Beobachtung und Animation (»Reise über den Körper«)

---

1 **Eine Haut voller Erinnerungen**

2 *Unsere Reporterin Renate Kaufeld hat in Hamburg den Mann besucht,*
3 *der davon lebt, seinen Körper zur Schau zu stellen.*

4 Dem Prototyp eines Seebärs, eines Hans Albers gar, entspricht Theo
5 nicht. Eher klein, wieselflink. Hände, die ständig in Bewegung sind.
6 Braunes, dünn gewordenes Haar und ein Bäuchlein vom Holstenbier.
7 Nur die Augen hinter den schmalen Brillengläsern, die sind seewasser-
8 blau. Trotzdem, Theo hat was, das manche Männer neidisch gucken lässt
9 und Frauen errötend zu der Frage animiert: »Überall?«
10 Theo Tattoo, wie ihn die Szene liebevoll nennt, ist tätowiert. Überall.
11 Wie ein Bilderbuch.
12 Theo öffnet das Hemd, lässt die Jeans fallen, dreht sich um und
13 schiebt den Slip kurz runter. Auf seinen Pobacken räkeln sich Nixen. Die
14 sind entstanden bei den Dreharbeiten zu dem Film »Das gelbe Haus am

224

15 Pinnasberg«. Von vorn, Slip wieder hoch, grüßt über seinem Solarplexus
16 der Schriftzug »Rickmer Rickmers«. Der wurde vor zwei Wochen in der
17 NDR-»Schaubude« vollendet.

18 Auf der Brust prangt die Gorch Fock, eingerahmt von den unver-
19 meidlichen Seemaiden. »Lerne leben ohne zu leiden« ist das Bild über-
20 schrieben. Theo scheint's gepackt zu haben. »Wenn mich die Leute ha-
21 ben wollen, bitte schön.« Seine Augen funkeln, während er Daumen und
22 Zeigefinger reibt.

23 Andere Leute stellen ihre Reiseandenken in die Vitrine, verwahren die
24 Haarlocke der ersten Liebe in einer Schachtel. Der 53jährige trägt alle
25 Erinnerungen mit sich herum – und zu Markte.

26 Drehung des rechten Oberarms nach außen. Die verblichene Rose er-
27 innert an seine erste Freundin. »Da war ich fünfzehn.« Christian Warlich
28 hat ihm die Liebe unauslöschlich eingraviert.

29 Eingeweihten ist der Name ein Begriff. Jahrzehntelang war Christian
30 Warlich der Tätowierungskünstler schlechthin auf St. Pauli. Bei ihm, mit-
31 ten im Milieu, ist Theo aufgewachsen. Und hat gekiebitzt. »Mucksmäu-
32 schenstill hab ich mich immer in meine Ecke gedrückt.« Neuerliche Dre-
33 hung des Oberarms: Direkt unter Carmens Rose das Monument für den
34 Freund und Lehrmeister: ein Grabkreuz mit dem Todesdatum.

35 »Das hat mich schon damals fasziniert: tätowiert sein und besoffen.«
36 Tätowiert ist er inzwischen reichlich, »aber Alkohol ist für mich ein
37 Problem«. Klar, wenn Theo mit seinem roten klapprigen Klapprad durch
38 St. Georg kurvt, ist er einem Gläschen nicht abgeneigt. Schließlich kennt
39 er Gott und die Welt. Wie ein Wasserfall zählt er die unzähligen Vereine
40 auf, in denen er Mitglied ist. »Nur so wegen der Geselligkeit.« Da kann es
41 auch mal passieren, dass er nach einem Zug durch die Gemeinde in ei-
42 nem fremden Bett aufwacht.

43 Das sei, wie er seufzend eingesteht, sein Problem. »Die Frauen ma-
44 chen es mir zu leicht«, so glaubt er. »Dabei red ich nie Schmus, von Lie-
45 be oder so. Ich sag immer, wo's langgehen soll. Ist doch alles mensch-
46 lich, oder?« Elf Kinder von zehn Frauen sind das Ergebnis dieser
47 Gradlinigkeit. Und jede Menge Alimente, die Theos Budget belasten.

48 Theos Herz ist groß. Viele Frauen haben darin Platz, zwei Hunde, ei-
49 ne Katze, zwei Kaninchen und eine Taube. Außerdem viele hilfsbedürf-
50 tige Mitbewohner in seinem Viertel. »Hat sich eben so ergeben, dass ich
51 hier und da zupack'«. Er fingert eine neue Zigarette aus der Schachtel.
52 Dass er hin- und hergerissen ist zwischen Gut und Böse, würde er sich

53   gern als Bild eingravieren lassen. Wenn nur die Haut noch hell und ein-
54   farbig wäre wie frischer Schnee.
55   Theo knöpft das Hemd wieder auf, drückt die Jeans auf die Hüften:
56   »Hier auf meinem Bauch wäre die Hölle mit einer Schlange drin, die
57   nach unten zeigt. Weißt schon, in welche Richtung. Links käm' der Teu-
58   fel aus den Flammen und rechts ein Engel. Hier oben, auf der Brust,
59   würden beide um mein Herz ringen.«

Dritter Teil:

Reporter schreiben über ihre Arbeit

Die Reportage ist die subjektivste journalistische Form, hieß es am Ende des ersten Buchteils. Arbeitet demnach jeder Journalist nach seinem Gusto – oder gibt es bewährte Verfahrensweisen, an die sich vor allem Jungreporter halten können? Um eine Antwort zu finden, haben wir sieben herausragenden Reportern diese Aufgabe gestellt:

»Angenommen, vor Ihnen sitzt ein junger Journalist/eine junge Journalistin und hat erstmals den Auftrag, eine Reportage zu machen. Er (sie) kam, um bei Ihnen Rat zu holen auf solche Fragen: Wie gehe ich mein Thema an, wie komme ich an gutes Material, wie setze ich es um, wie schreibe ich? Geben Sie Ihre Ratschläge unter den Gegebenheiten Ihrer Zeitung oder Zeitschrift und Ihres Tätigkeitsfeldes, damit die Leser auch Einblicke in Ihre Arbeit nehmen können.«

Die in diesem Buchteil versammelten Antworten sind spannende Einblicke in den Intimbereich der journalistischen Werkstatt: nicht zum Zweck, diese Autoren nachzuahmen, vielmehr, um von ihnen zu lernen.
Ihre Darlegungen heben den persönlichen Arbeits- und Sprachstil hervor – und machen zugleich übereinstimmend deutlich, dass die Reportagetechnik ein lernbares Handwerk bedeutet, mit dem »das zweite Gesicht der Wirklichkeit« zum Vorschein gebracht wird.

► **Zur Einführung:** Kann man die »Kategorie Reportage« journalistisch definieren? Antworten gibt der Publizist Hermann Schreiber, Jurymitglied des Egon Erwin Kisch-Preises seit dessen Gründung.

Seite 229 bis 235

► **Über das Porträt:** Wie sich der Reporter auf die Personen der Zeitgeschichte einlässt und wie er zu ihnen wieder Abstand gewinnt, schildert Jürgen Leinemann (»Der Spiegel«).

Seite 237 bis 252

► **Über die Personenbeschreibung:** Wie die Politik aus den Handlungen der Akteure hervorgeht und wie Politiker zu Objekten von Handlungen werden können, macht Sibylle Krause-Burger (freie Journalistin) an ihrer Arbeit deutlich.

Seite 253 bis 262

► **Über Menschen im Alltag:** Wie mit Beobachtungen, Befragungen und Erzählungen aus Lebensläufen Lebensgeschichten werden, zeigt Jana Simon (»Die Zeit«).

Seite 263 bis 270

► **Über Themen im Alltag:** Wie der oft triviale Vordergrund und der meist sehr komplizierte Hintergrund gesellschaftlicher Themen verknüpft und in der Reportage lebendig werden, veranschaulicht Cordt Schnibben (»Der Spiegel«).

Seite 271 bis 282

► **Spezialthema Sport:** Wie trotz der üblichen Aufgeregtheit in der *Mixed Zone* der Reporter hinter die Kulissen zu blicken vermag, schildert Jens Weinreich (»Berliner Zeitung«).

Seite 283 bis 289

► **Aus der fernen weiten Welt:** Wie anhaltend die Ausdauer und präzise die Beobachtung von Geschehnissen in fremden Ländern und Kulturen sein müssen, führt uns Peter-Matthias Gaede (»GEO«) vor Augen.

Seite 291 bis 306

Hermann Schreiber über die journalistische Kunstform Reportage:
Ihre Kennzeichen und Merkmale

Wer hierzulande von der Reportage reden will, muss erst einmal sagen, was er meint. Der Begriff ist nicht eindeutig definiert. Die Reportage hat im deutschen Sprachraum zwar Tradition (Kisch zum Beispiel), diese Tradition aber steht nicht erkennbar in Beziehung zur heute ausgeübten Praxis.

Die ist diffus, manchmal konfus. Ich hatte ein paar Jahre lang Gelegenheit, Volontäre und Redakteure im ersten Berufsjahr zu fragen, ob ihnen schon einmal eine Reportage aufgetragen worden sei, und ob man ihnen einigermaßen deutlich gesagt habe, was erwartet werde. Die Reaktion war immer die gleiche: Die erste Frage wurde bejaht, die zweite verneint. Was den jungen Reportern an formalen Hinweisen gegeben wurde, reichte etwa von der Kurzgeschichte bis zum Kommentar. Ergo: So gut wie jeder Journalist geht um mit der Reportage, so gut wie keiner aber kann sagen, was das ist. Solche Praxis ruiniert auf die Dauer jede verbindliche Form.

Auch ich kenne keine schulmäßige, keine lehrfähige Definition der Reportage, halte aber diese Abwesenheit einer allgemein verbindlichen Definition nicht für ein Manko, sondern, im Gegenteil, für unvermeidlich, sogar für sinnvoll. Denn ich sehe die Reportage idealtypisch als eine journalistische Kunstform, die überhaupt nur individuell, also über den Autor, zu definieren ist: Sie ist existent in der individuellen Entscheidung des Autors, wie er uns seine Geschichte erzählen will.

Dass der Reporter uns eine Geschichte erzählen soll, dass die Reportage ihren Gegenstand erzählerisch zu vermitteln hat, das ist zwar eine Binse, freilich auch der einzige gemeinverbindliche Anspruch an die Definition dieser journalistischen Kategorie. Das Erzählen einer Geschichte wiederum erfordert Dramaturgie: Die Geschichte muss einen Anfang und ein Ende, einen Höhepunkt und einen oder mehrere Hauptdarsteller haben. Auch der Umgang mit dieser Dramaturgie aber ist individuell. Will sagen, der Autor ist sein eigener Dramaturg. Ich versuche, von der Summe persönlicher Erfahrungen ausgehend, die Reportage handwerklich zu umschreiben, anhand der folgenden vier Punkte: Präsenz; Exklusivität; Hintergrund; Form und Sprache.

Erstens: Präsenz

Der Reporter soll gesehen und gehört haben, worüber er schreibt. Das gilt im Prinzip, jedoch nicht ohne Modifikationen. Dabei sein ist nicht alles, es ist und bleibt aber die erste Voraussetzung einer Reportage.

Auch wenn der Reporter in der Regel nicht alle Aspekte seiner Geschichte in Augenschein nehmen, nicht bei allen für die Handlung wichtigen Entwicklungen präsent sein kann, sondern auf die Auskünfte von anderen Augenzeugen oder am Ereignis direkt beteiligten Personen angewiesen ist: Entscheidend für die Authentizität und meist auch für die Qualität einer Reportage ist der sinnliche Eindrücke vermittelnde Augenschein. Als Grundsatz sollte gelten: Mit mindestens einem, besser mit mehreren Aspekten seiner Geschichte muss der Reporter sehend oder hörend persönlich in Kontakt gewesen sein.

Zweitens: Exklusivität

Im Idealfall ist die Reportage thematisch exklusiv, das heißt, sie behandelt einen Gegenstand, der in anderen Formen der Faktenvermittlung, in den Agenturnachrichten beispielsweise, noch nicht vorgekommen ist. In der Regel hat die Exklusivität der Reportage, jedenfalls hierzulande, supplementären Charakter; sie bringt zusätzliche Aspekte und Informationen, die von der Nachrichtengebung oder von der Fernsehberichterstattung über das zu beschreibende Ereignis nicht vermittelt worden sind und die dem Leser, beziehungsweise Zuschauer, bei seiner eigenen Meinungsbildung als Orientierung dienen können.

Heute, infolge der stetigen Präsenz des Fernsehens, muss sich die supplementäre Exklusivität der geschriebenen Reportage zuerst und immer wieder an den vom Fernsehen nicht beachteten oder nicht zu erreichenden Aspekten eines Ereignisses orientieren. Dazu befähigt den Reporter einmal seine Gabe, anders zu sehen als die Fernsehkamera, also zum Beispiel szenische Zusammenhänge zu erfassen, und zum anderen die Befähigung, seine Sicht des Ereignisses subjektiv zu vermitteln. Er hat die Chance, Vorgänge und Details zu sehen, die sonst niemand sieht, und sie dann so zu beschreiben, wie sie sonst niemand beschreiben kann. Die Exklusivität der geschriebenen Reportage hängt also mehr denn je von der Individualität ihres Autors ab.

Drittens: Hintergrund

Grundsätzlich sollte jede Reportage so voraussetzungslos geschrieben sein, dass der Leser die Geschichte, die sie erzählt, auch dann verstehen kann, wenn er die größeren Zusammenhänge nicht kennt und deren Entwicklung nicht verfolgt hat. Natürlich gibt es die – zunehmend praktizierte – Möglichkeit, die ganze Reportage sozusagen als Hintergrund-Reportage anzulegen, sie also der dramaturgisch gegliederten Darstellung sachlicher oder personeller Zusammenhänge eines bestimmten Ereignisses zu widmen, dieses Ereignis in seine historischen Zusammenhänge zu stellen und dabei weitgehend auf die Vermittlung sinnlicher Eindrücke oder individueller Beobachtungen zu verzichten. In der Regel aber sollte die Reportage solche Hintergrundbeschreibungen in den erzählerischen Fluss der Geschichte einbauen und auf das zum Verständnis der Erzählung unerlässliche Quantum beschränken. Im günstigsten Fall gelingt dem Autor dabei eine vereinfachende, jedenfalls allgemein verständliche Darstellung auch komplizierter Zusammenhänge, die den dramatischen Fluss der Erzählung nicht versiegen lässt und auch sprachlich nicht allzu krass aus dem Rahmen der Erzählform fällt.

Viertens: Form und Sprache
Wer die Reportage als eine journalistische Kunstform betrachtet, die von der Individualität des Autors geprägt wird, der mag für Form und Sprache dieser Gattung keine festen Regeln akzeptieren oder gar aufstellen. Ich jedenfalls kenne, wie gesagt, keine lehrfähige Dramaturgie der Reportage und akzeptiere auch keine formalen Regeln, wie sie etwa in der Nachrichtengebung durchaus gebräuchlich und sinnvoll sind. Es gibt viele Möglichkeiten, eine Geschichte zu erzählen. Entscheidend ist, dass der Autor dies überhaupt will, dass er sich nicht mit szenisch garnierter Faktenvermittlung zufrieden gibt. Die richtige Balance zwischen persönlich gefärbtem Erlebnisbericht und selektiver Tatsachen-Schilderung muss er immer wieder von neuem herstellen. Ich kenne aus der Praxis nur drei einigermaßen etablierte Formalien, die eigentlich eher Sitten und Gebräuche sind:

1. die relative Voraussetzungslosigkeit der Darstellung;
2. das Bemühen um eine persönliche, von der nüchternen Nachrichtensprache abgehobene Ausdrucksweise;
3. die Übung, Anfang und Schluss der Reportage durch Pointen zu markieren, die zuweilen dramaturgisch aufeinander bezogen werden.

Mehr noch als für die Dramaturgie gilt das Postulat der Individualität für die Sprache der Reportage. Da lassen sich nun überhaupt keine Regeln mehr aufstellen, abgesehen vielleicht von dem (im Grunde selbstverständlichen) Gebot, selbst in einer auf den Tag bezogenen, unter extremem Zeitdruck geschriebenen Reportage die sprachlichen Manipulationen der Politiker und die modischen

Klischees der Nachrichtengebung (das Wort »Störfall« etwa) zu scheuen wie der Teufel das Weihwasser. Es gibt von Rechts wegen keinerlei Spezialdeutsch, und der Reporter sollte der letzte sein, der sich dazu hergibt, seine persönliche Ausdrucksweise in vorfabrizierte Worthülsen zu zwängen.

Johannes Gross hat in der »Frankfurter Allgemeinen Zeitung« einmal geltend gemacht, dass es angesichts der Allgegenwart sprachlicher Manipulation geradezu die Pflicht der heutigen Publizistik sei, das sprachliche Material nicht mehr einfach zu übernehmen, sondern die Manipulation zu erkennen und zu enttarnen. »Der Journalist soll aus dieser Sprachmasse voll berechtigter Forderungen, begründeter Anliegen und nationaler Interessen für sein Auditorium eine Übersetzung unternehmen als Sachverwalter derjenigen, die niemand vertritt.«

Von diesem berechtigten Verlangen abgesehen, ist dem Reporter heute sprachlich alles möglich und erlaubt – vorausgesetzt, es ist allgemein verständlich, hat Substanz und ist nicht nur Wortgeklingel. Spätestens seit Mitte der sechziger Jahre in Amerika der »New Journalism« den Glauben an die Objektivität herkömmlicher journalistischer Ausdrucksformen erschüttert hat, gehört auch ungehemmter Subjektivismus zum sprachlichen Repertoire der Reportage. Die erklärte Absicht der Vertreter des New Journalism, nicht nur außenstehende Beobachter zu sein, sondern sich mit Haut und Haaren in die Erfahrung des zu beschreibenden Gegenstandes hineinzubegeben, hat der Reportage auch hierzulande eine Dimension hinzugefügt, die mit dem hergebrachten sprachlichen Material nicht auszufüllen ist. Wiederum ist individueller Ausdruck das entscheidende Kriterium.

Zwischenbilanz

Wollte man die hier versuchte handwerkliche Definition der Reportage in eine Art Lehrsatz zusammenfassen, so müsste der etwa folgendermaßen lauten: Die Reportage ist eine entweder thematisch eigenständige oder dem Nachrichtenstoff supplementär zugeordnete journalistische Darstellungsform von Tatsachen, Ereignissen und Personen, die sich durch eine Mischung von exklusiver Schilderung und selektiver Hintergrundinformation auszeichnet und die formal wie sprachlich durch die Individualität des Autors bestimmt wird.

Ich halte auch diese definitorische Bemühung nicht für besonders hilfreich, jedenfalls für entbehrlich. Treffender erscheint mir, angewandt auf die Reportage, Emile Zolas Definition eines Kunstwerks:

>»Ein Stück Natur, betrachtet durch ein Temperament.«

Ich habe mich deshalb so lange bei einer – meiner – Definition der Reportage aufgehalten, weil anders die hier anzubietenden Beurteilungskriterien und Ratschläge kaum richtig einzuordnen wären. Denn wenn es keine verbindliche Definition der Reportage gibt, dann kann es auch keine verbindlichen Kriterien für deren Beurteilung geben und erst recht kein Regelwerk, das grundsätzlich gilt und dessen Befolgung jedem Reporter das Gelingen seiner Arbeit garantieren würde.

Es soll nicht unerwähnt bleiben, dass die Jury des ausschließlich für Reportagen zu vergebenden Egon-Erwin-Kisch-Preises, der ich angehöre und die 1987 zum zehntenmal in unveränderter Besetzung zusammengekommen ist, noch nie nach bestimmten Regeln geurteilt oder das Bedürfnis empfunden hat, solche Regeln aufzustellen. Dennoch sind sich die Juroren, bei aller Unterschiedlichkeit des Herkommens und der Interessen, immer ohne Diskussion darüber einig gewesen, welche von den etwa vierzig Reportagen in der Endauswahl die fünf oder sechs besten seien; und differierende, kompromissbedürftige Meinungen gibt es fast immer nur über die Reihenfolge auf den ersten drei Plätzen. Einhellig beeindruckt aber war die Jury zu wiederholten Malen von bestimmten Reporterpersönlichkeiten, was sich auch darin ausdrückt, dass Kisch-Preise im Lauf der Jahre bis zu dreimal an dieselbe Person vergeben worden sind.

Wenn ich dennoch versuche, den Konsens darüber zu formulieren, was eine gelungene Reportage ausmacht, dann wiederum mit der notwendigen Einschränkung, dass ich dabei von meinen persönlichen Einsichten und Erfahrungen geleitet werde.

Erstens: Der Reporter muss sein Thema so wählen und darstellen, dass er dem Leser neue Erkenntnisse zu vermitteln vermag. Dies kann, wenn Neuigkeiten nicht mitzuteilen sind, zum Beispiel dadurch erreicht werden, dass der Reporter einem allgemein bekannten Gegenstand der Darstellung durch seine persönliche Betrachtungsweise oder durch die Aufdeckung überraschender Zusammenhänge und Hintergründe ganz neue Seiten abgewinnt.

Zweitens: Eine Reportage ist nur dann gelungen, wenn der Autor seinen Stoff zur Geschichte formt, also erzählbar macht. Die Dramaturgie der Erzählung wird entscheidend bestimmt von der Rolle, die der Reporter sich selber als Beobachter oder nachvollziehend Beteiligter beimisst. Keinesfalls genügt eine Chronik der laufenden Ereignisse, also eine dramaturgisch ungeordnete Aufzählung des Vorgefallenen. Auch der reine Recherchenbericht, der lediglich den persönlichen Umgang des Reportes mit seiner Geschichte beschreibt, kann in aller Regel die Dramaturgie der Reportage nicht ersetzen. Die Schilderung einer

Reise zum Beispiel ist nicht notwendigerweise identisch mit einer Geschichte: Für den Reporter ist die Reise Mittel zum Zweck, nicht Gegenstand der Darstellung.

Drittens: Entscheidend für das Gelingen einer Reportage ist schließlich die richtige Balance zwischen Faktenvermittlung und Impression. Ein Reporter soll sich eingelassen haben auf seine Geschichte, aber er soll sich nicht so weit hineinbegeben haben in die Ermittlung und die Vermittlung des Darzustellenden, dass er nur noch persönliche Empfindungen und keine Fakten mehr mitzuteilen hat. In jüngster Zeit überschreiten manche Produkte unter diesem Blickwinkel eindeutig die Grenze zur Literatur.

Diese Grenze wird nicht zuletzt durch die Wahl der sprachlichen Mittel markiert. So wenig die in der Nachrichtengebung gebräuchlichen Klischees in der Reportage verloren haben, so wenig ist sie der Raum für quasi literarische Wortartistik. Verständlichkeit und Einprägsamkeit rangieren hier allemal vor dem literarischen Anspruch. Jede gelungene Reportage lässt die persönliche Handschrift ihres Autors erkennen; der aber wäre kein Reporter, sondern eben Literat oder Feuilletonist, wenn er seine Gabe zu reflektieren und zu impressionieren nicht in den Dienst der Verständlichkeit seiner Geschichte stellen würde.

Was ich einem Reporter sage, der zu einer großen Story aufbricht und damit Erfolg haben möchte, hängt zum einen von der Person des Autors und zum anderen natürlich von dem Thema ab, das er sich vorgenommen hat. Es gibt nicht viele Ratschläge, die immer und für jeden gelten. Hier sind einige, die ich für besonders wichtig halte:

Erstens: Der Reporter soll vorbereitet sein. Er soll sich seiner Story, wo immer das möglich ist, zwar unvoreingenommen, aber nicht ohne eine begründete Erwartungshaltung nähern. Er soll sich so viele Vorkenntnisse wie möglich verschaffen; sei es aus dem Archiv oder durch Gespräche mit kundigen Personen. Es wird zum Gelingen der Reportage beitragen, wenn sich der Reporter seinem Thema mit einer aus Vorkenntnissen entwickelten These nähert und diese dann an den vorgefundenen Realitäten überprüft, gegebenenfalls korrigiert. Eine vorgefasste Meinung zu haben, ist durchaus erlaubt, solange man bereit ist, sie vor Ort »kaputt zu recherchieren«.

Zweitens: Der Reporter soll nichts Vorhersehbares dem Zufall überlassen, auch nicht die Logistik seiner Recherche, von der Wahl der am besten geeigneten Verkehrsmittel und der optimalen Standorte bis zur Bestimmung der vermutlich wichtigsten Informanten und dem Versuch mit diesen Informanten im voraus Verabredungen zu treffen.

Drittens: Vor Ort muss der Reporter alsbald entscheiden, auf welche Schauplätze, Personen und Aspekte seiner Geschichte er sich konzentrieren will. Eine nach Vollständigkeit strebende, womöglich wahllose Recherche kann dem Gelingen der Reportage eher hinderlich als förderlich sein. Wichtiger ist, dass der Reporter dort, wo er hingeht, dichter dran ist und mehr sieht als seine Konkurrenten. Der Reporter muss nicht nur genauer hinhören, er muss auch besser sehen können als zum Beispiel ein herkömmlicher Fernsehkonsument. Präzise Detailbeobachtung kann für die Qualität einer Reportage entscheidend sein.

Viertens: Bevor er zu schreiben beginnt, sollte der Reporter alle seine Recherchen gründlich sichten und dann seinen Stoff gliedern. Dabei sollte er beherzt »Schneisen schlagen« in die fast immer erdrückende Fülle der Informationen und Beobachtungen. Nicht Vollständigkeit ist ein Kriterium der Reportage, wohl aber die Form. Es ist eine unter Journalisten weit verbreitete Illusion, dass die Form einer Geschichte sich von selber finde, wenn erst einmal zwei oder drei Absätze auf dem Papier stünden. Niemand jedoch kann eine Geschichte schreiben, deren Anfang und Ende er nicht kennt.

Fünftens: Beim Schreiben ist der Reporter endgültig allein. In dieser Einsamkeit des Schreibens erreichen ihn auch Ratschläge nicht mehr.

Wer schwer schreibt, weiß das, bedarf also auch der Ermahnung nicht, selbstkritisch zu bleiben gegenüber den flotten Formulierungen, die so leicht von der Hand gehen. Wer aber das Glück hat, leicht und locker zu schreiben, möge sich diese Ermahnung zur selbstkritischen Überprüfung jeder Formulierung gefallen lassen. Nichts ist individueller, nichts weiter entfernt von jeder Regelbarkeit als der sprachliche Ausdruck. Nichts aber auch ist wichtiger für den Erfolg einer Reportage.

Jürgen Leinemann über das Porträtieren:
Die öffentliche Beschreibung einer Person

Wie jeder ernsthafte Journalist versucht der Reporter Wirklichkeit mittels Sprache zu erfassen und seinen Lesern zu vermitteln. Seine Methode ist die der einfühlenden Beschreibung. Einfühlen bedeutet – er lässt sich mit allen Sinnen und Empfindungen auf das Objekt seiner Schilderungen ein. Er gibt Abstand auf und gewinnt dadurch detaillierte, sinnlich-genaue, authentische Erfahrungen. Beschreiben heißt – er ordnet seine Eindrücke, wählt aus, reflektiert, bewertet, gestaltet das Beobachtete und Erfahrene durch Sprache. Er gewinnt schreibend Distanz zurück, ohne die emotionale Intensität des Erlebens zu unterschlagen.

Eine gelungene Reportage hält Balance zwischen Nähe und Distanz. Sie bezieht ihre Attraktion aus der engen Teilnahme des Reporters am realen Geschehen, die dem Begreifen seinen sinnlichen Gehalt zurückgibt. Sie gewinnt Verbindlichkeit und Wahrheit für den Leser jedoch erst – versackt nicht im privat-intimen Erlebnisbericht eines zufälligen Augenzeugen – durch gedankliche Organisation und sprachliche Verarbeitung.

Um dieses Balance-Problem kommt niemand herum, der Reportagen schreibt, gleich welcher Art. Reiz und Risiko sind aber nirgends größer, als wenn das Reportage-Thema ein Mensch ist – sowohl die Herstellung von Nähe als auch die Wiedergewinnung von Distanz können Prozesse sein, die Schmerz, Wut und Angst auslösen, beim Reporter und seinem Objekt. Noch im glücklichsten Falle, wenn der Reporter, die beschriebene Person und die meisten Leser das Unternehmen als gelungen betrachten (oft aus sehr unterschiedlichen Gründen), bleibt die öffentliche Beschreibung einer Person eine äußerst delikate Angelegenheit.

Laut Vertrag und Selbstverständnis bin ich Reporter. Mit Vorliebe schreibe ich über Menschen, meist Personen des öffentlichen Lebens.

Gegenstand einer Reportage wird eine Person, weil sie Aufmerksamkeit erregt. Neugier weckt. Sie kann durch ungewöhnliche Aktionen, Tätigkeiten oder Reden reizen, durch Aussehen oder emotionsgeladenes Gebaren ebenso wie durch überdurchschnittliche Durchschnittlichkeit. Männliche Stripper oder weibliche Piloten, der alte Schäfer und die junge Drogensüchtige, der »typische« Arbeitslose und die »typische« Parteifrau gehören zum Standard-Personal, das Teilnehmer journalistischer Ausbildungskurse zu Reportagen reizt. Solche Figuren mögen menschlich und journalistisch aufregend sein, die Neugier der Leser wecken sie schwer.

Darauf können eher solche Personen rechnen, die durch ihre Positionen, Leistungen oder Kapriolen im öffentlichen Raum von sich reden machen – Politiker, Sportler, Künstler, Showstars. Wer Schlagzeilen produziert für die Nachrichtenabteilungen, wird irgendwann auch als Person ein Thema. Wer unentwegt damit beschäftigt ist, ein (zumeist) positives öffentliches Bild von sich in die Welt zu setzen, reizt zur ebenso öffentlichen Nachprüfung. Ist nicht schließlich ein Star auch »nur« ein Mensch?

Erste These:
Reportage setzt das Außerordentliche, Ungewöhnliche, Exotische zum Alltag in Beziehung. Oder sie versucht das Einmalige und Besondere im Gewöhnlichen und Vertrauten sichtbar zu machen.

Der Mann im Publikum fühlte sich sichtlich fehl am Platze. Gierig blickte er auf die Bühne, während er wortlos zwischen den Sportlern und Chorsängerinnen des sächsischen Städtchens Grimma wartete, vielleicht ein bisschen formeller gewandet in seinem dunklen Nadelstreifenanzug, aber nicht weniger aufgeregt. Denn da oben auf dem provisorischen Podest am Ufer der Mulde standen die Großen des Landes – der Bundeskanzler und der Ministerpräsident. Auf die zielen die Kameras, vor denen waren die Mikrofone aufgebaut, zu ihnen blickten die Leute auf. Nichts wünschte der Mann in der Menge in diesem Augenblick mehr, als mit den Wichtigen zusammen gesehen zu werden, seinen Namen erinnerte sowieso noch jeder: Kurt Biedenkopf.

In Wahrheit zählte er sich natürlich noch immer dazu. Gerade einmal sechzehn Monate war es her, dass der kleine Professor sein Amt in der Dresdener Staatskanzlei an Georg Milbradt abgegeben hatte. Formal hoch gepriesen war er im April 2002 als Ministerpräsident zurückgetreten, tatsächlich aber hatten ihn seine Parteifreunde nach kleinkrämerischen Affären und großmannssüchtigem Gehabe in Schande davongejagt. Denn der CDU-Chef Biedenkopf und seine Frau Ingrid hatten etwas zu feudal und selbstherrlich regiert. Ein Minister spottete: »Biedenkopfs öffentliche Auftritte besitzen eine fast religiöse Dimension«.

Jetzt liefen die Kabelträger und Fotografen achtlos an ihm vorbei. Es war der 13. August 2003, genau vor einem Jahr hatte das Hochwasser hier eine Hängebrücke weggespült und die Stadt überflutet. Damals versprach ein entschlossener Gerhard Schröder, dem selbst im Wahlkampf das Wasser bis zum Hals stand, Hilfe; jetzt kassierte er den Dank ein. Und während er zufrieden die Menge der vielen tausend Grimmaer Bürger überblickte, entdeckte er schließlich den vor verkannter Bedeutung fiebernden Mann neben der Bühne. »Ach« rief er leutselig, »da ist ja der Altministerpräsident«. Und ohne Milbradt zu beachten zog er dessen Vorgänger hoch aufs Podium und juchzte ins Mikrofon: »Herr Professor Biedenkopf. Oder soll ich sagen: König Kurt?« Die Menge klatschte, Kurt Biedenkopf strahlte und überbrachte Grüße von Richard von Weizsäcker.

Die sachliche Annäherung an die Person, die beschrieben werden soll, ist vergleichsweise einfach, wenn es sich um eine öffentliche Figur handelt; besonders dann, wenn sie schon lange Gegenstand journalistischer Beachtung war. Aus Archivmaterial lässt sich ein vorläufiges Bild gewinnen. Biografische Auffälligkeiten, Brüche in der Karriere, Krisen oder ihr auffälliges Fehlen bieten Stoff für Nachfragen oder Überlegungen. Besonders im Vergleich von ganz frühen Veröffentlichungen mit solchen aus jüngster Zeit werden mögliche Veränderungen deutlich oder sich wiederholende, erstarrte Denk-, Rede-, Verhaltensmuster.

Das Lebensdrehbuch einer Person wird vage sichtbar. Zur Pflichtlektüre des Reporters gehört alles, was die Person selber gesagt und geschrieben hat, wie auch das, was dritte über sie sagen und schreiben. Solche Informationen werden ergänzt durch Befragung von Mitmenschen der Reportage-Figur, von Kollegen, Freunden, Kritikern aus möglichst vielen Bereichen, nach Möglichkeit auch aus verschiedenen Lebensphasen. (Es versteht sich von selbst, dass hierbei, wie auch bei allen anderen Verfahrens-Hinweisen, die zur Verfügung stehende Zeit für die Recherche und die mögliche Länge eines Stücks, die Ausführlichkeit der Erkundungen bestimmt. Auch unter Zeitdruck und bei Platznot empfiehlt es sich aber nach meiner Erfahrung, von allen Informationsmöglichkeiten wenigstens stichprobenartig Gebrauch zu machen.)

Zur sachlichen Annäherung gehört auch die Erforschung des Umfeldes der zu beschreibenden Person – welche historischen Umstände prägen sie, auf welcher sozialen Ebene bewegt sie sich, welche Regeln und Normen gelten, welchen Zwängen ist sie ausgesetzt? Allgemeine psychologische, soziologische, politische Überlegungen zu ihrer Sozialisation bieten sich an. Die Person kann mit Hilfe dieser Sekundärinformation schon aus der Ferne schärfere Kontur gewinnen – oder ihre scheinbar klaren Umrisse verlieren.

Wichtig ist, dass gerade die ins vorläufige Bild nicht passenden Informationen und Eindrücke nicht ausgeblendet werden. Denn die Gefahr der sachlichen Annäherung liegt in einer vorschnellen Verfestigung eines Bildes – es ist, bei Figuren, die Übung darin haben, sich gut zu verkaufen, meist das von ihm gewünschte. Oder es ist, wenn gerade dieses Image den Schreiber von vornherein als verlogen gereizt hat, das negative Gegenbild, das des eigenen Vorurteils. Gegen solche Verfestigungen hilft zunächst nur möglichst umfangreiche, wertfreie Informationsaufnahme. Sammeln ist wichtiger als auswählen.

Zweite These:
Reportage ist eine Form der Aufklärung, nicht Polemik und nicht Feuilleton. Weder starke Empfindungen und Überzeugungen des Autors gegenüber seinem Objekt noch brillante Formulierungen ersetzen genaue Recherche.

Langsam sammelte sich Schweiß im Nacken des mächtigen Mannes. Der Haaransatz wurde dunkel, der Kragen feucht. Ob er denn »bewusst« einschlägige Gesetze ignoriert habe, wurde er gefragt. Ob er sich über die dort festgeschriebene Transparenz in der Spendenpraxis »bewusst« hinweggesetzt habe? Da warf sich der Kanzler empört in die Brust und höhnte: »Auf dieses ›bewusst‹ wollen Sie doch hinaus.« Genau. Otto Schily nickte, Helmut Kohl winkte ab. »Ja, ja, ja«, sagte er dann wegwerfend, »wahr ist, dass alle Parteien gegen gesetzliche Bestimmung verstoßen haben«. In Tonfall und Haltung schwang nach: Na und?

Keinen Fußbreit Boden gab der Zeuge Kohl an diesem Septembertag des Jahres 1984 preis, als er im kargen Sitzungssaal 1903 des Bonner Parlamentshochhauses »Langer Eugen« vor dem Untersuchungsausschuss zur Flick-Affäre befragt wurde. Nicht einmal mit einer unfreiwilligen Geste der Unsicherheit oder Nervosität ließ er Selbstzweifel oder gar Schuldgefühle erkennen. Im Gegenteil, er fühlte sich triumphierend als Sieger in seinem Kampf gegen Naivlinge, deren Lebenserfahrung nicht ausreichte, sich das ständige Existenzringen von Parteivorsitzenden am Rande des Bankrotts und der Legalität auszumalen.

Seit Steuerfahnder 1975 eher zufällig auf ein illegales Spendenkonto der CDU in Liechtenstein gestoßen waren und später auf Listen des Flick-Konzerns über Zahlungen an alle etablierten Parteien, ermittelte die Staatsanwaltschaft. »Was da zutage kommt«, schrieb im Januar 1983 die konservative Frankfurter Allgemeine Zeitung, »wirkt mit seinen widerwärtigen Details über schwarze Kassen in Millionenhöhe, Zuwendungen in Kuverts, Durchstechereien und unverhohlenen politischen Ansinnen wie eine Horrorgeschichte über die Abgründe des Kapitalismus«. Erst auf Druck der Öffentlichkeit und der neu in den Bundestag gewählten Grünen entschloss sich das Parlament, einen Untersuchungsausschuss einzurichten.

Dort redete Helmut Kohl über die Widerwärtigkeiten der Geldbeschaffung für seine Partei mit dem Stolz eines zupackenden Praktikers im Sanitärgewerbe. »Ich steh' hier nicht als einer, der die Drecksarbeit den anderen überlässt«, brüstete er sich hinterher vor der Fernsehkamera: »Diese Partei ist nicht zur stärksten Kraft geworden, weil sich der Vorsitzende nicht kümmerte bis ins Detail hinein.« Er hatte die Umschläge eingesteckt, ohne nach dem Absender zu fragen, nachzuzählen oder Quittungen zu geben. »Cash? Auf die Pfote?« erkundigte sich ungläubig der SPD-Abgeordnete Gerhard Schröder aus Hannover beim Zeugen Eberhard von

Brauchitsch. »Nein«, korrigierte der Flick-Manager süffisant, »sehr vornehm, natürlich mit einem Kuvert«.

Helmut Kohl fand solche Feinheiten albern. Er dampfte fast vor vibrierender, selbstgerechter Kampfeslust. War er nicht der rechtmäßig gewählte Kanzler der Bundesrepublik Deutschland? Seit über zehn Jahren der Bundesvorsitzende der CDU und damit Nachfolger Konrad Adenauers? Und war nicht der Grüne, der ihm unverschämte Fragen zu stellen wagte, die – laut Kohl – »nicht zur Erhaltung der Republik beitragen«, der hinlänglich bekannte Terroristen-Anwalt Otto Schily? Zählte der also nicht zu jenen, »die eine ganz andere Republik wollen«? Der Parteivorsitzende hatte seine Pflicht getan und sonst gar nichts. Heilfroh war Helmut Kohl um jeden, der ihm dabei half. Schlimm genug für den Gesetzgeber, dass der »nach dem Parteiengesetz die rechtlichen Konsequenzen für die Finanzierung nicht gezogen« hatte. Sollte wohl heißen: An Gesetze, die einem nicht in den Kram passen, muss man sich auch nicht so pingelig halten. Schließlich kämpfte Helmut Kohl in der Flick-Affäre nicht um einen blütenreinen demokratischen Leumund der Unbestechlichkeit, er kämpfte politisch um die Macht in »seiner« Republik. Diese Formulierung meinte der Bundeskanzler schon zu Beginn seiner langen Regierungszeit so Besitz ergreifend, wie er sie aussprach.

Helmut Kohl war ein Macht-Haber. Je länger er amtierte, desto unverhohlener führte er sich auf, als sei er der Eigentümer des Staates und seiner Privilegien. Er kaufte Einfluss, vergab demokratische Ämter wie Pfründen, strafte und belohnte nach Gutsherrenart. Geld war für ihn mehr ein Herrschafts- als ein Zahlungsmittel. Illegale Spendenkonten und »schwarze Kassen« hielt er für notwendige Waffenlager im Kampf gegen politische Gegner, die er als Feinde verteufelte. Wie die Welt zu sehen sei, bestimmte er. Er inszenierte sie als Kampfstätte – »Wir« gegen »die«. So entstand das inzwischen legendäre System Kohl – ein System von Abhängigkeiten, in dem Machtbesitzstände in jeder Form zu Drogen wurden.

Die *persönliche Annäherung* ist schwieriger, selbst – und oft gerade dann – wenn sie besonders einfach scheint. Unter Umständen hat man sie schon behindert, bevor sie beginnt. Denn natürlich bleibt eine intensiv betriebene sachliche Annäherung – insbesondere sondierende Gespräche im Umfeld – der Themen-Figur nicht verborgen. Das weckt ihr Misstrauen, wenn sie selbst zu diesem Zeitpunkt noch nicht vom Autor über dessen Reportagen-Absicht informiert ist. Sachliche und persönliche Annäherung können und sollten deshalb zweckmäßigerweise zeitlich nebeneinander und nicht nacheinander laufen. Meist ergibt sich der tatsächliche Ablauf aus der Situation.

Nach meinen Erfahrungen ist es manchmal eher hilfreich, seiner Zielperson unbefangen und unbelastet von zuviel Vorausmaterial entgegenzutreten. Das gilt aber nur, wenn ich sicher bin, dass ich später noch Gelegenheit habe, die Person mit Fragen konfrontieren zu können, die sich mir erst aus der sachlichen Information erschlossen haben. Möglich ist natürlich auch, dass die Zielperson nicht das geringste Interesse an einem Gespräch mit dem Autor hat, weil sie ihn (oder sein Blatt) nicht mag, oder weil sie sich nur negative Folgen eines solchen Unternehmens vorstellen kann. Auch in diesem Falle ist – wenn auch unter erschwerten Bedingungen – eine Reportage möglich, besonders dann, wenn eine Person öffentlich in Erscheinung tritt. Bei Politikern erzwingt die Beharrlichkeit, mit der man – für sie sichtbar – Ihre diversen Aktivitäten verfolgt, häufig sogar einen späten Sinneswandel. Alle öffentlichen Figuren haben überdies eine dem Reporter helfende Eigenschaft: sie sind eitel.

Aber ob abwehrend oder scheinbar bereitwillig – die Kooperationsbereitschaft hält sich verständlicherweise in Grenzen; immer ist sie zweckorientiert. Die Person, wenn sie sich schon beschreiben lassen muss, will gut aussehen. Unter allen Umständen sind solche Begegnungen jedoch für den Reporter informativ und erhellend, wenn auch oft nur unfreiwillig und anders als beide Beteiligten vorher erwarteten.

Wie weit die persönliche Annäherung am Ende auch gehen mag, eines muss sie immer bringen, um Reportage möglich zu machen: eine sinnlich genaue, intensive Beobachtung der Zielperson. Was macht sie wie, zu welchem Zweck, mit welcher Wirkung? So wichtig wie alles, was der Reporter an seinem Objekt sieht, hört, riecht, fühlt, merkt, ist aber, was gleichzeitig mit ihm selbst geschieht – was er empfindet, und was er denkt. Was ihn irritiert, was ihm fehlt, was ihn fasziniert.

Sollte es zu persönlichen Begegnungen und Gesprächen kommen, ist die Herstellung eines Vertrauensverhältnisses ein wünschbares Ergebnis. Vertrauensverhältnis heißt nicht Anbiederung. Es bedeutet für mich als Reporter, dass ich meine Themen-Figur, ob ich sie nun mag oder nicht, wichtig und ernst nehme. Sie ist mein Partner in diesem Spiel – nicht mein Opfer, das ich »entlarven« will; nicht mein Held, den ich bewundern muss.

Ernst nehmen heißt: Ich versuche, die Person, die ich beschreiben will, in ihren Bedingungen zu verstehen, höre und schaue zu und lasse mir ihre Motive und Vorstellungen erläutern. Ernst nehmen heißt aber auch: Ich täusche keine Übereinstimmung vor. Ich mache kein Hehl aus meinen Motiven und Vorstellungen. Aber ich stelle den anderen nicht als Person in Frage.

Im ungünstigsten Falle entsteht auf diese Weise, weil die befragte Person dem Reporter nicht traut, ein karges, zähes Geplänkel. Oder die Person wehrt Intimität mit einer Suada von Allgemeinplätzen und Tarnfloskeln ab. Das gibt dem Reporter die Möglichkeit, die Abwehrtechniken seines Partners zu studieren, seine Ausweichmethoden, seine Konflikt-Bewältigungsmechanismen. Im günstigsten Falle entwickelt sich ein intensiver Austausch, in dem beide einander akzeptieren. Die Person des Reporters ist dabei genauso im Spiel wie die der Themen-Figur.

Über die Ziele und Interessen sollte gleichwohl in jedem Augenblick Klarheit bestehen: Das Gespräch und das Miteinander finden statt, weil die eine Person die Neugier der anderen gereizt hat. Und am Ende der Begegnung wird der Reporter sich über seinen Gesprächspartner öffentlich verbreiten.

Um nicht wiederholen zu müssen, was ohnehin schon jeder weiß, wird der Reporter versuchen, seinen Partner aus der Routine seiner abgesicherten Stellungnahmen herauszulocken: konfrontativ oder listig, mit eigenen erzählenden Vorgaben, mit überraschenden Themen, die dem anderen reizvoll erscheinen könnten, mit Übertreibungen, Anekdoten, zugespitzten Formulierungen, Zweifeln. Das Ziel ist, den Menschen zu bewegen, von sich und seinem Leben zu erzählen, nicht den Experten über Sachfragen reden oder den Rollenspieler sein Drehbuch aufsagen zu lassen.

Es ist ein Spiel, oft von großem Reiz, manchmal witzig, manchmal aggressiv, manchmal zäh – nie langweilig. Aber: Wer den anderen aus der Reserve locken will, muss selbst aus der Reserve. Auch der Reporter muss also Farbe bekennen. Wie später dem Leser sollte im Gespräch auch der Themen-Person klar werden, nach welchen Kriterien, mit welchen Maßstäben und aus welcher Einstellung heraus der Reporter die Welt – und damit auch sein Gegenüber – beurteilt und beschreibt. Beschreibung ist Auswahl, Auswahl ist Wertung.

Dritte These:
Reportage ist eine engagierte, ja kämpferische Form der Aufklärung. Sie ist subjektiv, aber nicht unverbindlich.

Für Markus Meckel war alles neu. Die Umgebung, das Essen, seine Lebenssituation, die vor allem. Der wildbärtige Landpastor aus dem Dorf Vipperow in Mecklenburg, 37 Jahre alt, verheiratet, 5 Kinder, saß im März 1990 bei einem Nobel-Italiener am Kölner Heumarkt und lauschte zerstreut den kundigen Weinvorschlägen des Saarländers Oskar Lafontaine. Etwas Genialisches ging von der klobigen Gestalt aus, die offenbar nur mit Anstrengung den brennenden Blick aus tiefer Ferne zurückholen und auf Naheinstellung zwingen konnte. Ein Büchnerscher Kraftkerl aus dem frühen 19. Jahrhundert schien sich in eine unernste Gegenwart verirrt zu haben.

Doch, sagte Gourmet Oskar Lafontaine, damals Kanzlerkandidat der SPD, Zucchini können man durchaus essen. Auch würden Tintenfische von Kennern als Delikatesse geschätzt. Meckel zupfte gedankenverloren an seinem speckigen Norwegerpullover, kramt nach Papieren in seiner abgegriffenen braunen Aktentasche und wollte lieber Einzelheiten der Bonner SPD-Position zur Nato-Mitgliedschaft eines vereinten Deutschlands wissen als über die Raffinessen der italienischen Küche.

Schon seit Wochen fühlte sich Markus Meckel »ganz schwindelig« von einer rasanten Wirklichkeitsveränderung, die seit dem Fall der Mauer natürlich alle wahrnahmen, von der er allerdings sicher war, dass er sie – zusammen mit seinem Freund Martin Gutzeit – ganz persönlich in Gang gesetzt hatte. Markus Meckel empfand sich als eine Art Werkzeug des Hegelschen Weltgeistes, seit Gutzeit und er in der Nacht zum 24. Juli des Vorjahres in Berlin einen Initiativaufruf zur Gründung des Ost-SPD zu Papier gebracht hatte. In dieser Nacht hätten die beiden philosophiebesessenen Pastoren einen solch irrwitzigen »metaphysischen Spaß« verspürt, erzählte Gutzeit später, dass das Haus eigentlich gedröhnt haben müsste von ihrem Gelächter: »Wir wussten, wir hatten ein Spiel angesetzt, das die anderen nicht gewinnen konnten«.

»Die anderen« – das waren Erich Honecker und seine marode SED-Regierung. Und wurde ihre Diktatur nicht schon Wochen später in der DDR gestürzt? Und war Meckel jetzt nicht Außenminister einer frei gewählten DDR-Regierung, Abgeordneter der Berliner Volkskammer und amtierender Vorsitzender der Ost-SPD? Bald würde er nach Washington fliegen, um neben Hans Dietrich Genscher an der »Zwei-plus-vier-Außenminister-Konferenz« über die Rolle des vereinten Deutschlands in der Welt zu verhandeln. Ein dutzend Jahre später würde Meckel sagen: »Hier wurden alle Träume wahr«.

Ein richtig genussvolles Essen ist es für Lafontaine an diesem Abend nicht geworden. Die etwas hölzerne Würde des ostdeutschen Protestanten Meckel und sein aufdringlich-demütiges Sendungsbewusstsein, das in seinem unterdrückten Pochen auf eine höhere Wahrheit etwas Herausforderndes hatte, konnten dem selbstgefälligen Star Lafontaine nicht gefallen. Immerhin tat Meckel spöttisch kund, dass er nicht nur eine Krawatte geschenkt bekommen habe und nun die Möglichkeit erwäge, sie unter besonderen Umständen sogar einmal anzulegen, sondern dass er darüber hinaus bereit sei, sich sein Bartgestrüpp zu stutzen - »stufenweise, damit kein Identitätsverlust eintritt«. Trotzdem, es blieb ein verklemmter Abend. Die Chemie stimmte einfach nicht.

Markus Meckel hat es vermutlich nicht einmal gemerkt. Als ich ihn anschließend über die Deutzer Brücke zu seinem im Lichterglanz funkelnden Luxushotel auf der anderen Rheinseite begleitete, in das die Genossen ihn eingemietet hatten, schwadronierte er noch immer mit sanfter Stimme darüber, wie ihr SPD-Papier damals »einer Erkenntnis des Wirklichen« entsprungen sei, und wie die Überzeugungskraft des Faktischen die Welt verändere: »Es läuft so, wie es laufen musste, nur schneller, das Vernünftige bringt Wirklichkeit hervor«.

Dann drückte er mir seine Aktentasche in die Hand und schlug sich mit den Worten »Ich muss mal pinkeln« in die Büsche, wie er es als fröhlicher Landvikar gewöhnt gewesen war. Ein paar Wochen später sah ich ihn im Fernsehen wieder. Da hatte er sich – neben den vertrauten Herren James Baker (USA), Eduard Schewardnadse (UdSSR), Douglas Hume (Großbritannien), Roland Dumas (Frankreich) und Hans Dietrich Genscher – in Washington adrett mit Nadelstreifen in Positur gestellt und sah fast aus wie ein richtiger Außenminister. Dass er das diplomatische Jackett von seinem Onkel geborgt hatte, wusste ja keiner.

Partnerschaft ist ein schwieriges Geschäft, auch in »Beziehungskisten« auf Zeit, wie sie im Verlauf der Recherche für eine Personen-Reportage entstehen. Die Gefahr der Grenzüberschreitungen, der gegenseitigen Manipulation, der Projektion ist groß. Machtkämpfe, wie subtil verkleidet auch immer, sind die Regel.

Erfahrene Selbstdarsteller, und das sind fast alle Personen, die Routine haben im Umgang mit Medien, versuchen mehr oder minder geschickt, den Reporter zu vereinnahmen – durch Schmeicheleien (»Ihnen kann ich ja nichts vormachen«) oder Einschüchterungen (»Gerade habe ich übrigens mit Ihrem Verleger telefoniert«), durch Umwerbung (»Dann kommen Sie am besten zu mir nach Haus, dann lernen Sie auch meine Frau kennen, die backt wunderbaren Apfelkuchen«), durch Bestechung mit angeblichen Geheimnissen (»Ich musste das so machen, weil… Aber das dürfen sie natürlich nicht schreiben«). Das Ziel ist immer eindeutig: Den Schreiber in eine Abhängigkeit zu ziehen, ihm seine Sehweise der Welt und insbesondere seiner Person aufzudrängen. Typische Bemerkungen: »So kann man das nicht sehen« … oder: »Das ist die falsche Fragestellung«.

Die umgekehrte Variante: Die zu beschreibende Person entzieht sich. Sie bietet allenfalls Rollen an, wo der Mensch gesucht wird. Um die Person gehe es doch gar nicht, auf sie komme es nicht an, nur auf die Sache. Die Skala der Abwehrreaktion reicht von schroffer Einsilbigkeit über die winselnde Mitleidsmasche (»Wenn Sie wüssten, was ich leide, aber das versteht ja keiner, geht ja auch niemanden etwas an«) bis zur Komplizenanwerbung unter dem Deckmantel der Vernunft (»Das ist doch logisch«, oder »sachgerecht«, oder »vernünftig«, »das müssen Sie doch einsehen. Das musste ich auch lernen, ist mir schwer genug gefallen. Man muss Abstriche machen im Leben, Kompromisse, das ist Politik«). In diesen Fällen gerät der Reporter, wenn er hartnäckig bleibt, nahezu unumgänglich in die Rolle des Verfolgers, der partout ein menschliches Opfer haben will, wo es doch in Wahrheit um die Sache geht.

Der Reporter kann aber auch von sich aus Schwierigkeiten mit der Nähe zu seiner Themen-Figur haben. Er kann in die Lage geraten, den anderen wegen bestimmter Verhaltensweisen und Wesenszüge abzulehnen oder anzuklagen, die er bei sich selbst nicht leiden mag. Er macht die Reportage-Partner unbewusst für eigene Defizite und unerfüllte Wünsche verantwortlich. Oder er traut sich nicht, klar zu fragen oder selbst Stellung zu beziehen, aus Furcht abgelehnt zu werden und seine Nähe-Vorteile zu verlieren.

Wer sich als Reporter auf Personengeschichten einlässt, sollte seiner selbst einigermaßen sicher sein. Nur allzu leicht verschwimmen Grenzen, wird Neugier zu Sensationsschnüffelei, Offenheit zu Taktlosigkeit. Schnell kippt Selbstbewusstsein um in Überheblichkeit, verläuft andererseits bescheidene Zurückhaltung in unklares Wischiwaschi. Wohl kein Reporter wird von sich behaupten wollen, dass ihm solche Näheprobleme nicht widerfahren wären. Das ist sein Risiko und seine Chance. Wichtig ist aber allemal, dass er es selbst merkt. Spätestens beim Schreiben.

Vierte These:
Reportage ist immer Selbsterfahrung. Personenreportage ist es in einem extremen Maß.

Gut drei Wochen nach dem Attentat, am Abend des 9. Oktober, stand der sichtlich um Fassung ringende Bundeskanzler im gleißenden Scheinwerferlicht am Rande des Todeskraters von Ground Zero in New York. Ich kannte Gerhard Schröder nun schon gut 25 Jahre und wusste, was für ein harter Knochen er – bei aller Sentimentalität – sein kann. Aber so erschüttert und zugleich kraftvoll habe ich ihn nie gesehen. »Lass mal«, sagte er leise, als ihm einer ein Mikrofon hinhielt. Er schob es nicht einmal weg. Er weinte, wie wir alle, die ihn begleiteten. Man konnte gar nicht weinen.

Dabei glaubten wir uns vorbereitet. Wir hatten ja alle das Horrorgeschehen auf den Fernsehschirmen zuerst mit- und dann wieder und wieder nacherlebt, hatten die Türme zu Staub sinken sehen und die Menschen in Panik und Verzweifelung rennen. Später täglich das Gewusel auf den Trümmerbergen. Die Zahlen. Die Reden. Die Fahnen. Die Trauerfeiern. Deshalb glaubten wir, als wir herangeprescht waren mit den Powerbooten der Polizei von Pier 92 an der 52. Straße West, dass wir wüssten, was uns erwartete.

Doch dann standen wir da, überwältigt von der brüllenden Stille dieses Götterdämmerungs-Weltuntergangs-Opern- Szenarios, wie bloßgestellt durch die kalten Lichtfluten, erschöpft nach einem 23-Stunden-Tag, leer, hilflos, ohne Worte. Und plötzlich ahnte ich, dass man auch als Kanzler erwachsen werden kann; ja, dass unserer regierenden Nachkriegsgeneration wohlmöglich das richtige Leben, das sie sich bisher spielend vom Leibe halten konnte, im Amt doch noch zustößt.

Die *Rückgewinnung von Distanz* beginnt mit einer Bestandsaufnahme aller im Verlauf der Recherche gewonnenen Informationen, Eindrücke und Empfindungen. Ich habe mir angewöhnt, alles in Stichworten auf ein großes Blatt zu schreiben – Szenen, markante Zitate, biografische Daten, beobachtete Eigenheiten, eigene Empfindungen, Fragen, typische Verhaltens- und Redemuster, Formulierungen, die mir eingefallen sind, Vergleiche, Metaphern und so fort. Eher spielerisch (gewiss nicht bewusst methodisch) versuche ich in diesem Wust von Material erste Verbindungen und Konfigurationen zu erkennen.

Und ich rücke dem Material mit Fragen zuleibe. Beispielsweise vergleiche ich mit meiner Ausgangssituation. Was hat mich damals an der Person gereizt? Was wollte ich wissen? Weiß ich das jetzt? Reizt mich anderes? Welche Antworten habe ich? Was fehlt? Warum fehlt es? Muss ich etwas nachrecherchieren oder ist das Fehlen bestimmter Informationen selbst eine Mitteilung?

Der nächste wichtige Schritt klingt simpel und unprofessionell, ist mir aber überaus wichtig: Ich versuche mir klar zu werden, ob ich meine Zielperson mag oder nicht. Ob sie mir – intellektuelle, politische, moralische Gründe hin oder her – als Mensch sympathisch ist oder nicht. Meist ist das längst eindeutig. Manchmal bleibt es unklar. Das lässt sich beim Schreiben thematisieren, wirkt sich letztlich aber nach meinem Eindruck immer nachteilig auf die Geschichte aus. Die verbleibende Uneindeutigkeit muss ja nicht die beschriebene Person charakterisieren. Es kann auch die des Autors sein.

Dann quäle ich mir eine vorläufige Quintessenz meiner Auseinandersetzung mit der Themen-Person ab. Das ist die wichtigste Voraussetzung für das Schreiben: In zwei bis höchstens vier Sätzen versuche ich zu formulieren, welche Geschichte ich meinem Leser erzählen will. Etwa so: Seit 25 Jahren ist Minister Ypsilon eine bekannte Größe in der Politik, dennoch schwanken die Urteile über ihn extrem, von »aufgeschlossen liberal« bis »erzreaktionär«. Kein Wunder – Minister Ypsilon ist der typische »Ja-Aber«-Typ des Karrieristen, der »ja« sagt, um nirgendwo anzuecken. Sein »aber« heißt, dass er in seiner Grundüberzeugung unwandelbar ist, ein modisch wendiger Unbelehrbarer.

Produkt der weiteren gedanklichen Verarbeitung des Materials ist dann eine – möglichst detaillierte – Gliederung. Entlang der skizzierten vorläufigen Linie der Geschichte sortiere ich den gesammelten Stoff. Welche Beobachtungen, Informationen, Eindrücke stützen welchen Teil der Arbeitshypothese? Was passt nicht, widerspricht sogar der Behauptung? In einem dialektischen Prozess muss gegebenenfalls die Quintessenz variiert, erweitert, notfalls sogar verworfen und durch eine andere ersetzt werden.

247

Szenen, Quoten, eigene Gefühle, Beobachtungen dritter usw. fügen sich dann unter Teilaspekten zu Blöcken zusammen. Jeder Gedanke, jede These sollten durch anschauliche Belege untermauert, jede Idee durch Szenen oder erzählende Passagen »bebildert« werden.

Zugleich suche ich nach möglichen Verknüpfungselementen – Leitmotiven oder logischen Versatzstücken, die durch Wiederholung, Steigerung, Abwandlung einer rhythmischen Verbindung zwischen den Blöcken sichern. Das kann eine mimische oder gestische Eigenart der Person sein, eine Sprachfloskel, eine sich ständig wiederholende typische Situation (z.B.: Genscher rennt zum Telefon, Jochen Vogel hebt den Zeigefinger).

Aus der Gesamtheit der Blöcke entsteht im Idealfall eine Art gedankliche Gestalt der beschriebenen Figur, die erklärt, wie die Person »tickt«: warum sie aus den Bedingungen ihrer Sozialisation geworden ist, wie sie ist; unter welchen Umständen sie sich wie zu verändern pflegt, was also möglicherweise von ihr in einer überschaubaren historischen Situation zu erwarten ist und was nicht.

Von einer solchen Abstraktion geht eine gefährliche Verführung aus. Sie spielt sich leicht als reale Figur auf, ist aber nur ein Mutmaßungskonstrukt. So begründet die Deutung dem Autor auch erscheinen mag, abgesichert durch eine Fülle von Details, es bleibt eine Annäherung an die Wirklichkeit, mehr nicht. Gleichwohl liegt in dieser gedanklichen Typisierung auch eine Chance – im Einzelnen eine ganze Gattung von Ähnlichen, ja, ein Stück Struktur unserer Ordnung zu erkennen.

Fünfte These:
Reportage ist eine Ausschnittsvergrößerung von Wirklichkeit. Im günstigsten Falle ermöglicht sie zugleich symbolhaft den Blick auf ein umfassenderes Geschehen.

Im Bundestagswahljahr 1994 lehnte der SPD-Kanzlerkandidat Rudolf Scharping lässig in Hemdsärmeln an der Reling des Bodensee-Linienschiffes »Austria« und blinzelte in die Sonne. Der Wind zauste ihn in den Haaren, der Schlips flattert ihm über die Schulter. Unten zogen Segelschiffe vorbei, aus der Ferne grüßten die Alpen. Postkartensommer. Nein, sagte der Kandidat aufgeräumt ins Funktelefon, während er lächelnd Ruderern zuwinkte, Urlaub könne man das nicht nennen, was er hier betreibe. Gerade habe er mit dem Schweizer Bundespräsidenten und dem österreichischen Bundeskanzler in Bregenz konferiert. Gleich werde er die Dornier-Werke in Friedrichshafen besuchen. Auch wenn es so aussehen mochte – Rudolf Scharping telefonierte keineswegs mit seiner Frau Jutta daheim, sondern er gab einem ihm unbekannten Moderator eines Lokalsenders ein Interview. Dabei wurde er gefilmt von einem TV-Team, was wiederum Fotografen festhielten, worüber sich der mitreisende Wort-Reporter Notizen machte.

(*Anmerkung:* Ich wusste, als ich Rudolf Scharping an jenem Tag im Wahlkampf beobachtete, weit mehr als ich sah – sah ich auch, was ich wusste? In den Umfragen war der Sozialdemokrat abgesackt, seine Parteifreunde machten sich über ihn lustig, meine Kollegen begannen ihn kritischer zu beurteilen. War das nicht wirklicher als der inszenierte Frohsinn auf dem Bodensee? Gab es Gesten, Zitate, Tonfärbungen, bewusste oder unbewusste Gefühlsäußerungen, die auf diese Situation reagierten? Ich war dabei, mir ein eigenes Bild von diesem Kandidaten zu machen, eines das nicht identisch war mit dem, das seine Berater malten und nicht mit dem, was seine Kritiker seit Jahren verbreiteten.

Was war nun Realität an dieser Szene? Was gar »die« Wirklichkeit? Nur daran, dass Scharping an jenem Sommertag auf der »Aurora« telefonierte, würde ich jeden Zweifel ausschließen, das hatte ich – mit Zeugen – selbst gesehen. Dass dieses Telefonat ein Interview war, musste ich glauben, weil der Kandidat es mir erzählte. Ich habe jedoch nicht mitgehört. Aus der Ferne wirkte das Gespräch eher wie ein Telefonflirt. Aber wäre mir Rudolf Scharping als Person anders erschienen, wenn ich gewusst hätte, dass er mit seiner Frau telefoniert? Oder mit dem amerikanischen Präsidenten? Und hätte er sich beim Telefonieren anders verhalten, wenn ihm entgangen wäre, dass das Fernsehen ihn filmte? Hätte er den Ruderern zugewinkt, wäre er nicht im Wahlkampf gewesen?)

Der letzte entscheidende Schritt der gedanklichen Vorarbeit ist die Wahl des Einstiegs. Das kann eine Szene sein, eine Sentenz, eine Beobachtung, ein Zitat. Wichtig ist, dass der Einstieg »trägt«, dass er schon den Tenor der ganzen Geschichte enthält, ohne plump das Ergebnis vorwegzunehmen. Er soll den Leser in die Lektüre hinein locken und ihn logisch weiterleiten. Ideal ist eine konkrete Situation, eine plötzliche, symbolträchtige Verdichtung des Geschehens auf einen »fruchtbaren Punkt«, wie Gotthold Ephraim Lessing sagt, »von dem aus das Vergangene und Zukünftige sichtbar wird«. Im Falle einer Personenreportage bedeutet es, einen Umschlag, Dreh- und Angelpunkt zu finden, der gleichzeitig das gängige, jedermann vertraute, klischeehafte Bild der Figur zeigt, und die – hoffentlich – überraschende, neue Darstellung durch die nachfolgende Geschichte anreißt.

Aber welchen Einstieg auch immer ich wähle, entscheidend ist der Ton, den ich anschlage – die Sprachmelodie, der Duktus, der Stil, die Erzählhaltung. Die Klangfarbe des Einstiegs – skeptisch, ironisch, bitter, hart, mitfühlend – dieser Ton bestimmt den Charakter der Reportage stärker als das gedankliche Gerüst der Gliederung. Gelingt er perfekt, dann fließt das gesammelte und organisierte Material scheinbar wie von selbst um das Gerüst. Die Sprache übernimmt die Führung, reibt sich am Organisationsschema, erzwingt Veränderungen, nuanciert, bricht die Glätte der Gedankenkonstruktion auf, lässt Widersprüche stehen. Die Geschichte schreibt sich eigenständig weiter.

Eindeutigkeit und Klarheit des Tons bezeugen die gelungene emotionale Verarbeitung des Materials, machen deutlich, dass der Reporter mit sich und seiner Themen-Figur nicht nur gedanklich, sondern auch gefühlsmäßig ins reine gekommen ist. Eindeutigkeit und Klarheit bedeuten aber gerade nicht, eine Geschichte von Anfang bis Ende im triumphierenden Fanfarenton herauszuschmettern oder sie durchgehend im elegischen Bratschenmoll zu tremolieren. Es bedeutet im Gegenteil, sich seiner Grundeinschätzung so sicher zu sein, dass Ober- und Untertöne, Dissonanzen und Tempiwechsel die melodische Grundströmung nicht zerstören sondern verstärken. Der sichere Ton, um die Musikmetapher weiter zu strapazieren, trägt nicht nur verlässlich die Aussage, er lässt auch Ungesagtes mitschwingen: Zweifel, Trauer, Zorn, Spott, Mitgefühl – die ganze Skala der Gefühlsbewegungen, die sich bei der Annäherung und Wiederdistanzierung, die manchmal sogar eine Befreiung ist, zwischen Reporter und seiner Zielperson entwickelt haben.

Ich bin keineswegs sicher, dass andere Reporter diesen Prozess, der ja letztlich das eigentliche Schreiben bestimmt, ähnlich erleben. Ich glaube aber, bei Personen-Reportagen von Kolleginnen und Kollegen den Grad des Gelingens daran messen zu können, ob sie einen sicheren Ton gefunden haben, der zugleich Distanz beweist und Nähe spürbar macht. Ich bin als Leser verärgert, fühle mich genasführt, wenn ich einer Reportage nicht zu entnehmen vermag, wie der Schreiber zur beschriebenen Person steht.

Darum ist es mir so wichtig, möglichst vor dem Schreiben – spätestens aber, wenn ich beim Schreiben ins Schlingern gerate – Klarheit über meine Sympathien und Antipathien zur Themen-Figur zu gewinnen. Mit politischen Wertungen und moralischen Urteilen hat das nichts zu tun. Ich kann sehr wohl zu klar positiven Einschätzungen des politischen Verhaltens einer Person kommen, die ich als Mensch nicht mag, oder zu eindeutig moralischer Verurteilung der Taten einer Person, die mir sehr sympathisch ist.

Es ist mir aber wichtig, mich bei Wertungen auf das konkrete Verhalten meiner beschriebenen Person in konkreten Situationen zu beschränken, allenfalls noch aus meiner eigenen deutlich umrissenen Position heraus bestimmte Einstellungen und Haltungen zu kritisieren – nicht aber die beschriebenen Menschen selbst mit Wertmarken zu bekleben.

Je klarer meine eigenen Positionen sind, je sicherer ich mir meiner Haltung gegenüber meiner Themen-Person bin, desto eindeutiger kann ich sie gleichwohl charakterisieren: Wie ich sie sehe, in einer ganz konkreten Situation unter ganz bestimmten Bedingungen, die in der Geschichte belegt sind – nicht wie die Person ist. Es bleibt bei begründeten Mutmaßungen.

Damit bringe ich allerdings nicht nur ihr Bild vor das Publikum der Leser. Dabei exponiere ich mich auch als Schöpfer dieses Bildes und übernehme dafür die Verantwortung. Keineswegs aber muss ich dazu auch noch als eigene Person, in Ich-Form, neben mein Modell treten. Es geht nicht um mich. Es geht nur – so, in dieser eindeutigen Form, in meiner Reportage – nicht ohne mich.

Sechste These:
Der Reporter ist Augenzeuge. Seine Reportage ist deutende Vermittlung eines intensiv erlebten, klar umschriebenen Ausschnitts der Wirklichkeit an andere.

> Kurz nach 20 Uhr 30 am Freitag, den 14. November, gerade eröffnete Bundespräsident Johannes Rau mit dem traditionellen Walzer den Bundespresseball 2003, drang der Berliner Außenminister in die Festsäle des Hotel Intercontinental ein. Mit robustem Körpereinsatz gelang es ihm, unterstützt von seinen rempelnden und schubsenden Leibwächtern, den ersten Ring der Presseleute zu durchbrechen. Im hektischen Feuer der Blitzlichter bahnte sich Joseph. A. Fischer – rechte Hand in der Tasche, linke Schulter vorgeschoben, Kopf gesenkt – mit unbewegt düsterer Miene seinen Weg durch die Sperrwand der Mikrofone. Wo war seine neue Freundin Minu B.? Würde sie nachkommen? Feierte er allein?

> Eher wirkte der einstige Streetfighter Joschka so, als wollte er den Saal besetzen. Durch die Gasse, die ihm seine Bodyguards frei drängelten, eilte Deutschlands beliebtester Politiker wortlos an den wartenden Journalisten vorbei in den Saal, in dem die Musik spielte. Was für ein Auftritt für die TV-Kameras. Was für ein Kick fürs eigene Ego. Wieder einmal hatte der Mann, der seine atemberaubende Karriere von der Frankfurter Sponti-Szene in die obersten Ränge der Welt-Diplomatie in erster Linie den Medien verdankte, den Pressemenschen seine Verachtung gezeigt. »Nacht des Lächelns«? Nicht mit Joschka. Eine Freundlichkeitsgrimasse für den amerikanischen Botschafter, an dessen Tisch er Platz nahm, musste genügen.

> Griesgrämig inhalierte Fischer die Aufmerksamkeit, die er erregte, ein Weltmeister der doppelten Botschaften. Seine Leibwächter schreckten Neugierige ab. Belauert von Kameras und gierigen Reporteraugen hielten sie Frager auf Distanz. Der Platz an seiner rechten Seite war leer geblieben. Ob er seine geheimnisvolle Freundin Minu, die Deutschland bisher nur aus den Fotos der Boulevard – Presse kannte, mitbringen würde wie fünf Jahre zuvor seine künftige vierte Ehefrau Nicola, hatte er vieldeutig offen gelassen. Dass man bei Joschka immer mit allem rechnen muss, steigert seine Attraktivität. Fischer, der ein Mann des Witzes und des Wortes sein kann, ein Machtspieler von hohen Graden, liebt diesen Schwund von Selbstverständlichkeiten.

> Wie er das denn fände, dass Dieter Bohlen an diesem Abend in Berlin die politische Prominenz bereichern dürfe, wollte eine Journalistin wissen. »Joschka Fischer

macht sich nicht einmal die Mühe hochzugucken«, notierte die Kollegin: »Erlegt die Mutter aller grantigen Tonfälle in seine Stimme und knurrt: ›Vergessen Sie's‹«

Sollte sich der Außenminister der Bundesrepublik Deutschland, gewandet im Smoking mit roter Weste, um einen hergelaufenen Popstar im Straßenanzug kümmern? Popstar war er selber, der einzige in der Politik, hatte sein Freund Daniel Cohn-Bendit behauptet. Na und? Hauptsache die Medien vermerkten irgendwas. Der kindliche Narziss Fischer kann gar nicht anders, als sich auf Kosten seiner Umwelt in den Vordergrund zu drängen. So habe ich ihn immer erlebt. Unvergessen eine Szene aus seinen Anfangszeiten als grüner Abgeordneter in Bonn, als ich mit seinem damals engsten Mitstreiter Hubert Kleinert in der Polit-Kneipe »Provinz« saß, um ihn über ihre jungenhafte Freundschaft zu befragen. Fischer kam herein, setzte sich mit flüchtigem Gruß an den Nebentisch und linste fortan geradezu zwanghaft herüber. »Sollen wir ihn nicht dazu bitten?« fragte ich Kleinert. »Nee, lass man, das dauert höchstens noch fünf Minuten, dann hält er es nicht mehr aus und kommt von selbst«. Drei Minuten später saß er an unserem Tisch. Kleinert kam nicht mehr zu Wort.

Die Textbeispiele sind dem Buch »Höhenrausch« entnommen, das 2004 im Blessing-Verlag erschien, als Taschenbuch 2005 bei Heyne. Sie sind – mit Ausnahme der Scharping-Szene – für das Buch neu geschrieben. Sie beruhen auf Notizen, Erinnerungen und Recherchen des Autors, der natürlich das Geschehen als Augenzeuge miterlebt hat.

Sibylle Krause-Burger über die Akteure
in der Politik:
Hinter die Masken schauen

Womit fängt alles an? Mit meiner Neugier? Mit meiner Eitelkeit? Mit der Überzeugung, dass ich die Welt sehe, wie sie keiner sonst sieht. Dass ich das Besondere, das Typische erkenne, es auf den Begriff bringen, für den Leser in eine reizvolle, ihn anrührende Form übertragen kann? Oder ist es der Wunsch, die Dinge zum Besseren zu wenden, Verletzungen des Rechts und der Menschenwürde aufzudecken, die Mächtigen in Schach zu halten – ist es dieser Edelmut, der mich an die Schreibmaschine treibt?

Natürlich, das passt ins Bild, das sich der aufrechte Demokrat vom aufrechten Journalisten macht: ein kritischer Geist, der nimmermüde forscht, allen Übeln auf der Spur bleibt, der die Gesellschaft und die Menschheit bei Vernunft hält. Die veröffentlichte Meinung als eines der unerlässlichen Gewichte im System der checks and balances, Journalisten als Hüter der Verfassung – ist es das, was uns bewegt?

Es wäre zuviel und zuwenig zugleich. Aber sicherlich gehört es dazu. Vor allen besseren Gründen rangiert jedoch meine Neigung, mich mit meinen Einsichten, Beobachtungen, mit meiner Kunst zu sehen, zu beschreiben, zu berichten, zu analysieren, einem großen Publikum vorzustellen. Seien wir ehrlich: Es ist – aus welchen Tiefen das auch immer kommen mag – Eitelkeit, die Sucht zur Selbstdarstellung, der innige Wunsch, bewundert und geliebt zu werden.

Doch daraus allein wird gar nichts. Die Neugier muss sich schon dazugesellen, eine heiße Neugier, und außerdem das Bedürfnis, sich mitzuteilen, zu sagen, wie die Verhältnisse nun mal sind, das Interesse an einer Sache. Was wiederum bedeutet: Wer nur mit seiner Selbstverliebtheit ans Geschäft geht, wird nichts Lesenswertes zustande bringen.

Wer schreibt, braucht Koordinaten, braucht Urteilskraft, braucht eine Moral.

Womit also fängt alles an? Mit einem Eros. Wo der Funke nicht zündet, ist alle Müh' vergebens. Und Mühe ist es allemal. Schreiben ist die Hölle, so hat es ein weiser Kollege einmal auf die Formel gebracht, aber geschrieben haben ist der Himmel. Der eine schreibt schneller, der andere ist langsam. Gewarnt sei vor den allzu flinken Produzenten. Der Lokalmatador, mit dem ich in den ersten Berufsjahren gelegentlich zu tun hatte, brüstete sich damit, dass er seine Kommentare in 20 Minuten schreiben konnte. Sie waren auch danach.

Ich also quäle mich. Es will einfach keine Routine werden aus diesem Geschäft. Journalismus – mit all dem Reisen und Recherchieren – wäre wunderbar, müsste der Mensch nicht hinterher an die Fron der Schreibmaschine. Das dicke Ende bleibt niemals aus. In welche Themen lohnt es also, derart viel Anstrengung zu investieren?

Mich interessieren Menschen. Ich will wissen, was sie tun und warum sie es tun; ich will herausbekommen, was sie hinter ihren Masken verbergen; ich will aufdecken, wer einer – oder eine – wirklich ist. Mein Fachgebiet ist die Politik; das habe ich einmal studiert. Was liegt folglich näher, als dass ich den Politikern nun schon seit vielen Jahren auf der Spur bleibe?

Außerdem reizt es mich immer wieder zu erforschen, wie politische Vorgänge tatsächlich ablaufen, wie Entscheidungen zustande kommen, von welcher Art das Leben ist, das in den Institutionen haust. Was zum Beispiel geschieht auf einem Parteitag – abgesehen von Vorstandswahlen und der Verabschiedung von Anträgen? Wie sieht die Anatomie eines Gipfeltreffens aus? Welche Rituale gehören zum Wahlkampf?

Bevor ich losziehe, vergrabe ich mich erst einmal im Archiv, studiere, was dort zum Thema gesammelt ist, schaue auch zu Hause in meine Bibliothek. Meistens muss dann die Reisezeit dazu herhalten, das kopierte Material durchzuforsten. Aber es ist unerlässlich, vor Beginn der eigentlichen Arbeit den Stoff zu beherrschen. Sonst schaut man nicht in die richtige Richtung, sonst stellt man nicht die richtigen Fragen.

Dann geht's los: An der Seite eines Mächtigen Richtung Washington, zum Staatsbesuch ins Baltikum oder mit Gerhard Schröder auf Wahlkampftour in Nordrhein-Westfalen. Von der ersten Sekunde der Reise an bin ich auf Wahrnehmung eingestellt. Das liest sich dann so:

> Die kleine Challenger, eine elegante kanadische Düsenmaschine, in welcher der Kanzler von Berlin nach Köln fliegt, gibt merkwürdige Geräusche von sich. Am Einstieg klappert es ungewöhnt und bedrohlich. Irgendetwas ist nicht wie es sein sollte, und Gerhard Schröder zieht die Augenbrauen zusammen, legt die Stirn in tiefe Falten, schaut besorgt in Richtung des Cockpits und fragt, was um Gottes Willen, denn los sei. Die Kabinentüre schließe nicht richtig, beruhigt ihn die Stewardess, wir würden trotzdem sicher landen. Aber der Mächtige schafft es erst einmal nicht, das Gesicht wieder entspannt aufzufalten. Die Miene zerknautscht, Skepsis und Missmut im Blick, klemmt er sich hinter den Sicherheitsgurt.

Deutschlands Kanzler, der doch unablässig durch den Himmel über der Republik jettet, leidet in diesem Moment unter Flugangst.

Ich bin nur Auge und Ohr, trete selbst ganz zurück, interessiere mich bloß noch für das Ereignis und die Person, die darin eine Hauptrolle spielt. Dabei gibt es nichts, das nicht wichtig ist. Ich schreibe alles auf. Mein Notizbüchlein und der Stift sind stets griffbereit.

Was gilt es festzuhalten? Die Umgebung, die Atmosphäre, die Äußerungen des Mannes oder der Frau, um die es diesmal geht: Was sie tragen, wie sie sich bewegen, was aus ihrer Körpersprache abzuleiten ist, wie sie reagieren und was ich mir dazu denke. Nicht alles davon kann ich verwenden, wenn ich später am Schreibtisch sitze. Doch darauf kommt es nicht an, entscheidend ist, dass die ganze Fülle der Fakten vor mir auf dem Tisch liegt und ich mir nicht an irgendeiner Stelle meines Aufsatzes den Kopf zerbrechen muss, was an der Wand im Arbeitszimmer des Verteidigungsministers hing, wie die Decke aussah, zu der Joschka Fischer einen Abend lang hinaufgeschaut hat, was es denn war, das mich so seltsam berührt hat, als ich im altneuen Reichstag die Treppe hinter der sehr eiligen Angela Merkel hinaufstieg oder als ich 1995 den Krieg der Bäuche im damals noch in Bonn tagenden Bundestag beobachtete.

Und so sehen nachher die Bilder aus, die sich aus den reichlich eingefangenen Farben malen lassen:

In der ersten Reihe des Plenums im neugebauten Bonner Bundestag, wo die Macht, die Herrlichkeit und die Eitelkeit ihren angestammten Platz haben, wo sich das regierende und opponierende Spitzenpersonal der Republik gegenübersitzt – an diesem hehren Ort ist seit dem Beginn der Legislaturperiode der Krieg der Bäuche ausgebrochen: Joschkas Kugelbauch gegen Kohls Breitbauch, der des Grünen in Richtung Regierungsbank provozierend aus dem offenen Jackett herausgereckt, der des Kanzlers hingegen züchtig verhüllt und dennoch hinter dem dunklen Sakko unübersehbar gegenwärtig, ein Berg Sinai christdemokratischer Selbstgewissheit; der eine wie der andere Bauch dabei gleichermaßen ein Ausweis der Lebenslust, gestandenen Mannestums und politischen Gewichts. Bauch gegen Bauch, Kohl und Anti-Kohl, der Kanzler im Verein mit seinem Herausforderer.

Wenn Joschka Fischer isst, so tut er das mit derselben Geschwindigkeit und Zielstrebigkeit, mit der sich Helmut Kohl den Magen füllt – Küchenkenner der eine, Kellerkenner der andere. Wenn Joschka reist, dann tritt auch er schon als Staatsmann auf, dann lässt er sich wie ein Staatsbesucher die Gegend zeigen, pflanzt nach Staatsbesucherart einen Baum, macht die üblichen Staatsbesucherscherze und stellt – zum Beispiel in Berlin – einige dieser spannenden Staatsbesucherfragen: Wie weit man am Prenzlauer Berg mit dem Restaurieren sei oder wie viel Mitarbeiter das Bauamt hier wohl habe.

Und wenn der große grüne Zampano seine Knärrstimme durch einen Raum kratzen lässt, wenn er unter hochgezogenen Brauen so knitz wie bedenkenschwer silberblickt, wenn er die untere Hälfte seines Gesichts schmerzlich zusammenpresst und so, sichtbar leidend, seine eigene Partei aufzurütteln versucht, dem Einsatz deutscher Soldaten unter UN-Befehl in Bosnien zuzustimmen, – dann hört sich das nicht minder abgeklärt an als des Kanzlers Appelle an den Einheitswillen Europas.

Und weiter in diesem Text, der während Fischers Zeit als Fraktionsvorsitzender der Grünen geschrieben worden ist und der doch auch schon seine herausragende kommende Rolle in der rotgrünen Regierung vorwegnimmt:

Noch immer trägt er die ausgefransten Jeans, diese Uniform der frühen Jahre, er trägt aber auch Blazer aus feinstem Material und Krawatten mit goldener Nadel. Ein starker Kerl ist er, mit richtigen Männerschultern und säbelkrummen Fußballerbeinen, doch er hat noch sein Bubengesicht, dessen Züge, mit diesem kleinen, weichen Mündchen, ins Weibliche verschwimmen – je älter er wird desto mehr. Der Geschichte wollte er eine neue Richtung geben, und ist doch längst in sie eingetreten.

Beobachten, präzise beobachten, sich alles genau einprägen, es aufschreiben – das ist die wichtigste Voraussetzung für die Arbeit des Reporters. Worauf kommt es noch an? Zum Beispiel auf Beharrlichkeit und Geduld. Man muss einfach dran bleiben, am Mann, am Geschehen, darf niemals abschalten. Denn gerade in diesem Augenblick könnte ja die entscheidende Wandlung eintreten, könnte die Veranstaltung plötzlich zu ihrer alles erschließenden Wahrheit finden, könnte der Kandidat gewählt werden – oder auch abblitzen – und ich wäre nicht dabei gewesen, hätte es nicht gesehen. Man muss warten können, bis die Ergebnisse vorliegen, bis eine Versammlung mit ihren Debatten am Ende angekommen ist, bis das Geschehen sich ganz entpuppt hat. Die Neugier darf nicht nachlassen, selbst wenn man glaubt, schon alles zu wissen.

Was weiter? Reporter und Reporterin müssen sich ganz nah an ihr Objekt heranwagen – auch wenn es bisweilen peinlich ist. Da gilt es Hürden zu nehmen und alle Schwellenängste zu überwinden. Wer das nicht schafft, muss daheim bleiben. Manche Politiker versuchen beispielsweise, Journalisten einzuschüchtern, was begreiflich und auch erlaubt ist. Joschka Fischer war ein Meister auf diesem Gebiet. Und vor dem Thron Helmut Schmidts sollen sogar die frechen Spiegel-Leute weiche Knie bekommen haben. Das erging mir nicht viel anders.

Als ich ihm das erste Mal vorgestellt wurde, gab er sich mehr als unwillig. Klaus Bölling, sein Regierungssprecher, war mit mir zu Schmidts Ferienhaus am Brahmsee gefahren, damit der Kanzler einem Buchprojekt über seine Person zustimmen und sich mit der notwendigen Anwesenheit der Reporterin im Kanz-leramt einverstanden erklären sollte. Wir saßen auf einer Bank an der See-Seite des kleinen Häuschens, das die Schmidts dort haben (Bölling nannte es, um mich vorzubereiten, eine »Kate«) und der hohe Herr brummelte vor sich hin, griesgrämte auch: Das sei doch alles gar nicht nötig, warum überhaupt ein Buch, warum müsse die Autorin im Kanzleramt herumstehen, warum müsse sie ihn beim Regieren beobachten. Er fände das einfach grässlich. Die Kollegin Nina Grunenberg von der »Zeit« sei einmal drei Tage lang da gewesen, die habe er auch ganz abscheulich behandelt. Da solle ich mich mal auf etwas gefasst ma-chen. Natürlich war ich sehr verlegen, aber ich sagte ihm, das sei nun mal mein Job und das hielte ich aus.

Ich nahm es hin, ihm auf die Nerven zu gehen, seine unwilligen Blicke zu ern-ten, und sah ich mich gründlich um im Kanzleramt –, damals als ich über Hel-mut Schmidt zu berichten hatte und ebenso Jahre später, als ich seinem Nach-nachfolger Gerhard Schröder auf der Spur war:

> Auf Punkt neun Uhr ist die »Morgenlage« angesetzt, die Regierungsrunde, in der sich Gerhard Schröder und seine engsten Berater auf die Kabinettssitzung ein-stimmen. Schon eine Stunde vor dem Beginn ist das Kanzlerbüro mit allen Beam-ten und Sekretärinnen voll besetzt. Genau zwei Minuten vor der anberaumten Zeit trifft auch der Regierungschef ein, und absolut pünktlich gruppieren sich alle Beteiligten um den rechteckigen Konferenztisch im Arbeitszimmer des Bundes-kanzlers.
>
> Der Raum ist weit. Eine Rilke-Büste schaut zu uns herüber. Willy Brandt, in Bronze gegossen, hebt mahnend die Hand. Fotos der Kanzlerehefrau Doris Köpf lächeln aus dem Bücherregal, in dem sich auch noch Standardwerke wie Heinrich August Winklers »Deutsche Geschichte« oder Helmut Schmidts »Auf der Suche nach einer öffentlichen Moral« finden. Ein abstraktes Großgemälde von Georg Meistermann mit dem Titel »Der Baum« belebt die Wand hinter den Teilnehmern des Gesprächs. Gerhard Schröder hat am schmalen Kopfende seinen Platz und schickt den Blick unter leichtem Stirnrunzeln – einen Blick, den die Nacht noch um ein paar Nuancen tiefer ins Blau eingefärbt hat und der sich erst langsam auf-hellen wird – durch die hohen und breiten Fenster. Mal legt er dabei den Kopf kurz in die Hand, weil er doch nur langsam richtig wach wird, mal fährt er sich gedankenverloren mit dem Finger ins Ohr. Morgendliche Startgesten eines aus-gemachten Abendmenschen.

Es ist der Job des Reporters, in der Nähe seines Objekts zu sein. Er muss über Stunden hinweg an den Fersen eines Staatsoberhauptes kleben, solange der in der Verbotenen Stadt in Peking durch die Paläste schreitet. Nicht die wunder-schöne uralte Architektur darf ihn in erster Linie interessieren. Wenn der Präsident sein Thema ist, muss er registrieren, wie der auf all die Pracht eingeht und welche Weisheiten ihm dazu einfallen – freilich, ohne die Umgebung außer acht zu lassen. Das liest sich dann vielleicht so:

> Nirgendwo wagt er ein neues Gesicht. Der Bundespräsident bleibt bei seinem ewiggleichen, dem stets beherrschten, fast ironischen Lächeln. Selbst wo Schönheit auf Schönheit gehäuft ist, auf der Chinesischen Mauer oder in der Verbotenen Stadt, finden seine Fragen über höfliche Pflichterfüllung, über das notwendige Anteilnehmen nicht hinaus: Aus welchem Material ist denn diese Figur? Empfing der Kaiser hier die Gesandten? Wird die Krone hinter Panzerglas aufbewahrt?
>
> »Tja«, sagt er dann mit seiner reizvoll brüchigen Jungmännerstimme, »tja, dann wollen wir weitergehen.« »Tja« beim Himmels-Tempel, »tja« bei den Ming-Gräbern, »tja« auch häufig zu Hause in Deutschland, zum Beispiel auf einer seiner Wanderungen quer durch die Republik.

Der Reporter braucht den langen Atem: beim Beobachten, oft aber auch, bis ein Termin klappt, bis die Reise stattfindet, von der er sich seine Geschichte erhofft, bis er den Termin für das Interview bekommt, bis er in einem Gespräch die Antworten erhält, auf die er gewartet hat. Es gibt ja Journalisten, die schreiben Portraits, ohne mit dem Porträtierten je ein Wort gewechselt zu haben. Dazu bin ich nicht imstande. Ich halte es auch für unredlich. Denn der zu Beschreibende soll auch über sich selbst Auskünfte geben, er soll, er muss sich wehren dürfen. Auch kann ich mir kein Bild von einem Menschen machen, der sich mir nicht in ganz unterschiedlichen Gesprächssituationen geöffnet hat. Das heißt: Wenn ich mit einem Politiker auf Reisen gehe, wenn ich ihn in irgendeiner besonderen Situation beobachte, so genügt das nicht für meine Geschichte. Das Gespräch, das ich – meistens im Anschluss oder unterwegs – mit ihm führe, kann das Unklare noch aufklären, kann Fragen beantworten, die offen geblieben sind, kann verborgene Motive ans Tageslicht rücken. Und nicht zuletzt: die Nähe während des Interviews erlaubt mir noch einmal, besondere Eindrücke zu sammeln.

Wie bringe ich den Mann, die Frau zum Sprechen? Es gibt keinen Trick. Es gibt nichts als eine besondere Gabe, sich auf ein Gegenüber einzustellen. Bei mir passiert folgendes: Ich bin unendlich neugierig auf den Menschen, den ich beschreiben will. Ich lasse mich ganz auf ihn ein. Ich existiere gar nicht mehr. Ich bin der Spiegel, in dem er sich anschauen kann. Ich bin die Partnerin, die ihn so hochinteressant findet, dass sie Frage an Frage reiht. Ich bin begeistert über seinen Mut, sich zu offenbaren. Ich bin hingerissen von seiner Formulierungskunst. Ich bin – wie immer – fast verliebt in ihn. Es ist mir zwar nicht unmöglich, auch kritische Fragen zu stellen. Aber ich stelle sie nur aus höchstpersönlicher anteilnehmender Neugier. Ich bin dem oder der Interviewten ganz nahe, ganz verwandt. Erst zu Hause, an der Schreibmaschine gehe ich auf Distanz. Die Informationen hole ich aus der Nähe ab, die Skizze wird jedoch aus dem Abstand gezeichnet:

Zweiundzwanzig Uhr. Die gemietete Propellermaschine tuckert wieder in Richtung Bonn. Der Minister, an einem Keks knabbernd, ist auf sein bescheidenes Selbst zurückgeworfen. Hier trägt nur die Luftkraft und sonst gar nichts. Da schaut er, beim Gespräch über seine Politik und seine Person, über seine Siege und Rückschläge, immer schnurgeradeaus und am Fragesteller vorbei. Nur ab und an, wie man so nebeneinander sitzt, dreht er den Kopf schnell nach rechts, zeigt die Zähne, reißt die Augen auf, schaltet – wie am Morgen das Wachsein – jetzt den fröhlichen, den sympathischen Kumpel ein; schaltet ihn auch gleich wieder aus, lässt jedes Lachen ohne Nachglühen in sich zusammenfallen. Ein Knopfdruckmensch.

Da sind nun die Fakten versammelt, die Reise ist zu Ende, die Recherchen sind abgeschlossen, ich sitze daheim oder im Büro vor der Schreibmaschine – und nichts geht mehr. Alle Erwartungen sind auf mich gerichtet, vor allem aber macht mir mein eigener Anspruch zu schaffen. Das lähmt. Der Anfang ist besonders schwer. Zum einen eben, weil mich der leere Bildschirm so unschuldigbegehrlich anleuchtet; zum anderen, weil der erste Absatz so schmissig, so voller Informationen und doch so glatt lesbar sein soll, dass er zum Weiterlesen auffordert. Der erste Absatz muss neugierig machen. Er muss alles, was kommen wird, anreißen – und nichts ausführen. Meistens denke ich mir den Auftakt einer Geschichte abends vor dem Einschlafen oder morgens nach dem Aufwachen aus. Manchmal nehme ich dann bei der Ausarbeitung zehn Anläufe, bis jedes Wort richtig sitzt.

Wie es weitergeht, entscheide ich, nachdem ich mein Material lange betrachtet, aufgereiht und sortiert habe. Das heißt: Die Seiten in meinem Notizbuch sind durchnummeriert, alle interessanten Einzelheiten stichwortartig auf einem DIN-A 4-Blatt herausgeschrieben und mit der Seitenzahl versehen. Die wichtigsten Äußerungen aus Interviews – vor allem, wenn sie mit dem Tonband aufgenommen sind – schreibe ich ebenfalls noch einmal ab, auf dass ich immer korrekt zitiere. Danach – aus dem Ablauf der Ereignisse, aus der inneren Logik meiner Personenbeschreibung, aus dem unabdingbaren Zusammenhang einer Sache – ergibt sich die Disposition. Doch die Entscheidung darüber ist niemals endgültig. Vieles zeigt sich beim Schreiben plötzlich von einer anderen Seite, will hierhin oder dorthin gewendet werden.

Das nicht zuletzt ist es, was Kraft kostet: nämlich das Material zu ordnen, in einen spannenden Zusammenhang zu bringen, vom ersten Absatz an einen Bogen zu spannen, und am Ende mit einem knallenden oder nachdenklichen Effekt abzuschließen. Am liebsten fange ich mit einer Szenenbeschreibung an:

> Schwupp. Plötzlich steht er da. Eine Viertelstunde später zwar als angekündigt, aber dafür quicklebendig, so erscheint er in der Haustüre seines Ministeriums. Breitbeinig, breitarmig, breitköpfig. Mit dem Boden verwachsen, mit dem Nächsten verbunden.

Oder ich beginne so:

> »Knuddilein«, sagt sie ins Autotelefon während einer Fahrt von Elmshorn zurück nach Kiel, »Knuddilein, hast du schon gehört? Wir haben vorm Bundesverfassungsgericht in der Gleichstellungssache gewonnen.« »Knuddilein« bestürmt die Ministerpräsidentin Heide Simonis den Mann am anderen Ende der Leitung weiter, »Knuddilein, hast du mit Ekki schon gesprochen?« Und natürlich denkt, wer neben der bedeutenden Dame im Wagen sitzt, dass hier eine Frau mit ihrem Liebsten spricht oder eine Mutter mit dem Kinde. Doch weit gefehlt: »Knuddilein« ist Knud Büchmann, der Leiter ihres Büros in der Staatskanzlei und »Ekki« ist Ekkehard Wienholtz, der in diesem Moment noch Staatssekretär im Innenministerium des Landes Schleswig-Holstein ist und wenige Tage später das Ministeramt übernehmen wird.
>
> Der eine wie der andere, dazu der Pressereferent, sind offenkundig Objekte von Heide Simonis' mütterlicher Begierde. Die Ministerpräsidentin glaubt sich für mehr verantwortlich als nur für die Richtlinienkompetenz und schickt die untergebenen Herren, so sie blass um die Nase sind, auch mal zum Arzt – Steifftiere in ihrem politischen Zoo, verniedlicht, verkindlicht, entmännlicht. Die Staatskanzlei als Biotop: Sieht so die Verweiblichung der Politik aus?

Auch ein nachdenklicher, fragender Auftakt ist möglich wie bei dieser Momentaufnahme Willy Brandts:

> Ist er nicht längst sein eigenes Denkmal? Ein Mythos? Der versteinerte Partei-Patriarch? Der Guru aller wahrhaft linksgläubigen Sozialdemokraten, der Buddha der Sozialistischen Internationale, der überlebensgroße Vorsitzende der Nord-Süd-Kommission? Ist er nicht weit entfernt von allen Wirklichkeiten, entrückt, erleuchtet? In der Tat, so sieht er aus. Wie im Astralleib – oder sind es nur die puppenhaften Bewegungen des alten Mannes? – schwebt er herein, reicht gerade die Finger einer schlaffen Hand, setzt sich auf seinen Stuhl, als sei's ein Tempel-Thron: den Oberkörper steif zurückgelehnt, den Kopf erhoben, die Arme vor der Brust verschränkt, den Blick in alle Ewigkeit gerichtet.

Am liebsten höre ich mit einer Pointe auf, wie hier am Schluss des Brandt-Artikels:

> Sagt's, bekennt noch schnell, der Parteiweise, dass er, allen Einsichten zum Trotz, »immer neugierig« geblieben ist, reicht zum Abschied nur die Fingerspitzen der rechten Hand und schwebt, mit dem Blick das Weite suchend, hinaus. Zurück ins Leben? Oder doch auf den Sockel?

Manchmal gelingt es auch, mit dem Schluss das Ergebnis einer Reportage einzufangen.

> So tüchtig ist sie, und ein nettes Mädchen ist sie auch. Und doch ist es unmöglich, von ihr richtig gefesselt zu sein. Am Ende eines Besuches dreht man sich um, sicht vor dem inneren Auge ihre Ketten und Ringe noch einmal aufblitzen – und hat schon vergessen, wie Heide Simonis aussieht.

Zwischen dem Auftakt und dem Schluss einer Reportage darf keine Hast herrschen. Aber die Schilderung muss durchaus Tempo haben. Die Absätze müssen ineinander greifen:

> Alfred Herrhausen, einer der beiden Sprecher des Vorstands der Deutschen Bank, steht ganz weit oben.
> Aber Schwindelgefühl kennt er nicht…

> Bernd Pischetsrieder kommt nur als Bernd Pischetsrieder daher: offen, geradeaus, unverkrampft, ganz Einklang von Anspruch und Wirklichkeit. Ein Ungekränkter. Da kann er gut bescheiden sein.
> So tritt er auch auf.

> Der Sanierer der Nation verfügt über ein ausgeglichenes Naturell. Von des Gedankens Blässe scheint er nicht angekränkelt. So einer kann durchschlagen. Er ruht in sich.
> Aber er muss doch immer wieder über sich selbst hinaus.

Eine gelungene Reportage verweilt freilich nicht nur an der Oberfläche, sie führt über die genaue Beobachtung und die begriffssichere Beschreibung auch hinaus zu Ergebnissen, bringt eine Sache auf den Punkt, trifft den Nagel auf den Kopf. Mit anderen Worten: Es gehört auch ein Schuss Analyse dazu – wie in den oben schon zitierten Beispielen:

> … lässt jedes Lachen ohne Nachglühen in sich zusammenfallen. Ein Knopfdruckmensch.

261

Oder:

Die Staatskanzlei als Biotop: Sieht so die Verweiblichung der Politik aus?

Ein guter Anfang und ein guter Schluss zieren die Reportage. Die konsequente Verfolgung des Geschehens und des gedanklichen Leitfadens gehören ebenfalls dazu. Was noch? Die geglückte Formulierung und nicht zuletzt: der passende Begriff. Bin ich am Ende angekommen, so fange ich wieder von vorne an, arbeite den gesamten Text noch einmal Wort für Wort durch, lese mir manche Passagen laut vor, versetze mich dabei in die Rolle des Lesers und frage mich stets, ob er alles auf Anhieb verstehen und ohne zu stocken durchhalten kann. Oft folgt, sofern die Zeit reicht, eine zweite und dritte Korrektur. Leider Gottes lässt sich jeder Text besser und noch besser schreiben; immer wieder fällt mir eine Stelle auf, an der ich feilen möchte. Ein Glück, dass die Arbeit irgendwann in Satz gehen muss.

Vom Himmel des Geschriebenhabens bin ich auch dann oft noch weit entfernt. Die übliche Reaktion auf die Anstrengung ist zumeist eine Art Depression. Nicht Zufriedenheit, sondern Zweifel herrscht vor: Ist der Wurf geglückt? Ist mir kein Fehler, keine banale Formulierung unterlaufen? Stimmen die Bilder? Oft stelle ich erst nach langem zeitlichen Abstand fest, dass eine Arbeit doch noch gelungen ist. Dass es sich allemal um meine, also um eine subjektive Arbeit handelt, versteht sich von selbst. Es sind meine Maßstäbe, meine Erfahrungen, meine Gefühle, welche die Auswahl des Materials bestimmen; es ist das Raster meiner höchstpersönlichen Wahrnehmungsmöglichkeiten, auf dem ich das Erlebte wiederzugeben vermag. So gibt jede Reportage nicht nur über ihren Gegenstand, sondern auch über den Reporter Auskunft. Ein Fehler? Nein, ein Gewinn. Nicht die Voreingenommenheit, aber doch die einzigartige Sicht des Autors machen einen Text erst interessant.

Ist die Kunst der Reportage erlernbar wie das Handwerk des Maurers oder Schuhmachers? Kein Zweifel, dass sich die handwerklichen Grundlagen aneignen lassen. Doch alles, was darüber hinausgeht, das hat man oder man hat es nicht: Intelligenz, Sprachgefühl, Formulierungskunst, Einfallsreichtum, Kontaktfähigkeit, Sensibilität, Beobachtungsgabe, die Kraft zu immer neuen Anläufen, den Sinn für die Wahrheit, die sich hinter dem Phänomen verbirgt und das Talent, sie mit dem zündenden Wort zu belegen.

Drum prüfe, wer sich an dieses Gewerbe bindet. Die meiste Zeit schwitzt der Reporter oder die Reporterin in der Hölle des Schreibens. Die Seligkeit des Geschriebenhabens währt oft nur einen kurzen Augenblick.

Jana Simon über Menschen im Alltag:
Wie das Leben zur Geschichte wird

Zweimal habe ich Reportagen über Tote geschrieben. Reportagen über Tote? Normalerweise sollte ein Reporter mit seinen Protagonisten reden, sie begleiten können. Das war in diesen Fällen nicht möglich, es sind »rekonstruierende Reportagen«. Sie sind nicht der journalistische Normalfall, aber besonders arbeitsaufwendig. Dadurch eignen sie sich, meiner Meinung nach, besonders gut, um Rechercheweg, Vorgehensweise und einige allgemeine Reportageregeln zu beschreiben.

Zu Beginn jeder Reportage steht für mich immer eine Frage. Bei meiner Geschichte über eine Puffmutter hieß sie zum Beispiel: Was für ein Mensch ist man, wenn man vom Sex anderer lebt? Bei einem anderen Text über einen Inoffiziellen Mitarbeiter der Staatssicherheit, der jahrelang seine Frau bespitzelt hatte: Wie wird man zum Verräter? Oder: Warum fängt ein junges Mädchen an, Pornos zu drehen? Meist sind es sehr einfache, manchmal auch naiv klingende Fragen, nur die Antworten sind oft sehr komplex.

Vor etwa sechs Jahren lief ich dann durch meine Wohnung, sah die vielen kleine Dinge, die sich im Laufe der Zeit in meinen Schränken und Regalen angesammelt hatten: Bücher, Fotos, Reisesouvenirs. Ich dachte darüber nach, was diese Dinge eigentlich über mich aussagen. Kann man einen Menschen anhand dessen, was sich in seiner Wohnung befindet charakterisieren? Was erzählen die Gegenstände über einen? Daraus entstand die Idee, ein Leben nur anhand eines Nachlasses und durch Gespräche mit hinterbliebenen Freunden, Verwandten und Nachbarn zu rekonstruieren, ohne den oder die Hauptfigur jemals getroffen zu haben.

Ich telefonierte mit mehreren Nachlassverwaltern und einer willigte schließlich ein, mich auf seine Reise durch die Wohnungen Verstorbener mitzunehmen. Gleich die Erste war die Zwei-Zimmerwohnung von Alfred Broszehl in Berlin-Spandau. Mir fiel auf, wie ordentlich Broszehl seine Papiere geordnet hatte, wichtig für mich, so gab es Unterlagen, auf die ich mich beziehen konnte. Sonst war die Wohnung sehr karg eingerichtet. Der Nachlassverwalter sagte, es gäbe noch entfernte Verwandte, eine Haushälterin und einen Vormund. Broszehl war 97 Jahre alt geworden, viel Stoff zum Erzählen. Ich konnte seine Papiere, Zeugnisse, Versicherungen und Fotos mitnehmen, da sich niemand mehr für sie interessierte. Ein Fotograf machte Bilder von der Wohnung, die ich neben meinen Computer legte, so dass ich sie beim Schreiben immer vor Augen hatte.

> Dieser Sessel gelbbraun gemustert mit Korbarmlehnen war in letzter Zeit der Mittelpunkt seines kleinen Universums, sein Begleiter beim Übergang vom Leben zum Tod. Ein grünes Polster dient als Rückenlehne, und weiße Kissen schützen die Sitzfläche. Irgendwann in den Fünfzigern muss er ihn mit einer dazu passenden Kippcouch erworben haben. (…)Vom Sessel hatte Broszehl einen guten Blick auf den Fernseher, die Tür und auf ein durch die Zeit bräunlich verfärbtes Foto an der gegenüberliegenden Wand. Darauf steht eine junge Dame Mitte zwanzig mit dunklem Bubikopf in einem weißen Kostüm. Sie lehnt an einem Pult und lächelt ein bisschen auffordernd in die Kamera: seine Frau Margarete.

Ich traf mich mit Broszehls Vormund, mit seiner Haushälterin und ich fand auf einer Anrichte in seinem Schlafzimmer einen Ringblock, dort stand ein Name und eine Telefonnummer, beide waren durchgestrichen worden. Ich rief die Nummer an, es meldete sich Broszehls Stiefsohn. Die beiden hatten sich im Streit getrennt und nie wieder versöhnt. Ich fuhr nach Stuttgart und sprach auch mit ihm. Nach und nach setzte sich Broszehls Leben zu einem Bild zusammen. Es hätte eine schöne Geschichte über einen alten unglücklichen Mann werden können. Aber, wie viele Redakteure gern sagen, der »Subtext« oder auch oft gebraucht »die Metaebene« hätten gefehlt. Das, was eine Geschichte über eine reine Einzelfallbeschreibung hinaus hebt und sie für viele Menschen relevant macht. Ohne, dass sich es vorher geplant hatte, ist »Broszehls Nachlass« eine Reportage über Einsamkeit im Alter geworden, über eine deutsche Familie im letzten Jahrhundert. Letztendlich geht es um die eine Frage: Was bleibt vom Leben übrig?

> Alfred Broszehl hat in dieser Wohnung fast ein Jahrhundert verbracht. Sein Leben steht für eine andere, eine aussterbende Generation, eine Generation, die selten umzieht. (…)
> In drei Stunden ist Broszehls Wohnung leer geräumt, ist eine fast jahrhundertlange Existenz aufgelöst, ausgelöscht. Außer den Tapeten wird nichts mehr an den früheren Bewohner erinnern. Was bleibt von Alfred Broszehl? Einige Familienfotos bei den Sills in Stuttgart, ein paar Erinnerungen im Kopf der Haushälterin; sein neuer Kühlschrank, die Waschmaschine und der Fernseher kommen ins Auktionshaus. Alles andere verschwindet im Müll. Alfred Broszehl ist tot.

Bei der zweiten Geschichte rief mein Chefredakteur an, er habe einen Artikel in der »Bild-Zeitung« gelesen: Ein junges Ehepaar habe sich aus Furcht vor Verarmung das Leben genommen. In ihrem Abschiedsbrief hätten sie sich auf Hartz IV bezogen. Sollten sie die ersten Opfer der Reform sein?

Selbstmord ist etwas ganz anderes als der natürliche Tod eines alten Mannes. Die Hinterbliebenen sind traumatisiert, haben oft Schuldgefühle und wollen meist auf gar keinen Fall mit Journalisten reden. Noch dazu kam, dass die Boulevardpresse schon ausführlich berichtet hatte. Ich bewegte mich also auf »verbrannter Erde«, bemühte mich, mit Menschen zu sprechen, die nie wieder einen Journalisten sehen wollten und für den gesamten Berufszweig nur noch tiefe Verachtung empfanden.

In diesem Fall begann ich meine Recherche beim Bestattungsunternehmen »Grieneisen«, die die Kosten der Beerdigung und Grabpflege übernommen hatten. Die Bild-Zeitung hatte sie im Namen der Angehörigen darum gebeten. Die Grieneisen-Mitarbeiter vermittelten mir den Kontakt zu den zwei verbliebenen Cousinen des Paares. Diese waren auch bereit, sich mit mir zu einem Gespräch zu treffen.

> Die Stahls hielten Distanz. Ihr Heim wurde zum Rückzugsort, in das immer bedrohlichere Nachrichten von außen drangen. (…) Der Abschiedsbrief, den sie an Cousinen und Kollegen geschickt haben, zeigt: Sie haben sich vieles ausgemalt. Wie es wäre Wohnung, Auto und Arbeit zu verlieren. Es muss ein Leben im Konjunktiv gewesen sein, ständig das Schlimmste erwartend. Die Cousine erinnert sich, wie leer die Wohnung bei ihrem letzten Besuch wirkte, eine Woche vor dem Tod der beiden. Monika Stahl hatte gesagt, sie miste aus. Hätte sie nachfragen sollen?

Vor Gesprächen entwerfe ich einen Fragenkatalog, an den ich mich aber nie genau halte. Es ist mehr eine gedankliche Vorbereitung, eine Orientierung: Was interessiert mich, was sind die wichtigen Punkte? Manchmal schaue ich am Ende des Gesprächs noch einmal darauf, ob ich etwas Wichtiges vergessen habe. Ich bemühe mich auch, Gesprächspartner nicht nur in einem Café, sondern in ihrer Wohnung zu treffen. Eine Wohnung ist wie ein Fingerbadruck. Außerdem bitte ich immer um möglichst viel Zeit. Ein Reporter kann immer nur einen Ausschnitt des Lebens zeigen, der sollte dann aber möglichst groß sein.

Vor Treffen wie diesem mit den Cousinen habe ich oft ein sehr unangenehmes Gefühl, ich fühle mich wie ein schmieriger Eindringling in die Privatsphäre anderer. Es ist mir immer wieder aufs Neue peinlich, an Türen von mir unbekannten Menschen zu klingeln und Fragen zu stellen. Wahrscheinlich sieht man mir meine Scham an, und einige reden dann aus Mitleid mit mir. Aber ohne Fragen keine Information, keine Geschichte.

Die Chefin der Ehefrau des Paares mochte erst nicht mit mir reden, später, nach mehreren Telefonaten, stimmte sie doch einem Treffen zu. Man sollte sich nie von der ersten Absage abschrecken lassen. Sehr wichtig ist, dem Gegenüber deutlich zu machen, dass man nicht ein weiterer voyeuristischer Boulevardreporter ist, sondern sich wirklich für die Hintergründe und die Menschen interessiert. Obwohl jede Form der Reportage auch immer ein wenig voyeuristisch ist, man schaut anderen beim Leben zu. Gerade in solchen Gesprächen ist es entscheidend, den richtigen Ton zu treffen, sich in andere einfühlen zu können. Das ist etwas, was man nicht lernen kann, man kann es oder eben nicht. Ich halte mich in diesen Gesprächen eher zurück, lasse den Gesprächspartner reden, stelle nur wenige kurze Fragen. Einfach beobachten, alles aufnehmen, ist oft ergiebiger, als eine Frage nach der anderen zu stellen.

Für mich gibt es zwei Möglichkeiten der Gesprächsführung: die »provokative« und die »zuhörende«. Beide können sehr effektiv sein, je nach Typ. Respekt ist sehr wichtig, immer und egal, mit wem man spricht. Und wirkliches Interesse am Gesprächspartner. Es gibt auch Situationen, in denen der Schreibblock wie eine Waffe wirken kann. In diesen Momenten versuche ich, mir die wichtigsten Dinge zu merken, wiederhole sie für mich im Kopf und manchmal verschwinde ich auf die Toilette, um dort schnell ein paar Dinge zu notieren. Voraussetzung ist natürlich immer, dass der andere weiß, man ist Journalist und will etwas über ihn schreiben. Tonbänder wirken oft noch abschreckender, sie machen - außer bei Interviews oder juristisch heiklen Themen - auch nicht wirklich viel Sinn, sondern nur viel Arbeit. Wer mitschreibt, ist oft konzentrierter und sortiert schon beim Aufschreiben aus. Beim Abhören von Tonbändern habe ich oft feststellen müssen, dass ich wichtige Fragen vergessen hatte und viele Sätze im belanglosem Geplänkel enden.

Die Chefin der Ehefrau nannte als Bedingung dafür, dass sie mit mir spricht, dass ihr Name und der Name der Firma im Artikel nicht genannt werden. Sie fürchtete um den Ruf des Unternehmens. An sich gilt die Regel: In möglichst allen Reportagen immer alle Personen mit Namen nennen, damit nicht ominöse Gestalten die Texte bevölkern, deren Aussagen, niemand nachprüfen kann. Es gibt aber auch Geschichten, bei denen dies einfach nicht geht. Ich habe versucht, die Chefin zu überzeugen. Am Ende habe ich ihren Wunsch akzeptiert. Das kann man nicht immer machen. Ich musste abwägen, wie existenziell diese Information für den Text wirklich ist.

Erst am Montag dem 31. Januar 2005, dem ersten Arbeitstag nach dem Urlaub, fiel der Chefin auf, dass der Schreibtisch ihrer Sekretärin merkwürdig aufgeräumt war. Die Ablage sauber abgearbeitet, das Foto des Ehemannes verschwunden. Kurz darauf traf die Post ein, der Abschiedsbrief der beiden, ein persönliches Anschreiben und vier Seiten Anhang. Computerausdruck. Der Generalschlüssel der Firma folgte in einem Päckchen. Bis in den Tod war Monika Stahl so, wie ihre Chefin sie immer kannte: gewissenhaft.

Oft werde ich auch gefragt, ob ich Geld für Interviews oder Informationen zahle und noch häufiger, ob der Artikel vor der Veröffentlichung gegengelesen werden könne. Die Antwort auf beide Fragen ist: Nein! Ein einziges Mal habe ich ein Informationshonorar gezahlt, an eine Puffmutter. Im Bordell wird jede Leistung abgerechnet, auch ein Interview. Im Allgemeinen bin ich gegen Zahlungen, weil sonst eine Geschäftsbeziehung zwischen Journalist und Interviewpartner entsteht, der Journalist kann Leistung fordern und der andere hat das Gefühl, Informationen liefern zu müssen. Wer weiß, ob das Gesagte dann immer stimmt. Natürlich gibt es aber auch Informanten, die derartig brisante Geschichten zu erzählen haben, dass sie deren Wert sehr genau wissen. Trotzdem würde ich raten: im Zweifel gegen Honorar entscheiden.

Ob die Geschichten vorher gelesen werden kann, fragt heute wirklich fast jeder Interviewte. Wozu braucht man dann noch Reporter, wenn die Leute die Texte kontrollieren und am liebsten selbst schreiben würden? Journalismus ist nicht Öffentlichkeitsarbeit, sondern eine Betrachtung von außen. Wer das nicht will, darf einem Porträt oder eine Reportage nicht zustimmen. Wörtliche Zitate können gegengelesen werden, der ganze Text nicht. Es ist wichtig, dem Gesprächspartner das von Anfang an deutlich zu sagen, sich nicht erst auf ein »vielleicht« einzulassen. Aus meiner Erfahrung hat bisher noch keiner eine Geschichte abgesagt, weil er sie nicht vorher lesen durfte. Oft ist es nur ein Test: Mal sehen wie der Journalist reagiert.

Als Reporter darf man seine Protagonisten aber auch nicht verraten. Oft entstehen sehr intensive Gespräche, Menschen erzählen mir als Journalistin manchmal mehr als ihren Ehepartnern. Daraus ergibt sich Verantwortung. Wenn Gesprächspartner darum bitten, bestimmte Dinge nicht zu schreiben, muss man sie entweder gleich vom Gegenteil überzeugen oder so fair sein und sie später weglassen. Gerade bei Menschen, die nicht an Presse gewöhnt sind, gehe ich mit dem Gesagten sehr behutsam um, um sie nicht vorzuführen oder über sie zu richten. Ich bin Reporterin und keine Richterin. Wer weiß, wie ich mich unter bestimmten Umständen verhalten würde? Das heißt aber auch nicht, haltungslos zu sein. Beschreiben ist immer subjektiv.

Zurück zu der Reportage über das Ehepaar. Es war schwierig, Menschen zu finden, die noch Kontakt zu ihnen gehabt hatten. Das Paar lebte sehr zurückgezogen. Ich wusste, dass der Mann beim Film gearbeitet hatte und fand ein paar alte Arbeitskollegen von ihm, traf mich mit einigen, telefonierte mit anderen. Dann hinterließ ich in einem Internetforum von ehemaligen Soldaten eines amerikanischen Wachbataillons meine Telefonnummer. Ein paar Wochen später meldete sich wirklich ein alter Kamerad des Ehemannes, der mit ihm vor Jahren in Westberlin bei den Amerikanern gedient hatte. Ich redete mit der Polizei und den Nachbarn im Haus. Die Cousinen hatten erzählt, dass es auch noch eine Tochter des Mannes gäbe. Niemand hatte Kontakt zu ihr, nicht mal ihren Nachnamen wussten sie. Für die Klärung des Erbes musste sie aber gefunden werden, und für die Geschichte über das Paar war es wichtig, auch die Sicht der Tochter zu hören. Ich wandte mich an das Gericht, die Sachbearbeiter hatten sie noch nicht gefunden und durften auch keine Auskunft geben. Das Mädchen war noch minderjährig. Ich rief immer wieder an. Nach zwei Monaten hatten sie sie schließlich gefunden. Ich bat die Gerichtsmitarbeiterin zu fragen, ob die Tochter und deren Mutter mit mir sprechen würden. Die beiden waren einverstanden, ich besuchte die Tochter und die Ex-Freundin des Mannes. Das war der Schlussstein der Recherche.

> Die Tochter von Michael Stahl wird plötzlich wichtig. Sie muss das Erbe ausschlagen, erst dann kann der Vermieter die Wohnung auflösen. Die Schulden steigen weiter. Geld arbeitet auch nach dem Tod. (…) Vanessa war ein schwieriges Mädchen, schwänzte die Schule, lief von zu Hause weg. Als sie zwölf war, wollte sie ihren Vater kennen lernen. 2003 rief Vanessas Mutter Michael Stahl an. Zwei Tage darauf stand er unangemeldet in der Tür.

Bei einer solchen Geschichte ist es immer schwierig, ein Ende zu finden. Gerade, weil ich nicht mit den Protagonisten selbst sprechen konnte, hatte ich immer das Gefühl, noch nicht genug über sie zu wissen, ihnen vielleicht nicht gerecht zu werden. Im Prinzip geht es mir bei jeder Reportage so. Irgendwann muss man aber aufhören. Die Blöcke sind voll geschrieben, immer mehr Personen tauchen darin auf.

Gerade bei sozialen Themen, geht es nicht nur um Verantwortung, sondern auch um Nähe und Distanz. Während des Gesprächs entsteht Nähe, während des Schreibens kehrt die Distanz zurück. Manchmal muss ich einen Tag vergehen lassen, ehe ich zu schreiben beginne, um Abstand zur Recherche zu gewinnen. Oft hilft es mir auch, jemandem die Geschichte zu erzählen, weil ich da schon das für mich Wesentliche formulieren muss. Was will ich sagen, was ist wichtig? Ein Bild beginnt sich zu formen.

Natürlich macht Schreiben Spaß, aber zunächst ist es immer eine Qual. Zweifel kommen auf: Wen soll die Geschichte interessieren, wie soll ich sie schreiben? Ich kenne zwei Arten Reporter: die Anfangs- und die Schlusstypen. Ich bin ein Schlusstyp, das heißt, ich weiß immer, wie ein Text enden, aber selten wie er anfangen soll. Die ersten zwei Absätze müssen spannend sein, damit der Leser in die Geschichte hineingezogen wird und sie müssen ein Gefühl davon geben, worum es in der Reportage gehen wird.

Wenn ich sehr viel Recherchematerial habe, lese ich es nicht noch einmal, sondern versuche, zunächst die Geschichte aus dem Kopf herunterzuschreiben. Das Wichtigste ist meist im Gedächtnis geblieben. Das setzt allerdings voraus, dass zwischen Recherche und Schreiben nicht allzu viel Zeit vergangen ist. Frisch ist meist am besten. Es gibt aber auch Geschichten, die Zeit und Abstand brauchen, an »Broszehls Nachlass« habe ich während eines Monats geschrieben, immer mal wieder. Nach dem ersten Schreib-Durchlauf lese ich mir meine Aufzeichnungen durch, ergänze wenn nötig und überarbeite dann alles nochmals. Und das mache ich auch noch ein drittes Mal, manchmal sogar noch öfter - je nachdem, wie viel Zeit mir bleibt. Erst durch das Feilen wird es ein richtiger Text. Das ist das Stadium, bei dem sich Recherche-Ungenauigkeiten rächen. Deshalb bemühe ich mich, bei der Recherche immer so viele Details wie möglich aufzuschreiben: wie jemand aussieht, was er anhat, wie die Umgebung wirkt, wie die Wohnung eingerichtet ist, wie sich jemand bewegt, Haltung, Gestik, Mimik und ob und wie sich jemand im Laufe des Gesprächs verändert.

Bei der Strukturierung von Texten arbeitet jeder unterschiedlich. Thomas Mann unterscheidet drei Arten von Schriftstellern: die Musiker, die Maler und die Architekten. In gewisser Weise kann man diese Arten auch auf Reporter und journalistische Texte übertragen. Ich schreibe erst mal nach Gefühl, wenn sehr viele verschiedene Orte und Personen vorkommen, lege ich mir ein Blatt Papier neben den Computer, notiere in Stichpunkten die Namen der Figuren und deren wichtigste Aussagen, darunter schreibe ich, mit welcher Szene oder Handlung die Geschichte weitergehen könnte. Es ist eine Art Ablaufplan - wann was wo kommt. Das mache ich aber nur in den komplizierten Fällen. Oft verändern sich Geschichten auch während des Schreibens. Jemand erscheint plötzlich sympathischer oder unsympathischer. Da ist es gut, wenn man vorher wirklich mit vielen verschiedenen Menschen geredet und alle Seiten angehört hat.

Dann ist man plötzlich am Ende der Geschichte angelangt. Der letzte Absatz ist für mich der Bedeutendste. Er gibt eine Art Zusammenfassung des Textes, beschreibt den letzten Eindruck, hinterlässt ein Gefühl. Er bleibt im Gedächtnis.

> Im Januar dieses Jahres telefonierte Vanessa das letzte Mal mit ihm, er hatte keinen Unterhalt mehr gezahlt, gesehen hatten sie sich schon seit zwei Jahren nicht mehr. Sie wollte ihm eigentlich noch sagen, dass sie schwanger ist, dass er Opa wird. Dazu kam es nicht mehr. Sie hat vom Gericht vom Tod ihres Vaters erfahren. Es war ein komisches Gefühl. Vermissen kann sie ihn nicht. »Da war nicht viel da zwischen uns. « Einen Abschiedsbrief hat sie nicht bekommen, alle Fotos von ihm sind beim letzten Umzug verschwunden. Die Stahls sind fort.

»Brozehls Nachlass« erschien im »Tagesspiegel« 20.4./21.4. 2000.

»Wir haben euch alle sehr lieb. Moni und Micha« erschien in »Die Zeit« 19. 5. 2005.

Cordt Schnibben über die Themen des Alltags:
Das Detail im Blick und die Geschichte im Kopf

Der Chefredakteur hatte per Hauspost eine Pressemappe heruntergeschickt. Mit grünem Filzstift und leichter Hand hatte er darauf geschrieben: »Erbitte Rücksprache nach Urlaub. Ich habe da eine Themenidee. ts.« Es war das erste Mal, dass ich von ihm direkt ein Thema vorgeschlagen bekam, sonst geschah dies über den Ressortleiter, aber auch das kam selten vor. Die Redakteure der »Zeit« beschäftigen sich in der Regel selbst.

In der Mappe steckten Programme, Artikel und Presseerklärungen über das Schleswig-Holstein-Musik-Festival. Über dieses Festival wurde im letzten Jahr, dem Gründungsjahr, landauf, landab berichtet: Feuilletons und Klatschspalten lobten das Musikereignis und seinen Erfinder Justus Frantz in den höchsten Tönen, auch die »Zeit« berichtete gleich dreimal. Was also sollte man jetzt noch schreiben?

Damals – es war 1988 – arbeitete ich bei der »Zeit«, war ein junger Reporter und schrieb über alles, was mir in die Quere kam: Boris Becker, Rennen auf dem Nürburgring, Michael Jackson, das Zirkusfestival von Monaco, Karl Marx, die Geburt eines Tiefkühlmenüs. Später beim »Spiegel« wählte ich die Themen sorgfältiger aus, ich hatte bei der »Zeit« eine eigene Sprache gefunden und wollte mit ihr die Geschichten erzählen, die ich nicht nur aufregend, sondern auch relevant fand.

Aber ob relevant oder abseitig, ob ganz wichtig oder nur ganz schön, bei jedem Thema läuft die Recherche und das Schreiben nach den Regeln, die auch bei der Geschichte über das »Schleswig-Holstein-Musik-Festival« zu beobachten sind.

»ts« denkt an eine Hintergrundgeschichte, wie er anmerkt, als wir uns mal zufällig auf dem Gang treffen. Er hat sich von Justus Frantz, dem Intendanten der Festspiele, und »seiner reizenden Pressesprecherin« auf einer Party inspirieren lassen. Eine Reportage über die Kleinarbeit hinter den Kulissen und vor Festivalbeginn? Auf den ersten Blick eine gute Idee: Eine Scheune wird fürs London Philharmonic Orchestra hergerichtet, Bäuerin backt Kuchen für Bernstein, Gemeinderäte träumen von großer Zukunft: Hasselburg – das Salzburg des Nordens, die Freiwillige Feuerwehr probt den Konzertbrand in der Reithalle. Herrliche Szenen, eine lebendige Reportage, schöne Tage in Schleswig-Holstein.

Auf den zweiten Blick eine schlechte Idee. Organisieren und vorbereiten ist immer gleich. Da wird telefoniert, getagt, geplant, verworfen. Kennt jeder, will keiner lesen. Langatmige Reden, eitle Sitzungen, Provinzgehabe. Quälend lange Tage in Schleswig-Holstein, unergiebige Szenen, eine leblose Geschichte. Herauskommen kann nur der Volkshochschulkurs: Wie organisiere ich ein Festival? Zudem riecht das zu sehr nach Public Relations.

Ich versuche einen Kollegen – in Schleswig-Holstein tief verwurzelt, bestens geeignet – für die Reportage zu begeistern. Er zeigt sich uneinsichtig, aber bringt mir zum Trost am nächsten Tag einen Brief mit. Er ist vom Vorsitzenden der Schleswig-Holsteinischen SPD. »Liebe Genossinnen, liebe Genossen, ich bitte Euch ganz dringend, die Musikfestival Veranstaltungen zu besuchen. Wir dürfen dieses Musikfestival nicht der Landesregierung und der CDU überlassen. Deshalb seid Ihr, sind wir alle aufgefordert, bei den Veranstaltungen des Musikfestivals präsent zu sein.« Das wird eine schöne Reportage werden. Da bin ich ganz sicher.

Für welche Geschehnisse ist die Reportage die geeignetste journalistische Form?

Meine erste Frage, wenn ich eine Reportage lese, ist immer: Ist da ein Entdecker unterwegs, der mir eine neue Geschichte erzählt, oder ein Tautologe, der mir das, was ich schon weiß, noch einmal »in schön« erzählen möchte? Der Reporter muss mir signalisieren: »Hallo, Leser, hier erfährst du etwas, was du noch nicht weißt.«

Man braucht starke Szenen und einen Konflikt. Es muss wirklich etwas passieren. Die Bäuerin muss backen, die Feuerwehr muss proben, Bernstein muss in Kuhscheiße treten, Menuhin muss in der Scheune proben, die CDU muss das Festival zu unterwandern versuchen, die SPD sich dagegen wehren.

Die Szenen, die man sich vor Beginn der Recherche ausmalt, müssen so stark sein, dass sie aneinander gefügt einen interessanten Film ergeben. Natürlich wird man bei der Recherche ganz andere erleben – Szenen, von denen man gar nicht zu träumen wagte –, aber schon vorher muss man einen Film vor Augen haben. Andernfalls sollte man lieber eine Konzertankündigung für den Terminkalender verfassen, eine Meldung für den Kulturteil (»Auch in diesem Jahr …«), einen Aufmacher für den Lokalteil («Streit um Festival«) oder eine Glosse für die Seite eins.

Es gibt auch Reportagen, in denen es nur regnet oder ein Wahlredner spricht oder eine Stadt erwacht – Geschichten, die das Leben schrieb; aber das Leben lässt sich verdammt viel Zeit. Darum sollte der Reporter möglichst dort und dann zur Stelle sein, wenn es sich mal ein bisschen beeilt.

Drei Beispiele. Eine Reportage hinter den Kameras der ZDF-Nachrichtensendung »heute« ist zu jeder Zeit eine spannende Angelegenheit. Wie das Fernsehen das Tagesgeschehen in einer Zwanzig-Minuten-Sendung zusammenpresst, kann man immer schreiben – Szenen und Konflikte en masse. Wenn man aber während seiner Recherche eine Woche erwischt, in der ein deutscher Politiker wegen eines Interviews mit »Newsweek« in Schwierigkeiten gerät und verfolgen kann, wie die zur Objektivität verpflichtete Nachrichtensendung dem Mann unter die Arme greift, dann wird aus der zeitlosen Reportage über das Zustandekommen einer alltäglichen Veranstaltung eine Reportage über die Regierungsnähe einer öffentlich-rechtlichen Anstalt – und das ist zweifellos interessanter.

Dieses Zusammentreffen war ein glücklicher Zufall, aber oft ist das Zusammentreffen zweier Ereignisse, die aus einer gewöhnlichen Geschichte eine aufregende Reportage machen, abzusehen. Man muss nur die Geduld haben, darauf zu warten. Zwei Wochen lang bin ich mit einer Streetgang durch Hamburg gezogen, um das Leben dieser türkischen und deutschen Jugendlichen zu beschreiben. Ich hatte genügend Episoden und Lebensläufe zusammen und hätte aufhören können, aber es wäre nur eine zusammengestoppelte Geschichte herausgekommen. Ich wartete auf eine Situation, in der sich wie im Brennglas all das konzentrierte, was ich über die Jungen schreiben wollte. Eine Woche später berichtete »Bild« von einer angeblich bevorstehenden Schlacht zwischen den Hamburger Streetgangs. Die Anführer der wichtigsten Banden verabredeten ein friedliches Treffen in einem Bierzelt auf dem Jahrmarkt. Meine Reportage beschrieb nur diese zwei Stunden.

Seit Boris Beckers erstem Wimbledon-Sieg wollte ich über ihn schreiben, eine Reportage über den Umgang der Deutschen mit ihm und umgekehrt. Zuerst ging es nicht, weil alle Journalisten auf diese nahe liegende Idee kamen, dann verkaufte er sich an »Bild« und keiner kam mehr an ihn heran, schließlich war er so umjubelt, dass es nichts Aufregendes über ihn zu berichten gab. Sein Management hatte aus ihm eine glänzende Wachsfigur gemacht und benutzte Presse und Fernsehen zum Polieren.

Erst die Trennung von seinem Trainer Bosch ließ den Heiligenschein eiern und brachte die Chance, an ihn heranzukommen. Aber was nützt es, sich mit ihm zu unterhalten? Erstens ist es sehr teuer, zweitens sehr unergiebig. Und drittens ist es viel spannender zu beobachten, wie die Leute auf ihn reagieren, die

Menschen in seiner Heimatstadt, in Monte Carlo, bei Ehrungen, in Hotels und auf der Zuschauertribüne. Blieb nur noch, die Woche herauszufinden, in der Boris Becker all diese Begegnungen auf seinem Reiseplan hat.

Wenn mich ein Thema anspringt, dann prüfe ich zunächst, ob schon jemand vor mir darüber geschrieben hat, ob ich also Tautologe oder Entdecker bin. Dann besorge ich mir Bücher, um mich in das Thema einzulesen. Wenn es etwa um ein Gefängnis in Bolivien geht, in dem sich die Gefangenen ohne Wächter selbst verwalten, suche ich mir Bücher zu modernem Strafvollzug. Wenn ich das Thema danach immer noch interessant finde, kläre ich, ob ich in das Gefängnis hineinkomme und wie gefährlich es dort ist. Ich frage Kollegen oder Fotografen aus der Gegend und informiere mich über die Region. Schließlich setze ich mich direkt mit den wichtigen Figuren der Geschichte in Verbindung, also beispielsweise mit dem Gefängnisdirektor. Und dann fahre ich los.

Die Entscheidung – wenn sie möglich ist – über Ort, Zeit und Umstände der Recherche entscheidet über die Dramatik, Eindringlichkeit und Sinnlichkeit einer Reportage. Sprachliche Kraft und Kniffe können später nicht wieder ausbügeln, was an Substanz fehlt.

Wie ein Film gute Drehorte, so braucht eine Reportage die richtigen Ortstermine. Eine Reportage ist immer eine Inszenierung. Eine Inszenierung, in der zwar nicht die Wirklichkeit nachgestellt, aber durch die Auswahl von Orten und Personen bestimmt wird.

Vierundzwanzig Aufführungsorte hat das Schleswig-Holstein Musik Festival, 150 Konzerte werden vorbereitet, hunderte Ehrenamtliche und Hauptberufliche opfern sich auf. Wohin gehen, mit wem sprechen? Zunächst mit der Pressesprecherin. Schnell steht fest, dass der Zusammenprall zwischen ländlicher Exotik und Hochkultur in der Scheune von Hasselburg, in der Reithalle des Schlosses Gottorf und in der Reithalle von Wotersen am wuchtigsten ausfallen muss. In diesen Orten will ich mich für drei, vier Tage umsehen, die Landwirte fragen, in den Gaststätten herumsitzen, mit den Bürgermeistern reden, die Freiwillige Feuerwehr und den Schützenverein besuchen, vielleicht auch den Fußballverein. Die meisten Konzerte finden in ganz gewöhnlichen Sälen, Kirchen, Stadthallen, Rathäusern statt – eine erste Enttäuschung.

Der Vorstand ist interessant zusammengesetzt – unter anderen ein Autohändler, ein stellvertretender »Bild«-Chefredakteur, ein Finanzbeamter – ihn sollte man während einer Sitzung besuchen. Die Geschäftsführung liegt in den Händen von freigestellten hohen Beamten aus dem Finanzministerium, auch das klingt vielversprechend; an den Aufführungsorten arbeiten ehrenamtliche

Beiräte, einen sollte ich beobachten. Ich bin mir noch nicht sicher, ob ich die Recherche vor Festivalbeginn beende oder ob ich mit einem Konzert aufhöre. All diese Entscheidungsschlachten bleiben dem Leser verborgen und auch vielen Kollegen. In vielen Zeitungen ist die Reportage nicht sehr verbreitet. Zwar wird ständig davon geredet, man brauche mehr Reportagen, aber im Zweifel entscheidet sich die Mehrzahl der Kollegen dann doch lieber für eine Analyse, einen Leitartikel, ein Porträt oder eine Glosse. Neben der Analyse wirkt die Reportage immer etwas ungebildet; vielleicht ist das der Grund. Sie taugt nur sehr mittelbar zum Transport von Meinungen; vielleicht spielt auch das eine Rolle. Hin und wieder stößt man auf die Überzeugung, eine Reportage sei eine sehr schlichte journalistische Form. »Da fährt der irgendwohin, guckt sich ein bisschen um und schreibt auf, was er gesehen hat.« Der intellektuelle Aufwand, den allein die Recherchenplanung erfordert, ist oft größer als der beim Verfassen eines Leitartikels zum selben Thema.

Die Reportage ist die aufwändigste, frustrierendste und beglückendste journalistische Form. Da man bekanntlich nur sieht, was man weiß, lese ich vor den eigenen Erkundungen alles, was ich über das Thema in die Finger bekommen kann. Bei einer Reportage über das Massaker von My Lai waren es rund dreitausend Seiten Vernehmungsprotokolle; bei einer Reportage über die Haifischjagd vor Englands Südküste verschlang ich sechs Hai-Bücher; das Zirkusfestival in Monte Carlo war erst nach einem Schnellkurs in Zirkusgeschichte ein Thema. Nur eine Reportage erforderte bisher keinerlei Vorbereitung: über den heutigen Schulalltag in den Oberstufen der beiden Gymnasien, die ich vor 20 Jahren selber besucht habe.

Nur ein Bruchteil der Vorbereitungen findet sich später in irgendwelchen Halbsätzen in der Reportage wieder, aber ich bin fest davon überzeugt, dass jeder Leser merkt, ob ein Journalist eine Reportage mal eben aus dem Ärmel geschüttelt oder sich erarbeitet hat. Viele Reportagen leiden darunter, dass die Autoren in Ermangelung eines Archivs nur aus dem schöpfen, was sie selbst zusammenkratzen. Unter ihrer sprachlichen Leichtigkeit gähnt inhaltliche Leere.

Über den Erfolg oder Misserfolg der Recherche entscheidet die Fähigkeit des Journalisten, sich auf die Menschen einzulassen, über die er schreibt. In Reportagen geht es eigentlich immer um Menschen, und durch die Beschäftigung mit ihnen erfahre ich etwas über mich selbst. Der Reporter verwendet einen Großteil seiner Energie darauf, wildfremde Menschen zu ergründen, statt sich direkt mit sich selbst zu beschäftigen. Offen gesagt glaube ich, dass jeder gute Reporter in dieser Beziehung verhaltensgestört ist, er weicht sich aus und beschäftigt sich lieber mit Frau Hanh in Saigon und Herrn Dogan in Istanbul.

Warum will ich wissen, wie die Menschen im Kongo leben? Warum will ich die Welt verstehen? Warum will ich die Menschen verstehen? Weil ich mich verstehen will. Man muss den Reporter als neugiergesteuerten Egoisten sehen. Nicht als schreibenden Heiligen, der im Dienste der Aufklärung die Wahrheit in der Welt sucht.

Ich bin zum Beispiel einige Jahre lang als Reporter den politischen Visionen meiner Jugend hinterhergereist, war viel in Vietnam und auf Kuba. Ich glaube, ein ganz wichtiges Motiv, Reporter zu werden, ist die Sehnsucht nach Selbsterkenntnis, gepaart mit der Angst vor Selbstbeschäftigung.

Bescheidenheit hat mir immer sehr geholfen, Unauffälligkeit auch. Wenn ich mit Menschen zu tun habe, die ich nicht mag, ist es gut, wenn sie mich unterschätzen. Wenn ich mit Menschen zu tun haben, die ich mag, ist es gut, wenn sie mich nicht überschätzen. In beiden Fällen mache ich sie sicher und verhindere, dass sie sich verstellen.

Ein hastig mitschreibender Journalist beispielsweise treibt Schuldige und Unschuldige gleichermaßen ins Misstrauen und in die Schweigsamkeit. Ich habe mir angewöhnt, wirklich wichtige Aussagen während eines Gesprächs in einem Wort zusammenzufassen, mir das einzuhämmern und bei der erstbesten Gelegenheit nach der Begegnung anhand dieser Wörter die wichtigen Passagen des Gesprächs niederzuschreiben. Bei längeren oder sehr komplizierten Unterhaltungen benutze ich ein kleines, unauffälliges Diktiergerät; schnell hat mein Gegenüber das mitlaufende Tonband vergessen.

In der Regel gebe ich mich etwas dümmer, als ich bin. Ich weiß noch nicht, welche Menschen ich in Schleswig-Holstein treffen werde. Aber jedem werde ich das Gefühl geben, von Musik und der Vorbereitung eines Festivals viel mehr zu verstehen als ich. Und sie werden den Eindruck haben, dass ich nicht nur ein paar Informationen sammle, um daraus einen Zeitungsartikel zu schreiben, sondern dass ich persönlich neugierig bin, von jedem einzelnen zu erfahren, wie so ein großes, bedeutendes Festival quasi über Nacht entstehen konnte. Der Eindruck wird richtig sein.

Nur Details sind später beim Schreiben brauchbar: Nicht, dass ein Bauer alt ist, zählt, sondern dass er schwerhörig ist und unbedingt in der ersten Reihe sitzen will, aber keine Karte für die erste Reihe bekommen kann; nicht, dass Phnom Penh eine dreckige Stadt ist, möchte ein Leser erfahren, sondern wie viel Ratten jeder Einwohner im Schlafzimmer hat; nicht, dass die Vietcong im

Tunnel lebten ist wichtig, sondern, dass sie das Rasierwasser der GIs benutzten, damit die Spürhunde der GIs sie für Amerikaner in Tunnels hielten; nicht das Klischee zählt, sondern das Detail. Eine gute Reportage besteht aus lauter Details, die man riechen, schmecken, fühlen und sehen kann und während der Recherche muss man sie unverdrossen zusammenkratzen.

Man ist angefixt von den Erlebnissen und soll sie dann verarbeiten, obwohl man gar nicht möchte. Meine Neugierde ist bereits befriedigt, wenn ich zurückkomme. Aber weil ich fürs Schreiben bezahlt werde, muss ich die Geschichte aufbereiten. Worauf ich dann achte – und das rate ich auch jungen Reportern: nicht darüber reden! Je weniger Details und Anekdoten ich aus der Recherche preisgebe, desto größer ist mein innerer Druck. Das Schreiben muss dann so sein, als wenn man die Schleuse eines Staudamms öffnet. Aber noch vor dem Schreiben kommt die eigentlich kreative Phase, in der ich das Recherchierte mit dem Angelesenen vermenge. In dieser Phase denke ich relativ viel nach, blättere in meinem Material herum und entwickle die Geschichte. Das Schreiben selbst ist bei mir kein anarchischer Prozess, sondern ein planmäßiger, ich lege vorher ziemlich genau fest, wie die Absätze der Geschichte ineinander greifen sollen. Aber es gibt natürlich Reporter, die ganz anders arbeiten.

Was macht man mit Hunderten von Details, die wie die Teile eines Puzzles zusammenhanglos durcheinander purzeln? Ich mache damit Folgendes: Ich nehme ein Blatt des BMW-Jahreskalenders, Größe DIN-A-2 und erkläre die Rückseite zum Tableau. Da ich nach der Recherche weiß, welche Themenkomplexe ich – nach dem Stand der Dinge – zusammen habe, teile ich die Fläche auf, indem ich 8 oder 10 oder 12 Stichworte auf das weiße Blatt verstreue.

Didaktisch wäre es klug, nun das Tableau der Reportage über das Schleswig-Holstein Musik Festival zu beschreiben, aber es existiert noch nicht. Darum erkläre ich ersatzweise das My Lai-Tableau. »Calley/Massaker« steht oben links, rot unterstrichen. Darunter ungefähr 30 Begriffe wie »Beginn H 3«, »Bein verloren A 10« und »Vergewaltigung H 4«. Hier stehen – in einem Wort zusammen gefasst, mit Fundstelle – alle wichtigen Informationen über die Beteiligung des Leutnants Calley an dem Massaker von My Lai, die ich während der Recherchen zusammengetragen haben, sei es aus Zeitungsberichten, Büchern, Protokollen oder eigenen Befragungen.

Darunter der Komplex »Calley/jetzt«, Informationen über sein heutiges Leben, darunter »Calley/Lebenslauf«. Daneben »Mädchen/Massaker«, die Schilderungen der Überlebenden Pan Ti Trinh, die ich in Vietnam befragt habe; darunter »Mädchen/jetzt«; darunter »Calley/Prozess«, Stichworte über den Verlauf des Gerichtsverfahrens gegen den Leutnant. Des Weiteren: »Aufdeckung«, »Verantwortung/Schuld«, »Nürnberg«, Stichworte zum Nürnberger Kriegsverbrecher-Prozess, »Vietnamkrieg allgemein«, »Nixon«, »Filme«, »neue Debatte«.

Auf dem Tableau steht alles, was ich über My Lai weiß. Es ist für mich später in den turbulenten Stunden des Schreibens der Gegenstand, an dem ich mich festhalten kann, so eine Art Seekarte. In den Momenten der Orientierungslosigkeit genügt ein Blick auf das Tableau, um wieder Hoffnung zu schöpfen und die Richtung einzuhalten. Die Sicherheit, dass es nichts Wichtiges zum Thema gibt, das nicht auf diesem DIN-A2-Blatt steht, macht den Kopf frei. Bei Bedarf kann ich Passagen in meinen Notizblöcken oder Archivblättern schnell finden und nachlesen.

Das Tableau ist natürlich noch keine Gliederung, kein Aufbau, sondern nur eine geordnete Materialsammlung. Aber sie erleichtert es, den Bogen zu finden, der die Reportage trägt.

Das schlichteste und natürlichste Ordnungsprinzip der Reportage ist die Chronologie. Sie ist in der Regel auch das beste. Sie hat nur den Nachteil, dass ihr die Dramaturgie egal ist. Wenn ich eine Woche auf dem Campingplatz beschreibe, passieren die Dinge in der Regel nicht in der Reihenfolge, wie sie für die Reportage gut wären.

Ich suche bei jeder Reportage nach einer besonders auf diese Reportage zugeschnittenen Form. Oft gelingt das nicht, dann ist das Schlichte besser als das schlecht Gekünstelte. Eine Reportage über Stefanie von Monaco beispielsweise schrieb ich aus der Sicht des Verliebten, der mittels der Regenbogenpresse ihr Leben verfolgt und daran langsam verzweifelt. Die Erfahrungen einer westdeutschen Reisegruppe, die mit dem Schiff die türkische Gastfreundschaft erkundet, passte gut zu Homers »Odyssee«. Eine Reportage über den ersten privaten Radiosender in der Bundesrepublik spann sich an Ausschnitten aus dem 24-Stunden-Programm eines Tages entlang.

Kommen wir endlich zum ersten Satz. Dass er der wichtigste der ganzen Reportage ist, weiß jedes Kind, und darum ist er so schwer zu finden. Ich stelle mir immer einen Menschen vor, den das Thema der Reportage nicht die Bohne interessiert. Der nur beim Umblättern zufällig diesen ersten Satz erhascht, stutzt und weiterliest. Nun kommt es nur noch darauf an, ihm bei keinem der folgenden Sätze die Chance zu geben, sich gelangweilt davonzustehlen. Ein paar Beispiele: »Erst durch den Tod von Bronski erfuhren seine Kinder, dass er noch gelebt hatte.« – »Antike Irrfahrer und moderne Pauschalreisende haben viel gemeinsam.« – »Bohnerwachs. Es riecht immer noch nach Bohnerwachs.« (Kleine Aufgabe: Wie gehen die Reportagen weiter?)

Ich kann ohne Koketterie sagen, dass ich überhaupt kein Sprachtalent bin. Auf der Journalistenschule habe ich erst mal gelernt, wie man nicht schreibt. Wolf Schneider hämmert seinen Schülern wirklich qualvoll ein, was man im Journalismus nicht darf. Er schafft es, in den Köpfen sprachliche Verbotszonen zu errichten, übrig bleibt dann ein großes Feld des Erlaubten und in diesem Terrain muss man seine eigene Sprache finden. In der Zeit als Werbetexter habe ich gelernt, Sprache auf Wirkung abzuklopfen. Gerade in der Werbung muss man sich ganz extrem mit Sprache quälen. Man denkt manchmal zwei, drei Tage lang über einen Satz nach. Dieses Selbstquälerische ist wichtig für Reporter. Ein gutes Schreibtraining war auch meine Schüler- und Studentenzeit, in der ich Flugblätter schrieb. Die mussten so geschrieben sein, dass selbst Desinteressierte nach dem ersten Satz weiterlesen wollen.

Allerdings hilft die Flugblatt-Ausbildung wirklich nur beim ersten Satz. Der Agitationsstil ist für die folgenden Sätze der Reportage unbrauchbar. Einer Reportage merkt der Leser schnell an, wenn es ihr nur darum geht, seine Meinung platt und vordergründig zu beeinflussen. Die Widersprüchlichkeit der Wirklichkeit geht verloren, der Leser spürt, dass der Reporter das Geschehen voreingenommen und verfälscht wiedergibt.

Ich glaube, man muss in jeder Recherche irgendwann eine Position einnehmen, aber eine Weltanschauung, mit der man immer allem gegenübertritt, finde ich langweilig und gefährlich. Ich bin eher Anhänger der Weltbetrachtung: Meine Meinung zu den Dingen wird durch die Recherche beeinflusst. Erst im Laufe der Jahre fügt sich alles, was ich beobachte, zu einem Weltbild zusammen.

Gute Reportagen sollen nicht missionieren, sondern dem Leser die Freiheit lassen, sich sein eigenes Bild von Wirklichkeit zusammenzusetzen. Martin Walser hat über die Aufgabe der Reportage geschrieben: »Eine gute Reportage bietet Tatsachennähe, die nicht zur Meinung schrumpft, sondern zur Erfahrung wird.« Eine sehr schöne Definition.

Eine Reportage ist keine Fotografie, das wäre todlangweilig. Und auch kein naturalistisches Gemälde, das wäre ähnlich ermüdend. Sie gibt ein realistisches Bild, skizziert mit wenigen Strichen das Wesentliche eines Vorganges, Erlebnisses, einer Person. Aber das muss in den Proportionen stimmen.

Meine Reportage über Boris Becker war um 80 Zeilen zu lang. Ich strich, ohne es in der ganzen Tragweite zu durchschauen, drei Szenen, in denen Becker sehr sympathisch wirkte und gut wegkam. Sie waren sprachlich etwas umständlich und darum nahm ich sie heraus. Das austarierte Gefüge dieser, wenn auch sehr kritischen, so doch angemessenen Reportage bekam eine leichte Schlagseite in Richtung Verriss. Der dem Tennisstar wohl gesonnene Leser konnte den Eindruck gewinnen, hier solle unter dem Deckmantel der Reportage jemand vorsätzlich fertig gemacht werden – nie in meiner Journalistenzeit habe ich so viele vernichtende Briefe bekommen.

Natürlich ist der Reporter kein objektives Medium, sondern ein Mensch mit eigenem Blick, eigenen Erinnerungen und Wünschen. Das ist gerade das, was man von einem Reporter verlangt: Er soll Wirklichkeit subjektiv spiegeln, wie eine denkende Kamera. Eine gute Reportage zeichnet aus, dass sie Material für ein Urteil liefert, also Eindrücke, Szenen, Zitate, Gedanken, und dem Leser die Chance lässt, sich seine eigene Meinung zu bilden.

Als ich die Reportage über die Streetgangs schrieb, erschienen zur selben Zeit auch in anderen Zeitungen Reportagen zum selben Thema. In ihnen tauchte nur die üble Seite dieser Banden auf, die Schlägereien, der Suff, das Klauen, das Asoziale. Dass Alkoholverachtung, Solidarität und Gerechtigkeitsgefühl in diesen Gruppen genauso zuhause sind, spielte in diesen Artikeln keine Rolle. So kann man zwar Leser in ihren Vorurteilen bestätigen, die in diesem Fall wohl auch nichts dagegen haben, mit Halbwahrheiten bedient zu werden, aber solche Reportagen sind hässlich. Schließlich vertraut der Leser darauf, dass ihm der Reporter als sein Stellvertreter draußen in der Welt zutreffende Beobachtungen übermittelt.

Die richtige Beobachtung besteht, wie wir wissen, aus lauter klitzekleinen Details, und leider ist die Sprache viel zu umständlich, um alles in 400 oder 450 Zeilen wiedergeben zu können. Man stelle sich nur einmal vor, wie viel Zeilen nötig sind, um eine Scheune voller Musiker zu beschreiben. Etwa 300. Bleiben noch 100 Zeilen für den Rest einer Reportage über das Schleswig-Holstein Musikfestival.

Da die Scheune voller Musiker in der Reportage tatsächlich und gerechterweise aber nur drei oder vier Zeilen zugestanden bekommt, muss jedes der möglichen 27 oder 36 Worte im Kopf des Lesers ein Feuerwerk an Vorstellungskraft entfachen. Alle abgedroschenen, stumpfen, leblosen, verbrauchten Worte verbieten sich. Alle Begriffe, die mir sofort einfallen, wenn ich nach ihnen suche, machen mich misstrauisch.

Genau den richtigen Satz, das richtige Wort zu finden für das, was man gesehen, gedacht und empfunden hat – das ist eine Punktlandung, eine ganz satte Befriedigung. Ein Zustand wie bei einem Baby, das gerade frisch gefüttert wurde. Dieses Gefühl will man natürlich ständig haben.

Ich mag keine Beschreibungen, die sich auf Attribute verlassen. Ich suche lieber nach Ideen, die die Atmosphäre einer Situation genauer treffen. Fünf Menschen in einem Boot:

> »Jeder im Boot haßt den Hai. Dem Fischer, der inzwischen zu alt ist, um mit eigenem Kahn hinauszufahren, haben Haie früher immer wieder die Netze zerrissen. Dem Londoner, der am Kai mit dem Porsche vorfuhr, stehlen sie die Zeit – er hat in dieser Woche sechs erfolglose Haijagden hinter sich. Den Iren fuchst, daß er ihnen vor einer englischen Küste nachstellen muß. Die beiden deutschen Touristen an Bord verfluchen den Hai, alle Fische, das ganze Meer, ihnen ist kotzübel – in den Jagdgründen tobt die See. Den Skipper schließlich treibt die klassische Haßliebe vorwärts. Er liebt den Hai, weil jeden Morgen Touristen auf sein Boot kommen und zehn Pfund pro Nase bezahlen. Er haßt den Hai, weil jeden Morgen Touristen auf sein Boot kommen.«

Je dramatischer das Beschriebene, desto undramatischer muss die Sprache sein. Dass etwas grässlich, fürchterlich, entsetzlich, brutal ist, erschließt sich am ehesten, wenn die Worte »grässlich«, »fürchterlich«, »entsetzlich«, »brutal« nicht vorkommen. Eine Sprache, die dem Leser Emotionen aufzwingt und Entrüstung vorschreibt, stumpft nur ab.

Den Bogen zu halten, den man mit dem ersten Satz zu schlagen begonnen hat, ist die Mühe der Reportage. Ihr Hauptfeind sind die klumpigen Absätze, mit denen Geschichtliches und Grundsätzliches eingeschoben wird, um der Reportage Tiefe und Weite zu geben. Nie mehr als einen dieser Bremsklötze, dann muss wieder einen Absatz lang Bernstein in die Scheiße treten. Und nie länger als einen Satz lang räsonieren, am besten nur einen Halbsatz lang, am allerbesten gar nicht.

Wenn ich ein gutes Theaterstück sehe oder einen schönen Roman lese, habe ich den Eindruck, dass etwas in meinem Gehirn passiert: Da wird Kreativität auf mich geschossen, es ist so, als wenn in meinem Hirn eine Flipperkugel in Gang gesetzt wird, die stößt meine Hirnzellen an. Wenn ich dann aus dem Theater gehe, möchte ich sofort etwas schaffen. Dieses Gefühl würde ich auch gerne vermitteln. Der Leser soll nach meinen Texten denken: Ich muss jetzt was machen! Auch wenn er Tulpen pflanzen geht, das ist egal. Wenn man das erreicht, hat man seinen Job gut gemacht.

Wenn man schließlich die Reportage vollendet hat, den letzten Satz eingepasst hat wie der Fliesenleger sein letztes Kachelchen, dann wird man jedesmal darüber jammern, welche wichtigen Fakten, genialen Überlegungen und schönen Zitate man wieder einmal nicht unterbringen konnte, weil der Reportagefluss es nicht zuließ. Man wird auf die mühsam gefundenen Worte und Sätze starren und stammeln: »Das liest sich ja schrecklich holprig, das ist doch stinklangweilig – das kannst du doch so nicht abgeben!«

Jens Weinreich über die Sportreportage:
Trubel in der Mixed Zone

Der klassische Sportbericht, die so genannte 1:0-Berichterstattung, wird oft zu Unrecht gescholten. Texte aus dem Stadion, geliefert am Abend, unmittelbar nach dem Wettkampf, diese Art der Sportreportage ist vor allem eines: hartes Handwerk. Sie kann aber durchaus eine kleine Kunstform sein, eine überzeugende Sportkritik und damit in gewissem Sinne vergleichbar mit einer Theaterkritik, mit einem Unterschied allerdings: Welches Feuilleton bietet seinen Lesern schon Kritiken von den Premieren des Vorabends?

Für diese kunstvollere Art des Sportberichts stehen eine ganze Reihe vorzüglicher Schreiber, die im Sportjournalismus begonnen haben und an denen sich jeder junge Journalist ein Beispiel nehmen kann: Holger Gertz und Axel Hacke etwa, langjährige Streiflicht-Autoren der Süddeutschen Zeitung, aber auch Klaus Brinkbäumer und Matthias Geyer vom Spiegel. Es wäre allerdings ungerecht, nur an diejenigen zu erinnern, die preisgekrönt sind und inzwischen das Metier gewechselt haben. In den Sportressorts der Printmedien und Internetanbieter entstehen täglich unter größtem zeitlichen Druck und oft unsäglichen Arbeitsbedingungen aktuelle Reportagen und Berichte, die sich zu lesen lohnen. Die sich von der Massenware unterscheiden, von jenem abgehetzten Un-Stil, jener Aneinanderreihung von Plattitüden und statistischen Details, die für die Sportberichterstattung leider typisch sind.

Die schlechten Sportberichte lesen sich so, wahllos herausgegriffen aus einem Stapel von Beiträgen, die ich immer mal zur Seite lege und in einen Hefter mit dem Titel »kreatief« verschwinden lasse: »Die Roten Teufel müssen im Kampf ums nackte Überleben durch die Hölle. Nach dem schlechtesten Saisonstart in seiner 40-jährigen Bundesliga-Geschichte mit mickrigen sechs Punkten nach neun Spieltagen und Rang 17 droht dem 1. FC Kaiserslautern nach dem 0:1 (0:1) bei Bayer Leverkusen der zweite Sturz in die zweite Liga nach der Saison 1996/96.« Oder: »Boris ist sicher: ›Die Steffi haut einen raus, sogar Gold ist drin.‹ Nach souveränen Vorstellungen könnten Boris Henry und Steffi Nerius dem Speerwurflager bei den 18. Leichtathletik-Europameisterschaften ein eigenes ›Traumpaar‹ bescheren.«

Oder: »Dirk Nowitzki fand sein ›Händchen‹ wieder und darf vom großen WM-Wurf träumen, seine NBA-Kollegen aus den USA dagegen erlebten in Indianapolis einen Albtraum.« Oder, immer wieder ungern gelesen: »Deutschlands Amateur-Boxer haben bei den 12. Weltmeisterschaften in die Erfolgsspur zurückgefunden.«

Es ließe sich leicht ein Buch mit derartigen sprachlichen Gräueltaten füllen. In einer guten Sportreportage findet allerdings niemand seine Wurfhand wieder, schnuppert niemand am Erfolg, sucht niemand Zugpferde, lässt niemand nichts anbrennen, hat niemand heiße Eisen im Feuer, kämpfen keine Roten Teufel ums nackte Überleben, zündet niemand eine Granate.

Hiobsbotschaften, Sahnehäubchen, den eitel Sonnenschein, Schlagerspiele und Superstars dürfen ebenfalls fehlen. Und eine Erfolgsspur sollte weder jemand suchen noch finden. Wer einen solchen Index verinnerlicht, hat schon halb gewonnen.

Denn natürlich geht es auch anders. Wenn über Qualität im Sportjournalismus debattiert wird, sind nicht in erster Linie großartig recherchierte Hintergrund- und Enthüllungsgeschichten gemeint, sondern vor allem die gehaltvolle 1:0-Berichterstattung, weil die nun einmal den Großteil eines Sportteils ausmacht. »Die aktuelle Berichterstattung im besten Sinne ist lebhafte, ereignisnahe, persönliche, sprachgewandte, unterhaltsame Chronistenkunst«, sagt Ralf Wiegand von der Süddeutschen Zeitung. Es lohnt sich, diese Chronistenkunst zu pflegen. Man muss es nur wollen. Und dazu sind, neben den handwerklichen Fähigkeiten, der Sprach- und Stilsicherheit, einige journalistische Grundtugenden erforderlich: Hartnäckigkeit und Lust etwa, sogar eine Prise Masochismus. Ja, man muss sich quälen können – und quälen wollen. Man muss bereit sein, in Momenten, da die Kollegen auf der Pressetribüne ringsum längst ihre Laptops zusammengeklappt haben und sich das Stadion leert, bis zum letzten Moment an einem Text zu feilen. Das mag sogar die Kollegen in der eigenen Redaktion nerven, die auf den Beitrag warten, doch so lange der Redaktionsschluss eingehalten wird, ist alles okay – und vieles erlaubt, was den Text verbessert.

Manchmal erlebt man dabei die seltsamsten Situationen. Ich hatte beispielsweise die zweifelhafte Ehre, 1999 in der Redaktion einen aktuellen Bericht vom Champions-League-Finale zwischen dem FC Bayern München und Manchester

United zu schreiben. Die Höchststrafe, möchte man meinen, da der FC Bayern nach Ablauf der regulären 90 Minuten beinahe als Sieger dastand, allerdings erzielte Manchester in der Nachspielzeit, in der 91. und 93. Minute, noch zwei Treffer und gewann. Wundersamer Weise ging der Bericht dennoch fünf Minuten nach Spielschluss pünktlich in den Druck, und er war nicht misslungen, weil sich die Dramatik widerspiegelte und relativ ausführlich auf die beiden englischen Torschützen, die kurz zuvor eingewechselt worden waren, eingegangen wurde. Es ist immer wieder erstaunlich, wie man als Schreiber derartige Wendungen erfolgreich begleiten kann. Darüber habe ich mich oft mit Kollegen unterhalten. Vieles bleibt uns ein Mysterium, das wiederum macht einen Reiz der aktuellen Sportreportage aus. Vieles ist nicht zu erklären und nicht zu planen. Sicher entwickelt man im Laufe der Jahre ein Gespür für Situationen, doch es gibt wohl niemanden, der behaupten würde, dies sei ein untrügliches Gespür. Man darf allerdings nicht selbst in Hektik verfallen, man muss sich auf die Dinge einlassen und sie mit einer gewissen Professionalität abarbeiten. Das kann man trainieren, immer wieder. Man lernt dabei nie aus.

Im Stadion selbst geht der Zeitungsreporter in einen immer schwierigeren Wettbewerb. Denn er verfügt nicht über jene Vielzahl an Informationen, die der Fernsehzuschauer daheim sekundenschnell geliefert bekommt. Nur bei Großereignissen wie Olympischen Spielen oder Fußball-Weltmeisterschaften ist garantiert, dass die Pressevertreter an ihren Arbeitsplätzen über einen TV-Monitor verfügen und so auch mit den Zeitlupeneinstellungen und Wiederholungen versorgt werden, ohne die strittige Szenen einfach nicht sauber zu analysieren sind. So sind manche Fehlinformationen, die am nächsten Morgen in der Zeitung stehen, gar nicht mal der Dummheit des Schreibers geschuldet. Er hat sich größte Mühe gegeben, aber es kommt regelmäßig vor, dass knifflige Details unkorrekt dargelegt werden. Daran wird sich auch künftig nichts ändern. Ich habe mich selbst nach einer Fußball-Weltmeisterschaft einmal dabei ertappt, dass ich beim nächsten Bundesligaspiel instinktiv dahin starrte, wo ich den Monitor wähnte – nur stand gar kein Monitor da, und ich hatte, weil mein Blick nicht mehr geschärft war und ich mich auf die Technik verließ, weder den Torschützen erkannt noch die Entwicklung dieses entscheidenden Tores mitbekommen. Ich sah nur noch, weit unten im Stadion, kleine Männchen jubeln.

Bei Großereignissen aber sind meistens genügend Monitore vorhanden. Ausnahmen sind selten, die Fußball-Europameisterschaft 2004 in Portugal war so ein Fall, als Pressevertretern kein Fernsehbild geboten wurde, was die Berichterstattung extrem erschwerte. In der Regel liegt aber das internationale Signal an. Wenn man Glück hat, werden über dieses Rohmaterial hinaus sogar verschiedene Fernsehsender eingespeist, so dass man auch die Interviews der TV-Kollegen mithören kann. Denn eines ist klar: Es muss immer schnell gehen – doch als Pressevertreter hat man oft erst ein, zwei Stunden nach einem Wettbewerb die Gelegenheit, sich in einer drängelnden Masse schwitzender Leiber um ein paar Wortfetzen der Aktiven zu balgen. Wer zahlt, schafft an: So haben TV- und Radioanstalten, die für die Übertragungsrechte horrende Summen bezahlt haben, immer Vorrang. Pressevertreter werden nur geduldet und haben oft nicht einmal Zutritt zu dem Interviewbereich, der Mixed Zone genannt wird. Gehaltvolle Berichte, Kommentare und Analysen von Ereignissen, die erst kurz vor Mitternacht beendet sind, darf der Leser am nächsten Morgen dennoch erwarten.

Den Kunden muss nicht interessieren, wie diese Texte mitunter verfasst wurden: zwischen grölenden, Bier saufenden Fans, den Laptop auf den Knien; im Taxi im Stau; im Stehen an einem Fenstersims; bedrängt von freiwilligen Helfern, die das Pressezentrum schließen wollen; manch einer hat sich auch schon auf einer Toilette eingeschlossen und dort geschrieben. Derartige Umstände sind sicher nicht die Regel, aber auch keine Ausnahme. Das soll kein Klagen sein, sondern lediglich eine Skizze der Arbeitsbedingungen, denen man, wie so oft im Leben, dennoch etwas Gutes abgewinnen kann. Denn es ist hilfreich, sich selbst im gröbsten Gedrängel der Mixed Zone immer wieder zu fragen: Was kann ich meinen Kunden, von denen viele die abendliche Veranstaltung am Fernseher stundenlang verfolgt haben, von denen viele mit besseren bildlichen und statistischen Informationen versorgt wurden als der Berichterstatter vor Ort, was kann ich diesen Kunden, diesen Lesern am nächsten Morgen noch bieten? Was geht über die Allmacht des Fernsehens hinaus?

Die Fragen sind nicht neu, sie haben sich in den vergangenen zwei Jahrzehnten allerdings verschärft. Es gibt keine eindeutigen Antworten darauf, es ist nur wichtig, dass man sich diese Fragen immer wieder stellt. Dass man wach bleibt, neugierig, einfallsreich und gern nach der schwierigeren Lösung sucht. Dass man sich nicht scheut, auszubrechen aus dem verlockenden Mainstream, einer Berichterstattung, die von Phrasendreschmaschinen in die Tastatur gestanzt wird. Man kann der Verführung widerstehen, sich die Arbeit leichter zu machen und eine Floskel an die andere zu reihen. Eine gewisse Distanz zum Thema und zu den Akteuren muss dabei kein Nachteil sein. Viele Sportjournalisten sind allerdings Fans, die es über die Absperrung geschafft haben. Das ist oft auch den Texten anzusehen.

Man findet manche Antworten oft nur mit Glück, weil man zufällig am rechten Fleck steht, in einer Ecke, die vielleicht sogar den Fernsehkameras verborgen bleibt, was – sofern es sich nicht um Fußball handelt – gar nicht so selten ist. Andere Antworten lassen sich relativ bestimmt geben und sind damit unabhängig vom Glück des Augenblicks: Analyse und Kommentierung, die Einordnung von Ereignissen über das Tagesgeschehen hinaus und die Aufklärung kriminologischer Sachverhalte (etwa Doping oder Korruption) bietet das Sportfernsehen kaum. Darin liegt noch immer die Chance eines Printmediums, sogar in der aktuellen Berichterstattung.

Ich brauche die Hektik um mich herum, die Aufregung, das Dramatische, die großen Momente, um den für diese Arbeit nötigen Adrenalinschub zu gewinnen. Je größer der Trubel in einer Arena, desto sicherer und wohler fühle ich mich. Je aufregender das gebotene Schauspiel, desto leichter fällt mir das Schreiben. Cathy Freemans Olympiasieg im Stadium Australia von Sydney; der gedopte Johann Mühlegg in Salt Lake City; der mysteriöse Kreislaufkollaps Ronaldos vor dem WM-Finale gegen Frankreich 1998 – das sind solche Momente. Es darf aber auch eine Nummer kleiner sein, weil das meist noch schwieriger ist und verführerischer. Es ist, wenn man so will, ein eigener Wettkampf, der dann abläuft, ein Parallel-Wettbewerb zum Geschehen im Stadion. Es ist vor allem ein Wettbewerb mit sich selbst, weniger einer mit der Konkurrenz, zumal es kaum Leser gibt, die mehr als ein Produkt konsumieren.

Es gibt für mich nichts Schlimmeres, als Fußballspiele zu beschreiben, bei denen die Akteure müde und gelangweilt ihren Dienst verrichten. Komme ich in eine solche Situation, droht höchste Gefahr, dann ist der Andruck gefährdet. Ein Beispiel: Wenige Wochen nach dem spektakulären Champions-League-Finale zwischen München und Manchester hatte ich im Sommer 1999 über ein europäisches Qualifikationsspiel zwischen Hertha BSC und Nikosia zu berichten. Es war eine apathische, belanglose Vorstellung im Berliner Olympiastadion. Nichts passierte. Statt tapfer, klaglos und routiniert über dieses Nichts zu berichten, wie es der Job verlangte, grübelte ich darüber nach, warum ich mir solche Abende antun muss und ob ich nicht lieber den Beruf wechseln solle. Was passierte? Der Text, ein schlechter zumal, wurde nicht rechtzeitig fertig. Ich hatte den Andruck verpasst, weil ich nicht funktionierte.

Ja, man muss funktionieren, im positiven Sinne. Ich vergleiche diese aktuelle Berichterstattung gern mit der Leistung einer Maschine. Es gibt in der Sportphilosophie sogar die Theorie vom Maschinenmenschen, die verkürzt besagt, dass es im Hochleistungssport darauf ankommt, den Körper des Athleten wie eine Maschine zu tunen, mit geringen Reibungsverlusten und hohem Wirkungsgrad. An diese Theorie muss ich immer wieder denken, wenn ich selbst unter größtem Druck wie eine Maschine funktioniere. Etwa bei den Olympischen Spielen im August 2004 in Athen, als ich an einem Abend binnen dreieinhalb Stunden eine Seite 3 (250 Druckzeilen) und den Aufmacher des Sportteils (200 Druckzeilen) über den vierten und letzten gescheiterten Versuch von Franziska van Almsick schrieb, eine olympische Goldmedaille zu gewinnen. Schrieb? Vielleicht sollte ich besser sagen: ich fabrizierte. Wobei die thematische Trennung zwischen den großen Texten relativ klar war: Auf der Seite 3 die Geschichte eines Sportlerlebens, die vergebliche Jagd nach dieser verdammten Goldmedaille (Überschrift: »Die Unvollendete«). Im Sportteil folgte die Geschichte der 118 Sekunden des Olympiafinals über 200 Meter Freistil.

Es sind solche verrückten Abende, an denen ich diesen Beruf liebe. Ich stürze von der Pressetribüne in die Mixed Zone, von dort in den überfüllten Presseraum, passiere dabei vier Kontrollstellen, wo meine Akkreditierung überprüft wird, und sammle ständig Informationen: Am Handy, wo Kollegen aus Berlin, die die Fernsehübertragung verfolgen, erste Interview-Fetzen übermitteln; im Internet, wo die Nachrichtenagenturen Ergebnisse und Stimmen liefern; mit einem Auge an den Bildschirmen, wo weitere Wettbewerbe ablaufen, die durchaus auch Thema anderer Texte sein könnten; ich rufe schnell noch die eine oder andere Information aus dem Archiv ab, um später zu merken, dass ich sie gar nicht brauchte; ich stehe im ständigen Kontakt zu meinem Kollegen Christof Kneer, der an jenem Abend weitere Elemente der van-Almsick-Berichterstattung übernimmt (einen Kommentar, eine Glosse und ein Kurzinterview) und am Platz gegenüber seinen Laptop bearbeitet; ich tausche Emails aus mit der Redaktion, die irgendwann beginnt anzufragen, wann endlich die Texte kommen. Kurzum: Es sind irre Momente. Aber ich schreibe nie vor, ich lasse mich von den Ereignissen treiben, ich will so authentisch wie möglich arbeiten, immer mit dem Ziel, dem Leser sowohl mit ausführlichen Beschreibungen des Dramas als auch mit einordnenden und kommentierenden Elementen ein packendes Angebot zu unterbreiten. Mit anderen Worten: Ich habe keine Chance, aber die will ich nutzen. Es gibt kein Rezept dafür, jeder muss sein eigenes Mittelchen finden.

Ich schreibe in derartigen Stress-Situationen selten einen Text in einem Guss, sondern bevorzuge die Patchwork-Technik. Ich gehe zunächst meine Aufzeichnungen durch und notiere zunächst jene Zitate und Beobachtungen, die ich in diesen Minuten für die stärksten halte – natürlich auch Fakten und Zahlen, der Sport lebt schließlich davon. Es sind Minuten, in denen nicht mehr lange debattiert werden kann, weder mit Kollegen, noch mit sich selbst; jetzt müssen schnelle Entscheidungen getroffen werden. Meist flüstere ich dabei die Sätze vor mich hin. Ich versuche in gewisser Weise nach Satzmelodien zu schreiben, es ist eine merkwürdige Technik, die ich mir Anfang der neunziger Jahre, als ich vorwiegend für Fernsehen und Rundfunk arbeitete, im Sprechunterricht angeeignet habe. Diese Technik lässt sich kaum erklären, das wird sicher in einem Lehrbuch enttäuschend amateurhaft klingen, doch das kümmert mich kaum, denn es funktioniert in den Stunden größter Anspannung recht zufrieden stellend.

»Ich glaube, ich bin ein bisschen tot«, hat Franziska van Almsick am Abend des 17. August 2004 gesagt. Natürlich zitierte ich diesen Satz und schrieb dann weiter: »Das klingt brutal, keine Frage, aber so ist das im Sport: Täglich werden neue Helden geboren, täglich neue Mythen begründet, neue Dramen geschrieben. Täglich treten Hauptdarsteller von der großen Bühne ab. Und jenes Karussell, das sich alle vier Jahre mit rasender Geschwindigkeit dreht und in 301 Entscheidungen tausende tragische Geschichten abwirft, das nennt man Olympische Spiele. Dieser irre Kreislauf ist es, der fasziniert.« Dieser Kreislauf fasziniert auch am Sport-Beschreiben.

Peter-Matthias Gaede über den Reise- und Frontreporter:
Das Befremdliche überwinden

Reportagen sind wie Entführungsfälle aus bekanntem Terrain, ein Aufbruch ins Ungewisse. Sie können der Gang zum Zigarettenautomaten sein, der mit einem Frühstück in Timbuktu endet. Sie sind eine Entdeckungsreise zu Menschen auf nahen und fernen Planeten.

Reportagen beginnen mit einem Befremden. Denn wer den Mittelpunkt der Erde nicht an seinem Schreibtisch glaubt, der kann noch immer überall ins Staunen geraten. Und der wird sie finden: die Abenteuerlichkeit des Alltags; die Geschichten am Rande, die über den Rand hinausragen; die Momentaufnahmen, die über den Moment hinausreichen. Die winzigen Geschichten in der großen Geschichte; die große Geschichte im Kleinen. Das Verborgene unter der Kruste vermeintlicher Gewissheiten. Das zweite Gesicht der Wirklichkeit.

Erfahrungshunger ist das Grundgefühl des Reporters. Wer ihn verspürt, wird nicht am Morgen wissen, wie er den Abend gefunden haben wird. Und auch nicht, was aufregender ist: die Nacht bei den Diamantenwäschern in Guyana. Oder der Tag auf dem Arbeitsamt im Stadtteil nebenan.

Dann aber lebt die Reportage von der allmählichen Überwindung des Befremdens. Lebt sie von der Kunst der genauen Beobachtung, die den Reporter klüger werden lässt. Lebt sie vom Erspüren, Ertasten, Erfragen; vom Erlauschen der Halb- und Zwischentöne; vom Durchschauen einer Szene, vom Verstehen der »Chemie« zwischen den Protagonisten einer Geschichte. Dann lebt die Reportage vom Freilegen des Getriebes, vom Entschlüsseln der Zusammenhänge hinter dem Puzzle der Fakten. Dann geht sie tiefer als die Impression, befreit sich vom Protokoll, bekommt die Kraft einer Erzählung.

So viel zur Theorie der Reportage. Oder sagen wir: So viel zur Poesie. Ist sie noch die »Königsform« des Journalismus? Kniet noch jemand vor ihr nieder? Fabelhafte Reportagen werden auch heute geschrieben, akribisch recherchiert, brillant formuliert. Über die Opfer und die Täter von Abu Ghuraib. Über den

Mathematiker, der gegen Google antritt. Über einen Rasierapparat, dessen Herstellung das Wesen der Globalisierung erklärt. Über den Krebskranken, der sich für den Tod entscheidet. Thematisch sind ihr ja keinerlei Limits gesetzt. Und nie zuvor sind die besten Reportagen großartiger gefeiert worden als bei der Vergabe des Henri-Nannen-Preises im Hamburger Schauspielhaus. Einmal im Jahr, seit 2005, laufen die besten Autoren dort über einen roten Teppich.

Und doch hat es die Reportage schwer, Mehrheiten für sich zu gewinnen.

▶ Schien es eine Zeit lang so, als würde sie auch in der Lokalzeitung gefördert, so herrscht dort mittlerweile fast flächendeckend das Diktat der »maximal 80 Zeilen«. Die »auserzählte« Geschichte, authentisch am Ort eines Geschehens recherchiert (wenn nötig: über Wochen), ist das Privileg der Reporter einiger weniger Printmedien geblieben. Jener Handvoll Printmedien, die sich die Reportage noch leisten können und wollen. Denn Reportage ist teuer. Teurer als der Meinungsartikel. Recherche ist teurer als die Verlautbarung. Waldelefanten zu finden, ist teurer als ein Besuch bei Nessie. Und zur »Titanic« abzutauchen ist allemal teurer, als mit den Zeitungsenten zu schwimmen. Kurz: Wo »Geiz ist geil« die Maxime ist, können gute Reportagen nur schwerlich entstehen.

▶ Das Publikum ist nervöser, ist ungeduldiger geworden; seine attention span hat sich verkürzt, was wohl auch eine Folge medialer Rundumversorgung und Übersättigung sein dürfte. Lange Texte lesen mag ganz offensichtlich nur eine Minderheit; und Reportagen sind nun mal in der Regel länger als die Fünf-Minuten-Terrinen des Nutzwert-Journalismus, dessen Partikel sich mal eben unter der Trockenhaube beim Friseur verspeisen lassen.

▶ Readers are leaders, leaders are readers. Oder: Wer klüger werden und mithalten will, muss lesen. Das klingt gut. In Reden. Weniger gut, was über Lesefähigkeit und Leselust der »nachwachsenden Zielgruppen« zu erfahren ist, bis hin zum Rückfall eines Teils der Bevölkerung in den funktionalen Analphabetismus. Kein gutes Klima für Texte, die nur genießen kann, wer Spaß an der Vielfalt von Sprache hat, am Bedeutungsgehalt der Wörter.

▶ Haben die Reporter, außerhalb ihrer Feinschmeckerzirkel, noch die treuen Lesergemeinden von einstmals? Namen, die magnetisch wirken und über Jahre hinweg stetige Neugier auf das jeweils neueste Werk garantieren? Wiederum: Auf einige wenige trifft das zu. Aber der Respekt vor der handwerklichen Könnerschaft, vor dem unverwechselbaren Stil erodiert. Dort, zum Beispiel, wo Reporter dem Verdacht ausgesetzt werden, einzig ihrer Eitelkeit zu dienen (»Edelfedern«) und sich mit subjektiver Autorenschaft divenartig gegen die Effizienzgesetze der modernen Verlagswelt zu sperren, sind sie längst keine Helden mehr. Aber auch dort, wo Hunderttausende citizen journalists sich nunmehr ihre eigenen Medien basteln; unter fröhlichem Verzicht auf Professionalität und oft auch ohne jede Ehrfurcht vor solchen Sekundärtugenden wie der Beherrschung von Rechtschreibung und Grammatik.

Aber drehen wir die Sache herum, und stellen wir uns vor, es würden plötzlich nur etwa so viele Reportage-Magazine gegründet wie es TV-Zeitschriften gibt. Hätten wir dann überhaupt genügend Reporter? Und auch noch solche, die nicht »durchführen« und »stattfinden« schreiben, und die für »Traumstrände« und »Paradiese« ein paar unverbrauchte Wörter haben; um mit dem Geringsten zu beginnen. Solche, die dicke Bretter bohren können. Solche, die in der Dramaturgie längerer Texte ausgebildet sind. Solche, die auch komplexe Materie so inszenieren können, dass sie sich packend liest. Solche, die bekannten Stoffen durch originelle Zuspitzungen, Seitenpfade und Quereinstiege Überraschendes abgewinnen können. Trotz der Journalistenschulen gibt es nicht zu viele von ihnen. Eher, immer noch, zu wenige. Der People- und Pop-Journalimus, das Interview, das Portrait, die Rezension, der Selbsterfahrungsbericht, die Lebenshilfe, die Top-Ten- und »Die 100 besten«-Listen: Alle diese Genres haben mehr Zulieferer als die Reportage.

So bleibt die Reportage, was sie war: ein Minderheiten-Programm. Allerdings ein höchst lebendiges. Und ein Schmuckstück gerade in den besten Printmedien der Republik, wo sie mitunter sogar das klassische Kommentieren und Räsonnieren zurückzudrängen beginnt.

Stimmt für GEO der Werkstattbericht noch, den ich vor zwei Jahrzehnten schrieb und der hier noch einmal abgedruckt wird? Schwer zu sagen. Kein Google kommt darin vor, kein Powerbook, kein Mobil phone. Dafür vielleicht ein bisschen zuviel Adrenalin, die Aufgeregtheit eines Reporters, der aus dem Lokalteil in die Welt wechseln durfte. Der Egoismus eines Autors, der sich um »Kleintexte«, also die tägliche Redaktionsarbeit, nicht groß kümmern mochte. Die gewisse Blasiertheit des politischen Reporters, der noch nicht zu ahnen schien, wie wichtig dereinst, nicht nur für GEO, auch andere Themenfelder werden würden: die Naturwissenschaften beispielsweise, die Bevölkerungsentwicklung, die Energieressourcen, die Gentechnologie, die Hirnforschung, die Pädagogik, die Medizin. Auch würde, das kann ich bezeugen, kein GEO-Chefredakteur mehr einen Reporter auf gut Glück ins Flugzeug setzen. An die Stelle von »Geh' aus mein Herz, und suche Freud/Leid« sind Planung, Fokussierung, Vorbesprechung getreten. Denn schließlich: Die Suche nach dem exklusiven Stoff ist schwieriger geworden, als sie es zu jener Zeit war, in der es zig TV-Kanäle und einige hundert Zeitschriften weniger gab; und das Internet noch gar nicht.

So bleibt der folgende Werkstattbericht ein subjektiv gefärbtes Dokument über einige Mühen der Ebene auf dem Weg zu einer Geschichte. Und an diesen Mühen hat sich prinzipiell nichts geändert.

An der Grenze der Mitwisserschaft – oder wie man das Fremde verstehen lernt

Am Montagmittag ruft der Chef an und sagt mir: »Sie haben gewonnen.« Als hätte ich überhaupt gewusst, dass ich im Spiel bin. Am Dienstagmorgen sitze ich im Flugzeug und versuche, mich mit den Konsequenzen der knappen Botschaft vertraut zu machen. Der »Gewinn«, das ist eine Reise nach Grenada, wo ich, ein paar Wochen nach der US-Invasion, sehen und aufschreiben soll, was die Amerikaner unter Befreiung verstehen.

In zehn Tagen spätestens soll ich zurück sein. Ich bin so informiert – und uninformiert – wie ein ganz normaler Zeitungsleser und streiche mir aus dem hastig bestellten Archivmaterial die Namen derer heraus, die meinen Kollegen über den Weg gelaufen sind; versuche, die sich widersprechenden Agenturmeldungen zu ordnen und ein paar Termine in eine sinnvolle Reihe zu bringen; mit Leuten, die noch gar nichts von mir wissen.

Wie sollte ich klüger, origineller sein als die Korrespondenten, die vor mir auf Grenada waren? Alles Weitere also wird sich ergeben, sobald ich meinen Fuß auf die Insel setze. Dann allerdings muss es sich schnell ergeben. Das Recherchenfeld sei von der Fläche her schließlich nur ebenso klein wie Hamburg; für diesen Verweis hatte der Chef gerade noch Zeit gefunden.

Oder: Im August habe ich eine Geschichte über Kinderarbeit vorgeschlagen. Die war aber, wie in der Konferenz befunden wurde, » déjà vu«. Weil ich das Thema »Kinder« in der sogenannten Dritten Welt retten wollte (es liegt mir einfach näher als Freiklettern oder Wattvögel), habe ich die »Abandonados«, die jugendlichen Straßenbanden von São Paulo, ins Gespräch gebracht. Noch nicht

»déjà vu«? Oder nur bessere Laune der Entscheidungsträger, hellere Sonne vor den Fenstern des Konferenzraums? Jedenfalls sitze ich wieder im Flugzeug, allerdings ist es schon der Januar des Folgejahres.

Und zwischen dem August und dem Januar liegen ein ausführlicher Telex-Verkehr mit Unicef und Terres des Hommes, habe ich Bücher gelesen und nicht nur Wochenendbeilagen und Einspalter, habe ich mir einen Dolmetscher vermitteln lassen, Dutzende von Briefen nach Brasilien geschickt und hundertmal telefoniert. Außerdem ist mein Pass diesmal gültig.

Ich muss sagen, solch eine Vor-Recherche beruhigt ungemein. Auch wenn sie unterbrochen war, zigfach, durchs Betiteln und Betexten von Geschichten fremder Autoren, was heißt, dass ich mich mal auf die Kap Hoorn-Umrundung eines Faltboot-Fahrers zu konzentrieren hatte, mal Bildunterschriften für ein Seychellen-Potpourri zu schreiben hatte. Eben Redaktionsalltag, der es schafft, einen bisweilen schmerzlich weit von den eigenen Zielen zu entfernen. Nun aber nach São Paulo, bestens informiert, theoretisch. Angemeldet und erwartet und mit einem klaren Bild von dem im Kopf, was ich will.

Oder: Ich stehe in Bonn in der Botschaft des Irak und versuche einen Überraschungsangriff. Das Thema heißt »Iranische Kindersoldaten in einem Kriegsgefangenen-Lager des Irak«. Aber auch wenn es »Bagdad bei Nacht« hieße: Es geht nicht ohne Visum. Das wusste ich vorher, und so habe ich mich seit Wochen darum bemüht, es seit Wochen nicht bekommen, und deshalb stehe ich nun unter dem Bildnis Saddam Husseins und mühe mich, bei seinen Diplomaten Verständnis dafür zu wecken, dass ich auf Flug XY gebucht bin und am nächsten Abend in Bagdad landen werde. Eine Schwachsinnstat. Oder ein Akt der Verzweiflung. Oder schlicht nur schwer zu vermittelnde Zeitnot, die man dem Reporter eines Monatsmagazins so einfach nicht glaubt. Wie man's nimmt. Jedenfalls fliege ich los, ohne Visum. Und es klappt mit der Einreise. Aber das ist wohl ein Sonderfall.

Indes: Ist eigentlich von etwas anderem als Sonderfällen zu berichten? Gibt es Gesetzmäßigkeiten bei der Vor-Recherche, die zu befolgen Sinn machen? Die allmähliche Annäherung an die Kinder von São Paulo ist sicherlich typischer für ein Monatsmagazin wie GEO, in dem aus gutem Grund bevorzugt wird, was überlegt anzugehen ist. Die Recherche, mag sie auch Hongkong gelten, beginnt eben idealiter im Kopf, es folgen der Griff zum Telefonhörer und die Anfrage bei der Dokumentation, es folgt die tagelange Lektüre des von der »Dok« geschickten Aktenordner-Inhalts.

Es folgen Verabredungen, Vorgespräche, das Erstellen eines Reiseplans. Und doch sind lauter Ausnahmen auch hierbei die Regel. Bei den chilenischen Militärs kündigt man sich besser nicht zu früh und noch besser überhaupt nicht an, wenn man vorhat, in dem von Soldaten umstellten Kupfergebiet von Chuquicamata auch Oppositionelle zu treffen. Bei der Schweizer Armee kann man sich gar nicht früh genug vorstellen, wenn einen nichts dringlicher interessiert als das Winter-Manöver eines Gebirgsfüsilier-Bataillons mitzuerleiden.

Und wenn man auf Tempel-Prostitution in Indien angesetzt ist, die angeblich während zweier Monate des Jahres jeweils bei Vollmond zu beobachten ist, nur beim besten Willen diese zwei Monate nicht herauszubekommen sind von Hamburg aus – dann muss ein risikobereiter Chef vorhanden sein, um den Reporter ins Ungewisse zu schicken. Und dann muss ein nicht zu eitler Reporter hinzukommen, der dem Chefredakteur eingestehen kann, dass es der falsche Monat war. Aber auch das ist wieder ein Sonderfall. Und außerdem das Privileg jener, die bei einem Magazin arbeiten, welches es sich leisten kann, ja muss, seine Mitarbeiter auch mal auf Verdacht und mit viel Zeit weite Wege gehen zu lassen. Schließlich wird ein »neues Bild der Erde« im Untertitel versprochen. Und was da »neu« sein könnte auf der Welt, lässt sich nur begrenzt in Konferenzen erkennen, muss vor Ort eruiert werden.

Das klingt so banal wie es andererseits lebenswichtig ist für ein Reportage-Magazin. Und es schließt das Bemühen um ein Vorab-Fokussieren des Themas nicht aus, sofern dem Fotografen und dem Autoren die Augen und die Ohren damit nicht zugebunden werden, noch bevor sie sich überhaupt in Bewegung setzen.

Was also lässt sich an der Themenfindung, an der Vor-Recherche bei einem Blatt wie GEO generalisieren? Wenig. Die Textredakteure, die Fotografen, die freien Autoren, die Bildredakteurinnen, die Chefredakteure tragen Mengen von Textvorschlägen zusammen, die ihnen bei der Zeitungs- oder Zeitschriftenlektüre, in der Badewanne, im Gespräch mit Kollegen oder bei einer Recherche am Wegesrand eingefallen sind. Oder die ihnen, aus welchen Gründen auch immer, ein lebenslanges Anliegen sind. Schwer zu verallgemeinern, welche dieser Vorschläge sich durchsetzen – und warum. Sicher ist nur: Geschichten für GEO müssen visualisierbar sein.

Sind sie es, gibt es nur noch wenige Kriterien, die immer und überall als verbindlich gelten. Reportagen in einem Monatsmagazin haben die Tagesaktualität nicht nötig, müssen nicht an Pressekonferenzen oder Staatsbesuche gehängt werden, nicht an Trends kleben und können auf Erdbeben und Schiffshavarien nicht unmittelbar reagieren. Trotzdem sollten sie »in der Zeit« liegen, nur nicht so sehr, dass vor ihrem Erscheinen mit großen Veröffentlichungen zum gleichen Thema zu rechnen ist. Und erwartet wird auch, dass eine vorgeschlagene

Geschichte erzählbar ist, in eine Form zu bringen ist, die dem Leser das Miterleben ermöglicht, also sowohl den Einblick in die strukturellen Zusammenhänge wie ganz direkt auch das Sehen, Fühlen, Riechen der beschriebenen Erscheinungen. Womit sich das blanke Referieren etwa von Forschungsergebnissen ebenso verbietet wie das ausführliche Zitieren hohler Statements. Die Subjektivität des Schreibers, der Abschied vom Generalanzeiger-Journalismus mit seiner Behauptung von der Objektivierbarkeit der Welt sind inbegriffen. Und wenn es nicht zur Selbstbespiegelung verkommt, dann kann es durchaus zum Thema gehören, dass der Autor bei der Recherche auch schwitzt.

Nun also im Ausland. Meistens ist für die ersten ein, zwei Tage ein Hotelzimmer reserviert, im Zentrum einer Metropole und ihrer Kommunikationsströme zum Beispiel. Sündhaft teuer, hermetisch abgeriegelt von der Realität, der die Recherche gilt, bevölkert von Menschen, die man gerade nicht treffen will, aber mit dem garantierten Vorteil eines Telefonanschlusses auf dem Zimmer, einer Direktwahl-Chance wenigstens auf lokaler Ebene.

Denn hat man zwecks Wahrung des Incognitos auf ein Empfangskomitee verzichtet, dann bestehen diese ersten Tage oft aus nichts anderem als dauerndem Telefonieren, dem hintereinander Fädeln von Verabredungen, der bangen Suche nach jenem Menschen, der den anderen Menschen kennt, welcher zu der wirklich entscheidenden Figur vermitteln kann.

Es können nervende Tage sein, vor allem für den Fotografen, Tage des scheinbaren Auf-der-Stelle-Tretens, der Fehlzündungen und Irrwege, der Jagd auf der Spur von Gerüchten, der zähen Lektüre lokaler Zeitungen. Und dann liegt der Gedanke plötzlich wieder ganz nahe, auch wenn das nicht sonderlich originell ist, es eben doch auf der klassischen Schiene Deutsche Botschaft, Goethe-Institut, Friedrich-Ebert-Stiftung zu versuchen in der Hoffnung, dort jemanden zu treffen, der Wege weiß. Wenn es um Egon Erwin Kischs Spuren in Mexiko geht, ist das ja auch durchaus sinnvoll, wo der Blut-Handel in Rio das Thema ist, eher nicht.

Was ich an solchen Tagen in den Block schreibe, er hat Westentaschen-Format, kann ich, zurückgekehrt, meist völlig vergessen. Den eigentlichen Recherchenbeginn merke ich immer erst daran, dass ich geneigt bin, auch die voll geschriebenen Notizblöcke mit mir herumzuschleppen oder in der Safety Box eines Hotels aufzubewahren. Oder sie gar, wie nach der 35sten Polizeikontrolle in Chile, zu fotokopieren und die Kopien vorsorglich nach Hamburg zu schicken.

Es kann natürlich auch schneller losgehen. Oder anders, als es einem lieb sein kann. So wie im Irak.

Am Morgen nach unserer Ankunft sitzen zwei Herren im Foyer, von ihrer Botschaft in Bonn per Telex über unser Erscheinen informiert. Dass wir uns mindestens fünf Tage im Kriegsgefangenen-Lager Ramadi umsehen wollten, dafür hatte es das OK schon Wochen zuvor gegeben. Nur eben nicht das Visum. Aber es gehe klar, sagten die Herren, und dass sie uns, wann immer wir wollen, ins Lager fahren würden, zweieinhalb Stunden von Bagdad entfernt. Wir wollten sofort.

Dass wir am ersten Tag im Fußball-Stadion landen, bei der Begegnung Irak - DDR, nehmen wir als Gastgeschenk, auch wenn wir uns das nicht aussuchen durften. Dass wir am zweiten Tag im Informationsministerium sitzen, um nach einigen Stunden zu einem Herrn vorgelassen zu werden, der unser Anliegen höchst verwundert zur Kenntnis nimmt, so als sei aus seinem Hause nicht die Erlaubnis zum Lagerbesuch gekommen, akzeptieren wir als im Grunde ja zu erwartende Geduldsprobe in einem autoritären, bürokratischen Kriegsland. Dass unsere Recherche im Lager, am dritten Tag, nach 20 Minuten vom Kommandanten beendet wird, und zwar mit den Worten: »Nun dürften Sie ja alles gesehen haben«, das schockt dann aber schon.

Gewöhnlich hat man ein paar GEO-Hefte im Gepäck, um – wo Debatten enden – mit dem Verweis auf 20-seitige Farbstrecken Verständnis zu stimulieren. Dafür, dass ein GEO-Fotograf nicht mal eben en passant ein paar Schnappschüsse knipsen kann. Und um zu verdeutlichen, wie ausführlich geschrieben solch eine Reportage zu sein hat. Hier aber nutzte das nichts. Es gab Befehle.

Der nächste Tag im so genannten Informationsministerium ist dann schon ein wenig eisiger. Wer auf offizielle Passierscheine, Empfehlungen, Ausweise angewiesen ist, tut gut daran, nicht allzu unfreundlich zu werden gegenüber jenen, die im Besitz der Stempel sind. Andererseits:

Zuviel Geduld kann leicht als Kapitulation ausgelegt werden von jenen, die sich nicht gern detaillierter in die Verhältnisse schauen lassen. Und wenn es eine Regel für das erfolgreiche Vorankommen in solchen Situationen gibt, dann die, dass man die Gratwanderung zwischen Langmut und energischer Klage eben jedesmal wieder zu bestehen hat.

Ohne imperialistische Mir-gehört-die-Welt-Gebärden, aber auch ohne zaghaftes Vondannenschleichen. Wegen eines Termins in Hamburg hatten wir höchstens elf Tage Zeit für die Recherche. Entsprechend verdrießlich haben wir uns von den zwei Dauerbegleitern, deren Aussage zufolge im Prinzip immer alles klar war für einen nächsten Trip ins Lager, nach Babylon fahren lassen, wo sie uns fragten, ob wir nicht überhaupt lieber eine Geschichte über die touristischen Attraktionen des Landes machen wollten. Die zweite Begegnung zwischen den Equipen des Irak und der DDR, sie ging erneut 1:1 aus, war dann nur noch mit einem Höchstmaß an Selbstbeherrschung zu überdauern. Und als uns der Lagerkommandant beim zweiten Besuch, diesmal war ein ganzer Tag versprochen, nach einer Stunde wiederum den Abschied befal, schien der Punkt gekommen, die Reportage hinzuschmeißen.

Die Absicht der Gegenseite, wir empfanden sie eindeutig als solche, war klar: Sie hatten ihren Gefangenen ordentlich Hühnchen aufgetischt, hatten die Höfe geharkt und einige handverlesene iranische Kinder-Soldaten, glühende Chomeini-Hasser angeblich, vorführen wollen. Jede Stunde, die wir länger als vorgesehen im Lager waren, hätte uns auf die Friktionen in diesem Bild hinweisen können, auf die Schattenzonen, die Kaputtheit der Kinder und ihre Wut auf die Bewacher.

Wir waren schließlich viermal im Lager, für insgesamt vielleicht sechs oder sieben Stunden. Wohl nicht mehr als eine halbe Stunde hat sich der Fotograf den Blicken der offiziellen Begleiter entziehen können, und ich habe mir die Kinder, mit denen ich reden wollte, schließlich selbst aussuchen dürfen. Das war mehr, als bis dahin irgendjemand anderem erlaubt worden war. Sagten die Offiziellen, und es war ihnen zu glauben. Dieses bisschen »mehr«, dieser kleine Schritt weiter oder tiefer, ist genau das Programm eines Magazins, das erscheint, wenn die News schon durch alle Medien gegangen sind.

Nur: Ich hatte mich im Krankenraum auf den Stuhl des Arztes zu setzen, die Kinder wurden vor den Schreibtisch gestellt, zu unseren angestammten Begleitern hatten sich ein Vertreter der Kommandantur, einige Uniformierte und zwei Nadelgestreifte gesellt, die jede Frage und jede Antwort mitschrieben: eine Verhörsituation, kein Interview. Bei der Übersetzung vom Farsi ins Arabische und vom Arabischen mal ins Deutsche, mal ins Englische, schnurrten die Erzählungen der Kinder auf vermutliche bereinigte Kurzfassungen zusammen. Wie da zum Beispiel über Alpträume sprechen? Oder auch über Träume?

Am Ende war's ein bisschen mehr als vorher in der Zeitung gestanden hatte. Es war eine Geschichte geworden, weil wir uns am Anfang zäh, dann mit dem Mut und der Wut der Verzweiflung in die Sperrzone gedrängt hatten. Aber es gibt Gründe, solch eine Recherche für gescheitert zu halten. Mit dem Gefühl, instrumentalisiert worden zu sein, sich nicht befreit zu haben von einer Inszenierung. Zwar kann man genau das schreiben, aber besser bringt man Beweise mit zurück.

Die Irak-Erfahrungen mögen extrem sein, doch in anderer, subtilerer Form sind sie überall zu bekommen. Ist ein Reporter nicht gerade mit der Flora auf frei zugänglichen Bergwiesen befasst oder gibt sich auf Grenada als Tourist aus, braucht er also Eintrittskarten, führt fast jede Recherche zunächst an die mehr oder minder kurze Leine von PR-Stäben oder ins Aussitzen von Vorstellungsgesprächen in Ministerien oder Chefetagen oder Polizeibehörden. Der Verlautbarungs-Journalismus klassischer Prägung, der White-collar- oder Herrenreiter-Journalismus fänden womöglich hier schon ihre Erfüllung, die Reportage beginnt aber meist dort, wo dem Reporter die Befreiung von all jenen Institutionen gelingt, in denen Menschen zu treffen sind, die qua Funktion am Verhindern, Stoppen, Verbieten, Umleiten, zumindest aber am Kanalisieren und Filtrieren der direkten Erfahrung interessiert sein müssen. Es muss gar nicht mal ihre böse Absicht sein.

Aber die Geschichte über den Bauch des Frankfurter Flughafens, aus den Innereien dieses Apparats, die Reportage über die Menschen, die diese Massenveranstaltung möglich machen – sie begann erst, nachdem ich sämtliche Abteilungen an der Hand einer Pressedame einmal durchlaufen hatte, dabei hier und da einen zweiten Besuch abmachen konnte, ohne Begleitung. Und als ich schließlich als Reporter unkenntlich wurde und dazugehörte, mitschwamm. Die eindrucksvollsten Sätze bekam ich dann zu hören, wenn ich den Leiter der Werft erst mal fünf Stunden alles Technische hatte erklären lassen – und ihn dann nach etwas fragte, was mit Technik nichts zu tun hatte. Da wurde es dann privat, anschaulich, überraschend; anders als es in den Prospekten ohnehin zu lesen war.

Während man auf solche Treffen nur lange genug warten können muss, dann aber ein für alle Mal hinter die Fassaden rutscht und sich dort ungestört aufhalten kann, können andere Reportagen bis zum letzten Tag ein Balanceakt bleiben, ein Hin- und Herspringen zwischen offizieller Ebene und gänzlich inoffizieller, eine Flucht vor dem Observiertwerden durch Leute, die man andererseits immer wieder aufzusuchen hat.

Beispiel Chile: Unter dem Arbeitstitel »Wer das Kupfer hat, hat Chile« sollte das eine Industrie-Reportage aus den größten Minen der Welt werden und also eine Geschichte über die Staatsfirma Codelco. Zugleich aber auch ein Bericht über die politischen, die gewerkschaftlichen Bewegungen in der Diktatur und über die Repressionsmethoden der Junta.

Weil mir der zu erwartende Slalom-Kurs zwischen Vertretern Pinochets und seinen im Untergrund arbeitenden Gegnern nicht ganz problemlos erschien, hatte ich diesmal besonders viel gelesen, Bücher bis zurück zum Putschjahr 1973 und jedes erreichbare Interview. Ich hatte mir von Amnesty International und der Gesellschaft für bedrohte Völker Dokumentationen beschafft, hatte mich mit Exil-Chilenen getroffen und mir Adressen geben lassen, hatte meine Scheu überwunden, bei Kollegen, die Chile schon kannten, um Tipps zu betteln (solche Anfragen können sich aufgrund der herrschenden Konkurrenzverhältnisse auch schon mal heikel gestalten). Schließlich hatte ich ein paar besonders unverdächtige Belegexemplare eingepackt, gediegenes Outfit zum Vorzeigen. Und eine extrem verkleinerte Liste aller »konspirativen« Adressen zum Verstecken.

Vielleicht neigt man zur Übertreibung in solchen Situationen; gesetzt den Fall, es bleibt überhaupt genügend Zeit zum Nachdenken, zum Vorausdenken besser. Aber am Zoll schon mit dem »Schwarzbuch Chile« aufzulaufen, mit einem finster blickenden Diktator auf dem Cover, das hat zweifellos fatalere Folgen als ein bisschen Unruhe vor dem Sturm.

Nur eines habe ich, wie erwähnt, nicht getan. Mich bei Codelco angekündigt. Die Chance, in die Kupferminen reinzukommen, war von Deutschland her schwer auszuloten. Da gab es sehr widersprüchliche Ansichten und wenige Erfahrungen. Erfahrung aber ist: Es fällt Leuten, die kein großes Interesse an einem Presse-Besuch haben leichter, ihr »Nein« per Telex, per Brief oder am Telefon durchzugeben – als dann, wenn man ihnen gegenübersteht. Im Gespräch lässt sich's besser penetrant sein, argumentieren, überzeugen, notfalls überreden – und sei's durch den Mitleid stiftenden Verweis, dass man viele tausend Kilometer unmöglich umsonst gereist sein kann.

Es war dann keineswegs kompliziert, via Deutsche Botschaft, deutsch-chilenische Handelskammer und Codelco-Chefetage in die Sperrzone zu gelangen. Es war aber höchst kompliziert, sich dort über die gewährte Stippvisite hinaus festzukrallen. Wofür man den Bewacher und Führer von Codelco dazu bringen musste, sich mit Überstunden, Wochenend- und Nachtarbeit einverstanden zu erklären. Und wobei man ihn gleichzeitig abschütteln musste für das Treffen mit dem kommunistischen Gewerkschafter, für die Fotos vom Schornstein, von dem täglich 3 000 Tonnen Schwefeldioxid ihren ungefilterten Niederschlag auf Mensch und Landschaft starteten.

Sie klingen langweilig, solche Prozeduren, sie sind es aber nicht. Wenigstens fragte keiner nach unserer generellen Arbeitserlaubnis, die wir, zu Beginn unvermeidlich in die offizielle Mühle geraten, bei der staatlichen Presse-Behörde zu beantragen hatten. Hätten wir auf sie gewartet, wäre eine Woche verloren gegangen. Denn zunächst wurden Erkundigungen über uns eingezogen: bei der chilenischen Botschaft in Bonn. Der direkte Weg, vorbei an solchen Instanzen, empfiehlt sich wo immer möglich. Dass ich zum Beispiel wohl nie und nimmer einen Fuß in die Tür der staatlichen Kinderheime und Jugend-Knaste von São

Paulo bekommen hätte, wäre ich den vorgeschriebenen Weg zum obersten Jugendrichter gegangen, erfuhr ich am vorletzten Tag der Recherche – nach drei Wochen des ungehinderten Zugangs. Glückssache vielleicht und wieder etwas, das nach Lage der Dinge zu entscheiden ist.

Zurück nach Chile. Wie also, ohne tölpelhafte Verbrüderungsversuche, das Vertrauen des Aufpassers von Codelco gewinnen? Wie, ohne ein Übermaß an Selbstverleumdung, gemeinsame Sache machen mit einem, der pro domo sprechen muss? Wie ihn loswerden? Einmal ist Zeit die Voraussetzung, eine im journalistischen Alltag rare, bei GEO glücklicherweise gegebene Voraussetzung. Devise: den längeren Atem haben. Irgendwann hat der Herr vom Pressestab gesehen, dass der Fotograf die Kupferbarren fotografiert und nicht klaut, dass der Schreiber aufschreibt und keine Pamphlete verteilt – und dann findet er es so spannend nicht mehr, wenn der Fotograf um fünf Uhr morgens zum fünften Mal, nun aber endgültig im besten Licht zum Bagger will. Er sagt irgendeinem Nachgeordneten, dass die Sache schon in Ordnung sei, der Mann vom PR-Stab – und bleibt im Bett.

Zudem: Viel gelingt, so banal auch das wieder klingen mag, über das Entfachen von Begeisterung in den Betreuern, Beobachtern, Bewachern. Sobald es sich nicht um Teutonen handelt, zumindest. Es kommt der Punkt, an dem imponiert es selbst teilnahmslosesten, genervtesten, gelangweiltesten PR-Leuten, wenn sie nicht hoffnungslos aalglatt und restlos bürokratisch sind, ein Team zu begleiten, das verbissen am Ball bleibt. Das auf jeden Kran will, so nahe wie möglich an die Öfen in der Kupferschmelze, notfalls mit Gasmaske. Ein Team, das Fragen stellt, die selbst ihnen, den Leuten, die sich ja auskennen im Betrieb, so noch nicht gekommen sind. Und das Antworten bekommt, bei denen auch der Werksangehörige dazulernt.

Dann endlich kann es passieren, dass sich die angestrebten Freiräume auftun. Zunächst im Eiltempo durch die Kupfermine gejagt, dürfen wir plötzlich, am vierten Tag, allein und mit Hausausweis versehen und mit dem eigenen Wagen durchs Gelände. Bewegungsfreiheit in einer vom Militär zum strategischen Bereich erklärten Zone; undenkbar, dass einem so etwas jemals bei Bayer Leverkusen oder Sandoz gestattet wäre.

Endlich also die Chance, ohne Fragezwang und ohne technische Belehrungen einfach nur in einer Halle zu sitzen und diese Vorhölle aus 1 300 Grad Hitze, Schwefelqualm, Donnern und Krachen und Kreischen auf sich einwirken zu lassen; die Leute zu beobachten, die Kleinigkeiten zu bemerken, Eingebungen zu haben. Zeit, mit jenen ins Gespräch zu kommen, die sich die Hände schmutzig machen, und die einen bislang für irgendeinen Delegationsteilnehmer halten mussten. Zeit, um auf neue Spuren gesetzt zu werden in die andere, die nichtoffizielle Wirklichkeit. Zeit für Verabredungen in der Kneipe. Der Punkt, an dem man auf Fragen gebracht wird, auf die man allein womöglich nie gekommen wäre.

Zwischendurch immer mal zurück in die Büros, wo Pinochet über dem Schreibtisch hängt, denn für die Mine »El Teniente« steht uns das ganze Procedere noch einmal bevor. Erneut bei Null anfangen. Erneut Vertrauen gewinnen. Und den Bergbau-Minister nicht unbedingt mit der Nachricht erschrecken, dass man sich beim prominenten Kritiker seiner Politik einige Stunden lang munitioniert hat.

Solche Tipps sind Peanuts, vielleicht, aus der Ferne betrachtet. Aber in einem Land, wo Pressezensur herrscht, wo Interview-Partner morgen verhaftet werden können, ginge jede Spielart von Rambo-Journalismus auf die Knochen derer, die nach drei, vier Wochen nicht wieder bequem entschweben dürfen.

Schließlich der Glücksfall. Es gibt ihn. Das sind Recherchen, bei denen nicht 70 Prozent der Kraft, der Nerven und der Zeit für Organisation und Logistik draufgehen. Bei denen es keine Türsteher gibt, keine Drittpersonen, auf die der Reporter angewiesen ist, damit er überhaupt darf, was er muss. Recherchen ohne Warteschleifen im Hotel, die wie Luxus anmuten mögen, aber das Gegenteil sind, nämlich Tage, die schlaff machen, ohne dass die Arbeit einen Schritt vorangebracht wäre. Die Spesenuhr tickt, zu Hause überlastete Kollegen, die »Graubrot essen«, also mit Redigierarbeit zugeschüttet sind: Da kann sich schnell das schlechte Gewissen melden und die Angst, mit zu wenig zurückzukommen. Aber das sind Probleme, eben die Produktionsbedingungen bei einer Geschichte, mit denen ein Schreiber, so erfährt es auf der Henri-Nannen-Schule jeder Volontär, seinem Chef nicht kommen sollte.

Und hier geht's ja um den Glücksfall. Zum Beispiel: Zwei Wochen beim Bau des Furka-Tunnels in der Schweiz dabei sein, bei Schichtbeginn rein, bei Schichtende raus, in der Kantine essen, in der Baracke schlafen, im Schlamm waten, den Lärm der Bohrhämmer ins Gehirn gefräst bekommen, die Tageszeit vergessen, die Knochen spüren, kurzum: die Arbeits- und Lebensbedingungen verstehen lernen, mit-(er)leben statt zur Inspektion vorbeizukommen – das sind gute Voraussetzungen für eine Reportage ohne Trockenstarre.

Oder São Paulo, die Straßenkinder: kein furchtbar neues Thema für Lateinamerika, kein sonderlich aufregendes für die örtlichen Medien. Es gab einige Artikel über Schießereien, Lynchjustiz an jugendlichen Dieben, Massenausbrüchen aus den staatlichen Heimen, es gab einige wenige Hinweise auf kirchliche Streetworker und Hilfsorganisationen für die »Abandonados«. Und es gab das Monstrum São Paulo, entmutigend, undurchschaubar. Eintauchen, herumtreiben, lungern, sich forttragen lassen in die Schlupfwinkel – wie anders hatte ich mich nähern können? Den Zipfel in die Hand bekommen. Als wir ihn hatten, den Treffpunkt einer Jungen-Bande, war der Rest dann nicht mehr so schwer: die Flipperhallen und die Metro-Stationen, die Bürgersteige, die Brunnen, die Vorortzüge, die hohlen Brückenpfeiler, die Arrestzellen, die Kirchen. Dieser gesamte Lebensbereich der Kinder, in dem sie raubten, schliefen, dealten, lachten oder verschwanden, erschloss sich durchs Mitgehen. Besser als dies mit noch so vielen Polizeistatistiken, sozialarbeiterischen Analysen und Expertengesprächen, die ohnehin zu haben waren, möglich gewesen wäre.

Es blieb bis zuletzt ein flüchtiges, fragiles Verhältnis zu den Kindern, schwankend zwischen Vertrauen und plötzlicher Feindschaft. Und kein Reporter sollte sich wohl einbilden, selbst wenn er Pferde stiehlt mit den Objekten seiner Neugierde und die von Kisch geforderte »Hingabe« an sein Objekt hat, er könnte jemals aufhören, in einer solchen Konstellation Fremdkörper zu sein. Noch sollte er dies wollen. Es bleibt auch ein Ausbeutungsverhältnis zwischen jenen, die ihr Leben vorführen. Und dem, der es aufschreibt. Abschreibt. Abkassiert. Und es gibt Grenzen der Mitwisserschaft, ein Limit, an dem die Mittäterschaft begänne; etwa dort, wo der Handtaschenraub ein zweites Mal für den Fotografen inszeniert würde. Und schließlich ein selbstverständliches Distanz-Gebot, das jeder beachtet, der nicht halbseitig erblinden oder halbseitig taub werden will.

Dennoch, und dies ist in Ländern der so genannten Dritten Welt sicher einfacher nachzuvollziehen als etwa in der Bundesrepublik mit ihren oft ritualisierten, schablonenhaften Verkehrsformen zwischen den Medienvertretern und jenen, die von den Medien auch kontrolliert werden sollen: Auf den abschätzig so bezeichneten »Asphaltjournalismus«, also auf der Straße und nicht am Telefon, oder schlicht in der Welt rings um die Pressebüros, in der Zeit vor und nach der Pressekonferenz – da warten die Geschichten. Im aufregend Alltäglichen, im bizarr »Normalen«, im ungewöhnlich Gewöhnlichen, im Konkreten, das ein Kisch nie vergessen hat, bevor er zum Allgemeinen kam, sind die Reportage-Themen zu finden.

Das setzt die Suche nach den Zwischentönen voraus, die Neugier aufs Detail, den Verzicht auf einen Sensationalismus, der die schnelle Headline liefert. Das setzt den Gang in ein Land voraus, welches, wie Anna Seghers in einem Nachruf auf Kisch gesagt hat, die Minister aller auswärtigen und inneren Angelegenheiten nicht kennen. Und das ist, klar doch, leichter gesagt als getan.

Immerhin: GEO-Reportagen, zugegeben eine Ausnahmeveranstaltung, was die Ausstattung mit Zeit und Geld bei der Recherche betrifft, haben sich mit den Ansprüchen, wie sie Kisch einst stellte, zumindest auseinander zu setzen. Es fällt die Entschuldigung flach, dass die Produktionsbedingungen, der Platz, die Unterbesetzung, die Erscheinungsweise nichts anderes als Termin- und Telefonjournalismus gestatten. Es gibt das in vielen Medien regierende Dogma nicht, dass aktuell nur ist, was einen Anlass mit Datumsanzeige hat, wichtig nur, was auf Waschzetteln in die Redaktion flattert, seriös nur, was Reflex auf offiziöse Politik ist, unsittlich gar, was die Subjektivität des Autors verrät. Man darf hier also auch mal etwas quer zum üblichen massenmedialen Verwertungsprozess handeln.

Bliebe das Schreiben. Lässt sich schon über die Recherche-»Technik« kaum etwas behaupten, von dem nicht auch im Einzelfall das Gegenteil stimmen könnte, so scheinen mir die beim Schreiben einer Reportage zu verallgemeinernden Prinzipien noch rarer.

Ich komme meist mit einigen hundert zerknitterten Seiten voller manchmal kaum noch zu entziffernder Notizen zurück, froh, wenigstens nicht auch noch das Tonband benutzt zu haben. Dazu, kiloschwere Materialien, Zeitungsschnipsel, Broschüren, Dokumente, Bücher. Kaum je gelingt das Vorhaben, schon auf dem Rückflug eine Gliederung, einen Aufbau, eine Dramaturgie für die Geschichte festzulegen. Da sitzt nebenan ein glücklich-geschaffter Fotograf, der, von der Dia-Auswahl abgesehen, am Ende seines Einsatzes ist. Und ich neige dazu, dann ein bisschen mitzufeiern und die bevorstehende, die eigentliche (?) Arbeit erst mal zu verdrängen.

In der Redaktion beginnt jene grausame Zeit, in der ich loslegen möchte, alles herauslassen möchte, was sich aufgestaut hat – und doch zunächst tagelang lesen muss, wiederfinden, gewichten und selektieren, was im Papierberg gestapelt ist. Es dürfte effektivere und elegantere Systeme geben, mir aber ist noch kein besserer Weg eingefallen, als die Blöcke zu nummerieren und zu paginieren, einen Stichwortkatalog zu fertigen, in dem die wichtigsten Passagen, Sätze, Fakten mit Seitenverweis vermerkt sind. Oft erst dann wird mir klar, wie viel Vergessenswertes, wie viel Datenschrott und manchmal auch Falsches sich in den Notizen aufhält, die nach der Maßgabe »Schreib alles, aber auch alles auf« entstanden sind. Ergebnis des laufenden Mitschreibens, das ich allabendlich erstellten Gedächtnis-Protokollen dennoch vorziehe. Und dann? Dann ist »nur der schmale Steg zwischen Tatsache und Tatsache zum Tanze freigegeben«, hat Kisch gesagt. Dann gilt es, ebenfalls Kisch, die Wirklichkeitsdarstellung zu Kunst zu adeln. Dann wäre es gut, es gelänge einem, Dichte und Authentizität zu erzeugen, Spannung beim Leser und ein Interesse am Sujet, das den letzten Satz der Geschichte überlebt.

Eine gelungene Reportage: Sie wäre wohl eine, die unter die Oberfläche der Erscheinungen vordränge und das Getriebe freilegte. Die das Vorgetäuschte beiseite schöbe und Hintergründe, Untergründe zeigte, die das Warum und nicht nur das Wie und Was beantwortete – und die bei all dem die Form nicht vergäße. Beim viel zitierten und selten kopierten Kisch gab es keine Wörter, wie Theodor Balk gesagt hat, die nur unqualifizierte Arbeit verrichten mussten.

Eine Menge vernünftiger – und hehrer – Prinzipien. Im Kampf mit meinen Notizblöcken vergesse ich sie bisweilen völlig. Aber es kann nicht schaden, sich ihrer zu erinnern.

Anhang

Die Autoren der Fremdbeiträge

Peter-Matthias Gaede, Jahrgang 1951, ist Chefredakteur des Reportage-Magazins GEO. Nach dem Studium der Sozialwissenschaften gehörte er zum ersten Lehrgang der Gruner+Jahr-Journalistenschule in Hamburg. Anschließend arbeitete er drei Jahre lang in der Lokalredaktion der »Frankfurter Rundschau«. 1984 wechselte er als Reporter und Redakteur in die GEO-Redaktion. 1987 wurde er dort Chefreporter, 1992 stellvertretender Chefredakteur, seit 1994 ist er Chefredakteur. Außerdem ist er Chefredakteur bzw. Herausgeber sieben weiterer Heftreihen von GEO, darunter GEO WISSEN und GEO Special. 1981 erhielt Gaede den Theodor-Wolff-Förderpreis, 1984 den Egon-Erwin-Kisch-Preis für seine Reportage über den Flughafen Frankfurt »Die Start-Maschine«.

Sibylle Krause-Burger arbeitet als Buchautorin und freie Journalistin. Sie ist politische Kolumnistin der Stuttgarter Zeitung und freie Mitarbeiterin anderer großer Tageszeitungen wie des Tagesspiegel in Berlin. Für ihre Reportagen und Porträts wurde sie mehrfach ausgezeichnet: 1978 mit dem Theodor-Wolff-Preis, 1989 mit dem Karl Hermann Flach-Preis, 1994 mit dem Quandt-Medien-Preis. Neben einer Reihe von zeitkritischen Arbeiten veröffentlichte sie Biografien über Helmut Schmidt und Joschka Fischer und eine Folge von Reportagen über den Regierungsstil des Bundeskanzlers Gerhard Schröder (siehe Literatur).

Jürgen Leinemann, Jahrgang 1937, begann als Student für seine Heimatzeitung, das »Burgdorfer Kreisblatt«, Beiträge zu schreiben. Nach dem Studium der Geschichte und Germanistik wurde er freier Mitarbeiter der »Deutschen Presseagentur« in Berlin. 1968 ging er als dpa-Korrespondent nach Washington. Dort übernahm er 1971 das »Spiegel« -Büro und blieb bis 1974 in den USA. Seither gehört er zur »Spiegel«-Redaktion, seit 1978 als »Spiegel«-Reporter zunächst in Bonn, seit 1991 in Berlin. Bis 2002 leitete er das Berliner »Spiegel«-Büro. Für seine 1982 publizierte Reportage über Hans-Dietrich Genscher (»Ich muß doch die Sozis bändigen«) wurde er 1983 mit dem Egon-Erwin-Kisch-Preis ausgezeichnet; 2004 veröffentlichte er seine Beschreibung der Berliner Republik »Höhenrausch – die wirklichkeitsleere Welt der Politiker«.

Cordt Schnibben, Jahrgang 1952, leitet das Reportagen-Ressort »Gesellschaft« des »Spiegel«. Nach dem Studium der Wirtschaftswissenschaften arbeitete Schnibben zunächst zwei Jahre als Werbetexter in Frankfurt, ehe er die Hamburger Henri-Nannen-Journalistenschule besuchte. 1984 ging er zur »Zeit« als Redakteur im Ressort »Modernes Leben«. 1989 wechselte Schnibben als Reporter zum »Spiegel«. Dort entwickelte er das Reportagen-Magazin »Spiegel-Reporter« (bis 1999-2001); er ist seit 1995 Jurymitglied des Egon Erwin-Kisch-Preises. 1985 bekam er den Theodor-Wolff-Preis, 1986 den Egon-Erwin-Kisch-Preis, 1990 und 1991 den Adolf-Grimme-Preis. Er macht Dokumentarfilme fürs Fernsehen, schreibt Drehbücher und ist Autor und Herausgeber vieler Reportagebücher (siehe Literatur).

Hermann Schreiber, Jahrgang 1929, lebt als Publizist in Hamburg. Er begann 1951 als Mitarbeiter des »Staatsanzeigers für Württemberg-Baden«. Von 1952 bis 1964 schrieb er für die »Stuttgarter Zeitung« zuletzt als deren Sonderkorrespondent. In den folgenden 15 Jahren war er »Spiegel«-Reporter und Kolumnist. 1979 wechselte er als Chefreporter zu »Geo«, von 1987 bis 1993 war er dessen Chefredakteur. Er schrieb mehrere Bücher über Publizisten, Politiker und über Lebenssituationen, moderierte die Sendereihe »Lebensläufe« des Südwestfunks und war viele Jahre als Moderator der »NDR-Talkshow« tätig. Seit der Schaffung des Egon-Erwin-Kisch-Preises 1977 ist er Mitglied der Jury. Für eine Reportage aus dem Vietnamkrieg wurde er 1966 mit dem Theodor-Wolff-Preis ausgezeichnet.

Jana Simon wurde 1972 in Potsdam geboren. Sie studierte Osteuropastudien, Politologe und Publizistik in Berlin und London und arbeitete nebenbei als freie Journalistin für die »taz«, »Berliner Zeitung« und den »Tagesspiegel«. Von 1998 bis 2004 war sie Reporterin beim »Tagesspiegel« in Berlin, seit 2004 ist sie Autorin bei der »Zeit«. Für ihre Reportagen erhielt sie den Alexander-Rhomberg- und den Axel-Springer-Preis. 2001 wurde ihre Geschichte über den Nachlass eines alten Mannes mit dem Theodor-Wolff-Preis ausgezeichnet. 2002 erschien ihr Buch »Denn wir sind anders. Die Geschichte des Felix S.« bei Rowohlt/Berlin und 2004 der Reportageband »Alltägliche Abgründe«.

Jens Weinreich, Jahrgang 1965, ist Sportchef der Berliner Zeitung. Er volontierte bei »Junge Welt« in Ost-Berlin, studierte bis 1991 Journalistik in Leipzig und arbeitete als freier Journalist für Fernsehen, Radio, Zeitungen und Magazine; 1996 kam er zur Berliner Zeitung. Weinreich ist Experte für internationale Sportpolitik, berichtete von sieben Olympischen Spielen und Weltmeisterschaften (Fußball, Leichtathletik, Schwimmen). Er veröffentlichte fünf Bücher, die sich vorwiegend mit Sportskandalen befassen. Für seine Enthüllungen zur Olympiabewerbung Leipzigs wurde er 2005 mit dem Wächterpreis der deutschen Tagespresse ausgezeichnet. Sein 2004 produziertes Filmporträt über den Fifa-Präsidenten Joseph Blatter wurde in 25 Ländern ausgestrahlt.

Literatur

1. Praktischer Journalismus

Egli von Matt, Sylvia; von Peschke, Hans-Peter; Riniker, Paul: Das Porträt. Konstanz: UVK 2003

Frey, Ulrich; Schlüter, Hans-Joachim: Reportagen schreiben – von der Idee bis zum fertigen Text. Bonn: ZV-Verlag 1999

Göpfert, Winfried; Ruß-Mohl, Stephan (Hrsg.): Wissenschafts-Journalismus. Ein Handbuch für Ausbildung und Praxis, München: List [4]2000

Haller, Michael: Recherchieren. Ein Handbuch für Journalisten, Konstanz: UVK [6]2004

Haller, Michael: Das Interview. Konstanz: UVK [3]2001

Haller, Michael (Hrsg.): Recherche-Werkstatt. Edition Sage&Schreibe. Konstanz: UVK 2001

Hohenberg, John: The Professional Journalist – A gide to the Pratices and Principles of the News Media. New York, Chicago, San Francisco: Holt Rinehart Winston [4]1978

Kramer, Mark: Breakable Rules for Literary Journalists. In: Ballantine Books 1995 (Online: Nieman Narrative Digest, Harvard University, Boston)

La Roche, Walther von: Einführung in den praktischen Journalismus, Düsseldorf: Econ [17]2006

La Roche, Walther von; Buchholz, Axel (Hrsg.): Radio-Journalismus. München: List Verlag [8]2004

Mast, Claudia (Hrsg.): ABC des Journalismus. Ein Handbuch. Konstanz: UVK [10]2004

Meier, Klaus (Hrsg.): Internet-Journalismus. Konstanz: UVK [3]2002

Meyer, Werner: Zeitungspraktikum. Percha: Verlag R.S. Schulz [2]2001

Pürer, Heinz; Rahofer, Meinrad; Reitan, Claus (Hrsg): Praktischer Journalismus. Presse-Radio-Fernsehen-Online. Konstanz: UVK [5]2004

Riehl-Heyse, Herbert: Bestellte Wahrheiten. Anmerkungen zur Freiheit eines Journalistenmenschen. München: Kindler 1989

Schneider, Wolf; Raue, Paul-Josef: Handbuch des Journalismus. Reinbek: Rowohlt 1996

Schult, Gerhard; Buchholz, Axel (Hrsg.): Fernseh-Journalismus. München: List Verlag [5]1997

Weischenberg, Siegfried: Nachrichten-Journalismus. Wiesbaden. Westdeutscher Verlag 2001

Witzke, Bodo; Rothaus, Ulli: Die Fernsehreportage. Konstanz: UVK 2003

Wolff, Volker: ABC des Zeitungs- und Zeitschriftenjournalismus. Konstanz: UVK 2006

Zindel, Udo; Rein, Wolfgang (Hrsg.): Das Radio-Feature. Ein Werkstattbuch. Konstanz: UVK 1997

2. Journalistik und Medienwissenschaft

Bucher, Hans-Jürgen; Altmeppen, Klaus-Dieter (Hrsg.): Qualität im Journalismus. Grundlagen –Dimensionen – Praxismodelle. Wiesbaden: Westdeutscher Verlag, 2003

Groth, Otto: Die unerkannte Kulturmacht. Band 4. Berlin: Walter de Gryter 1962

Haller, Michael: Politisierung des Kulturellen? Zum Funktionswandel des Kulturjournalismus in der Mediengesellschaft. In: Politik und Zeitgeschichte. B12/2003, S. 3-14

Haller, Michael: Reportage/Feature. In: Weischenberg, Siegfried et al. (Hrsg.): Handbuch Journalismus und Medien. Konstanz: UVK 2005, S. 405-411

Haller, Michael: Begriff ‚Reportage'. In: Ueding et al (Hrsg.): Historisches Wörterbuch der Rhetorik. Band 8. Tübingen: Niemeyer 2004

Haller, Michael: Die zwei Kulturen. Journalismustheorie und journalistische Praxis. In: Löffelholz, Martin (Hrsg.): Theorein des Journalismus. Ein diskursives Handbuch. Wiesbaden: VS Verlag [2]2004

Haller, Michael: Qualität und Benchmarking im Printjournalismus. In: Bucher, Hans-Jürgen; Altmeppen, Klaus-Dieter (Hrsg.): Qualität im Journalismus. Grundlagen –Dimensionen – Praxismodelle. Wiesbaden: Westdeutscher Verlag, 2003, S. 181-201.

Haller, Michael: Von der Pressefreiheit zur Kommunikationsfreiheit. Über die normativen Bedingungen einer informationsoffenen Zivilgesellschaft in Europa. In: Langenbucher, Wolfgang R. (Hrsg.): Die Kommunikationsfreiheit der Gesellschaft. Publizistik, Sonderheft 4. Wiesbaden: Westdeutscher Verlag, 2003, S. 96-111.

Koszyk, Kurt; Pruys, Karl Hugo (Hrsg.): Handbuch der Massenkommunikation, München: Deutscher Taschenbuchverlag 1981

Maaßen, Ludwig: Die Zeitung. Daten-Deutungen-Porträts. Heidelberg: Decker & Müller Verlagsgesellschaft 1986

Noelle-Neumann, Elisabeth; Schulz, Wilfried (Hrsg.): Publizistik, Massenkommunikation (Fischer Lexikon), Frankfurt: Fischer Taschenbuch Verlag [2]2003

Pörksen, Bernhard; Bleicher, Joan Kristin (Hrsg.): Grenzgänger. Formen des New Journalism. Wiesbaden: VS Verlag 2004

Reumann, Kurt: Journalistische Darstellungsformen. In: Noelle-Neumann et al.: Publizistik, Massenkommunikation (Fischer Lexikon), Frankfurt: Fischer Taschenbuch Verlag [2]2003, S. 126-152

Weischenberg, Siegfried: Journalistik. Band 2: Medientechnik, Medienfunktionen, Medienakteure. Opladen: Westdeutscher Verlag 1995

Weischenberg, Siegfried; Kleinsteuber, Hans J..; Pörksen, Bernhard (Hrsg.): Handbuch Journalismus und Medien. Konstanz: UVK 2005

3. Zur Geschichte der Reportage

Bausch, Hans (Hrsg.): Rundfunk in Deutschland (5 Bde.), München: Deutscher Taschenbuchverlag 1980

Bentley, Nicolas (Hrsg.): Russel's Despatches from the Crimea, London: André Deutsch 1966

Born, Nicolas: Die Fälschung. Reinbek b. Hamburg: Rowohlt Verlag 1993

Bray, Warwick: The Gold of El Dorado, London: Times Newspapers 1978; dtsch. Hannover: Bücher-Büchner 1979

Brawand, Leo: Die Spiegel-Story. Wie alles anfing. Düsseldorf: Econ Verlag 1995

Frankfurter Allgemeine Zeitung (Redaktion): Die Kunst des Zeitungslesens (Artikelfolge Samstagausgaben ab 12. März 1960), Frankfurt: FAZ Verlag 1960

Haas, Hannes: Die hohe Kunst der Reportage. Wechselbeziehung von Literatur, Journalismus und Sozialwissenschaft. In: Publizistik, Vierteljahreshefte für Kommunikationsforschung, Konstanz: 32. Jahrgang Heft 3/1987

Haas, Hannes: Empirischer Journalismus. Wien: Böhlau 1999

Haas, Hannes: Fiktion, Fakt & Fake? Geschihcte, Merkmale und protagonisten des New Journalism in den USA. In: Pörksen, Bernhard; Bleicher, Joan Kristin (Hrsg.): Grenzgänger. Formen des New Journalism. Wiesbaden: VS Verlag 2004, S.43-73

Haller, Michael: Alles schreiben oder den Mund halten? William Howard Russell, der erste Frontreporter. In: Die Zeit Nr. 11/1991, S. 45-46

Haupt, Klaus/Wessel, Harald: Kisch war hier. Reportagen über den »rasenden Reporter«. Berlin (Ost): Verlag der Nation 1988

Herodot: Historien. Reisen in Kleinasien und Ägypten. Hrsg. von Wilhelm Krause. München: Goldmann Verlag 1958 (Die Zitate S. 18f. folgen einer Schulbuch-Übersetzung von P. Mattes, 1951)

Horowitz, Michael: Ein Leben für die Zeitung – Der rasende Reporter Egon Erwin Kisch. Wien: Orac Verlag 1985

Jaene, Hans Dieter: Der Spiegel. Ein deutsches Nachrichtenmagazin. Frankfurt: Fischer Taschenbuchverlag 1968

Just, Dieter; Magnus, Uwe: Nachrichtenmagazine, Bd. 1: Time und Newsweek, Bd. 2: Der Spiegel. Hannover: Verlag für Literatur und Zeitgeschehen 1967

Kisch, Egon Erwin: Mein Leben für die Zeitung. Band 1: 1906-1926; Band 2: 1926-1947. Berlin-O.: Aufbau Verlag 1983

Koszyk, Kurt: Deutsche Presse im 19. Jahrhundert. Geschichte der deutschen Presse Teil II. Berlin: Colloquium Verlag 1966

Koszyk, Kurt: Deutsche Presse 1914-1945. Geschichte der deutschen Presse Teil III. Berlin: Colloquium Verlag 1972.

Kracauer, Siegfried: Schriften in 8 Bden. Bd 1. Soziologie als Wissenschaft. Frankfurt: Suhrkamp 1970

Kracauer, Siegfried: Die Angestellten. Aus dem neuesten Deutschland (publ. in »Frankfurter Zeitung« 1929). Mit einer Rezension von Walter Benjamin. Frankfurt: Verlag Suhrkamp 1993

Kuby, Erich: Der Spiegel im Spiegel. Das deutsche Nachrichtenmagazin kritisch analysiert. München: Wilhelm Heyne Verlag 1987

Larsen, Egon: Die Zeitung bringt es an den Tag. Stuttgart: Groverts Krüger 1970

Leuschner, Udo: Zeitungs-Geschichte. Die Entwicklung einer Tageszeitung über zwei Jahrhunderte am Beispiel Mannheims. Berlin: Verlag Die Arbeitswelt 1981

Luce, Henry R.: Editor-in-Chief of Time, Life and Fortune, New York: Time inc. 1961

Lucács, Georg: Geschichte und Klassenbewußtsein (Berlin: 1923). Neuwied: Luchterhand 1970

Ludes, Peter; Schumacher, Heidemarie; Zimmermann, Peter (Hrsg.): Geschichte des Fernsehens in der Bundesrepublik Deutschland. Bd. 3: Informations- und Dokumentationssendungen. München 1994

Luft, Friedrich: Die Geschichte der Berliner Illustrirten. Faksimile Querschnitt durch die Berliner Illustrierte, München, Bern, Wien: Scherz Verlag 1965

Plinius der Jüngere: Briefe. Ausgewählt und übersetzt von Mauritz Schuster. Stuttgart: Philipp Reclam jun. 1953 (Das Zitat S. 27 orientiert sich an dieser und der im Sammelband »Klassischer Journalismus« wiedergegebenen Übertragung. *Original: Gaius Plinius* Caecilius Secundus: Epistulae. Lib. VI.)

Prokosch, Erdmute: Egon Erwin Kisch. Reporter einer rasenden Zeit. Bonn: Keil-Verlag 1985

Riehl-Heyse, Herbert: Jugendwahn und Alterstarrsinn – mein ganz persönlicher Generationenkonflikt – ein Fragment. München: Blessing 2003

Riesenfellner, Stefan: Der Sozialreporter. Max Winter im alten Österreich. Hrsg. vom Verein Kritische Sozialwissenschaft und Politische Bildung. Wien: 1987

Schanne, Karin: Anschläge. Der rasende Reporter Egon Erwin Kisch. Stuttgart: Ernst Klett Verlag 1983

Schutte, Jürgen; Sprengel, Peter (Hrsg.): Die Berliner Moderne 1885-1914. Stuttgart: Reclam 1987

Schütz, Erhard H. (Hrsg.): Reporter und Reportagen. Texte zur Theorie und Praxis der Reportage der 20er Jahre, Gießen: Verlag Achenbach 1974

Sengle, Friedrich: Die Biedermeierzeit. 3 Bde. XX: Metzler Verlag 1970, 1972, 1980

Seume, Johann Gottfried: Spaziergang nach Syrakus im Jahre 1802. (Erstveröff.: 1803). München: Deutscher Taschenbuch Verlag (C. Beck) 1991

Siegel, Christian Ernst: Egon Erwin Kisch – Reportage und politischer Journalismus. Bremen: Schünemann Universitätsverlag 1973

Sloan, W. David; Parcell, Lisa Mullikin: American Journalism. History, Principles, Practices. North Carolina: McFarland 2002

Steinmetz, Rüdiger: Zwischen Journalismus und Kunst. Die Reportage im Fernsehen. Medium Nr. 4/1988

Time Incorporated: An informal History, New York: Time inc. 1960

Ullstein, Karl: Der Verlag Ullstein zum Welt-Reklame-Kongreß, Berlin: Verlag Ullstein 1929, S. 229ff.

Toeplitz, Jerzy: Geschichte des Films. Bd 1: 1895-1933. Bd. 2: 1934-1945. Frankfurt Berlin 1983

Vos, Tim P.: News Writing Structure and Style. In: *Sloan, W. David; Parcell, Lisa Mullikin:* American Journalism. History, Principles, Practices. North Carolina: McFarland 2002, S. 296-305

Warren, Carl N.: Modern News Reporting. New York: Harper&Bros. 1934

Zimmermann, Peter: Dokumentarfilm, Reportage, Feature. In: Heller, Heinz-B.; Zimmermann, Peter: Bilderwelten Weltbilder. Marburg 1990

Zimmermann, Peter: Geschichte von Dokumentarfilm und Reportage von der Adenauer-Ära bis zur Gegenwart. In: Ludes, Peter et al.: Geschichte des Fernsehens in der Bundesrepublik Deutschland. Bd. 3: Informations- und Dokumentationssendungen. München 1994

4. Sprache und Stil, Formen und Genres

Bundesverwaltungsamt – Bundesstelle für Büroorganisation und Bürotechnik: Bürgernahe Verwaltungssprache. Empfehlungen zu Inhalt und Darstellung. Merkblatt M 18. Köln: BBB, 5. Aufl., 1986

Carstensen, Broder: Beim Wort genommen. Bemerkenswertes in der deutschen Gegenwartssprache. Tübingen: Verlag Gunter Narr 1986

Dietze, Gabriele (Hrsg.): Die Überwindung der Sprachlosigkeit. Texte aus der Neuen Frauenbewegung. Neuwied: Verlag Luchterhand 1981

Dürrenmatt, Friedrich: Der Auftrag oder Vom Beobachten des Beobachters der Beobachter. Zürich: Diogenes 1986

Eick, Dennis: Drehbuchtheorien. Eine vergleichende Analyse. Konstanz: UVK 2006

Frauengruppe der Schweiz. Journalisten Union: Die Sprache ist kein Mann, Madame. Bern: SJU-Sekretariat o. J. (1984)

Gesellschaft für deutsche Sprache (Hrsg.): Der Sprachdienst (erscheint 6 Mal im Jahr), Wiesbaden

Häusermann, Jürg: Journalistisches Texten. Sprachliche Grundlagen für professionelles Informieren. Konstanz: UVK2001

Kiener, Wilma: Die Kunst des Erzählens. Narrativität in dokumentarischen und ethnographischen Filmen. Konstanz: UVK Medien 1999

Krauss, Sibylle: Schule des Erzählens. Ein Wegweiser. Frankfurt: Fischer [3]1998

Kruse, Otto: Schreibstrategien des Erzählens. Was man für Geschichten braucht. In: Perrin, Daniel; Böttcher, Ingrid; Kruse, Otto; Wrobel, Arne (Hrsg.): Schreiben. Von intuitiven zu professionellen Schreibstrategien, Wiesbaden: Westdeutscher Verlag 2002, S. 97-116

Linden, Peter: Wie Texte wirken. Anleitung zur Analyse journalistischer Sprache. Bonn: ZV-Verlag [2]2000

Maienberg, Niklaus; Haller, Michael: Die glatte Schreibe. Magazinjournalismus 1985: normierte Sprache oder solides Handwerk. Dossier Weiterbildung der Schweiz. Journalisten Union. Bern: SJU-Sekretariat 1985

Manthey, Jürgen: Die Unsterblichkeit Achills. Vom Ursprung des Erzählens. München, Wien: Carl Hanser 1997

Martinez, Matias; Scheffel, Michael: Einführung in die Erzähltheorie. München: C.H. Beck [5]1999

Mothes, Ulla: Dramaturgie für Spielfilm, Hörspiel und Feature. Konstanz: UVK 2001

Parker, Philip: The Art and Science of Screenwriting. Exeter: Intellect Ltd. [2]1999 (Dtsch: Die Kreative Matrix. Kunst und Handwerk des Drehbuchschreibens. Konstanz: UVK 2005)

Pörksen, Uwe: Plastikwörter. Die Sprache einer Internationalen Diktatur. Stuttgart: Klett-Cotta [3]1989

Rauter, E. A.: Wie eine Meinung im Kopf entsteht. Über das Herstellen von Untertanen. München: Weismann Verlag 1971 ff.

Rauter, E. A.: Vom Umgang mit Wörtern. München: Weismann Verlag 1978

Riehl-Heyse, Herbert: Bestellte Wahrheiten. Anmerkungen zur Freiheit eines Journalistenmenschen. München: Kindler Verlag 1989 (Droemer/Knaur 1992)

Schmerl, Christiane: Das Frauen- und Mädchenbild in den Medien. Opladen: Leske & Budrich 1984

Schneider, Wolf: Wörter machen Leute. Macht und Magie der Sprache. München: Piper Verlag 1996

Schneider, Wolf: Deutsch für Profis. Handbuch der Journalistensprache – wie sie ist und wie sie sein könnte. Hamburg: »Stern«-Buch, 5. Aufl., 1983; Stuttgart: Dt. Bücherbund 1984

Schneider, Wolf: Deutsch für Kenner. Die neue Stilkunde. Hamburg: »Stern«-Buch 1987

Stanzel, Franz K.: Theorie des Erzählens. Göttingen: Vandenhoek & Ruprecht (UTB) [6]1995

Trömel-Plötz, Senta: Gewalt durch Sprache, die Vergewaltigung von Frauen in Gesprächen. Frankfurt: Fischer Verlag 1994

Weber, Markus: Literarischer Journalismus. Zur Aktualität einer Tradition im deutschen Qualitätsjournalismus am Beispiel ausgewählter Zeitungen. Diplomarbeit. Universität Leipzig, Institut KMW 2005

Weigel, Hans: Die Leiden der jungen Wörter. Ein Antiwörterbuch. München: Deutscher Taschenbuch Verlag 1985

Wolf, Christa: Störfall. Nachrichten eines Tages. Neuwied: Luchterhand Verlag 1987; München: Dt. Taschenbuchverlag 1996

5. Erzählungen und Reportage-Sammlungen

Büscher, Wolfgang: Deutschland – eine Reise. Berlin: Rowohlt 2005

Büscher, Wolfgang: Berlin-Moskau. eine Reise zu Fuß. Reinbek: Rowohlt 2003

Brunold, Georg: Sandrosen. Orientalische Reportagen. Reinbek b. Hamburg: Rowohlt 1991

Dische, Irene: Fromme Lügen. Erzählungen. Frankfurt: Eichborn 1989

Egon Erwin Kisch-Preis: Schreib das auf! Die besten deutschsprachigen Reportagen. Berlin: Aufbau Verlag 2000 ff.

Fontane, Thedor: Wanderungen durch England und Schottland (2 Bde). Husum: Verlag der Nation, [3]1998

Geade, Peter-Matthias (Hrsg.):Frühstück in Timbuktu. Abenteuerliche Geschichten aus ‚Geo'. München: Piper 1999

Giordano, Ralph: Die Spur. Reportagen aus einer gefährdeten Welt. Frankfurt. S. Fischer Verlag 1984

Haller, Michael (Hrsg.): Aussteigen oder Rebellieren. Jugendliche gegen Staat und Gesellschaft. »Spiegel«-Buch. Reinbek: Rowohlt Verlag 1983

Holzach, Michael: Zeitberichte. Reportagen. München: Weismann Verlag 1986

Kapuściński, Ryszard: Meine Reisen mit Herodot. Frankfurt: Eichborn 2005

Kapuściński, Ryszard: Die Erde ist ein gewalttätiges Paradies - Reportagen, Essays, Interviews aus vierzig Jahren. München: Piper 2002

Kapuściński, Ryszard: Der Fußballkrieg. Berichte aus der Dritten Welt. Frankfurt: Fischer 2001

Kapuściński, Ryszard: Die Welt im Notizbuch. Frankfurt: Eichborn 2000

Karst, Theodor (Hrsg.): Reportagen. Stuttgart: Philipp Reclam jun. 1981

Kisch, Egon Erwin (Hrsg.): Klassischer Journalismus. Die Meisterwerke der Zeitung. Berlin: Kaemmerer Verlag 1923. Neuauflage München/ Frankfurt: Rogner & Bernhard bei Zweitausendeins o.J.

Kisch, Egon Erwin: Gesammelte Werke in 10 Bänden. Berlin (Ost): Aufbau Verlag 1961ff; Gesammelte Werke in Einzelausgaben. 12 Bände. Berlin: Aufbau-Verlag 1991ff..

Kisch, Egon Erwin: Nichts ist erregender als die Wahrheit. Reportagen aus vier Jahrzehnten, hrsg. von Walther Schmieding. 2 Bde., Köln: Kiepenheuer & Witsch o.J. (1979)

Kisch, Egon Erwin: Reportagen. Auswahl und Nachwort von Erhard Schütz. Stuttgart: Philipp Reclam jun. 1978

Kisch, Egon Erwin: »Landung in Australien« mit einem Nachwort von Hans-Albert Walter. Büchergilde Gutenberg 1985

Koch, Erwin: Von der Tagesschau, an einem späten Sonntagnachmittag. Wahre Geschichten. Zürich: Ammann Verlag 1997

Koch, Erwin: Wir weinen nicht. Zeugnisse, Berichte, Reportagen. Stuttgart: dtv 2004 (Erstv. Rüffer&Rub 2002)

Krause-Burger, Sibylle: Schau ich auf Deutschland. München: Deutsche Verlagsanstalt 2002

Krause-Burger, Sibylle: Wie Gerhard Schröder regiert. München: Deutsche Verlagsanstalt 2000

Krause-Burger, Sibylle: Joschka Fischer. Der Marsch durch die Illusionen. München: Deutsche Verlagsanstalt 1997

Krause-Burger, Sibylle: Über Manfred Rommel. Stuttgart: Verlag Poller 1982

Krause-Burger, Sibylle: Helmut Schmidt – aus der Nähe gesehen. Düsseldorf: E-con-Verlag 1980

Kürbisch, Friedrich (Hrsg.): Dieses Land schläft einen unruhigen Schlaf. Sozialreportagen 1918-45 – Ein Lesebuch. Berlin: Verlag Dietz Nachf. 1981

Kürbisch, Friedrich, (Hrsg.): Der Arbeitsmann, er stirbt, verdirbt, wann steht er auf? Sozialreportagen 1880-1918. Berlin: Verlag Dietz Nachf. 1982

Kürbisch, Friedrich (Hrsg.): Entlassen ins Nichts. Reportagen über Arbeitslosigkeit 1918 bis heute – Ein Lesebuch. Berlin: Verlag Dietz Nachf. 1983

Leinemann, Jürgen: Höhenrausch. Die wirklichkeitsleere Welt der Politiker. München: Blessing 2004

Leinemann, Jürgen: Sepp Herberger, ein Leben, eine Legende. Berlin: Heyne 2002

Leinemann, Jürgen: Nur nicht weiter so. Reportagen aus der Boner Republik. Zürich: Schw. Verlagshaus 1990

Leinemann, Jürgen: Macht. Psychograme von Politikern. Frankfurt: Eichborn-Verlag 1984

Mattussek, Matthias: Palasthotel Zimmer 6101. Reporter im rasenden Deutschland. Reinbek: Rowohlt 1992

Meienberg, Niklaus: Zunder. Überfälle-Übergriffe-Überbleibsel. Zürich: Diogenes 1993

Meienberg, Niklaus: Heimsuchungen. Ein ausschweifendes Lesebuch. Zürich: Diogenes 1986

Meienberg, Niklaus: Vorspiegelung wahrer Tatsachen. Zürich: Limmat Verlag 1983

Meienberg, Niklaus: Reportagen aus der Schweiz. Darmstadt: Luchterhand 1975

Parnass, Peggy: Kleine radikale Minderheit. Hamburg: Konkret-Literatur Verlag 1985

Petschull, Jürgen: Der Märtyrer. Hamburg: Hoffmann und Campe 1986

Rey, Romeo: Reportagen aus Brasilien. Basel: Helbing & Lichtenhahn 1985

Riehl-Heyse, Herbert: Die Weihe des Ersatzkaisers und andere Geschichten. Basel: Helbing & Lichtenhahn 1986

Roth, Joseph: Panoptikum. Gestalten und Kulissen. Köln: Kiepenheuer & Witsch 1976, 1983

Sartorius, Peter: Die Lust am kalten Fegefeuer. Basel/Frankfurt a. M.: Helbing & Lichtenhahn 1988

Schnibben, Cordt; Stephan Aust : 11. September – Geschichte eines Terrorangriffs. Stuttgart dtv 2003

Schnibben, Cordt: Che und andere Helden. Hamburg: Rasch & Röhring 1997

Schnibben, Cordt: Saigon export. Vietnams Comeback. Seltsame Berichte aus einem neu eröffneten Land. (Erstv. 1989) München: Goldmann 1991

Schnibben, Cordt: Neues Deutschland. Seltsame Berichte aus der Welt der Bundesbürger. Hamburg: Rasch & Röhring 1988

Scherzer, Landolf: Grenz-Gänger. Berlin: Aufbau-Verlag 2005

Schreiber, Hermann: Werkstatt Bayreuth. München: Albrecht Knaus Verlag 1986

Schreiber, Hermann: Durchblicke. Reportagen aus dreißig Jahren Gegenwart. Zürich: Schweizer Verlagshaus 1989

Sprecher, Margrit: Gerichtsreportagen aus der Schweiz. Zürich: Ammann-Verlag 1984

Wallraff, Günter: Reportagen 1963-1974. Mit Materialien und einem Nachwort des Autors. Hrsg. von Dorlies Pollmann. Köln: Verlag Kiepenheuer & Witsch 1985

Wallraff, Günter: Der Aufmacher. Der Mann, der bei Bild Hans Esser war. Köln: Verlag Kiepenheuer & Witsch 1997

Wallraff, Günter: Ganz unten. Köln: Verlag Kiepenheuer & Witsch 1993

Winter, Max: Das schwarze Wienerherz – Sozialreportagen aus dem frühen 20. Jahrhundert. Hrsg. von Helmut Strutzmann. Wien: Österreichischer Bundesverlag 1982

Zeh, Juli: Die Stille ist ein Geräusch. Eine Fahrt durch Bosnien. München: Goldmann 2002

Personenregister

Namen, die in den ersten zwei Buchteilen (Seite 17 bis 192) vorkommen.

A

Aberdeen, Yard 32
Albrecht, Harro 140

B

Balzac, Honoré 35, 48
Batrak, Andrej 61
Benjamin, Walter 49
Berberich, Frank 58
Blair, Jayson 65
Blake, John 33, 35
Bleyer, W. G. 87
Born, Michael 65
Born, Nicolas 65
Bray, Warwick 22f.
Brecht, Bert 50
Bühler, Claude 65
Büscher, Wolfgang 27 f.

C

Capote, Truman 55
Chamisso, Adalbert von 26

D

Dahlkamp, Jürgen 61
Defoe, Daniel 17, 32
Dickens, Charles 30, 55
Dische, Irene 192

D

Döblin, Alfred 45
Dörrie, Doris 192
Dovifat, Emil 76
Dürrenmatt, Friedrich 189

E

Enzensberger, Hans Magnus 52
Esser, Hans 129

F

Faller, Heike 59, 88, 91
Fichtner, Ulrich 127
Fontane, Theodor 17, 26, 35
Forster, Johann Georg 25

G

Gaede, Peter Matthias 27
Gallodoro, Esther 58
Genazino, Wilhelm 192
Georg, Manfred 45
Goethe, Johann Wolfgang von 24
Görres, Joseph 45
Graham, Katharine 100
Grass, Günter 192
Greene, Graham 70
Grill, Bartholomäus 63
Grimmelshausen 24

Sachregister

Begriffe, die in den ersten zwei Buchteilen (S. 17 bis 192) vorkommen.

UVK:Weiterlesen

Recherchieren

Michael Haller
Recherchieren
7. Auflage
2008, 338 Seiten
10 s/w Abb., broschiert
ISBN 978-3-89669-434-8

Michael Haller
Das Interview
5., überarbeitete Auflage
2012, 450 Seiten, broschiert
ISBN 978-3-86764-317-7

Peter Berger
Unerkannt im Netz
Sicher kommunizieren und
recherchieren im Internet
2008, 294 Seiten
100 farb. Abb., broschiert
ISBN 978-3-86764-087-9

Johannes Ludwig
Investigativer Journalismus
2., überarbeitete Auflage
2007, 438 Seiten
22 s/w Abb., broschiert
ISBN 978-3-89669-588-8

Institut zur Förderung
publizistischen Nachwuchses,
Deutscher Presserat (Hg.)
Ethik im Redaktionsalltag
2005, 244 Seiten, broschiert
ISBN 978-3-89669-469-0

Klicken + Blättern

Leseprobe und Inhaltsverzeichnis unter

www.uvk.de

Erhältlich auch in Ihrer Buchhandlung.

UVK:Weiterlesen

Medienrecht

Ernst Fricke
Recht für Journalisten
Presse – Rundfunk – Neue Medien
2., völlig überarbeitete Auflage
2010, 572 Seiten, gebunden
ISBN 978-3-86764-095-4

Journalisten sind als Berufsgruppe in ein besonderes Netz von Rechten und Pflichten eingebunden. Das gilt für alle Medien gleichermaßen. Nur wer seine Rechte und Pflichten kennt, kann sich als Journalist in der vielschichtigen Welt des Medienrechts zurechtfinden. Neue Gesetze und die rasante Entwicklung der Rechtsprechung machen die Orientierung immer schwieriger.

In welchem Umfang müssen Behörden Journalisten bei ihrer Recherche Auskunft geben? Welche strafrechtlichen Vorschriften sind bei der Berichterstattung zu berücksichtigen? Was ist bei der Veröffentlichung von Fotos zu beachten? Wie weit reicht das Zeugnisverweigerungsrecht von Journalisten?

Die vollständig überarbeitete Neuauflage dient als Hilfe zur selbstständigen Orientierung und richtigen Abwägung unter Berücksichtigung der rechtlichen Rahmenbedingungen der Arbeit im Journalismus. Dabei erleichtern Übersichten und Checklisten sowie Musterschreiben die tägliche Arbeit und bieten Schutz vor juristischen Auseinandersetzungen.

»Das Werk überzeugt durch seine Aktualität.«
Kommunikation & Recht

*»Das Werk ist rundum topaktuell, verständlich geschrieben
und damit wichtig für alle Medienvertreter.«* Message

Klicken + Blättern

Leseprobe und Inhaltsverzeichnis unter

www.uvk.de

Erhältlich auch in Ihrer Buchhandlung.

UVK:Weiterlesen

Schreiben

Jürg Häusermann
Journalistisches Texten
3., überarbeitete Auflage
2011, 262 Seiten
15 Abb. s/w, broschiert
ISBN 978-3-86764-000-8

Stefan Brunner
Redigieren
2011, 138 Seiten
20 s/w Abb., broschiert
ISBN 978-3-86764-259-0

Markus Reiter
**Überschrift, Vorspann,
Bildunterschrift**
2., völlig überarbeitete
und erweiterte Auflage
2009, 170 Seiten
30 s/w Abb., broschiert
ISBN 978-3-86764-148-7

Heiko Lenz
**Suchmaschinenoptimiert
schreiben**
2011, 198 Seiten
60 s/w Abb., broschiert
ISBN 978-3-86764-284-2

Marie Lampert, Rolf Wespe
Storytelling für Journalisten
2011, 262 Seiten
45 s/w Abb., broschiert
ISBN 978-3-86764-252-1

Klicken + Blättern

Leseprobe und Inhaltsverzeichnis unter

www.uvk.de

Erhältlich auch in Ihrer Buchhandlung.